CSSCI 来源集刊

语言研究集刊

Bulletin of Linguistic Studies

第二十四辑

复旦大学汉语言文字学科
《语言研究集刊》编委会

上海辞书出版社

《语言研究集刊》网址：http://yjjk.chinajournal.net.cn/

《语言研究集刊》编委会

主　　　编　陈忠敏

编　　　委　（按姓氏拼音排列）

　　　　　　陈忠敏　傅　杰　龚群虎

　　　　　　刘　钊　杨剑桥　游汝杰

编 辑 部　陈振宇　霍四通　刘　娇

　　　　　　盛益民　陶　寰　张新华(主任)

本辑英文审订　冯予力

责 任 编 辑　郎晶晶

助 理 编 辑　刘　博

封 面 设 计　杨钟玮

目　录

再说"任何" ·· 刘承峰　陈振宇（ 1 ）
从特指看无定主语句的结构原理 ······················· 张新华（ 28 ）
兼语省略及其相关问题研究 ················ 戚晓杰　刘　欣　杜洪英（ 52 ）
新兴主观极量表达的补位强势现象分析 ··········· 王连盛　吴春相（ 74 ）
相对量级和绝对量级
　　——量级义"还"字句与"都"字句的差异 ·················· 贾泽林（ 85 ）
关于"副（程度）+名"现象的思考 ······················· 陆　旭　温锁林（ 99 ）
新兴动宾短语多重重叠式 VVVO 的句法语义结构 ··········· 覃业位（114）
汉语史上"惭愧"向庆幸程式语的语用化 ······················ 张爱玲（132）
汉译佛经让步条件句中"假使"类连词功能再析 ······ 谷　峰　李璠希（148）

吴江同里话的条件标记"者"及其来源蠡测 ···················· 刘丹青（163）
略谈上海话的时体系统 ······································ 左思民（178）
汉语方言"过"类修正重行结构
　　——兼论吴语"V 过 O"结构的形成与类型学意义
　　　　　　　　　　　　　　　　　　　　卢笑予　蔡黎雯（197）
沈阳方言"能"的性质和用法的多样性 ······················ 王　越（216）
内蒙古晋语后置标记词"动" ································ 王　敏（232）
广州话定指"量+名"结构再探 ······························ 单韵鸣（245）
宜兴（张渚）方言指示代词的语义层级和句法功能
　　　　　　　　　　　　　　　　　　　　黄　河　盛益民（261）

开埠以来上海城市方言语音演变 ·························· 陈忠敏（280）
论南部吴语蟹摄一等韵的读音层次 ························ 施　俊（314）
封丘方言子变韵的韵律形态分析 ·························· 耿丽君（330）

中原官话汾河片方言阳声韵的特殊音值 …………………… 张威娜(342)
山西及其周边方言共有的一个语音特征 ……………………… 薛才德(361)

中国手语一般疑问词调查研究 ………………………………… 林　皓(372)
《汉语同源词大典》评议
　　——兼论科学语源学研究核心问题 …………… 潘薇薇　黄伟嘉(396)
《字汇补》疑难字考释十二则 ………………………………… 王亚彬(406)
战国楚简"訏寻"与秦汉简法律用语"訏䛐"合证 …………… 范常喜(415)

CONTENTS ……………………………………………………………（424）
稿约 ……………………………………………………………………（438）

再说"任何"*

刘承峰　陈振宇

提要　"任何"是语用单数标记,在逻辑上首先是一个存在量词,同时,可给予句子全称量化意义。"任何"的全称量化功能是由其虚指性赋予的。虚指是从属性或内涵去认识事物,即给出一个角色,任何一个满足这一角色属性的演员都可以担任这一角色,从而形成"演员——角色"的"多对一"关系,这些"演员"的全部个体的集合就构成全称量化对象。"任何"一般只出现在虚指的位置上,并且表示说话者放弃了选择。不过,并不是所有虚指位置都可以用"任何"。当相关的事物不是全部发生而是部分发生时,汉语"任何"必须满足选择性限制。在极为罕见的情况下,"任何"出现在实指位置,表示夸张或反讽。另外,虚指必须由条件句标记、意向谓词、构式或相应的认知视角等给出,所以"任何"自身不能独立表示全称量化,需与周围导致虚指的环境融合,共同表示全称量化。这就是为什么"任何"是一个"融合单位"的缘故。

关键词　任何;语用单数;虚指;全称量化;选择性限制;融合单位

---

*　本文语料调查和原稿,是 2012 年所做,这次又做了大的理论调整。曾在复旦大学语法沙龙做过报告,在复旦 FIST 研究生课程上讲授过。在漫长的研究期间,陈振宇、冯予力、李双剑、钱鹏、汪钲等提出了宝贵的意见,特表感谢。另外,复旦大学中文系蒋勇老师及其学生做了不少关于"任何"的研究,虽然本文的视角和他们完全不同,但还是受到了一些影响。他们介绍了西方关于 any 类词的适用条件的研究,但大多数说法我们都认为不适合汉语"任何",他们使用梯级理论进行的解释也与本文无关,但本文认为扩域理论是很有道理的,我们深受启发。当然,文中错谬之处,都由作者本人负责。

一、引　　言

限定词"任何"是现代汉语所有量化形式中极为特殊的一个。以往主要在"任指"范畴中对"任何"进行研究,区别了"任指"(any)、"统指"(all)、"逐指"(every)和"仅指"(only),并对"任何"句的否定问题专门论述,如陈宗明(1993)、徐颂列(1989,1998)等;在"负极性"范畴中对"任何"的研究,主要是引入西方对 any 的研究成果,讨论"任何"句的极性意义,以及否定、疑问、虚拟、情态等句法语义条件对"任何"的允准,如蒋勇、龚卫东(2006)、柴文竹(2010)、唐诗美(2011)、蒋勇(2013)及蒋勇、王志军(2017)等;将"任何"与表任指/通指义的 wh 词、一量名,以及与"所有、每"的比较研究等。

概括起来,"任何"的使用有以下特殊性质,但也有一些没解决的问题。

1)"任何"是单数性质。但为什么有时会允准复数性的单位?

2)单数是存在量化。"任何"句怎么得到全称量化解读?

3)"任何"适用于什么样的句法语义与语用条件?负极性、单调下行(向下衍推)、扩域等理论都不能给以充分的解释,那么我们应该回到"任何"的本质是什么来寻找答案?

4)"任何"与句中其他成分存在"融合"现象,这与"每、所有"形成对比,但是为什么会这样?

5)"任何"与"都"的不完全共现要求,有时是自由的选择,有时却有一定的强制性。

总之,以往研究没有全面谈论上述问题的来源及相互影响。本文试图对问题1)、2)、3)、4)给出一个统一的解释,至于问题5)我们另文讨论。

二、"任何"的单数性

在逻辑上,曾经争论过 any 是存在算子(又称"不定限定词")还是全称算子(又称"全量限定词")的问题。注意,这里的"存在"是指"不确定指称而又可以等于任何指称"的存在,而"全称"实际上是指全量,类似于 all 类限定词的功能。汉语中的"任何"也有两种情况,好像有时可以与"所有、每"替换,如例(1)a;有时却可以与数字"一"替换,如例(1)b;当然有时两个都不可替换,如例(1)c;或者两个都可以替换,如例(1)d。

(1) a. 我可以给任何(一个)人工作。——我可以给所有人工作。——?? 我可以给一个人工作。

任何(一个)办法都不适合他的理想。——所有办法都不适合他的理想。——?? 一个办法都不适合他的理想。

使任何人对他都不必存着一点戒心。——使所有人对他都不必存着一点戒心。——*使一个人对他都不必存着一点戒心。

到任何一个法庭,你们也不会胜诉的。——到所有法庭,你们也不会胜诉的。——?? 到一个法庭,你们也不会胜诉的。

b. 他一辈子没把任何人治服。——他一辈子没把一个人治服。——?? 他一辈子没把所有人治服。

没有任何思想要交流。——没有一个思想要交流。——*没有所有思想要交流。

她一定不是面前这些女子中的任何一个。——她一定不是面前这些女子中的一个。——*她一定不是面前这些女子中的所有人。

c. 倘若发生任何事故,她概不负责。——*倘若发生一个事故,她概不负责。——*倘若发生所有事故,她概不负责。——倘若发生事故,她概不负责。

你拿起任何一个东西都表示某种特定的意义。——?? 你拿起所有东西都表示某种特定的意义。——?? 你拿起一个东西都表示某种特定的意义。

我忘记任何事情,你都可以提醒我。——?? 我忘记所有事情,你都可以提醒我。——*我忘记一个事情,你都可以提醒我。

d. 我可以给任何一个有理想有抱负的人工作。——我可以给所有有理想有抱负的人工作。——我可以给一个有理想有抱负的人工作。

他希望任何一对有情人能够成就好事。——他希望所有有情人能够成就好事。——他希望一对有情人能够成就好事。

她不会放过任何一个敌人。——她不会放过所有敌人。——她不会放过一个敌人。

其中有的容易理解,如后面有总括性"都"类副词的,一般不能用"一量名",因为"一量名"缺乏语用复数的显性标记,而加上"任何"后可以,是因为"任何"经过语法化,已经成为带有显性复数特征的词汇,虽然复数性并不是它的本质,而只是语用渲染的结果,但毕竟已经成为规约,也就允许与"都"共现了。

但是,仍然有很多问题不好解释。

一种观点是"任何"兼有各种量化功能,或者根本不具有量化功能。例如 Heim(1982)、Landman(2004)等认为,any、a(n)这些所谓的"存在量化短语"其实本身不具有量化结构,而是仅仅符合 N 的属性的集合,比如 a student 表示的是由单数学生的个体所组成的集合,而存在量化是由其他环境赋予的(如存在封闭 existential closure)。但是这并不解决任何问题,因为我们还得去分析在何种情况下去担任何种功能(包括默认的情况和特殊的情况)。

另一种观点是"任何"其实只有一种量化功能,即它自己独有的功能,因此它既不是不定限定词,也不是全量限定词,它的各种表现都是从它的基本功能引申出来的。

本文持后一种观点,认为从意义与功能上看,"任何"的本质应该是存在算子,Chierchia(2013)指出任指词不指明具体事物的名称,表不定指意义,any 相当于 a/an 表达的存在量化义和虚指义。不过这就得解释何种条件将使"任何"句向全称量化方向迁移。

两种理论选择,到最后都得说明具体的各种条件和变化,从这一点看是殊途同归。我们为什么选择第二种?第二种的优势不在于逻辑和语义解释上的好处,而在于语法化研究的方便。在历史上,语词的功能,总是从具体到抽象,而不是从抽象到具体。所以一个语词天生就是表达某种具体的意义,或者说是从某种具体意义的结构虚化而来。"任何"本来就是"听凭选择一个"的意思,疑问词"何"本来就是问具体的存在的事物,存在量化比全称量化更具体,更是基础的认知,因此我们的理论选择不仅仅是要"玩好语义推导",而且还要让语义推导过程与语法化过程尽可能地一致。

我们进一步指出,"任何"是"语用单数"成分(或者说本质是语用单数,虽然已带有复数特征,能够允许一些语用复数才有的操作,如作为"都"的量化主题)。"任何"表示任凭拿出哪一个对象,"任何 X"的 X 中常常有数量成

分,但是一般数字都是"一",如果用"二、两"等一以上的数字,往往句子不成立:

(2) 任何一个人都不可能达到这一要求。——*任何两个人都不可能达到这一要求。

他没见到任何一个人。——*他没见到任何两个人。

任何一个人来到这里,他就会感到这是一处真正的人间天堂。——*任何两个人来到这里,他们就会感到这是一处真正的人间天堂。

但是这一结论似乎并不是绝对的,扩大搜索范围,我们有下面的例子:

(3) 向使三国人才合一,则东汉早已中兴,即任何二国合纵连横,以制第三国,战乱亦决不至如是之剧且久,故三国各有人才,人才分属三国,是天之未欲平治天下也!(胡风《存文》)

当高压线断落时,在以高压线触地点为中心的一定范围的地面上,和中心距离不等的任何两点之间都有电压,叫做跨步电压。(《现代汉语词典》)

任何两个模块都是平等的,没有从属关系。(郑人杰《实用软件工程》)

我们把无向图中任何两个节点之间至少存在一条通路的图称为连通图(connected graph)。(郑人杰《实用软件工程》)

我们认为,这些例子并不是反例,其中的数,应该是我们所说的"语用数"①。

一般而言,只要 X 有一个个体,或一个部分,事件就可以成立,如"达到这一要求"只需要其主体是一个人,"见到"只需要其客体是一个对象,所以它们要求的最小数是 1;但是,有些事件要成立,至少需要两个个体,如"合纵连横"至少要两个国家发生关系,"……之间"至少需要两个点,"是平等的"也至少是两个实体之间才有平等,对于这些事件而言,最小量是 2,少于 2 则事件不成立;由于句中正好是数值 2,也就是说等于最小量,刚好可以满足一次事件的要求,所以是语用单数。

---

① "事件数"也称为"语用数",参看陈振宇、刘承峰(2010),刘承峰(2010),陈振宇(2016)的论述。

下面是数字更大的情况：①

(4) 谢谢你的商船修理报告书，从中可以看出从 1944 年 1 月到 6 月的六个月中所修理的商船、运兵船和医院船共达二千五百万吨以上，这个数目比以前<u>任何六个月</u>中的数目要大上十分之一。(《第二次世界大战回忆录》)

著名的诡辩家和献媚者艾德蒙·伯克甚至根据他当租地农场主的实际经验也懂得，只要有五个雇农"这样小的队伍"，劳动的所有个人差别就会消失，因此任意五个成年英国雇农在一起，和其他<u>任何五个</u>英国雇农一样，可以在同样的时间内完成同样多的劳动。(《资本论》)

合并统计<u>任何四支球队</u>，其胜率至少 51.2%。(新华社 2001 年 3 月新闻报道)

人们可以自由地选用<u>任何三个</u>合适的<u>坐标</u>，虽然它们只在有限的范围内有效。(《时间简史》)

<u>任何少数人</u>都不能否定多数人的决定。

请注意这里"任何"后面的"六个月、五个雇农、四支球队"是一个"组"，"任何"表示这个组与事件的关系，这才是"量化"(quantification) 功能；而"六个、五个、四支"等都是对该组内部的成员的数量性质的表达，这是"量"(quantity) 功能。

一个组内部究竟有多大的数字都没有关系，因为这些例句都是一种测量关系：可以一次选任意数量的点进行计算，但是不管选多少，都是这一次测量的最小量，也就是"一组"，因此也都是语用单数。语义研究中，如 Landman (2004)，将这种由若干单数个体构成的组合看成所谓的复数性个体 (plural individual) 或群 (group)。

这样，我们可以给出"任何 X"的数量限制条件：X 必须是相关事件的"语用单数"，即正好等于最小动量事件对实体要求的最小量；X 不能小于它，也不能大于它。

---

① 例句由汪钲同学提供。

三、全称量化意义的一个重要来源——虚指

作为语用单数,在逻辑上一般是表达存在量化,①例如"一个学生突然走了进来"指存在一个 X,X 是集合学生的一个成员,X 参与了"走进来"的事件;"他俩结婚了"指存在一个集合 X,X 是"人"中的一个子集,并且 X 具有结婚所需的人员(其成员数为2),X 参与了"结婚"的事件。但是"任何"显然与这些一般的语用单数不同,"任何"句有全称量化意义,如"任何一个人都不得入内",指集合"人"中的所有成员,都具有"不得入内"的性质。

那么究竟是怎样从存在量化达成全称量化意义?一个解释是,"任何"自身有某种特质,我们要去寻找这一特质;另一种解释是,在语言中本来就存在一个普遍的机制,可以在使用一般存在量化的形式时,达成全称量化意义,"任何"只不过是恰好符合这一机制的要求。本文采用第二种观点。

在量化研究史上,有著名的"驴子句"和"通指句",它们就是这一机制的典型现象之一:②

(5) 一个农夫有了一头驴,他就会打它。

(6) 一个女人应该照顾她的家庭。

按照我们的理论取向(传统语义学的解释),无定名词短语"一个农夫""一头驴""一个女人"都应该翻译成存在量化短语,可是这里语句却具有全称量化意义,即任何一个农夫,只要他拥有了任何一头驴子,他(农夫)都会打它(驴子);任何一个女人都应该照顾她的家庭。

一种解释是,这个句子的无定名词短语"一个农夫""一头驴""一个女人"其指称性质都是取值未定的,因为放入条件句和通指句所以得到全称量化解释,如 DRT 理论。但这只不过是把问题转移给了条件句和通指句,我们仍然要问:无标记(没有使用条件标记)的条件句和通指句,如何得到全称量化意义?另一种解释是,这个句子都有或隐含有一个通指副词,如"通常

---

① 前面说过,Heim(1982)、Landman(2004)等认为单数并不一定就是存在量化。不过我们不采取这一派的理论取向,而是坚持这些成分从词库中提取出来的时候就是存在量化,如果句子获得全称量化解读,那也是因为句子有某种特殊的性质,从语用语义推理中产生全称量化意义。

② 另参看陈振宇(2019)的详细论述。

来说,一个农夫有了一头驴,他就会打它","通常"使得"一个农夫"和"一头驴"的存在算子脱落,并把它们拉入自己的辖域,从而使之得到全称量化意义。这一解释由 Chierchia(1995)提出。但是一个隐形的通指算子的说法,和一个隐形的条件算子的说法相比,并没有什么进步。所有"隐形"理论的通病都是主观性太大,不具有可证伪性,同时我们还得再去解释为什么在这个时候句子会有隐性的算子,为什么其他时候就没有。

我们认为,根本原因是说话者的语用态度,他并不是在说已经提到或将会提到的某个具体的农夫、驴子或女人,而是在假设一个场景,现实中未必存在的场景,这种态度就是"虚指"(non-specific)。

虚指的事物或者是反事实(为假),或者是非事实(可真可假),其本质是在一个虚拟的、非直陈的可能世界中去看待和讨论事物。打个比方,直陈相当于说话者将言说对象(假如说是一个农夫、一头驴或一个女人)直接呈现在听话者的眼前,所以可以直接感受到他们的外延与个体性质,他就是他自己,无可替代;而虚指相当于在舞台上挂上一幅由白纱组成的幕帘,而言说对象(农夫、驴和女人)被放在这幕帘之后展示,实际上只展示了他们在白纱上的投影,而看不到本人。这一投影,就是该事物(农夫、驴和女人)在当下呈现给我们的属性或内涵,我们实际上是看到具有农夫属性、驴的属性和女人属性的事物,只要属性符合就行,至于是哪一个农夫、驴和女人,并不重要。从这一点看,虚指就是只从属性或内涵去认识事物,而实指则是事物必须有直陈世界的特定外延,这也是实指被译为"特指"(specific)的原因。

显然,属性与外延的分离会给观众带来困惑,我们会想:这个对象(农夫、驴和女人)究竟是谁?于是会在各个世界中寻找,如果找到一个或一些个体,他们的轮廓(属性)与幕帘上的投影相符合或相符合的概率较大,我们就会想,这人就是或就可以担任那个"农夫"或"女人"的角色,这动物就是或就可以担任那个"驴"的角色。

这样的寻找会很多,构成了如下关系:任意找到一个与其投影(属性)相符者,就可以担任这一角色,满足角色的各种情节;而所有这些找到的相符者,每个都是合格的扮演者。这就得到了全称量化意义。我们把这一寻找所体现的关系称为"角色——演员"矛盾关系。

演员	角色
直陈世界/虚拟世界	虚拟世界

所有具有农夫性质的人	一个具有农夫性质的人
集合	个体
理论上无限的数量（多）	语用单数或确定的数量
全称量化	存在量化
非特定的个体，可替代	特定的个体，不可替代
不一定能找到	一定存在于虚拟的世界之中
不能用"他"回指	可以在同一虚拟世界中用"他"回指

简言之，虚指成分呈现的是属性 Y，而所有符合这一属性的个体，就构成了定义域 X。从这一点说，凡虚指，一定会构成全称量化。①

下面具体来看看一系列复杂的虚指类型：

1. 主体所期待或所害怕的。例如张三进入酒吧，说"我要一杯啤酒"，这时侍者就会（任意）倒一杯啤酒给他，说"先生，您要的来了"。这里的全称量化关系是："张三要一杯啤酒"意味着，（在当下场景中）任何一杯啤酒，都是张三所想要的东西。与之类似的还有：

(7) 张三在<u>找麒麟</u>。[任意出现一头麒麟，就是张三要找的东西，满足了他的愿望。]

张三希望与<u>一个女护士</u>结婚。[只要有一个女护士与张三结婚，就是张三所希望实现的，就满足了他的愿望。]

张三怕开车撞上<u>行人</u>，那可就糟了。[任何一个行人，都是张三怕撞上的对象。]

2. 主体所听说、猜想的。例如张三猜李四是和一个女护士结了婚，由于张三并不知道李四的详情，所以只要这时有人提供一个证据，可以看到李四与一个女护士过夫妻生活，而不管这女人是谁，都证实了张三的猜想。这里的全称量化关系是："张三猜李四和一个女护士结了婚"意味着，任何一个女护士与李四过夫妻生活（或其他证明），这位女护士就是张三所猜想的人，证

---

① 国内一些学者也有关于"虚指"与"通指"关系的论述，但与本文说的不是一回事。如蒋勇（2016）说，虚指是以梯级中某一含有极量值（极大值或极小值）的假想事物及其状态为对比参照点来统同一梯级中的所有事物及其状态，它是讲话人为了凸显物态、调节语气、操控听话人的认知和情感反应而使用的梯级修辞手法。由此可见，蒋所说的"虚指"并不是语义学中的"实指——虚指"概念，而是指一种从最不可能的事物立论以遍及其他一切事物的修辞手法。

明了张三猜想的正确。与之类似的还有：

(8) 张三问是否有<u>人</u>来过实验室。[任给一个人,只要有他来过实验室的证据,就是张三所想的人,证明了张三的猜想。]

张三假设有<u>人</u>来过实验室。[同前例。]

3. 对事件的否定、疑问、祈使或其他情态表达。如"张三没买书",即说话者会虚拟一个场景,张三买了书,然后否定这一场景的事实性,于是任何一本书张三都没买。与之类似的还有：

(9) 张三应该去与<u>一个女护士</u>结婚。[任何一个女护士,就是张三应该与之结婚的对象。]

张三肯定/可能见到了<u>一个人</u>。[任何一个人,张三看见的话,就证实这是真的。]

难道张三和<u>一个女护士</u>结了婚![任何一个女护士,只要和张三过夫妻生活,就是令说话者意外的使因。]

张三没看见<u>谁</u>。[任何一个人,张三都未看见。]

张三看见了<u>谁</u>？[任意给出一个张三看见的人,就是这一疑问句的答案。]

张三,拿<u>本书</u>过来。[任何一本书,只要张三拿过来了,就满足了祈使的要求。]

4. 条件句与通指句。

(10) 如果有<u>人</u>来的话,请通知我。[任何一个人来,就通知我。]

<u>一个成绩好的人</u>来(的话),我还可以考虑。[假设有一个成绩好的人来的场景,因此可以得到"任何一个成绩好的人来,我都可以考虑"的意义。]

(11) <u>一只青蛙</u>四条腿,两只眼睛一张嘴。

<u>(一个)学生</u>应该好好学习。

<u>熊猫</u>吃竹子。

<u>这男人</u>得有男人样。

这种句型也许不是典型的条件句,但在原理上与条件句的构造是一样的。它们称为"类指",是虚拟一个场景,在这个场景中的事物,是用一系列属性表现出来的事物。不管是用光杆名词表达,还是用数量名结构,甚至是用定指性的成分,都可以得到全称量化,即任何一个 X,都是如此。(当然此

全称往往是概率性的)

需要特别关注一下定指短语的问题,"这男人"从字面上看,是指一个说话者确定外延,因此应该是个体指称,"这、那"指示词(不论是否发展为了定冠词)的索引性(指示具体的个体的能力)虽非最强,但也是很强的。

此处为什么做虚指、类指解读?此处一般不能加上量词,如不能说"*这个男人就得有男人样",而只能用"指名"短语,因为量词的基本功能是使事物个体化,所以加上量词后就变为了个体指称。在世界语言中,也有语言可以用定冠词来表示通指成分,如法语。

一个直接的解释是,这里的"这"已经不是指示词,而是其他功能的符号,如可以解释为"主题标记",用于引出所谈论的论域,如方梅(2002)。不过,此类类指有时也会出现在宾语中,如:

(12) 昔一僧要破地狱,人教他念破地狱咒,偏无讨<u>这咒</u>处。一僧与云"遍观法界性"四句便是。(《朱子语类》卷一百一)

我就佩服他<u>这吃</u>,他可真能吃。[方梅(2002)的例子]

"讨"是"找"类意向谓词,因此可以说,任何一个地狱咒,便是此僧所讨要的东西。为了容纳这些例句,方梅(2002)提出"情境指称",即专用于指示在上下文语境中提到的某个事物、思想、类别、语词等,不管该事物本身的指称性质如何。这一想法其实可能更接近汉语的事实,例如有些"这、那"用法很难说是通指,如"以前我在北方的时候,有<u>这小米面饼子</u>,现在还有吗?"无法说"任何小米面饼子……",但这的确也是类指,因为这不是指哪个单独的小米面饼子,而是讨论这个类的存在与否,因此这是整体类指中的概念节点。

整体类指中的概念节点,与通指和主题都没有关系。那么"这男人得有男人样"是如何获得全称量化意义的呢?我们认为需要把它放在一个能够得到全称量化意义的位置,如在"这男人得……"句中,是因为处于虚拟成分的位置,在"讨这咒"句中是因为有意向谓词"讨"约束它,这才获得全称意义。我们把一个男人的角色放到幕后,让他的性质投影过来,因此从虚拟世界讲,的确是且只是一个个体的男人角色,他与"有男人样"述谓部分相联系;然而任何一个人,只要满足了男人的属性或内涵,就可以去充当这一角色,从而去与"有男人样"述谓相联系。全称量化意义因此而获得。

Kadmon 和 Landman(1993)、Chierchia(2013)等曾指出,any 是通过 a/an

的类指作用表达全称量化义。不过他们并不清楚为什么类指有这样的作用,同时过分依赖于把 any 解释为 a/an 的操作。我们在这里强调,虚指,根本的还是"演员——角色"矛盾关系,产生了全称量化。

最后,让我们来看一个语言中的"误解"是如何产生的。

例如"张三认为李四和一个女护士结了婚",张三对李四是有一定了解的,他在李四生活中发现一个女护士,并且认为有证据他们是在过夫妻生活,所以他做此猜想。请注意,对张三来说,"一个女护士"是有特定指称的,虽然他可能并不真的了解她,也不能确定她姓名、工作单位等个体信息(所以用了不定指称),但并不妨碍张三认为有这么一个事实存在的人,所以是实指。因此我们不能说,任何一个女护士,就是张三所认为与李四结婚的那个人。故从张三角度讲,不具有全称量化。

但是,张三的这个认识,对说话者或听众来说,并不一定知道。如果我们发现任何一个女人与李四生活在一起,而且确定她是护士的话,我们就会觉得张三的认识是对的。故从说话者或其他人的角度讲,这"女护士"是虚指,具有任意性,当然可以全称量化。

显然,有时会出现这样的情况,张三心中的女护士是特定的对象,但我们发现与李四生活在一起的是另外一个人,结果我们倒是觉得张三的认识对了,李四的确是和一个女护士结了婚,但这与张三自己的想法并不完全一致,因此造成了误会。

四、"任何"的虚指特征及使用情况

从上述问题的讨论可以看到,语言中的虚指成分,有的是语句中有意向谓词来约束它,可以显性地表明,但有的却没有这样的谓词,完全是说话者在语用地假定。一个单数的数量短语,如果没有标记,就有可能有多种解读,如"一个学生应该好好读书",可以是实指解读,如我正在对你讲话,而你是学生,这里"一个学生"实际上是你的代称;也可以是虚指解读,如我现在并没有什么特定的所指对象,于是表示任何学生都应该改好好读书。

这也是为什么前面有的例子中的"任何"短语不能换成"一量名"短语的原因之一。如"我可以给一个人工作","一个人"有实指解读,即前面或语境中提到的某个人,而且这一解读还是默认的。而"我可以给任何一个人工作"则不能是实指解读,因此不能把这句话变换为"我可以给一个人工作",这会导致意义上的混乱。

让我们把例子稍微改改,"我可以给一个有理想有抱负的人工作",虽然也可能有实指用法,但这一句的虚指意义更为明显,为什么?因为修饰语的出现,使相关成分有了对比性,如"我可以给一个有理想有抱负的人工作,但不会给一个稀里糊涂过日子的人工作",这就把"人"这个集合分成两方,各有若干成员,从而不再是指某个特定的人,由此更倾向于虚指解读,也就是更容易具有全称量化的性质,指我可以给任何有理想有抱负的人一份工作,但任何稀里糊涂过日子的人,都不会给他工作。即使上下文没有提到对比的对象,但这种对比性是很容易从对修饰语的强调而语用推理出来的。与之相反,"一个人","人"就没有对比性或对比性很弱,一般而言,我们只能为人工作,所以虚指意义没有那么明显;如果我们打破这限制,如在童话中,将"人"与其他物种对立起来,虚指意义也会极大地凸显出来,如"我可以给一个人工作,也可以给一头猪工作",就可以指任何一个人,任何一头猪。

总之,如果仅仅是"一量名"或"数量名"短语,它们的虚指性会受到各种条件的制约,并不是总能得到保障;而"任何"短语则不然,它必须是虚指,为什么?

我们认为这是其语义结构规定下来的:"任何"的"任"是动词,表示任凭、听任之义,"听凭"有两个特征:首先,所听凭的对象可以是已经发生的,如"我们一直容忍他的调皮捣蛋",也可以是未发生的,如"我们会容忍他的调皮捣蛋",这样所听凭的对象在本质上就是虚指的,包括一切可能发生的事物;听凭就是"无约束、不做限制、无条件",在数学上,"无限"(Infinity)就是"没有边界",如果从无限中移除或加入一部分,得到的还是无限,所以"听凭"是最合乎"无限"的数学概念的认知行为,因此"任何"是汉语中最强无限性质的语言表达形式。由于虚指具有最大程度的无限性,最强无限词"任何"可以自由地进入,并被限制于其中。

前人已经总结了"任何"的常规出现条件,学术史上曾经把"任何"类词语称为"否定极性词",即只出现在否定语义环境中的词项,但语料考察的结果证实它与否定肯定并不相关,只是在否定中使用频率更大而已。我们认为,这只是因为否定语境是一种非常常见的虚指语境,所以占比较高罢了。

Haspelmath(1997)发现,现代汉语、英语、葡萄牙语、法语、爱尔兰语、北印度/乌尔都语、土耳其语等语言中,任指词的极性特征不是规约的,而是与句型和所述事件的时体特征相关的,称为"浮现极性特征"。也就是说,有时出现在否定语境中,称为 PS(polarity sensitive),有时则不需要,称为 FC(free choice)。这一考察是精到的,但是仍然没有回答"任何"是什么功能的问题,而把 PC、FC 都看成"任何"的功能,我们还需回答,究竟有哪些 FC(因为"任何"总归是不能自由地出现),它们与 PC 有什么共同的特征或限制条件。

有的以为 any 类句子必须带较强烈的情感(affective),包括否定和其他情感词。

(13) He was reluctant to see any more patients. (他在犹豫是否看更多的病人。)

He is afraid to make anybody mad. (他怕会让什么人发疯。)

Anyone who fell got huit. (跌到的人都受了伤。)

但情感是很难定义的,如上两例译为汉语,恰恰没有或很难用"任何",这说明"情感"论还不是一个好的条件。

一些学者提出"向下衍推"(Downward Entailing,以下简称 DE)的极项理论,认为否定极项只能在 DE 的语境中出现,不能在"向上衍推"(Upward Entailing,以下简称 UE)的语境中出现。如 Ladusaw(1980)发现,不仅仅是"否定",其他允准负极性词的成分大都具有将量级中的上下关系逆转的能力。有的研究认为 any 需要"单调向下蕴含"和"逆递加"两个条件。DE 与 UE 是逻辑上讨论的单调下降与单调上升。由于虚指都具有全称量化的功能,因此都是单调下降的。

但这一理论太概括,因为不但是"任何","所有、每"等各种全称量化词都是向下衍推的,所以这一条件没有区别它们的不同;另外,很多单调下降的情况,不能用"任何",如一般不能说"?? 任何人都来了","都"字句主题在全称量化时是单调下降的,但在肯定句时未必能用"任何",因为此时是实指的事件与论元关系。

还有研究者,如 Kadmon & Landman(1993)认为 any + NP 造了一个"强势语境":它"拓宽"了语境维度上的集合,"增强"了表达力。认为 I don't have any potatoes 中,使用 any 后,我们"拓宽"了语用维度上的集合:any potatoes 不但包含了一般情况下(或在前面的话语境中出现过的)的"土豆",记为 P,还包括不被会话双方所知的"土豆",扩展以后的集合记为 Pex。由于 Pex 包含 P，所以有以下逻辑关系："我没有 Pex 中的一个 X"为真，则"我没有 P 中的一个 X"也为真；但"我有 Pex 中的一个 X"为真，并不能推出"我有 P 中的一个 X"也为真，因为你可能有的正好是属于 Pex 但不属于 P 的那一个，故语用上 *I have any potatoes 没有任何价值。Chierchia(2013)[8] 说，any 具有穷尽性特征[+Σ]，具体表现为穷尽潜在的子域。

这一解释实际上与陈振宇(2017)[107]称"任何"是最强通指是一致的。蒋勇(2013)说，说话人使用"任何"，用扩域手法突出命题所述事件发生的概率极小，使命题传递梯级含义和极大的信息量。如"蛇要咬人"允许出现不咬人的蛇，但"任何蛇都要咬人"排除所有的例外，从而解除了所有的不确定选项。

但是这只是说明了任何的性质，却留下了一个关键的问题：什么语境是可以或必须要求这一最强的无限性或无例外性的？为什么有的语境不能与之相容，即使我们可以给予它全称量化意义？

下面来看我们的观点。我们归纳了"任何"的常规使用情况，得到以下分布：

1. 只要是实指性的成分，就不能用"任何"，不论它是否是全称量化。因为直陈世界必然是有限的，会受到各种限制，只有想象的虚拟世界才可以完全不做限制。

（14） *任何朋友都来了。

　　　*我伤害了任何人。

　　　*他们忘了任何事情。

　　　*我见过任何一个爱她的人。

　　　*任何跌倒的人都受了伤。

最后一句中，"跌倒的人"指实际场景中那些人，所以是实指性的，用"任何"就不合适。

2. 否定句中被否定词约束的成分、疑问句、祈使句、条件句的前件、一般通指句的通指成分、判断句的主题、比较句的比较项、情态句中被情态约束的成分等，或者是典型的虚指环境（只允许虚指），或者是可以容许虚指的环境（可以实指，可以虚指，用"任何"时就是虚指），"任何"可以自由地进入：

（15） 否定：

　　　<u>任何朋友</u>都没来。

我没伤害任何人。
他们没忘任何事情。
我没见过任何一个真正爱她的人。
他对任何人都不满意。
他在任何地方都没有见过这么漂亮的花儿。
他拒绝见任何人。（不见）
我们坚决否认任何关于我和她之间的绯闻消息。（不承认）

(16) 疑问：
有任何朋友来过吗？——有任何朋友没来过吗？
你见我伤害过任何人吗？——她没伤害过任何人吗？
他们忘记过任何事情吗？——他们没忘记过任何事情吗？
你见过任何一个真正爱她的人吗？——你没见过任何一个真正爱她的人吗？
他对任何人都这样吗？——他对任何人都不这样吗？
是不是在任何地方都有他这样的人？——是不是在任何地方都没有他这样的人？

(17) 祈使：
记住任何一个帮助过你的人，忘记任何一个伤害过你的人。——不要忘记任何一个帮助过你的人，不用惦记任何一个伤害过你的人。
抓住任何一个机会。——不要放弃任何一个机会。

(18) 条件和通指：
任何朋友来都得好好招待。——任何朋友来都不要怠慢。
你伤害任何人，她都会难过的。——你伤害任何人，她都不会难过。
我忘记任何事情，你都可以提醒我。——我忘记任何事情，你都不要提醒我。
只要见到任何一个真正爱她的人，就可以放心了。——只有见到任何一个真正爱她的人，我才不会反对她的婚事。
你拿起任何一个东西都表示某种特定的意义。——你拿起任何一个东西都不表示某种特定的意义。

任何一个学生都应该好好学习。——任何一个学生都不应该荒废学业。

任何人都有权利享有人权。——任何人都没有权利随意伤害他人。

(19) 判断：

任何人都是他关注的对象。——任何人都不是他关注的对象。

任何一个环节都很重要。——任何一个环节都不重要。

他对任何人都这样。——他对任何人都不这样。

在世界上任何地方都有这样的人。——在世界上任何地方都没有这样的人。

任何东西想买就买。——任何东西并不是想买就买。

(20) 比较：

这比任何图画的色彩都要鲜艳。——这不比任何图画的色彩逊色。

中国的网络用户比任何国家都多。——该国的网络用户比任何国家都不如。

首先是耕地面积迅速增加,至雍正朝已达到了九亿多亩,超过了以往任何一个朝代。——没超过历史上任何一个朝代。

(21) 情态：

任何一个环节都应该认真对待。——任何一个环节都不应该马马虎虎。(道义情态)

任何时候你都可以来找我。——任何时候你都不能来找我。(道义情态)

此处可以停放任何车辆。——此处不得停放任何车辆。(道义情态)

他愿意为任何一个人服务,只要他们尊重他。——他不愿意为任何一个人服务,即使他们尊重他。(动力情态)

我太孤独了,想爱上任何一个人,哪怕他不爱我。——我不想爱上任何一个人,哪怕他爱我。(动力情态)

上帝可以举起任何一块石头。——上帝举不起任何一块石头。(动力情态)

我会喜欢任何一个喜欢我的人。——我不会喜欢任何一个喜欢

我的人。(认识情态)

别靠他！他会忘了任何事情的。——他不会忘了任何事情的。(认识情态)

(22) 将来时间：(将来的具体事务除外)

我们将对任何接触过这件事的官员进行调查。——我们不会对任何接触过这件事的官员进行调查。

3. 看一些特殊的例子：

全称量化的主题并不一定得到虚指,但当后面的谓语部分是判断、情态等内容时,就可以容许虚指,这才可以用"任何"。如"X + 都/也 + Y"是表示"无限制"的"多对一"的,即所提到的 X 都是 Y,对 X 没有更多的限制。

(23) a. 任何办法都可以提出来。

b. 任何方向射来的矢石都不能裂穿我心灵的甲胄。

c. 任何人也不行！

d. 到任何一个法庭,你们也不会胜诉的。

而"只"是表示限制的,即说话者实际上是在划定边界,凡超出此边界的事物都没有参与事件("只"称为限制副词),所以"只"一般不能约束"任何"。

(24) ?? 只没看任何书。(如果表示比较,如"他只是不看任何书,电影还是要看的",就会通顺许多)

＊只任何人都没有看见他。

与"只"的搭配,出现在"只要"句中,这是因为"只要"不是限定,而是指最小的条件(也称为"最小条件句"),所以超过这一条件也将得到同样的结果。我们可以看成"大于或等于这一条件,就会有 Y 的结果",大于等于是向上开放的(非封闭)区域,所以没有限制。

(25) a. 只要人体任何一个地方发生病变,就会引起气血的变化。

b. 只要接到任何一张罚款单,一月的工资可能就完了。

4. 最后,并不是在直陈世界中使用无限的"任何"就完全不能说,此时语力失效,但如果有特殊的允准,就可以说了,因为"特殊",所以这种例句是很罕见的。

陈述失效的特殊允准条件,可以看到有"夸张""反语(反讽)"等,如：

(26) a. 洞窟中的壁画,早已经历过了人世间的任何风风雨雨,而自不

动如山。(夸张)

b. 那些名山名寺也大都开门揖盗,借佛名敛财,成了那一等最庸俗、最势利的热闹场所,早失传了任何精功和妙谛。(夸张)

c. 他看过老舍写的任何一本书,可以称得上是半个"老舍研究专家"。(夸张)

d. 你们三班的同学中任何一个我都见过,不信你一个一个地问我。(夸张)

e. 他可能出现的任何一个地方,我们都找过了,还是找不到!(夸张)

f. 这本书任何一页我都仔仔细细地研究过好几遍,还是没有发现什么线索。(夸张)

g. 喊了这么多年的理解万岁,我们已经理解了任何事情。(反讽)

上诉例句中,如果不表现这种夸张夸大,可以用"所有"或"每"来代替"任何",而一旦用了"任何",句子就带上了强烈的情感或辩驳的意味。

有意思的是,夸张的句子中用经历意义"过₂"①的,比用"了"的要多得多。这是因为经历体有"长时段性"与"可重复性"等基本性质,经历体大多无限定的时间论域,指事件在从现在向前回溯的"无限"时间中至少发生过一次,并可能重复发生。与之相比,"了"则一般是指单一事件的发生,并已达到尽可能完整的界限,所以不必具有"长时段性"与"可重复性"。因此,经历体表达的无限性比"了"大得多,可以使夸张更接近于事实,所以用得更多。

再看一下"很少"。"很少"并不具有单调向下蕴涵关系,例如"他去年很少去北京",那么去年一月会怎么样,很可能"他去年很少去北京,但是去年一月连着去了好几趟",也可能"他去年很少去北京,去年一月干脆一趟也没有去",并不一定能推出"他去年一月很少去北京"。但是,"很少"可以与"任何"搭配,而与"很少"一样表示频次很低的"偶尔、有时、不常、不大、极少"却不行(我们的语料中没有找到用例):

(27) a. 他很少参与社团活动!——他很少参与任何社团活动!

持续一周很少开口与人交流——持续一周很少开口与任何人交流

---

① "过₁"表"完成","过₂"表"经历"。

世界四通八达，却很少抵达真实的内心。——世界四通八达，却很少抵达任何一个真实的内心。

b. 他偶尔参与社团活动。——*他偶尔参与任何社团活动。
他有时参与社团活动。——*他有时参与任何社团活动。
他不常参与社团活动。——*他不常参与任何社团活动。
他不大参与社团活动！——??他不大参与任何社团活动！
他极少参与社团活动！——??他极少参与任何社团活动！

因为这些词都不是全称量化意义（既不是全量肯定，也不是全量否定），连全称量化都不是，那更不能表达无限无例外了，所以它们不能与"任何"搭配是正常的，"很少"可以搭配反倒是特殊的、不正常的情况。我们认为，这里是情感因素在起作用，"很少"常用，并且带有很强的语气，其实"很少"与"无"十分接近，因此可以加上"任何"来强化句子的情感。而其他的词或者没有强烈的情感，或者是使用频次较小，所以没有这一特殊的用法。

总之，语力失效并不是句子不能用，而是句子必须转向特殊的功能，而使用频率也大大减少。语言系统是动态系统，就像碗里流动着的水，偶尔溢出是正常的情况。甚至可能进一步发展，那时"任何"就变成了一个强烈情感的标记。

五、"任何"的选择性限制

不过，"任何"与虚指匹配，并不意味所有虚指都可以直接使用"任何"。我们发现，"任何"还有一个重要的条件"选择性限制"：当相关的事物不是全部发生而是部分发生时，说话者必须要能够在其中进行选择，并且他明确表明放弃选择，这才能用"任何"。这是因为"任"表示听凭，本身就与选择有关。

在一种祈使句中，并没有放弃选择。例如一位顾客走进酒吧，说"我要一杯酒"，前面我们分析过，这是虚指，并且意味着任何酒都满足他的需要。但实际上，在这里他一般不能说："*我要任何一杯酒。"同理我们一般也不能说："*张三，拿任何一本书过来！"因为这一表述在语用上太强了。什么时候可以说"任何"？设想顾客说了这句话后，服务员追问："您要哪种酒？"这时顾客就可以说："任何一种都可以。"顾客前后两句话的本质差异是：第一次顾客并不一定会让对方任意选择一种酒提供给自己,他有可能是先提出自己要酒,然后再继续说出自己所要的品种,因此他在主观上并没有放弃选择或限定的机会;但第二次,很明显他放弃了选择权,不做任何限定,这时才能够用"任何"。

再如一个人害怕开车撞人,这是虚指,但是他不能直接说"?? 我怕撞上任何人",而需要说"我怕撞上什么人/我怕撞人",因为此种事件是非自主的,主体没有可选择性,是出乎他意志之外的;既然没有什么选择的问题,也就不能用"任何"。其他非自主事件如:

(28) 他担心会摔断一条腿。——*他担心会摔断任何一条腿。

有可能输掉一场比赛——?? 有可能输掉任何一场比赛(指所有比赛都输时句子成立)

他打算去看医生。——*他打算去看任何一个医生。(表面上这是自主动词,但实际上他对医生并没有选择权,所以这一方面是非自主的)

去找麒麟——*去找任何麒麟(表面上"找"是自主动词,但究竟找到哪一个是寻找者无法选择的,所以这一方面是非自主的)

他很犹豫是否去看病人。——*他很犹豫是否去看任何病人。(在医生的工作中,所看的病人是不由他选择的)

张三假设有人来过。——*张三假设有任何人来过。(这里的假设只涉及"人"这个类,并不再在类中的个体之间选择,所以不用"任何")

张三肯定/可能见到了一个人。——*张三肯定/可能见到了任何一个人。(这里的假设只涉及"人"这个类)

我就佩服他这吃。——*我就佩服他这任何一吃。(这里只涉及"吃"的类,并不选择类中的个体行为)

因此,我们可以修正为:只要说话者还保留有一丝继续选择的潜在可能,或者说话者根本没有选择的可能,就不能用"任何"。

在特殊的情况下,语境赋予选择权并明确表明放弃选择权,句子就会通顺:

(29) ?? 去买任何一本书。——去买任何一本书吧! 不管什么书都可以买。

他沿着墙根走,担心撞上任何一个人,哪怕是一个微不足道的奴仆,也让他害怕。

右边的句子后加入了关于哪些对象的讨论,使主体临时具有选择权。

请注意,刘丹青(2013)曾说,"任何"是19—20世纪之交,为了翻译西方语言文献而用汉语要素构造的新词。从这一点讲,它应该与英语 any 的用法一致。但实际上,很多英语中用的 any,汉语"任何"不能用。我们认为,这可能就是不同语言自身的特质性决定的。如英语 any 是没有"选择性限制"的,所以上文例(13)英语用 any,但汉语不用"任何"。我们再看一下这些例子,另外再补充两个:

(30) He was reluctant to see any more patients. (他在犹豫是否看更多的病人。)

He is afraid to make anybody mad. (他怕会让什么人发疯。)

Anyone who fell got huit. (跌倒的人都受了伤。)

There are any number of reasons for eating good food. (有很多理由允许我们吃好的食物)

I am glad you take any pleasure in my poor poem. (我很高兴你能在我蹩脚的诗中找到快乐)

第一句表示犹豫,考虑的是看还是不看,不需要考虑对病人的选择。

第二句害怕让人发疯,考虑的是有没有人发疯,不需要考虑让谁发疯的选择。

第三句跌倒是不自主的,因此没有让谁跌倒的问题。

第四句是指理由的数量,没有对数量的可选择性,而只是考虑数量的多少。请注意,如果让我们任意选择数量,则可能得到小量,如"任何数量的人同意都可以过关(有一个人同意就可过关)",也可能得到大量,如"任何数量的钱财他都不放在心上(极大数量的钱财他也不放在心上)",而英语是规约化为表示大量,所以不再是真正地让人选择。

第五句找到快乐也是非自主的,讲的是是否找到快乐的事,不选择哪一种快乐。

这很可能是因为 any 的来源与汉语"任何"不同,any 已经是语法化程度更高的不定代词,而"任何"今天的汉语母语者还可以很清楚地感受到它的语义理据,这样它还受到其自身实义内容的有力影响。

Chierchia(2013)[163]说,any 来自印欧语言中表示"一个"的词语 oinos,再加上形容词的后缀,类似于 one-y 表达的词素义。

我们可以认为,"一"代表最小量,对最小量的否定得到全量否定,所以它具有负极性。"一"表示单数,在虚指位置可以表示通指意义,就像"一只青蛙四条腿"那样,这就是它的引申路径,其中看不到关于选择性的地方。

请注意,Vendler(1967)曾说,any 表示讲话人给听话人选择的自由,讲话人使用 any 就如同给听话人发了一张空白的保修单,允许听话人填入给定事物中的任意事物。一旦锁定了对象,就无选择对象的自由,任选词就失去了应用价值。

这里的"选择"与我们说的"选择性"不是一回事,Vendler 的"选择",指在语义层面允许任意选择;而我们的"选择性"则是指,必须在语用场景中将选择性的存在作为一个凸显的内容表达出来,必须考虑到事件的主体有选择的能力或可能。因此我们认为,any 表示任选,但并没有选择性限制。

六、"任何"的融合性

我们认为,从量化句的表现上讲,有两种量化单位:

1. 融合单位(integrated unit):如果一个成分需要它所处的环境才能完成它的功能,或赋予它以语义合法性或语用合适性,则此成分与环境融合为一个整体,共同实现有关的功能。

2. 非融合单位(unintegrated unit):如果一个成分不需要它所处的环境,就能独立地完成其功能,具有语义合法性和语用合适性,则此成分与环境在语义和功能操作上各自独立地进行。

"每、所有"是非融合单位,不受条件句的影响,自己较为独立地获得全称量化或全量意义;但"任何"是由虚指性赋予其语义合法性和语用合适性的,而虚指是由条件句标记、意向谓词、构式或相应的认知视角等所给出的,因此"任何"自身不能独立表示全称量化,需与周围的导致虚指的环境融合,共同表示全称量化。

关于融合问题前人并没有系统地注意到。下面来看看具体有哪些融合现象:

1. 条件句被认为是最能说明"每、所有"与"任何"的差异的句式,因为它们在其中会获得不同的语义。这里实际上考察的是融合问题：

(31) a. 只要<u>每位代表</u>(都)同意,提议就可以通过。

　　 b. 只要<u>所有代表</u>(都)同意,提议就可以通过。

"每位、所有"都是对预设集合 C 的成员而言的,在任何环境中,它们都要把这个集合实际地加以加合或总括,所以即使在条件句中,它们也是先构成全称量化,再进入条件前件。上例的意义都一样,不论是否用"都",都是指:当全部代表同意时,提议就可以通过,但是没说如果有代表不同意的话,会怎么样(可语用性地推出,如果不是所有代表同意,会得到不同的结果)。

(32) a. 只要<u>任何代表</u>同意,提议就可以通过。

　　 b. 只要<u>任何</u>代表都同意,提议就可以通过。

与之相反,"任何"不针对任何预设集合,它是单数,自身并没有全称量化意义,必须与条件句或其他虚指成分融合才有总括性质。根据融合成分的不同,会有不同的解读:

在例(31)a 中,由条件标记"只要"提供虚指环境,所以"任何"与它融合,指只要一个代表同意,不管他是谁,提议就会通过。所以这里的"任何"甚至是冗余的,可以不要,说成"只要一个代表同意,就可以通过","任何"的使用仅仅是加强了语气,起"最低条件强化词"功能。

在例(31)b 中,由总括副词"都"提供虚指环境,"任何"与它融合,指当所有的代表都同意时,提议就会通过。用不用"都",句子意义不一样。

另外,"无论、不管"都是听任义,所以它们与"任何"融合在一起,表示全称量化功能,如"无论任何人来到这里,都会为他们的苦难而震惊"。"无论、不管"的辖域内必须是选择性的成分,而不能是加合或总括的成分,所以不能与"每个、所有"搭配,如不能说"＊无论所有人/每个人来到这里……"。

2. 疑问句也被认为是最能说明"每、所有"与"任何"的差异的句式:

(33) a. 你们所有人(都)买了些什么东西?

　　 b. 你们每一个人(都)买了些什么东西?

当我们把句子右边换成疑问结构时,上述句子是问你们中每一个人所买的东西,可以是相同的东西,也可以是不同的东西,这是因为"所有、每"与后面的疑问词是不相互影响的,它们只负责把"你们"组织成一个整体或一一逐个点明,把"你们"中的成员都扔到疑问的范围之内,而不管你们是否做同样的事。只有在特殊的情况下,如把"都"特别重读,才能达成全称量化意义,指"你们"所有人买同样的东西,问这一/这些东西是什么。

(34) a. 任何学生(都)应该怎么样啊?[所有学生人有同样的答案,不管答案是什么。]

b. 任何人来,我该怎么办?[所有人来是采用同样的办法,不管这办法是什么。]

c. 任何代表同意就会如何?[所有人同意都有同样的结局,不管这结局是什么。]

但是,同样条件下的"任何"疑问句就只有一种解读:所有情况都指向同样的答案。为什么疑问结构不能破坏这些句子中的"同样"意义,而"他们都买些什么?"会破坏。我们认为,"任何"句的这一意义是从虚指的"角色——演员"矛盾来的,右边的疑问与这一虚指无关,所以破坏不了。而"所有、每"的全称量化是从右边部分意义上的确定性来的,所以一旦右边变成疑问,也就是失去了确定性,就难以得到全称意义(陈振宇 2019)。

3. 在否定时,"每、所有"与"任何"也存在很大的差异:

(35) a. 我不把<u>所有的书</u>给他。=我只把部分书给他。

他没见到<u>每一个人</u>。=他只见到部分人。

b. 他不会喜欢<u>所有这些乱七八糟</u>的东西。=所有这些乱七八糟的他都不会喜欢。

一般的情况下,对"每、所有"的否定得到部分量化意义,如例(35)a 所示,"不给所有书"表示只给部分书,这是合乎逻辑的否定规则的,这是因为"每、所有"是独立于否定词获得全量意义的,因此再加否定就会是对全量的否定。

仅在极为特殊的情况下,如例(35)b 所示,才会打破这一规律,表示全量否定意义,陈振宇(2017)[108]认为这是因为句中有强描写性的"这些乱七八糟",它拥有很强的焦点性主观色彩,"所有这些"在使用中又逐渐形成了一个固定的搭配,不能拆开。

(36) a. 他不怕<u>任何人</u>。=所有人他都不怕。

没有<u>任何人</u>会同意他的这一观点。=所有人都不会同意他的这一意见。

别找<u>任何理由</u>!任何理由都没用。=所有理由都别找。

他不给<u>任何人</u>工作。=所有人他都不给他工作。

b. 并非任何人的意见他都会同意。＝有的人的意见他不会同意。
他并不是喜欢任何一个说他好的人。＝他不喜欢某些说他好的人,试比较"他不喜欢任何一个说他好的人"
我不认为任何人都会喜欢他。＝我认为有的人不喜欢他。
难道她会嫁给任何一个有钱的人吗?!＝她只会借给某种有钱人。

"任何"正好相反,一般的情况下,对"任何"的否定得到对全量的否定,如上例 a 所示,这是因为"任何"需要否定词提供的虚指语境,因此全称量化功能是它与否定词共同达成的。由于否定本身就具有虚拟性,所以"任何"也常是冗余的,可以不要,说成"他不怕人""别找理由""没有人会同意""不给(他)人工作","任何"的使用仅仅是加强了语气,起"否定强化词"功能。

仅在特殊的情况下,如例(36)b 所示,才会打破这一规律。因为这些"并非、并不是、不认为、难道"等都是句子的外围否定形式;在句子内部另外有相应的成分允准虚指,如"会、喜欢",它们与"任何"合作得到全量意义,然后再接受外围否定形式的否定,而对全量的否定得到部分量。

下面再看一个例子,测试发现,在默认时,例(37)a 一般只得到全量否定意义,而例(37)b 只得到部分量意义。这充分反映了融合与否的重要作用。

(37) a. 他没把任何(一个)人制服。＝所有人都没有制服。
b. 他没把所有人制服。＝制服了部分人。
他没把每一个人制服。＝制服了部分人。

参考文献

柴文竹(2010)否定极性词语允准条件的语义加工——以否定极性词"任何"为例,《北京第二外国语学院学报》第 12 期。
陈振宇,刘承峰(2010)"不是……就/便是"与"语用数",《世界汉语教学》第 4 期。
陈振宇,李于虎(2013)经历"过2"与可重复性,《世界汉语教学》第 3 期。
陈振宇(2016)《汉语的小句与句子》,上海:复旦大学出版社。
陈振宇(2017)《汉语的指称与命题:语法中的语义学原理》,上海:上海人民出版。
陈振宇(2019)间接量化——语用因素导致的全称量化,载《东方语言学》编委会编,《东方语言学》第十八辑,上海:上海教育出版社。
陈宗明(1993)《汉语逻辑概论》,北京:人民出版社。
方　梅(2002)指示词"这"和"那"在北京话中的语法化,《中国语文》第 4 期。

刘承峰(2010)《现代汉语"语用数"范畴研究》,上海:学林出版社.
蒋　勇(2006)虚指的通指义和极向性,《语言教学与研究》第1期.
蒋　勇(2013)"任何"的隐现极性特征,《外国语文》第1期.
蒋　勇,龚卫东(2006)极性词语的梯级模型及补充,《现代外语》第1期.
蒋　勇,王志军(2017)等级含义论对任指词浮现极性特征的解释力,《当代修辞学》第6期.
刘丹青(2013)汉语特色的量化词库:多/少二分与全/有/无三分,载木村英树教授还历纪念论丛刊行会编,《木村英树教授还历纪念·中国语文法论丛》,日本:白帝社: 54-72.
唐诗美(2011)汉语任选义任何的允准条件,湖南大学硕士学位论文.
邵敬敏,黄宝珊主编(2013)《汉语语法研究的新拓展》六,上海:上海教育出版社.
邢福义(1979)《逻辑知识及其应用》,武汉:湖北人民出版社.
徐颂列(1989)"任何"与"所有",《杭州大学学报》第4期.
徐颂列(1998)《现代汉语总括表达式研究》,杭州:浙江教育出版社.
Chierchia G. (1995) *Dynamics of Meaning: Anaphora, Prosupposition, and the Theory of Grammar*. Chicago: The University of Chicago Press.
Chierchia G. (2013) *Logic in Grammar: Polarity, Free Choice, and Intervention*. Oxford: Oxford University Press.
Haspelmath M. (1997) *Indefinite Pronouns*. Oxford: Oxford University Press: 93.
Heim. (1982) The Semantics of Definite and Indefinite Noun Phrases. University of Massachussets at Amherst dissertation.
Kadmon N, Landman F. (1993) Any. *Linguistics and Philosophy* 15: 353-422.
Ladusaw W. (1980) *Polarity Sensitivity as Inherent Scope Relations*. New York: Garland Publishing.
Landman F. (2004) Events and Plurality. In Kluwer F. (ed.) *Indefinites and the Type of Sets*. London: Blackwell Publishing.
Tang. (2011) The Licensing Conditions on Free Choice Renhe "Any". Hunan University Master's thesis.
Vendler Z. (1967) *Linguistics in Philosophy*. NY.: Cornell University Press: 80-85.

(刘承峰　200062　上海,华东师范大学国际汉语文化学院
cfliu@hanyu.ecnu.edu.cn,lcf2001@eyou.com;
陈振宇　200433　上海,复旦大学中文系　shuizhister@126.com)

从特指看无定主语句的结构原理*

张新华

提要 关于无定主语句的基础问题是如何确认一量名的指称。在语法事实上,学者所讨论的无定主语实际多是特指。相比特指,无定主语更为受限:严格要求谓语取现实态、体貌词组,且典型只选制作、存现两种动词。无定主语句总是包含多个焦点,且该焦点是语义焦点,区别于语用焦点。该小句是一种特殊根句,具有强依赖性;更特别的是:无定主语+谓语动词可构成述谓,而宾语构成话题。

关键词 无定;特指;存现;多焦点;宾语话题

一、如何定义"无定主语"?

相比限定主语,无定 NP(以一量名为代表)主语句是有标记的句式。首先,该句式要分为事态句(episodic)和模态句(modal)两大类。(曹秀玲 2005;陆烁,潘海华 2009)一般讨论的主要是前者,其研究策略主要是描写,即指出小句的语法特征:1. 高及物性(范继淹 1985;王灿龙 2003;唐翠菊 2005;魏红,褚泽祥 2007);2. 非主题判断(thetic)(张新华 2007a;陆烁,潘海华 2009);3. 感知性、场景性、存现性(内田庆市 1993,张新华 2007b,付义琴 2013,张伯江 2016)。

模态句方面的研究策略主要是允准条件。蔡维天(2009)的策略是:动词提升到模态词位置,后者所带"存在闭包"(existence closure)为其控制的主语赋值;具体是义务模态(包括容量、应为)。陆烁、潘海华的做法是三分

---

* 本文获国家社科基金一般项目"汉语叙实谓词的构式与语篇接口研究"(项目编号14BYY124)资助。

结构：通指、分配句天生具备通指、全称算子，无定主语进入其限定部分，被赋值。用允准策略，事态句的无定 NP 可说是被现实态赋值。

有学者否认无定主语（这基于事态句）。杨素英（2000）认为，一量名主语通过所述事件的具体化而获得特指解，无真正读无定的 NP 主语；徐烈炯（1997）有类似论证。李艳惠、陆丙甫（2002）提出，"汉语的主语不能是非特指性不定指成分，这条限制没有例外"。

关于无定主语句，下面两个基础问题尚需回答：

1. 从短语自身看，如何准确定义"无定"NP？学者对此往往视为当然，而缺乏对其指称特征的具体阐述。实际上，在事态句中，无论出现频率还是使用条件，一量名的无标记用法都是特指（specificity），无定对语境要求苛刻。相关文献的常见现象是：对特指与无定等量齐观，且所讨论的现象实际多是特指。准确区分一量名的无定与特指解读，是研究工作取得突破的前提。

2. 方法论上，对一量名而言，是功能在先还是语境在先？前者的思路是：一量名的本来功能即"无定"，研究的任务是找到允准环境。一般文献的策略是这样。蔡维天（2009）和陆烁、潘海华（2009）的标题即"汉语无定名词组的分布、汉语无定主语的语义允准"。可追问：既然"无定名词"已由模态、通指等赋值，这时它实读通指，为何还称"无定"？"允准"的实质是组合关系：所谓被模态允准，具体语言现象即与情态短语组合，这属语法形式的一面，语法意义则是另一面，仍要揭示：这些不同的"无定"到底指什么？另外，所谓"存在闭包"也并非初始概念，需具体解释：不同小句所述事态不同，所带存在闭包也就不同。

本文的立场相反，认为一量名是语境在先，即，存在如下基本规律：

一量名是一种依赖性指称，并无自身稳定的指称能力，只有处于特定的事态（所谓存在闭包），才获得具体所指。

逻辑上，不是某种语境"允准""无定"NP，而是特定事态"授予"一量名"无定、类指"等释读。该立场与 Heim（1982）基本精神相似：a NP 自身只引入自由变量，只有受到某种无选择算子或存在闭包约束，才获得具体量化力。本文的不同是：1. 自由变量也并非一量名的"本来功能"；2. 把无选择算子解释为主谓间的语义一致关系。

一般词、短语即便有多种内涵，总是功能在先。"看"指具体视觉和抽象判断,"走到"指动作及结果,这在语形本身即能确定。一量名却并非如此。单从语形看,一量名指纯粹的"类中之一"。光杆名词指类,类的本质有两点:基于共同属性而概括一切个体;量词的作用是个体化,即,类事物的属性体现在一个单一个体身上;"一"指客观数量。为何类中之一缺乏稳定的指称内容?原因就在于其纯客观性,缺乏具体定位。可这样理解:一量名是一种严重的歧义结构,其自身所指体现为一种深层语义机制,或"根"(root) (Rappaport Hovav & Levin 1998),很难直接实现,实现的总是语境中的无定、类指等具体内涵。

与汉语界相似,西方学者一般也把"特指、类指"等都归于 indefinite 名下。其实 indefinite 来自传统语法,已需修正。Ladusaw(1983)等提出 indefinite 表特指应归限定(definite),这就怪了:"无定"的功能是"有定"。背后的语法事实是:一量名、a NP 的功能范围从属性延伸到定指的弱形式。只是由于学者事先视之为"无定、indefinite",才造成悖论。

二、一量名指称情况及其赋义规律

(一) 一量名的一般指称情况

A. 属性

(1) 他是<u>一名警察</u>。

(2) 她<u>一个年轻寡妇</u>独住。

(3) 全保育院就他<u>一个大男人</u>。

B. 类指

(4) <u>一个人</u>能举 150 斤/要诚实/若很少接触社会就不可能成熟。

(5) <u>一条狗</u>也有好命歹命。

(6) 我们要招聘<u>一个程序员</u>。

C. 任指

(7) 真正爱<u>一个人</u>也真难。

(8) <u>一个部长</u>也不到会。

(9) 村里集资建宗祠,<u>一个人</u>要摊上一二百元。

D. 单一,一量重读

(10) 三个人,<u>一张床</u>就行了。

(11) 一个对手不能满足他的胃口。

E. 全量,"一"重读

(12) 大雨过后,一个城市都变得清新了。

(13) 香蕉一根皮全冻黑了。

F. 无定

(14) 落日的余晖已消失,一个人忽然出现在门口,一个非常美丽的女人。

G. 特指

(15) 大伙议论纷纷,一个人用手沾了一点白酱。

(16) 他爱上了一个人。

H. 独自地,副词化,名词只能是"人",一量重读

(17) 他一个人完成了三个人的工作量。

(18) 他喜欢一个人。

概括为三点:从 A 到 G 是个体化、限定性增强的过程,H 表现为虚化;从逻辑顺序看,A 最接近一量名"类中之一"的原初内涵;除典型的强限定外,各种指称一量名都可表示。

可见,要研究的与其说是作为句式的"无定主语句",不如说是:为何某种动词充当谓语构成的小句,及谓语中的具体什么范畴,能为做其主语的一量名授予某种解读?

(二) 一量名主语的一般解读规律

NP 的功能实质是指出事物,包含两个语义环节:1. 事物自身的[存在性](existence),2. 基于坐标原点(典型是话主所处时空域)的定位(grounded),获得定位的事物即有[限定性](definiteness);既然基于话主定位,话主对之自然识别(identified)。类指、任指、单一的共同点是:所指事物既未获得自身存在,也未通过坐标原点定位,因此是非现实存在。授予一量名主语非现实解读的根据是 CP 层的通指模态,语义机制是:陈述类事物的共同属性,主语一量名对类是[代表]的关系。代表关系的句法后果是:个体谓词内在带通指义,但做谓语仍要量化副词修饰:"一个人*(往往)是怀有梦想的"。无定、特指都表事物现实存在。特指表话主对事物已做识别,控制一量名读特指的根据是 TP 层的时制,对动词无限制。无定表事物全新出现,控制一量名读无定的根据是 VP 层的体貌、情状,且所选动词范围很

小，只限制作、存现两种。以上概括为表1：

表1

一量名	所指事物存在方式	小句模态	句法层面	句法属性	谓语动词
类指/任指/单一	不存在于当下时空域	非现实	CP	话题+	无限制
特指	存在于当下时空域	现实	TP(CP)	话题-	无限制
无定	存在于当下时空域	现实	VP(TP)	主语	制作、存现

特指行的括号指典型处于 TP 层，不典型具有 CP 要素；无定行同之。"话题"后的"+"指话题性典型，"-"指不典型。表类指、任指、单一的一量名与无定在事件类型上差距很大，应单独讨论。特指与无定的差别就微妙得多，需仔细对比、甄别。

（三）NP 主语的一般允准规律

本小节把一量名置于整个指称系统做一观察，以更好认识其指称根据。限定的根据是话主识别、关注，这有程度差异，构成连续统，分三段：Ⅰ．限定，Ⅱ．特指，Ⅲ．无定。限定形式是指示代词和专名；类指可归强限定，是其弱成员。特指内部成员很多，强形式接近限定，一量名则跨越特指、无定。限定连续统对应于 NP 主语的解读条件，表现为如下规律：

NP 的限定性越强，决定其指称的存在闭包的语法层面就越高；反之则低。

强限定 NP 高层允准关系的句法体现是话题性（categorical）、外位性，弱指称低层允准关系的体现是非话题性（thetic）、融合性。评述部分的语法内涵可概括为"内部"和"外位"两方面：内部指事件自身的存在情况；外位指事件的对外联系。外位要素有高低之别，但都基于话主定义。对事件所做的任何外位刻画都可视为一种算子 f：事件自身是纯客观性、内容性的，通过算子而形成具体的量化、定位。因此，话题句都是三分结构：话题成分指限制域，决定评述部分的真值范围，评述中则包含两个语义范畴：一个指外位关系的算子、一个指纯事件；并且，该算子也同时对话题起作用，所谓无选择约束，即，话题与评述通过算子形成一致关系。一致关系的语义实质是：整个小句处于同一语法范畴约束之下，因此其下位二直接成分共享其特征。概括为如下规律：

只有主语话题化,评述部分才允许做外位操作;反之,若评述部分有外位操作,则主语是话题性的。

从更高层面看,话主对事件的各种外位操作都通过[视点](viewpoint)实现:话主对事件从什么角度观察,事件就形成什么对外联系、定位。综上,话题句的逻辑结构刻画为图1:

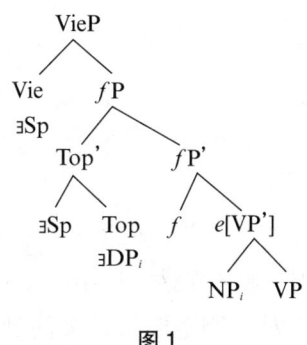

图1

∃Sp 表示:话主(speaker)天然有[存在性];∃DP 表示:话题事物的[存在性]直接基于小句事态之外的话主确立。辖域上,∃Sp 只为话题 DP 提供[存在]义,并不统一为 fP 及其 e[VP']指派存在义。即,并非话题事物存在,评述部分所述事件就有现实性;反之,并非评述是非现实态的,话题事物就是非现实性的。DP_i、NP_i下标表示:话题是兼职性的:既在言谈行为中作为话主的关注对象,又在事件(e[VP'])中作为参与者。无定主语句只编码上面结构的 e[VP']部分:1. 主语 NP 所指事物的存在通过本小句谓语 VP 当下授予;2. VP 不接受任何外位算子;3. 小句缺乏话题性。

三、特指—量名主语句的时制性、话题性, 及其"原初事件"

相比其他指称,学界对特指的研究最不充分。汉语界一般用"特指"指 wh-疑问句,并非一种普通的指称。

(一)特指的原理

特指表话主心中本有一个特定的事物,但故意或确实不能明确指别。(Strawson 1950)即,特指是一种内在带有[忽略]义的修辞性的指称类型。

语义上,特指操作表现为从类/集合到个体的互动关系:话主确知类/集合的存在,也肯定某个体确属该类/集合,这构成特指内涵中的限定因子;但对个体本身却并未精准定位,故限定性又弱。不准确指别的原因有4种:

1. 语境不便:

(19) <u>一个域外大国</u>似乎并不想看到南海风平浪静。

2. 一时疏忽:

(20) <u>一个初中同学</u>找我。

3. 确实无法具体指出:

(21) <u>一个军官</u>调戏了一个女戏子。

4. 明知而故意降低关注度:

(22) "大爷,您怎么了?"<u>一个旅客</u>问道。

特指一量名对名词的内涵很敏感。其中一个重要类型是身份、职业名词,二者都指类、集合,话主对事物主要就是关注到类、集合的层次,对特定个体不关注,有意忽略。另外一种是带功能性修饰语,特指关注功能,不关注个体。如:

(23) <u>一个社会学家</u>认为,……

(24) <u>一位知情人士</u>称,……

不少学者指出无定NP句有忽视主语的效果。这种主语必表特指,不可能是无定——真正的无定主语在信息特征上恰恰相反:指焦点。下面文献的例子都是特指:<u>一家报纸</u>惊呼[曹秀玲 2005,例(30)],<u>一个师傅</u>向我借了一支笔[陆烁、潘海华 2009,例(6)]。

汉语有两个典型特指词:代词"某"、限定词"有",二者可视为特指标记词:一量名自身并不表特指,凡其读特指,语义内涵中都带"某、有"的要素,必可转换为后者。"某"天性即忽略:"王某涛、某官员"。"有"鲜明体现了特指的原理:确定集合中的不确定次集。一般把"有"视为"存在标记",更准确说是"特指标记"。存在指事物自身物理躯体的展开,特指表话主对事物的识别,"有"表后者而非前者。"有"指上位整体对下位部件的统摄关系,整体是一个集合,部件是多个成员;从识别策略看,前者对后者即索引作用。"有"由动词虚化为限定词的动因即对上位整体的抑制:不关注具体通过何者定位,只一般指事物有所定位。"有"的限定性比"这、那"弱的原因是两点:1. "这、那"直接基于话主定位,"有"先通过整体定位,后者再基于话主定位;2."这、那"直接指出个体,"有"只肯定整体下确实存在个体,但并未准确指出。

表特指的一种常见短语是:数量+前述 I 类词+N;前两者可互为先后,I 类词在前的限定性更强。该形式是两步操作:先用强限定词把光杆名词所指的类转为集合,再用数量指其中一个/些不确定的个体。如"一个/些我/小明的同学","同学"指类,"我/小明的同学"指集合,"一个/些"指其中不确定的个体。范继淹(1985)很多例句都是这种形式(括号中数字是该文例句编号,不再完整列举,下同):我的一个同事(21),一位苏联官员(41)。

(二)强特指主语句的 CP 特征

主语 NP 的限定性越强,所允许谓语采取的外位成分就越高、越多。特指形式的限定性强弱分三段:"某" > 一量+I 类词+N > 一量名。谓语的外位要素包括:虚拟、认知情态、评价、语篇连接、断言、时制、否定。此处不都讨论,只用前两种(都属 CP 层)略做展示。虚拟(这里取广义)是对事实的超离,只能以强限定个体和类事物为对象进行操作。虚拟事件分两种:通指、个别,后者对事物限定性的要求更高。"某"对虚拟句的接受很自由,一量名+限定词对其就有选择性,一量名则完全不接受:

(25) a. 如果那天<u>王某</u>不去超市,他是不会出事的。/要是<u>王某</u>当官就好了,……

　　b1. *如果那天<u>我的一个同学/一个我的同学</u>不去超市,他……

　　b2. 要是我的<u>一个同学</u>当官就好了,我们一家也能沾沾光。

　　c. 她们年龄不同,<u>一个</u>泼辣,<u>一个</u>沉稳,*如果<u>一个</u>那天不去超市/当官就好了。

"王某"所指明确,可对其通指、个别行为做反事实假设。例(25)b1."不去超市"表个别行为,不接受"我的一个同学"做主语,因为个别行为要求强限定施事,"我的一个同学"的限定性不够格。例(25)b2."当大官"表通指行为,对参与者限定性的要求低,所以接受"我的一个同学"做主语,但只能读为任一,限定性差。回指语境的一量名主语必表特指。例(25)c 前两个"一个"回指"她们"中的个体之一,所指明确,句子自然;但同样回指明确,非现实句"如果不去超市、当官就好了"都不允许"一个"充当主语。

一量名+限定词主语允许谓语用认知情态,特指一量名不允许:

(26) <u>一个我的同学/我的一个同学</u>/*<u>一个大学生</u>可能在北大历史系工作。

"可能"提示事件本身确实存在,这样"我的一个同学"就能指出处于事件中的确定个体。"一个大学生"的限定性很弱,对事件自身现实存在性的依赖程度就很高,"可能"刻画的事件无法满足其要求,所以小句不成立。

(三) 特指一量名主语句的 TP 特征,及其所蕴涵的"原初事件"

一量名本身不能指出事物存在,它做主语并读特指,所指事物的存在由本小句 TP 授予。特指允许谓语自由使用 TP 层的外位范畴,及一些 CP 要素;无定对二者都不允许。下面小句谓语带时制(TP)、话题化、断言(CP)等,一量名只能读特指,不可能是无定:

(27) 一个漂亮女郎在拒绝了一名男子的求婚后,安慰他说……

(28) 一个大使馆官员曾在澳门过夜。

(29) 一个人经常在同一个地方散步。

(30) 一个女人酒喝多了,想吐。

(31) 一个办事员是带着急救箱跑来的。

上述小句都可明显感觉到一个句外话主的存在。话主存在的根据就是谓语中使用基于其定义的语法成分,因此小句容易独立站住。无定主语句不允许出现上述各种外位成分,话主缺席。

话主以其天性永远处于[现在-这里]。(张新华 2007c)时制的原理是:把客观事件发生的时间向话主坐标定位,这只有身处事外的认识者才能完成,执行者本人只处于事件中,无对外联系能力。以过去时为例,它对事件是一种回顾式的转述视角:话主以其自身所处当下时位为立足点,对在此之前发生的事件进行追溯。由此可发现一个一般忽略的现象:在这种事后、事外追溯的视角下,话主往往会对事件本身的存在形式加以概括化改造。对过去发生的事件自身而言,它只是"当时存在着"的,即:其原初状态必然是延续体、进行体的形式;这种事件称为[原初事件]。"他打过球了"的[原初事件]是[他一拍拍地打着球]。"一个官员曾在澳门过夜"的原初事件是[官员正在澳门过夜],"过夜"是概括性的:当时该官员具体执行的是"走到宾馆、登记、住下"等极多强殊指的动作。

追溯到最后,对[原初事件],话主只有通过物理感知的方式(眼看、耳听)才能捕获;这种感知关系只能以如下方式发生:话主与事件共处同一时空域。这即过去时一量名主语读为特指的根据:话主当时与"一个官员"是面对面接触的,现在追溯时,话主对其自然早已识别,只是由于忽略才做弱限定编码。即，语义关系上，例(28)"一个大使馆官员"具有双重身份：当下小句的言谈对象、原初事件的执行者。同理，陆烁、潘海华(2009)所举"(今天上午，)一个警察来找过你"也只能表特指，而非无定。且其[原初事件]也不可能是单一小句，而必是包含多小句的语篇，如可是下面的形式：

(32) 上午我在公司看报，突然一个警察走进来，问："请问，周莉在吗？""一个警察"对当时情景是首次出现的，表真正的无定。"周莉"即当前小句的"你"。

可见，"一个大使馆官员曾在澳门过夜、一个警察来找过你"的逻辑形式为：$_{\exists}$[一个大使馆官员/警察], f 曾/过[e 他在澳门过夜/来找你]。"一个大使馆官员/警察"的身份是话题。

话题性强的表现是：自身接受各种话题标记、允许评述部分出现各种外位要素。以前者为例，不同话题标记也有强弱之分：强标记指主观评价，弱标记指事物自身的存在，因为话题的根据即话主，话主要素则是主观性的。停顿是最弱话题标记，不同话题后停顿的内涵也有别。特指一量名话题后允许停顿，内涵是"有"，确认事物的[存在]。强限定 NP 话题后停顿的功能是"是"，提请受话注意该事物的某种特征。

(33) 今天上午，一个警察/老李，来找过你。

"一个警察"后停顿表示：确实存在一个特定警察，我心中已想到他，但你不用管是谁。"老李"后停顿表示：你要回忆一下老李的某种特征，以便知道我在说谁。

一量名话题后不大接受"啊、呢、嘛、吧"等提顿词，更难接受"说起、至于"：

(34) a. ?? 一个警察呢，来找过你。　　b. 老李呢，来找过你。
　　　c. *说起一个警察，来找过你。　　d. 说起老李，来找过你。

提顿词的功能核心是表话主对事物的态度，这总是以事物自身的存在为前提。一量名所指事物的存在本身就不确定，自然难接受提顿词。"说起"比"呢"更预设所引事物的存在，所以更难接受一量名话题。

四、无定 NP 对谓词的选择关系：存现性

相比特指一量名，无定主语句高度受限。这意味着：该小句所述实为一

种很专门的事件,该事件即事物的全新出现、存在。

(一)"存在"范畴的语义结构

包括内、外两方面。内指事物自身:事物的物质躯体做整体展开,外指及物关系:事物 A 通过自身展开而相对他物 B 获得占位;A 的功能角色是存现物,B 指处所。事物在某处的存在,即相对于该处所的"现身、出场"。编码存在的句式有三种:1. 普通主谓句,把存在视同普通行为加以陈述,主语是强限定 NP,旧信息:"小桥横跨河面";2. 存现句,专门表存在,处所做主语,指旧信息,存现物做宾语,指新信息;3. 无定主语句,指新信息、焦点的存现物占据主语位置,小句多可转换为存现句,但比后者新奇性强。Sasse(1987)、Lamnbrecht(1994)都指出,"呈现句"(presentation)是典型的非主题句,汉语无定主语句所述事件即呈现,且直接把焦点置于主语位置,所以非主题判断的特征更为典型。

指事物躯体整体展开的动词有两种:制作、存现。"他伸出胳膊",伸对人体是局部性的,不表存在;"一只胳膊伸进来了",伸对主语表现为整体性,小句就表存在。同样情况如:"一只大手按了过来、一个声音从心里对我说。"只有制作/存现动词引出的一量名才表真正的无定,指最地道的语篇新事物,主宾位置都如此。语义机制是:一量名自身仅指纯抽象的类中之一,制作/存现动词刻画其具体的现身、出场,事物因此就现实存在起来。认知上,主体对其也只能是绝对的首次感知、发现,即最本真的语篇新信息。对主语位置而言,一量名与谓语一起表一个呈现事件,所谓主语由本小句的存在闭包授予无定解。

(35) a. 他用木料做了一个大原动轮,平放于地上。

b. 一个房间的外墙完成了。

(36) a. 迎门的墙上挂着一幅羊绒挂毯。

b. 一幅条幅醒目地挂在墙上。

从量域看,无论主宾语,上述小句的一量名对动词都严格取窄域,即,小句不能读为:[有一个大原动轮/一幅羊绒挂毯],[他做了/墙上挂着它]。真正的无定严格取窄域,取宽域就意味着事先存在,即特指性。

比之存现动词,制作动词所述一量名的无定性、全新性更为典型。无定主语前多可加"有"而转换为特指,但在制作动词充当谓语构成的小句,主语对"有"的限制更加严格:或者完全不接受,或者虽然接受,但句义改变。

（37）钟夫人一怔，(＊有)一朵红云飞上双颊。

（38）(有)一个大问题摆在朱贵面前。

只有通过"飞上"，"一朵红云"才实际存在，加"有"就预设了其存在，这在语义上就与谓语发生矛盾，因此小句不成立。(38)加不加"有"都成立，但句义不同：带"有"，"一个大问题"属特指，话主事先明白是何问题，"摆在"指该问题的当前直接存在，无完成义；不带"有"，"一个大问题"属无定，本不存在，"摆在"指其由完成到实际存在的形成过程。

（二）非指人一量名无定主语句

这种名词更易构成无定主语句。原因有两点，指称形式上，指人名词天然具更高的语篇凸显度（Gundel K. Hedberg N. et al 1993），所以多用强限定形式，非指人名词反之；动词上，语言对人的行为分化编码复杂，而对非指人事物就往往只编码为一般存在。因此在这种无定主语句，主谓间组合面很小，即，特定的事物也就表现为特定的存现方式，如，"声音"即以"响"的方式存在，"夜幕"就存在于"降临、笼罩"的方式中。另外，一些无生名词无定主语句所述事件常带生成性、致使性。如：

（39）奚山河伸手便去抓面前的法刀，不料一股柔和的内劲逼将过来。

（40）拔开瓶塞，一股奇臭难当的气息直冲入鼻。

不少学者认为无定主语句是高及物性的，谓语动词指动态行为。这种观点不全面。无定主语句的功能核心是描述"一个全新事物的出现"，对主体则表现为对一个事物的"全新发现"，动态性并非其本质属性。无生名词无定主语句很容易采取静态存现动词谓语：

（41）她手中抱着个两三岁大的男孩，一块大大的红布包在男孩身上。

（42）揉了揉眼睛，伸手摸时，一对花鞋好端端便在怀中。

（43）洋子的家在一个山冈上，一扇古色古香而又沉甸甸的石门耸立在外面。

抽象名词的情况值得单独指出：在该事物上，存现与制作的区别会发生中和。根据是：这种事物并无独立的物理躯体，其每次现实存在本身就是制作性的。并且，在这种小句，表示制作/存现的谓词的范围大大延伸：一些形容词、体貌动词也可表制作/存现。当然，抽象、具体事物的区别也是一个连续统。如：

（44）一个洞渐渐大起来。

(45) 一个新时代开始了!

(46) 一个围歼钉螺战打响了!

(三) 光杆名词无定主语句

这种小句主语多是物质名词,有显著的背景性。这也是 Sasse(1987)所述非主题判断的常见事件类型之一。如:

(47) 乔峰立即向左一移,青光闪动,一柄利剑从身边疾刺而过。

(48) 只觉热气炙人,红焰乱舞,好一场大火。

个体名词所指事物:1. 具备自身确定的躯体形态,2. 明确与相邻的他物分开,3. 内在是前景性的;物质名词在这三点都是相反的表现。语义上,物质名词与谓语动词总是具有很强的选择关系,相互蕴涵,之间结合非常紧密,甚至成为固定搭配。这样,无定的光杆物质名词主语句就强烈地整体构成一个信息单位,属典型的整句焦点。

(四) 非制作/存现动词的一量名主语都表特指

有学者很早就注意到主语 NP 的限定性与谓语动词的情状特征有关。Carlson(1977)指出,个体谓词只接受强限定 DP 主语,阶段谓词兼接受强、弱 DP。Diesing(1992)认为,个体谓词的主语处于 IP,阶段谓词的主语既可在 VP 也可提升到 IP 量化。显然,个体、阶段对谓词是粗线条的概括,难以准确揭示主语的限定性。"一个人病了,去找巫婆"与"一个闪电掠过"谓语都是阶段谓词,但前者主语特指,后者无定。Diesing(1992)所引英语 A unicorn is anxious to damage the walls,主语也表特指。

要准确指出谓语对主语限定性的制约关系,就要对谓词做更具体的区分。制作/存现动词之外动词充当谓语构成的小句,主语一量名都表特指;原因是:对事物各种特殊属性、行为的描述,都以该事物自身已具体存在为前提。这种动词种类很多,下面考察 4 种常见的。

1. 言说动词。这种特指句使用频率很高,目的是引出一种观点,对具体施事无兴趣。

(49) 有一天,一位朋友这样对我说……

(50) 一个同学提出:"孔乙己是……"

(51) 注意到他这个陌生面孔,一个女孩用英语问他来自哪个国家?

注意:句中谓语部分并无时制成分,但仍表现实态;这是特指一量名主语的一般限制。

2. 普通物理动作动词。其区别于制作、存现动词的核心是：前者仅刻画事物某特定部位的活动情况，因此不能指出事物的全部存在；后者的语义核心就是整体性。普通物理动词是动词中的典型成员，数量很大，下面略举数例：

(52) 在公交站，一个男青年习惯性地往地上吐了一口痰，招来了大家的围攻。

(53) 一个信仰把这些年轻人拉拢在一起。

(54) 一个小伙子很快把帽子戴好。

3. 强个体谓词。语义特征是长时性，与无定主语句指事物当下出现的特征相对立。

(55) 一个善良的劳动妇女做了我们的继母。

(56) 一个候选人很有才干。

例(58)很显著："我们"肯定知道继母是谁，但小句的目的不在于此，故用特指。

4. 将来义助动词、心理动词：

(57) 一个人想/要/打算/*肯/*能做一双鞋，鞋匠问："要方头还是圆头？"

(58) 一个小男孩怕黑。一天夜里，他母亲叫他到后面阳台去拿扫把。

根据谓词对一量名主语指称的制约关系，再看范继淹(1985)的实例，发现更多特指。言说动词：一位医生向我介绍……(1)，物理动作动词：一位阿姨拉来一根皮管子(4)，个体谓词：一个例子就是小学生的一则智力题(18)，将来义助动词：一位顾客要买六斤鸡蛋(50)。西方学者也多把特指与真正的无定相提并论。传统把无定描述为未识别，着眼于语篇首次引入，未考虑与谓语的关系。这种无定多属特指。

关于无定主语句的存现性，内田庆市(1993)、张伯江(2016)都已指出，但二者都未把这种句式义落实到句式对谓词的选择关系，这就造成其对无定主语的鉴定并不准确，下面例(59)一组是内田的引例，例(60)是张伯江的例子：

(59) a. 一位医生向我介绍。一位旅客说：……

(60) a. 团长正不知如何回答，一个矮个子、湖南口音的战士站起来说：……

b. 一个满脸胡碴的战士说：……

c. 一个苏北口音的战士,不好意思地问：……

以上句中谓语动词都是言说类,其一量名主语都是特指,并非无定指。其中例(60)一组更为显著,张伯江(2016)原文引了一个完整的语篇,该语篇是在陈述一个部队的活动,这样,"战士"显然都指确定的上位整体中的不确定成员,这是特指的典型用例之一。

无论是汉语一量名,还是英语 a(n) NP,把其所表无定与特指明确分别开来,都尚未形成明确的理论自觉。Givón(1978)把 He bought a book yesterday 视为无定。从谓语看,a book 实为特指：它在买前已现实存在,且话主识别。Bende-Farkas & Kamp(2001)举到类似例子：Bill bought a car yesterday,就把宾语析为特指。

五、无定主语句的感知性

从深层看,无定主语句都是感知动词的宾语。语义上,新事物自身在当下场景的"出现",与主体对其"新发现",二者是同一事件。"见"既指看见也指显现,鲜明提示了该原理。另有形容词"清晰"可作证据："一个小蓝点慢慢清晰起来。"同时指事物自身的呈现、主体对它的感知。语义上,无定主语句总是强烈蕴含"只见、只听"等强感知话头,单独站不住的无定主语句,加上它们就很顺口：

(61) 转了一个弯,？？（只见)老大一座酒楼当街而立。

进一步地,若直接用"看到、发现"之类物理感知动词的宾语,则无定主语句对谓词的选择范围就可超出前节所述制作/存现动词限制：只要具体可感即可。如：

(62) 我路过府上时,看到一个穿绸衣的小孩正踮着脚,使劲想抓住敲门的铜环。

(63) 民警曲贵、白云海巡逻时,发现一个人东张西望,行动鬼祟。

对上述句子可指出两点：1. 若去掉主句,则宾语部分的无定主语句单独站不住,除非读为特指；2. 宾语小句预设了无定主语事物的首先存在,即,先是看到"出现",然后才是"踮着脚、东张西望"。本文所关注的主要是形式上独立出现的无定主语句,直接做宾语的不讨论。

另一方面,如果语境支持存现物的外观可感性,则形式最简单的无定 NP 也能做主语:

(64) 蓦地里烛影一暗,<u>一人</u>飞身跃到司马林身旁。

当时场景中主体能由身形能感知到出现的是"人",数量为"一",因此无定主语句成立。

下面句子是无定主语句很常用的语篇环境:先用一量名主语,后用专名识别,也基于其当下感知性的语义机制。

(65) 一斜眼间,只见<u>一位老僧</u>站在身边,<u>正是玄难</u>。

(66) 突然,<u>一个熟悉身影</u>出现在我的面前,我抬头一看,<u>是春兰子</u>!

在当下场景,"玄、春"的出现对主体表现为[全新感知]。若仅从[语篇首次引入]定义,则无法解释句子用无定形式的根据:"玄、春"在语篇早就出现。

无定主语句对事件是高度置身的编码策略,主体与外部事物直接面对面,身份上,无定主语句所述事件的实际接受者是感知者,而非句外的话主。有两个证据:1. 无定主语句指所言内容参与者而非句外话主的感知内容;即便有时实体上就是话主本人,实际仍是言内参与者的身份。如:

(67) <u>我</u>吃惊地回头一看,<u>一个年轻男人</u>正走过来。

(68) 肩头被人拍了一下,<u>冬子</u>回头一看,<u>一位陌生的男子</u>站在身后。

由此造成:无定主语句前加"你看"并不自然,因为"你"指受话,这以话主为前提,而话主在该句式的存在很弱:"?? 你看,一只鸟突然从树上飞出来。"口语自然的说法是:"你看,树上飞出一只鸟。"语体上,无定主语句是一种文学描写性很强的句式,普通口语并不常用。

2. 语力上,无定主语句也允许带感叹语气,但其发出者并非话主,而是事件的感知者,即,指新事物的突现给感知者带来惊奇,因此与一般主句层面的语力并不相同。如:

(69) 屋门被踹开,一个黑衣大汉冲了进来!

内田庆市(1993)认为无定主语句是"白描句","眼前的事象和表述之间没有空隙"。实际含义是:无定主语句刻画置身式的感知内容,而非退出感知情景之后的外位追溯、转述。Kuroda(1992)多次强调,非主题句的核心是直接感知,"陈述一个对情景的连续、透明的感知"。无定主语句即典型的非主题句,自然也是强感知性的。朱晓农(1988)、张伯江(2016)也都发现,无定主语句往往蕴涵、携带一个感知动词。

形式上,无定主语与谓语结合得非常紧密,之间是蕴涵性的。语义机制是:主语事物自身并不存在,其全部存在就完全由谓语动作描述。一定意义上,谓语是羡余性的,且确实可省略,省略的原因也来自感性:由于情绪冲动而无暇理性陈述事物的动作情况。如:

(70) a. 屋门被踹开,<u>一个黑衣大汉!</u>　　b. 警察！[警察来了]

表达结构上,无定主语内在与谓语一起构成一个纯事件,主语未话题化。即,无定主语句只有话题句中的 e[NP-VP]部分,小句自然也就不允许出现话题句的各种外位成分。这与特指一量名主语句形成质的分别。比较上述例(69)与下面的一组句子:

(71) a. 屋门被踹开,*一个黑衣大汉曾/正要冲了进来！
　　　b. 屋门被踹开,*一个黑衣大汉是冲了进来的！
　　　c. 那天,一个黑衣大汉曾/正要冲了进来。/一个黑衣大汉是冲了进来的。

例(71)a、b是无定主语句的语境,强当下感知,排斥外位成分,所以小句不成立。例(71)c成立,原因是当下呈现语境被去除,但该句就改为话题句,事后追溯视角,"一个黑衣大汉"读特指。

[感知性]与[状貌性]是一体两面的关系:状貌即事物相对于感知器官的形象、声音等。学者多指出增加定语能支持无定名词充当主语,但往往对其语义特征缺乏区分:无定主语不接受抽象定语。比较:

(72) <u>一个绿衫</u>/*善良少女手执双桨,缓缓划水而来。

(73) <u>一个圆溜溜</u>/*能传电的物体从他面前飞过去,吓了他一跳。

不难理解,由于特指一量名不要求状貌性,所以自然接受抽象定语,"<u>一个善良的警察救了他的两个女儿</u>",只能读特指。

六、无定主语句的依赖性

根句允许充分的句法操作,内嵌句则受限制;Emonds(2007)把根句刻画为"话语投射"(Discourse Projections)。无定主语句则恰恰缺乏话语层面的语法范畴,因此内在有强依赖性,但并非内嵌句,可说是一种特殊根句。体现在:事态的强感知性(见上节),主语的有待定位性,谓语的体貌性及突发性、指示性。这些特征在不同无定主语的表现也有差异。

（一）主语事物的有待定位性

这体现了人类中心主义的语法原则：只有所言事物向话主坐标原点定位，NP 语义上才完备。下面是两个以无定主语句开始的语篇，语义不完备，目的是制造悬念：

(74) 青光闪动，<u>一柄青钢剑</u>倏地刺出，指向中年汉子左肩。

(75) 清乾隆十八年六月，陕西扶风延绥镇总兵衙门内院，<u>一个十四岁的女孩儿</u>跳跳蹦蹦的走向教书先生书房。

句子强烈要求主语事物得到锚定：谁的剑？女孩是谁？

在有待定位性上，自然物主语句的依赖性一般不高，即自立性强。"<u>一个闪电</u>划过夜空，"一般不会追问是"哪个闪电"。这种小句陈述环境，不构成语篇主线。

（二）谓语动词的体貌特征及伴随的突发性

范畴层面上，无定主语句主要表现为体貌性（AspP），时制性（TP）很不典型。无定主语句谓语主要采取下面 3 种体貌形式，该体貌且与小句的突发性相关。

1. 静态延续

(76) 屏风门撞开了，一个男人<u>站</u>在那儿，<u>叉着</u>两腿，沉重的身躯一动不动。

2. 动态进行

(77) 在黄昏的夕阳残照里，一个孩子孤零零、静悄悄地在<u>一堆沙子</u>前面<u>玩耍</u>。

(78) 一个小小的人影在栈桥上缓缓地<u>挪动着</u>。

(79) 在断崖边上，一个高高的黑影<u>做出</u>各种姿势。

"做出"是动结式，但在句中指事件的内部进行情况。

无定主语句的进行体动词前接受副词"正"。"正"属时制成分，即无定主语句也允许 TP 层的语法范畴，但比之"正"的常规用法，其在无定主语句的行为有独特处。"正"的特征有两点：前景性、参照性。在普通"正"字句，谓语的强关注与主语的强限定是一致的，比较："他正玩得高兴，一个人敲门。""他玩得高兴，*<u>一个人正敲门</u>。"后句不成立的根据是："正"用在弱指称"有人"句，整个句子在聚焦分布上不和谐。就是这一点，"正"在无定主语句的表现不同：无定主语是弱指称，谓语却接受"正"：

(80) 不知哪个窗口飘出了音乐,<u>一位女歌唱家</u>正柔声曼气地唱着你是一朵……

(81) 烛光旁,<u>一位老妇人</u>正在织着袜子。

句子成立的根据就在于强感知性:主体的意识活动高度进入所述事件的内部,这就造成前景化,符合"正"的语义特征。

延续、进行体是内部视角,强置身性,这种小句一般无突发性。即:感知主体一步步触及事件的进程,因此并无新奇、突发感。这与下面的完成体形成差异。

3. 完成并延续

(82) 后来,<u>一块暗礁</u>挡住了小船的去路。

(83) 在峰迭新区,<u>一个现代化的小城镇</u>已经初具规模。

相比"曾经","已经"不是典型时制成分,而更靠近体貌:前者严格指过去,两个时位明确分开;后者指完成的事件本身或其结果当前持存,时间上连续,类似英语现在完成时。即,与"正"一样,无定主语句允许"已经",也并不意味着它属对象 TP,而偏重 AspP。

完成体无定主语句多有突发性:新事物在当前情景从无到有的首次出现,往往引起惊奇。小句常出现"突然、忽然",并可"忽、突"与"见、觉、听"组合,用于句首:

(84) <u>一个汉子</u>突然笋子一样冒出来。

(85) 忽然<u>一个少女</u>的声音格格笑道。

(86) 突觉<u>一只手掌</u>按到了背心。

(87) 忽见<u>一根枯瘦的手指</u>伸到图上。

(三) 谓语的指示性(deixis),话题宾语

在无定主语句中,虽然主语未经定位,但谓语却往往有强指示性,即引出主语所相向出现的限定 NP,后者即参照物。参照物既可直接在本小句出现,也可编码在另一小句:

(88) "啪嗒",<u>一双朽烂的木拖板</u>扔在<u>萍子面前</u>。

(89) 突然呼的一声,<u>一块拳头大的石子</u>投了过来,落在<u>他身旁</u>。

句式上,参照物出现在谓语内的无定主语句,具有重大句型价值:在小句之内,主语表新信息、焦点,小句后部的成分却表旧信息。这与一般小句信息模式正相反。这种小句的结构方式应分析为:"主语+动词(助词)"构

成述谓,宾语部分指话题。话题、焦点都是常规主宾语之上的高层信息,与主宾不一致,并不奇怪,Gundel(1985)、Lamnbrecht(1994)等大量文献都早有这种处理。参照点即话题性,指话主对所言内容的视角,体现移情。常规话题句的编码策略是话主要素优先:把特别关注的事物专门提出来,置于句首;无定主语句则是客观事件优先:语序按事件自身的因果顺序安排,主语事物所相对的参照点居后。支持这种分析的两个证据是回指关系、话题延续。

(90)几个青年正在菜园里整地,一个地主婆走到<u>他们跟前</u>。

(91)一个穿着十分考究的中年妇女<u>来学校找我</u>。

例(93)后小句主语指相对前句话题"青年"引出的新信息,其宾语"他们跟前"回指前句话题。例(94)宾语"学校"是光杆名词,但基于话题读为限定。

不仅无定主语句的强限定宾语可构成话题,特指主语句也可如此。形式是:宾语由强限定NP充当,主语的限定性显著低于宾语,"特指NP+动词(-助词)"对该宾语话题构成述谓关系。"小王,刚才<u>有人找你</u>。""有人"并非话题:其后不能停顿;"你"才是话题:回指"小王",可省略。"有人找"一起构成述谓,韵律上也是整体,对话题"你"提供新信息。

(四)另一种话题?

无定主语句前常出现时间、处所短语,这对完句大有帮助:

(92)<u>大道上</u>一匹快马疾驰而来。

(93)<u>这时</u>一个小老头进来。

是否把句首时间、处所词分析为话题?不少学者这么处理,如Jäger(1996)。其语义根据是:非主题句包含一个时空论元,该论元执行话题功能。这种分析的理论后果是:一切小句都是话题句,不存在非主题句;持此观点的学者并非少数。

本文认为,例(92)、例(93)句首时空短语还是应视为状语,而非话题。首先,事件结构上,时空短语对VP不构成论元关系,而VP也一定有其施事。可比较存现句,其句首的处所词与谓语有内在语义关系,因此更有分析为话题的理由,"路边栽着树","路边"以自身物质支撑"树"的"栽";同时,存现句的谓语部分不允许引出施事。其次,无定主语句的时空短语高度受限:严重依赖当下场景,远缺乏存现句那样的自由构造能力。就时间而言,无定主语句只允许指当下的时间词,绝不允许过去时:后者的情况下,主语就读特指。典型以时间词为话题的小句不存在如此狭窄的选择:"前天/这时非常冷"。语言事实也不支持话题式处理:自然语言中,表层出现该短语的小句,在无定主语句占比很低。

七、无定主语句的多焦点性

须先指出,一般讨论的焦点是语用维度的断言焦点,无定主语句的焦点则是语义维度的内涵焦点;原因是:无定主语句是一种特殊根句,缺乏话语层面的语法范畴。二者的共同点是凸显,区别有三:凸显根据、范畴层面、认知载体。语用焦点是话主强加的,即在所述事件之上叠加的一层高阶信息,来自外部对比关系(即交替项);语义焦点则是对事件自身刻画的高颗粒度,表现为生动性、感知冲击力。语用焦点基于对成分真值特征的理性分析,语义焦点则基于高度专注的感官扫描。"只见/听/觉"即指这种强聚焦,所谓全神贯注。"只"本是焦点标记,"只见"则指"唯一看见",排除对其他内容的关注,虚化之后,"只见/听/觉"就指单纯的[强关注],而不指向具体感知者。对应于"是、只有"等语用焦点标记,"只见"等可视为语义焦点标记。

无定主语句是一种典型的非主题句。一般认为后者是整句焦点,但这并不意味着小句在信息上铁板一块:该焦点总是分为多个板块,至少是主谓二部,若带定、状等,则也是焦点。一般非主题句主语事物自身在语义上不凸显,所以需重读支持,无定主语则不然:一般并不重读,却内在有强凸显性。常用两种形式:强生动的状貌定语、后加停顿。状貌定语与数量词可互为先后,在前是有标记语序,焦点性更强:

(94)小石匠往桥洞里走,<u>一股脏乎乎、热烘烘的水</u>泼出来。

(95)忽然间哇哇两声婴儿啼哭,跟着<u>黑黝黝一件物事</u>从谷中飞上。

一般认为停顿是话题的形式标记,无定主语后也可停顿,但这种停顿并非话题标志,而是主语自身作为一个焦点信息单位的标记。如:

(96)他们的眼前仿佛同时出现幻境:<u>一大片碧绿起伏的草原</u>,远远连结天际。

(97)<u>一个浑身黑色的人</u>,站在老栓面前。

(98)<u>一钩新月</u>,斜照信阳古道。

该停顿的内涵是对事物形成感知[关注],功能则是确认事物的[存在]。

无定主语句总是有多焦点性、平铺直叙性：

(99) 湖水入口清冽，一条冰凉的水线直通腹中。

(100) 猛然间一个天仙般的女子跟在董永身后从门外翩翩走进来。

"从门外、翩翩"构成"走"本身的进行，且主语走的同时外貌是"天仙般的"：这些信息同具感知强度。多焦点的根据在于存现范畴的语义机制：主语事先并不存在，其全部躯体的存在就当下全由动词及修饰语刻画。Jackendoff (2002) 讨论整句焦点时分析了一个英语存现句：Once upon a time there was a little girl who lived in a large, dark, forest, 认为 girl、forest 都指焦点。该句焦点性并不强，汉语无定主语句总是包含多焦点，且强度更高。

八、结　论

把汉语一量名及英语 a NP 的功能视为"无定"并不妥当：二者都是语境依赖的指称形式，功能范围涵盖属性、类指、无定、特指等，具体所指取决于小句的模态、事态。主语 NP 的限定性强弱与谓语动词句法层面的高低成反比。无定主语是限定性最弱的指称形式，所指事物的存在完全由谓语决定，谓语属 AspP, 指强当下事实，且典型仅限制作、存现两种动词（直接充当感知动词的宾语除外）。与无定主语在限定性上最接近的是特指，谓语属 TP, 小句要求现实态，对谓语动词则无限制。无定主语句有强感知性，信息上属典型非主题句。一部分无定主语句存在宾语话题现象，表现了与常规小句相反的信息组织模式。

参考文献

蔡维天 (2009) 汉语无定名词组的分布及其在语言类型学上的定位问题, 载北京大学汉语语言学研究中心《语言学论丛》编委会编，《语言学论丛》第三十九辑, 北京：商务印书馆。

曹秀玲 (2005) "一(量)名"主语句的语义和语用分析,《汉语学报》第2期。

范继淹 (1985) 无定 NP 主语句,《中国语文》第5期。

付义琴 (2013) 论汉语"无定主语句"的句式义,《云南师范大学学报》第5期。

内田庆市 (1989/1993) 汉语的"无定名词主语句"，载大河内康宪主编,《日本近、现代汉语研究论文选》, 北京：北京语言学院出版社, 359。

李艳惠, 潘海华 (2009) 汉语无定主语的语义允准分析,《中国语文》第6期。

陆　烁,陆丙甫(2002)数目短语,《中国语文》第4期：330。

唐翠菊(2005)从及物性角度看汉语无定主语句,《语言教学与研究》第3期。

王灿龙(2003)制约无定主语句使用的若干因素,载中国语文杂志社编,《语法研究与探索》十二,北京：商务印书馆。

魏　红,储泽祥(2007)"有定居后"与现实性的无定 NP 主语句,《世界汉语教学》第3期。

徐烈炯(1997)名词性成分的指称用法,载徐列炯,《共性与个性》,北京：北京语言文化大学出版社。

杨素英(2000)《数量词"一"在中英文中不同的语义功能》,载陆俭明主编,《面临新世纪挑战的现代汉语语法研究》,济南：山东教育出版社。

张伯江(2016)《从施受关系到句式语义》,上海：学林出版社。

张新华(2007a)与无定名词主语句相关的理论问题,《北京大学学报》第6期。

张新华(2007b)表达非主题判断的无定名词主语句,载王建华、张涌泉主编,《汉语语言学探索》,杭州：浙江大学出版社。

张新华(2007c)《汉语语篇句的指示结构研究》,上海：学林出版社。

朱晓农(1988)句法研究中的假设演绎法：从主语的有定无定说起,《华东师范大学学报》第4期。

内田庆市(1989/1993)汉语的"无定名词主语句",载大河内康宪主编,《日本近、现代汉语研究论文选》,北京：北京语言学院出版社：359。

Ágnes B F, Hans K. (2001) *Indefinites and Binding*. Helsinki：ESSLLI：7.

Carlson G N. (1977) *Reference to Kinds in English*. Amherst/Diss：University of Massachusetts.

Diesing M. (1992) *Indefinites*. Cambridge, Mass：MIT Press.

Emonds E. (2007) *Discovering Syntax*. Berlin：Mouton de Gruyter.

Givón T. (1978) Definiteness and Referentiality. In Greenberg J H. *Universals of Human Language*, V4. Standford：Standford University Press：291-330.

Gundel K. (1985) 'Shared Knowledge' and Topicality. *Journal of Pragmatics* 9：83-107.

Gundel K, Hedberg N, Zacharski R. (1993) Cognitive Status and Form of Referring Expressions in Discourse. *Language* 69：275-307.

Irene H. (1982) *The Semantics of Definite and Indefinite Noun Phrases*. Diss：Amherst Universify of Massachusetts.

Jackendoff R. (2002) *Foundations of Language*. Oxford：Oxford University Press：412.

Jäger G. (1996) *Topics in Dynamic Semantics*. Diss：Humboldt-Universität zu Berlin.

Kuroda S-Y. (1992) *Japanese Syntax and Semantics*. Dordrecht：Kluwer Academic Publishers.

Lamnbrecht K. (1994) *Information Structure and Sentence Form*. Cambridge: Cambridge University Press.

Ladusaw W A. (1983) Logical Form and Conditions on Grammaticality. *Linguistics and Philosophy* 3: 373-392.

Rappaport H M, Beth L. (1998) Building Verb Meaning. In Zn Butt M, Geuder W. (eds.) *The Projection of Arguments*. Stanford Calif.: CSLI Publications: 97-134.

Sasse H J. (1987) The Thetic/Categorical Distinction Revisited. *Linguistics* 25: 511-580.

Strawson P F. (1950) On Referring. *Mind* 235: 320-344.

(200433 上海,复旦大学中国语言文学系 zhangxinhua@fudan.edu.cn)

兼语省略及其相关问题研究*

戚晓杰　刘　欣　杜洪英

提要　兼语结构是汉语句法复杂化、兼容化的结果，兼语一身兼二职，具有双重身份，因而常为整个句法结构所必须，不可省略。然而在特定的语境中，为表达的需要，兼语也可以省而不出。文章拟对兼语省略及其相关问题进行探究，从省略与兼语省略、兼语省略的条件限制、兼语省略的词汇化、兼语省略的结构异化等方面展开论述，以使人们对兼语省略有深入了解，由此提升对汉语省略现象的全面认知。

关键词　兼语省略；条件限制；词汇化；结构异化

兼语结构是汉语句法复杂化、兼容化的结果，兼语一身兼二职，具有双重身份，既是动宾结构的宾语，又是主谓短语的主语，因而常为整个句法结构所必须，不可省略。然而在特定的语境中，为着表达的需要，兼语也可以省而不出。本文拟对兼语省略及其相关问题进行探究，以使人们对兼语省略有深入了解，由此提升对汉语省略现象的全面认知。

一、省略与兼语省略

关于什么是省略，朱德熙(1982)曾明确指出："所谓省略指的是结构上必不可少的成分在一定的语法条件下没有出现。""从原则上说，省略了的成分应该是可以补出来的。"兼语省略正是基于此而提出。如：

---

* 本文为国家社会科学基金项目(项目编号 16BYY1130)、国家语委"十二五"社科规划项目(项目编号 YB125—122)、山东省社科规划项目(项目编号 12CWXJ26)的阶段性成果。

(1) 说着,天黑了下来,还有一拨突击计划生育的人没有回来,老张头来问有几个人吃饭,王光明叫等一等。(《中篇小说选刊》1995年第3期)

(2) 贺听了以后黑着脸,说了一句"太过分了",就先让食堂里赶快送饭过来,又让烧水给大家用。(何清涟《心灵深处的一座坟墓》,《中篇小说选刊》2000年第2期)

(3) 华姐面对早已被"打倒"的我的父亲,依旧尊称为矿长,并夸奖我懂事。(《读者》2016年第2期)

例(1)"叫"与"等一等"并非是同一主体所发出的动作行为,王光明"叫"的是"老张头","等一等"这一动作行为的发出者也同样是"老张头","老张头"既是"叫"的宾语,又是"等一等"的主语,但由于句中强调的是动作行为"等一等",所以兼语"老张头"承前分句主语而省略。例(2)"让"与"烧水给大家用"也并非同一主体所发出的动作行为,"让"支配关涉的对象和"烧水给大家用"的行为主体都是"食堂里",因句中强调的是动作行为"烧水给大家用",所以兼语"食堂里"承前分句兼语隐而不现。例(3)华姐"尊称"的对象与"为矿长"的陈述对象均为"早已被'打倒'的我的父亲",因其不为句义所强调,故而兼语承前分句宾语而省略。

汉语中的兼语省略现象不容否定,有时同一结构形式是否看作兼语省略,其语义表达迥然有别。如:

(4) 是小王叫来的。

这个句子有两解。当把它视作一般的"是"字句,"来"读轻声,作动词"叫"的趋向补语,整个句子表示的是"(某人)是小王叫来的"。当把它视作一种兼语省略句式,"来"读本调第二声,整个句子传达的是"是小王叫(某人)来的"之义。

汉语兼语省略,在方言中也有所体现,由此得以普通话与方言相互验证。据邵霭吉调查,在江苏盐城话中,表示"让、允许"义的动词为"把";用"把"构造兼语结构时,以省略兼语为常:

不把[　]走、不把[　]吃、不把[　]说、不把[　]唱、不把[　]坐、不把[　]睡

由于"把"字后面的兼语被省略,所以上述兼语结构总是多义的。例如"不把走"可以是"不让你走",也可以是"不让他走、不让我走、不让任何一个人走、

不让×××走"等。余类推。

盐城话属江淮方言西北区,同区的阜宁、射阳、滨海等县皆是这种说法。盐城市所辖东台、大丰两县内无这种说法。东台、大丰属江淮方言东南区,与盐城话有不少区别。(黄伯荣,1996)

兼语省略在古汉语中亦有所呈现,由此形成古今汉语相互印证。如:

(5) 有圣人作,构木为巢,以避群害,而民悦之,使王天下,号之曰有巢氏。(韩非子《五蠹》)

二、兼语省略的条件限制

在汉语中,兼语省略时有所见。通过考察,我们发现,兼语省略只能出现于陈述句、疑问句中,与祈使句、感叹句无涉,主要用于以下两种交际场合。

(一) 兼语不是句中语义强调的重点,借助一定的语境,其语义比较明确,为其表达的简洁明了而省略

常限于前一动词含有使令意义的兼语结构①,主要包含以下几种情况。

1. 兼语结构用于言传别人对自己或自己一方施加影响,兼语所指通常表现为指称交谈主体的第一人称。如:

(6) 正胡思乱想,武装部长朱前进来了。"边书记,明天开各村支书村长会,老郭叫问问你能不能参加?"(《中篇小说选刊》1995 年第 1 期)

(7) 哥哥的脸一惊,连忙说:你就别去了。
孩子说:那怎么行?老师让必须去。(郝炜《荒诞的背景》,《小说选刊》1999 年第 2 期)

例(6)老郭"叫"的是"我","问问"这一动作行为的发出者也同样是"我","我"既是"叫"的宾语,又是"问问"的主语,但由于句中强调的是"你能不能参加",兼语"我"不言自明,故而省略。例(7)"让"的对象是"我们","必须去"的行为主体也是"我们",因句中强调的是老师让某种动作行为发生,所

---

① 黄伯荣、廖序东(2017)《现代汉语》指出,有使令意义的动词常见的有"请、使、叫、让、派、催、逼、求、托、命令、吩咐、动员、促使、发动、组织、鼓励、号召"等。

以作为兼语的"我们"也可以不出现。这方面的例子再如:

(8) 姜得奎为难地说:"老袁让买呢。好多司机都顶不住了。"(《人民文学》1998年第10期)

(9) 莽汉站起身来随无非子向相室走去,抢先一步,两个马弁从背后窜了上来。鬼谷生见状伸出胳膊挡住两个马弁,客客气气地说:"留步。"

"不让进?"两个马弁一齐问着。(《中国作家》1990年第2期)

(10) 当时我与家里达成一个协议,我可以不读书,但是能不能考一次试,考上了,说明我有能力,不让上学,原因是你们大人的。(路遥《你只有依靠自己,不能混着活下去》)

(11) 下乡第一年特别容易饿,十六岁的我是个孩子不孩子、大人不大人的朦胧年龄,经常跟在房东儿子 小三儿后面疯跑,让干什么干什么……(徐宏力《浮山随笔》,青岛出版社,2008)

(12) 老郭,我起先已声明过,处理欧阳凯的决定,不仅是我们集团党委研究决定的。主要是市委、市府的意见,组织部许部长、经委郑主任都打了招呼,赵副市长几次督促要处理。(《中篇小说选刊》1995年第2期)

(13) 小马这时打开了记录本道:"区上贾书记来电话,明天上午他和宣传委员要来,叫我们把明年的报刊订阅款准备好。"王光明顿时沉了脸道:"又是要钱!说是定报刊自愿,可还是要强迫订。一个乡几万元,不加重农民负担才怪!"(《中篇小说选刊》1995年第3期)

2. 兼语结构用于表述自己或别人一方对第三者施加影响,兼语所指可以表现为指称第三者的第三人称。如:

(14) 驴驴一想,也好,不管她和水祥的事是真是假,棒打鸳鸯各东西!芳芳总是亲骨肉,不能眼看着叫跟个聋子受罪!(《十月》1987年第6期)

(15) 其实他根本没说实话。老郭开会一布置,他就给县农林局的同学打招呼,叫留下6 000株好苗子。(《中篇小说选刊》1995年第1期)

例(14)兼语为"芳芳"她,由于句中强调的是我"不能眼看着"叫某种事情发生,因而它也承前分句主语而省略。例(15)兼语为"县农林局的同学"他,由

于句中强调的是"留下 6 000 株好苗子"这种动作行为本身,故兼语承前面介词宾语而省略。类似的例子还有:

(16) 这位青春未逝的中国姑娘……深得夫妻二人的喜爱,经常邀来喝茶吃饭,谈天说地,但这改变了李约瑟后半世的人生旅程。(《读者》1995 年第 5 期)

(17) 各村书记村长都来了,老郭先不开会,都叫骑车子去各村检查。(《中篇小说选刊》1995 年第 1 期)

(18) 刘有根两人也搞不懂边杰英为什么不叫早些联系树苗,又不能往他身上推责任,就都垂头不作声。(《中篇小说选刊》1995 年第 1 期)

(19) 王光明想了想道:"她一味蛮不讲理,就按老办法给她治嘛!"所谓老办法,就是叫给老太注射或服用安眠药。(《中篇小说选刊》1995 年第 3 期)

(20) 今天罗乡长带人去王龙村执行计划生育,对象户的婆母诬说罗乡长打了她,逼着把她抬到医院里。(《中篇小说选刊》1995 年第 3 期)

(21) 事情本已两清,没想到任老大几天前又放出话,说齐家女子还欠他家小子五百元钱,天天去逼着还钱。(《中篇小说选刊》1995 年第 3 期)

3. 兼语结构用于陈述某一事物使某一处所产生存现变化,兼语兼为存现句的主语。如:

(22) 供求信息的沟通,促使产生出经纪人、买办、资产评估中心、人才市场、证券市场、期货市场、寻呼台、投资公司、卫星中转站。(《读者》1995 年第 5 期)

(23) 民国以来,天津卫的市内交通已经日臻发达,比国人荷兰人法国人相继在天津铺设了有轨电车道,致使有白牌电车围城转,蓝牌电车去老龙头火车站,黄牌电车由河北直通劝业商场,大体上将市内主要繁华区连通了起来。(《中国作家》1990 年第 2 期)

例(16)、例(17)中"促使""致使"后省略的兼语分别为"生意场上""天津卫"。

4. 兼语结构用于表明使令人们做出某一动作行为,兼语表示遍指,指称一定范围内的任何人,无例外。如:

(24)战争税邮票为西班牙1874—1877年间首创,这种邮票印有"战争税"字样,强迫在全部通信上贴用,募集的税款用于西班牙王室发动的战争。(《读者》1995年第6期)

例(24)动词"强迫"后省略而去的兼语为表一定范围内的所有的"人们"。

(二)兼语在特定的句式框架中被特提,由此形成兼语省略

此种兼语省略,前一动词的范围比较广泛,已不限于含有使令意义的动词。此种兼语省略可以说是兼语结构与特定句式框架共同作用的结果,通常包含以下几种情形。

1. 兼语存在于"把"字句中,为"把"字处置的对象。① 如:

(25)朱见深大怒,把他发配到南京当闲差去了。(《读者》2018年第3期)

(26)凡·高设想出一种生活:把落寞的艺术家集中在黄房子里创作,让他的弟弟提奥来做他们的艺术经纪人。(《读者》2017年第20期)

(27)来的是邻居,来问一件小事;罗四姐三言两语,在门外把他打发走了。(邢福义等《汉语句法机制验察》,生活·读书·新知三联书店,2004年)

(28)也许是因为她漂亮、灵敏,且会说普通话,矿上的领导没叫她下井锻炼,而是将她调到机关当广播员兼打字员了。(《读者》2016年第2期)

例(25)"发配"的对象与"到南京当闲差去了"的行为主体均为"他",例(26)"集中"的对象与"在黄房子里创作"的行为主体均为"落寞的艺术家",例(27)"打发"的对象与"走了"的行为主体均为"他",例(28)"调"的对象与"到机关当广播员兼打字员了"的行为主体均为"她",由于这里的兼语在"把"字句中已成为介词"把"处置的对象,故而省而不出。

有时,为求表达简洁,"把"字句中"把"与其介宾还可以省而不出,由此形成隐性的处置句式。如:

(29)华姐面对早已被"打倒"的我的父亲,依旧尊称为矿长,并夸奖我懂事。(《读者》2016年第2期)

2. 兼语存在于"被"字句中,被特提为"被"字句的主语。如:

(30)当天晚上别佳就被邀请去参加了一个酒会。(《读者》2014年第

---

① 本文所言"把"字句,也包含书面语色彩较浓的"将"字句。

11期)

(31) 小学念完后,就上中学。伯父不让上,他没有孩子,养我是为了照料他晚年的生活,那时就被确定当农民。(路遥《你只有依靠自己,不能混着活下去》)

(32) 他曾经被下放到这个县劳动过。(《读者》2015年第11期)

(33) 未成年儿子被妈妈逼着洗内裤:遇到三观正的婆婆,怎是天大的福气!(微信《桌子先生·心理公开课》2018-8-16)

(34) 张大帅被日本人炸上了天。(徐宏力《浮山随笔》,青岛出版社,2008年)

例(30)"邀请"的对象与"去参加了一个酒会"的行为主体均为"别佳",例(31)"确定"的对象与"当农民"的行为主体均为"我",例(32)"下放"的对象与"到这个县劳动过"的行为主体均为"他",例(33)"逼着"的对象与"洗内裤"的行为主体均为"未成年儿子",例(34)"炸"的对象与"上了天"的行为主体均为"张大帅",由于它们在"被"字句中已被特提为"被"字句的主语,故而兼语不出现。

3. 兼语存在于"是"字句中,是"是"字句判断的对象。如:

(35) "不!"舒说,"我是组织上派来照顾你的,你需要我做什么,我都可以做。"(《读者》1995年第5期)

(36) 民警小黄来到石正平家,是凌静请来说服鑫鑫的,鑫鑫闹着要回家。(《青岛广播电视报》1995年第24期)

例(35)"派"的对象与"来照顾你"的行为主体为"我",例(36)"请"的对象与"来说服鑫鑫"的行为主体为"民警小黄",由于它们在"是"字句中已成为"是"字的判断对象,所以兼语省而不见。

与兼语省略问题紧密相关,在这里我们讨论一下"请VP"结构的类型归属问题。以"请准时出席"为例,目前的语法学界常把它视为动宾结构,"请"为表敬动词,带动词性宾语。(吕叔湘2010;《现代汉语词典》第5版;《现代汉语规范词典》第3版)如果我们跳出"请准时出席"这样一些为一般书籍经常列举的例子的范围,全面考察一下此种句式在汉语中运用的实际,便会发现,此种观点很难成立。有的句子把"请"与其后面的成分视作动宾结构根本就不成立。如:

(37) 当然,我们无须要将每一个点都引伸成线。点有它自身的价值。

但是请注意,我们习惯认知的点,只是二维的。(《中国作家》1990年第2期)

(38) 请记住,这是在水门事件以前。(《读者》1995年第7期)

在这里,"请"并不以其后的成分作为支配、关涉的对象,两者之间形不成动宾关系;句子停顿只能置于"注意""记住"之后,而非"请"字之后,这与动宾结构内部的停顿呈现相悖逆。如果"请准时出席"之类真为动宾结构,那么充当宾语的谓词性成分即使带有自身的主语,它也理应为宾语的一部分,而事实上"请您准时出席",人们又把它视为一种兼语结构,这本身就是一种矛盾。①

此类结构可否看作兼语省略的一种,即省略了表示第二人称的兼语而形成的结构呢?回答也是否定的。朱德熙(1982)在《语法讲义》一书中指出:"过去有的语法书说'请坐'是'我请你坐'的省略。从逻辑的角度说,'请'和'坐'不可能是同一个人的行为,'请'的是'我','坐'的是'你'。这么讲似乎很有道理。可是事实上我们不说'我请你坐',反而常说'你请坐',可见省略的说法是没有根据的。"况且有的"请"后的动作行为是由言谈者一方发出的,把它视作兼语省略根本就不可能,如"请问"。这在古代汉语中尤为明显。"'请'字后面带动词时,有两种不同的意义","第一种是请你做某事","第二种是请你允许我做某事"。"在古代汉语里,第二种情况比较常见。"(王力,岑麒祥,林焘,等 1979)

此类结构到底该做何分析?我们认为,它应归属于偏正结构,"请"为一表谦敬副词,在句中做状语,修饰中心语"准时出席"。《现代汉语词典》第5版把此类结构中的"请"释为"敬辞,用于希望对方做某事:您请坐、请准时出席。""请"在这里只表示言谈者对于交谈对方的一种谦敬态度,并不含有使令意义,所以引发不出后面的动作行为。此种结构中的"请"可以不出现,如"您请坐""请准时出席"可以说成"您坐""准时出席"。"请"字不出现,并不改变语句组合的结构类型,而只是丧失了其谦敬的语义色彩而已。

明白了"请"的这种副词特性,那么关于此种结构的诸多疑问也都可以由此得以诠释。因为"请"为一表谦敬副词,所以"请"可以出现于主语、谓语之间,构成"您请坐""二位请进"这样的组合;"请注意,我们习惯认知的点,

---

① 吕叔湘(2010)[453]《现代汉语八百词》中同类型的"请大家想想办法"就被视为兼语结构。

只是二维的""请记住,这是在水门事件以前",其句中停顿只能置于"注意""记住"之后,而非"请"字之后。因为"请"为一表谦敬副词,所以它也可以出现于主谓结构之前,充任句首状语,如"请大家想想办法""请大家准时出席"。"请"充任句首状语,这与副词的特性是相吻合的。在汉语中,副词充任句首状语的现象不乏其例,如"难道你忘了吗?"

当然,我们说"请准时出席"之类属于偏正结构,这并不意味着所有与"请"有关的语句都与兼语结构无关。作为动词意义上的"请",即表示"邀请""聘请"之义的"请",可以带有兼语,如"请他教我""要请他补发些讲义"在北京大学本《现代汉语》(2009)一书中就被视为兼语结构。同时这里的兼语也可以省略。如:

(39)……大家说你爱民如子,这回组织上准重用你了,你得请吃一顿。(《中篇小说选刊》1995 年第 1 期)

(40)下面的书记村长来镇里办事,本来不是找他,也主动请到自己办公室抽支烟喝杯茶。(《中篇小说选刊》1995 年第 1 期)

例(39)"吃"的对象与"吃一顿"的行为主体都是"我们"大家,例(40)"请"的对象与"到自己办公室抽支烟喝杯茶"的都是"下面的书记村长"他们,在这里,为使语义表达简明,兼语承上下文而省略。

三、兼语省略的词汇化

以上我们论述的兼语省略都出现于句子层面。在调查中,我们发现,兼语省略还可以出现于词组层面,作为被包含结构出现于句子中。[①] 如:

(41)三孩支支吾吾地说:是班长不让去喊的。(《小说选刊》1999 年第 2 期)

(42)当时,我还只懂日文、英文、法文,对德文一窍不通,心里不由抱怨起来:教授太狠心,不给具体指点,这么厚的书要啃到何年何月?抱怨归抱怨,毕竟是教授叫读的,也只好听从。(《读者》1998 年第 7 期)

---

① 值得注意的是,兼语省略出现于词组层面,此种现象在古汉语中就已出现。如:计未定,求人可使报秦者,未得。(司马迁《廉颇蔺相如列传》)

(43) 这种感觉就像是一个人被强迫着听了杨坤的 32 场巡回演唱会，对，就是那种感觉。(《读者》2015 年第 11 期)

(44) 晚饭时才被叫起身的我膝盖还痛麻着，我不敢多说什么，赶紧爬上椅子端起碗来开始默默吃饭。(《读者》2015 年第 10 期)

(45) ……同时被邀请发言的人还要先假装拒绝一番，发言的时候还要显得云淡风轻，但心里期待的是山崩海啸般的效果。(《读者》2015 年第 11 期)

(46) ……当被请来出诊的医生看到李秋君着急的样子，便急忙安慰说："太太，不要紧的，小毛病，您请放心。"(《读者》2016 年第 22 期)

例(41)、例(42)兼语省略结构"班长不让去喊""教授叫读"被包含于"是……的"结构中，但兼语不是"是"字句判断的对象；例(43)兼语省略结构"一个人被强迫着听了杨坤的 32 场巡回演唱会"做"像是"的宾语；例(44)—例(46)兼语省略结构"晚饭时才被叫起身""被邀请发言""被请来出诊"均为各分句主语的定语。

引起我们兴趣的是，兼语省略可以出现于词法层面，成为一种独特的构词方式。汉语中有的动词就是通过兼语省略而构成的。这包含几种类型。

(一) 动作行为类动词

任学良(1981)在《汉语造词法》一书中就指出："句子格式有兼语式，构词形式也有，如'讨人嫌'就是例子('人'是兼语)。不过，兼语式的词就一般情况来看，'兼语'并不出现，而是隐含着的，只有你仔细分析才能看出来。这是和句子的兼语式有所不同的。"并举有"讨嫌、讨厌、召见、召集、召开、引见、请示、请教、逼供、劝降、诱降"之例证。[①]

周荐(2004)把此种动词视为"特殊结构类型的复合词"，并细化为三小类，由此深化了我们对兼语省略构成的动作行为类动词的认识：

……[②]

---

① 类似的还有"引进、引入"等。
② 第一个小类指的是连动式构词，即："两个字分别代表两个动作行为，一个动作行为首先发生，另一个动作行为跟随发生，而且两个动作行为均由隐含着的同一个主体发出。"如"拆洗：拆[然后]洗/查办：查[然后]办。"

第二个小类　两个字分别代表两个动作行为,第一个动作行为支配第二个动作行为的发生。两个动作行为分别由隐含着的两个主体发出,而第二个动作行为的主体同时也是第一个动作行为的客体。例如:

教练:[甲]教[乙]练。

助燃:[甲]助[乙]燃。

听说:[甲]听[乙]说。

托管:[甲]托[乙]管。

属于此类的还有很多,如"送行""送葬""招考""请便""助理""代销""许婚""留宿""教学""代办""代劳""助教""托运""听讲"。

第三个小类　两个字分别代表两个动作行为,第一个动作行为支配第二个动作行为的主体,并致使第二个动作行为发生。两个动作行为分别由隐含着的两个主体发出。例如:

催产:[甲]催[乙,以使乙]产。

惩戒:[甲]惩[乙,以使乙]戒。

震慑:[甲]震[乙,以使乙]慑。

指正:[甲]指[乙,以使乙]正。

属于此类的还有很多,如"催生""催熟""催眠""召见""招领""招安""示警""中伤""传达""传染""呈正""揭示""振兴"。

第四个小类　两个字分别代表两个动作行为,前一动作行为由某主体发出,支配某客体,后一动作行为以前一动作行为的客体为主体,主体为客体。而无论是主体还是客体,都隐含不露。例如:

请教:[甲]请[乙]教[甲]。

求助:[甲]求[乙]助[甲]。

乞援:[甲]乞[乙]援[甲]。

诱降:[甲]诱[乙]降[甲]。

属于此类的再如"请求""获准""仰给""候教""劝降""纳降""求教""求借""求饶""求援""候审""讨嫌""讨厌""请援"。

(二) 认定类动词

刘月华(1986)《实用现代汉语语法》一书在论述"表示称谓或认定意义的兼语句"时指出:"表示称谓或认定意义的动词跟与之相呼应的动词形成一个固定的句式,常用的有:'认……为……'、'认……做……'、'叫……

做……'、'称……为……'、'称……做……'、'选……为……'、'选……做……'。"但在汉语的实际运用中,它们大都又可以通过兼语省略而凝固成为一个词:认为、认做、叫做、称为、称做、选为、选做。① 类似的构词还有"看作、看成、当作、当成、说成、视如、视为、封为、聘为"等。如:

(47) 他依旧抽着雪茄——听起来似乎"高大上",实际上是几块钱一包被称为农民烟的工字牌卷烟。(《读者》2016年12期)

(48) 承德有龙脉,被康熙爷选为夏天纳凉的地方,外地人叫它避暑山庄,我们本地人叫它离宫。(徐宏力《浮山随笔》,青岛出版社,2008年)

(49) 你把我看成什么人?(邢福义等《汉语句法机制验察》,生活·读书·新知三联书店,2004年)

(50) ……在以实用主义为国家哲学的美国,将基础研究当作校根,这本身就是鲜明的个性。(徐宏力《浮山随笔》,青岛出版社,2008年)

(51) 我们许多家长有意无意地把"早学""多学"当成了"早慧"。(《读者》2016年第12期)

(52) 第二年,万妃生了一个儿子,朱见深高兴异常,将万妃封为贵妃。(《读者》2018年第3期)

(53) 我是十年后回来的,因为这里发生暴乱,我被聘为外交使节……(《读者》2015年第11期)

当然,这种认定类动词的形成并非一蹴而就,而是需要经历一个历时的渐变过程。作为一种客观的存在,在现今,此种认定类动词总会留有其语法化过程中兼语存在的痕迹,"称为""视为"有时还可以表现为"称之为""视之为",由此构成一种兼语的回指形式。如:

(54) 上世纪80年代初,应香港三联书店萧滋总编邀约,当时任教于港澳高校的程祥徽先生和田小琳女士,合作撰著了后来被学界称之为"程田本"的《现代汉语》。(曹德和《一部赢得港澳台及大陆地区普遍重视的大学教材》)

(55) 鲁迅在使用杂文这一概念时比较自由,除了广义的之外,他也将杂文称为随感录、杂感、小品文、短评,有时也称之为随笔。(徐宏力

---

① 在现今,"认做、叫做、称做、选做"人们常写作"认作、叫作、称作、选作"。

《浮山随笔》序,青岛出版社,2008年)

(56) 与其将未知看成一种威胁,不如视之为一种自我挑战。

在这里,值得注意的是例(55)中,"称之为"作为一种同义手段与"称为"前后同现,体现出其差别性特征。

在调查中我们还发现,兼语省略构词常出现于某种特定的句式中,对句式带有一定的依附性。我们在对明清山东方言句式进行研究时,就明显感受到有一类"把"字句的核心动词是由兼语省略而形成的(戚晓杰 2007):

B 为谓语动词的兼语。这体现为谓语动词为联合型复合动词,这类动词的第二个成分为"做、为、成、作"等,B 受动词第一成分的支配,同时又是第二成分的主语,谓语动词均带有宾语。如:

(57) 还亏老娘,把你两个生扭做夫妻,强撮成配。(《金瓶梅》4回)
(58) 他倒先把程英才告为打夯,使出几个徒弟党羽强和。(《醒世姻缘传》39回)
(59) 把银钱化成汁子,使铁杓舀着往口里直灌,那恶虎叫哭连天。(《聊斋俚曲集·寒》7回)
(60) 骂恶虎太淫邪,占妇女一大些,强把良女霸作妾。(《聊斋俚曲集·寒》7回)

这在现代汉语中也有所体现。可以说,兼语省略构词常常借助某种特定的句式而得以实现,除"把"字句外,还有"被"字句,这与我们前文所论述的兼语因特提而省略所出现的特定的句式框架也相吻合。①

循此思路探究下去,我们发现由兼语省略构成的动词还具有以下类型:

(三) 使成类动词

除上面"把"字例句中的"扭做、告为、化成、霸作",再如:

(61) 一个年轻的老师(后来知道她是班主任)走过来,把我领进了一年级二班的教室。(《读者》2016年18期)
(62) 我疼得龇牙咧嘴,硬生生地把眼泪咽进肚子。(《读者》2016年18期)
(63) 于是,他将那葡萄随手揣进了自己的衣袋里。(《读者》2016年12期)
(64) 传统文化被挤进角落,萎缩为书房中的小巧文物。(徐宏力《浮山随笔》,青岛出版社,2008年)

---

① 认定类动词亦是如此,常出现于"把"字句、"被"字句中。

(65) 而且她随手把我妈,她最小的女儿,扔进了一个干草堆。(《读者》2016 年 18 期)

(66) 我曾偶遇动物园里的野性训练,活羊被送进了老虎笼子,开始觉得太残忍,最后觉得太可笑。

(67) 后来加了个"阿依古丽",我把"爸"改成"阿爸"。(《读者》2016 年 18 期)

(68) 这些树根被艺术家雕成各种各样的艺术品。(范晓《汉语的句子类型》,书海出版社,2000 年)

(69) 后来我才知道,妈把这两千克樱桃分成了四份……(《读者》2016 年第 12 期)

(70) 把生活中寂寞无聊的时刻变成享受的时光(《读者》2018 年第 3 期)

(71) 后来朱祁镇重登皇位,他又重新被立为太子。(《读者》2018 年第 3 期)

(72) 但对我来说,我宁愿把这句话改为"上有天堂,下有书房"。(《读者》2016 年第 12 期)

(73) 他把船锚抛下水,然后躺下来,舒舒服服地看起了书。(《读者》2016 年第 12 期)

(74) ……但一两天的相随,记忆便被找回了心。(徐宏力《浮山随笔》,青岛出版社,2008 年)

(75) ……心火被挤占了位置……(徐宏力《浮山随笔》,青岛出版社,2008 年)

(76) ……不让他们剥夺我们内心最可贵的诚实,也绝不让他们将自卑与粗鄙植入我们的心灵。(《读者》2014 年第 11 期)

(77) 你飞起一脚,把我踢翻在地。(《读者》2016 年 18 期)

(四)"动介"类动词

这方面例子如:

(78) 杰斐逊作为美国国父之一,也是独立战争的元勋之一,但 1789 年宪法出台时,他正被派往法国做大使。(《读者》2016 年 18 期)

(79) 我将他们请往另一房间。(邢福义等《汉语句法机制验察》,生活·读书·新知三联书店,2004 年)

(80) 布什是新保守主义的实践者,有做世界老板的雄心,他把美利坚的偏执推向登峰造极的程度。(徐宏力《浮山随笔》,青岛出版社,

2008年)

(81) 关于实践是检验真理的唯一标准的讨论,把我从黑暗引向光明。(邢福义等《汉语句法机制验察》,生活·读书·新知三联书店,2004年)

(82) 临走时,我找不到硬币,把一张面额不小的纸币轻轻放到搪瓷缸里。(徐宏力《浮山随笔》,青岛出版社,2008年)

(83) 我们所有的想法都是最好的,但苹果公司只选择其中的一种,并努力把它做到极致。(《读者》2015年第11期)

(84) 大明把人带到了母亲工作的百货大楼,也不商量,硬做好事,帮助打扫卫生。(徐宏力《浮山随笔》,青岛出版社,2008年)

(85) 老天爷真是老糊涂了,把智慧与野蛮搅到了一起。(徐宏力《浮山随笔》,青岛出版社,2008年)

(86) 石狮子被人们从县衙门搬到了公园里。(范晓《汉语的句子类型》,书海出版社,2000年)

(87) 我没把那些钱放在桌子上。(兰宾汉、邢向动《现代汉语》下册)

(88) 可是,女孩并没有被感动,而是又哭又闹,将百合花摔在地上。(《读者》2015年11期)

(89) 有钱的孩子把实践大多用在了开跑车、办party上……(《读者》2014年11期)

(90) 那个叫老熊的人,没用了1分钟,便手脚利落地把一个"邦迪"贴在了龚跃进的伤口上。(邢福义等《汉语句法机制验察》,生活·读书·新知三联书店,2004年)

汉语词、词组和句子的构造原则具有很强的一致性,都存有主谓、动宾、补充、偏正、联合五种基本语法结构关系。汉语词、词组和句子这种构造原则上的一致性,在兼语省略方面也有所显现。由以上分析可见,兼语省略可以说是由句子渗入到词组继而进入到词的层面的,体现了兼语省略由句法而词法的层面渗透。只是由兼语省略词汇化而形成的词,其语法化程度并非整齐划一,呈现出一定的差异性。表动作行为类动词已经完全词化,作为既定的词为词典所收录;表认定类动词,业已固化,可以为词典所收录。借助特定句式而形成的使成类动词、"动介"类动词其凝固性不是很强,尚处于语法化过程的末端,一般不会被词典收录。但在人们的潜意识里,具体处理起来常把它们视为一个词,它符合人们的"词"语感:结构停顿常常置于其后,可以整体与后面的名词性成分发生支配与关涉的关系;且其后可以插入动态助词"了"。一个无法否认的事实是,兼语省略构词具有很强的生成性,汉语大量的新词正是由此而得以产生,可以说兼语省略是汉语新词产生的重要机制。

四、兼语省略的结构异化

省略就意味着一种变化,在长期的高频率的复现中,省略了兼语的兼语结构自然就会产生出不同于非兼语省略形式的特性,其典型的特征就是了兼语省略结构被重新分析,产生结构变异。

(一) 动宾结构化

动宾结构是汉语中一种强势的语法结构形式,具有很强的同化能力,非动宾结构可以动宾结构化。兼语省略结构动宾结构化,细加分辨,包括三种情况。

1. 兼语结构前一动词与其后面成分整体构成动宾结构。如:

(91) 这里,鼓励出出进进(标题)
——大连理工大学与留学人员相互信任(《光明日报》1995-04-02)

(92) 此处禁止堆放垃圾,违者罚款 1 000 卢布。(《读者》2014 年 11 期)

(93) 邻居家则是我最渴望的去处,他家有一个书架,密密麻麻的书籍对我来说无异于阿里巴巴发现的宝藏。可惜他家总是不被允许进入。(《读者》2017 年第 20 期)

(94) 你站在我面前,用不用置疑的口气呵斥——不许哭,爬起来。(《读者》2016 年 18 期)

例(91)至例(94)的"鼓励出出进进""禁止堆放垃圾""允许进入""不许哭",由于**语义泛化**,被鼓励与禁止的由限于某一特定的个体而变为一种普遍性的动作行为;或由于**结构固化**,成为一种经常性的表达形式,故而前后两部分之间形成关涉与被关涉的关系,可以理解为动宾结构,由此丰富了汉语动宾结构的语义关系内容,扩大了谓宾动词的范围。①

---

① "请准时出席"之类"请 VP"式结构与此不同,属于偏正结构,"请"为表谦敬副词,迥异于表"邀请""聘请"之义的动词"请"。

无独有偶,孟琮等(1987)《动词用法词典》也把此类兼语省略形式视作动宾结构,因是含有使令意义的动词带有动词性宾语,故简称作"动宾":

动员:[动宾]动员下乡

鼓励:[动宾]我们鼓励努力学习,认真思考|鼓励投资|鼓励钻研

号召:[动宾]共青团号召开展体育运动|号召捐献资金

命令:[动宾]命令开炮|命令出发

强迫:[动宾]强迫参加|强迫跟他结婚

允许:[动宾]允许犯错误也允许改错误

准许:[动宾]准许在会上讲明情况|准许出售|准许请假|准许交谈|准许讨论|准许借款

阻止:[动宾]阻止在大会上发言

组织:[动宾]团支部组织看电影|组织游园|组织讨论

需要说明的是,对于使令动词后又出现名词性成分的结构,该词典一般视作兼语结构,如"动员群众积极参加建设""她鼓励我明天去承德""号召每个人都要参加植树""命令他去执行任务""应该允许人家讲话""准许他申辩""阻止他们进行合作""组织一些同志到北戴河休养"。这与我们的观点基本吻合。① 但有时该词典又把使令动词后又出现名词性成分的结构视作小句宾语,如"鼓励社员养猪""强迫别人同意"中的"社员养猪""别人同意"就被视作"小句宾语"。这说明,《动词用法词典》对待此类结构的鉴别标准是不统一的,有分别对待的倾向,有待于在今后的修订中加以修正。

2. 兼语结构前一动词与其后一动词融合为一个词,与它们后面的名词性成分整体构成动宾结构,认定类动词、使成类动词由此而形成。其构成条件为兼语结构的前后动词均为单音节,融合为一个双音节词。但如果兼语结构的前后动词是三个、四个音节的,人们则不会把它视为一个词看待。如:

(95)神农架,永远看不透,从神农架回来,就像从另一个世界中回来,揣着异样感觉,由一首诗中走出,而魂魄被栽种进了那遥远的意境深

---

① 毋庸讳言,兼语省略结构的动宾结构化,也是一个渐变的过程,内中存有可此可彼的情形,具有一定的模糊性,需要加以甄别。但不能一概而论均视为动宾结构,做简单化的处理。该词典把"强迫跟他结婚"也视作动宾结构,就有失妥当,因这里的动作行为是比较具体,是针对某一个体而言,没有泛化,还是看作兼语省略结构为宜。

处。(徐宏力《浮山随笔》,青岛出版社,2008年)

(96) 厂里准备把一个姓林的工程师提升为总工程师。(《汉语学习》2009年第4期)

(97) 人生被比喻为一场旅行,相应地,我们就是在追逐"风景"……(《读者》2015年第11期)

(98) 西方的上帝或者中国的老天爷把人安装成什么样子,他就必须顺势活下去。(徐宏力《浮山随笔》,青岛出版社,2008年)

(99) ……专家们不得不主动进入世界顶级学者的符号平台,逐步把自己打造成了"国际学者",这些年来,获得或者接近诺贝尔的日本人在逐步增加。(徐宏力《浮山随笔》,青岛出版社,2008年)

(100) 他说在年少时他就想到:反正谁也不知道天堂是什么样子,不如就把它想象成一间书房。(《读者》2016年第12期)

(101) 张三把李四的回答理解成了他的拒绝。(《汉语学习》2009年第4期)

(102) 我不由想起了聊斋里的女鬼作品——《画皮》,这里是生命科学学院,她把自己拾掇出了另一种生命状态,活得很鲜亮。(徐宏力《浮山随笔》,青岛出版社,2008年)

(103) 我们一定要在本世纪内,把我国建设成为一个具有现代农业、现代工业、现代国防和现代科学技术的社会主义强国。(房玉清《实用汉语语法》,北京语言学院出版社,1994年)

由此形成汉语语法分析中的盲点,很多现代汉语教材对此种语言现象不做表态,甚至不作为例举,具体分析让人无所适从,因在这里,兼语结构的第一个动词与后面的宾语之间是跨层次的,形成不了动宾结构关系。如果说第一个动词为双音节,第二个动词为单音节勉强还可以解释为结果补语的话,那如果第二个动词也为双音节,如例(103)"建设成为一个具有现代农业、现代工业、现代国防和现代科学技术的社会主义强国",把"成为"视作"建设"的补语从语义关系上看,就解释不通了,因与"一个具有现代农业、现代工业、现代国防和现代科学技术的社会主义强国"发生支配关涉关系的只有"成为",而非"建设"。① 本文兼语省略问题的阐释,有助于此种汉语语法

---

① "建设成为"还可以缩略为"建设成""建成","建设成",有时人们把它视作动补结构;而"建成",人们则往往把它视为一个动补型的复合式合成词。

现象的深入、本真理解。

3. 兼语结构中后一动词虚化为介词,由此构成"(动词+介词)+NP"式动宾结构,"动介"类动词由此而产生。其构成条件为兼语结构的前一动词为单音节,与单音节的介词融合为一个双音节词。但如果兼语结构的前一动词为双音节或是两个双音节动词的组合,与单音节的介词融合为一个三音节或五个音节的结构形式,人们则不会把它视为一个词看待,而往往看作介词与其后面的名词性成分整体构成介词结构做前一动词的补语。① (详见下文"动补结构化"相关内容)如:

(104) 1796 年,科学家爱德华·詹姆斯把牛痘病毒注射到一个 8 岁男孩的体内,让他免受天花的侵害,世界上第一支疫苗就这样诞生了。(《读者》2016 年第 12 期)

(105) 不知过了多久,另一条船的马达声把玛丽莲从书中的世界拉回到现实当中。(《读者》2016 年第 12 期)

(106) 夏海连因此对他十分欣赏,认为这孩子的党性强,把他从一般秘书提升到秘书科长。(邢福义等《汉语句法机制验察》,生活·读书·新知三联书店,2004 年)

(107) 几个月后,肖娟娟离世,按照桑顺良的意愿,夫妻二人被合葬在大桑庄,永生永世不再分离。(《读者》2016 年 12 期)

(108) 索米娅忽然抱着了我,我也把她紧贴在胸前。(邢福义等《汉语句法机制验察》,生活·读书·新知三联书店,2004 年)

(109) 其中有真人真事,有在真人真事基础上的虚构,更多的是把几个人几件事合拢概括在一起的。(邢福义等《汉语句法机制验察》,生活·读书·新知三联书店,2004 年)

(二) 动补结构化

兼语省略结构动补结构化,数量较少,也存有三种情形。

---

① 对于"动词+介词+NP"结构,目前学界的观点并不统一,有人把介词和它后面的成分看成介词结构,充当前面动词的补语,《暂拟汉语教学语法系统》陆俭明(2003)就是这样处理的。胡裕树(1985)《〈现代汉语〉使用说明》则明确指出可以把这种动介结构看作一个整体(不论是双音节,还是三音节),"它的作用相当于一个动词,后面的成分是它的宾语"。我们认为,汉语的"动词+介词+NP"是一个处于语法化过程中的结构,应根据其语法化的程度加以区别对待,不应一刀切,作简单化的处理。

1. 兼语结构第二个动词由表实义动作行为虚化为趋向补语,使兼语省略结构整体或局部构成动补结构。如:

(110) 她既然可以把人调〈出来〉,那么也可以把人派〈进去〉。(邢福义等《汉语句法机制验察》,生活·读书·新知三联书店,2004 年)

(111) 张三设法把一个负责人找了〈过来〉。(《汉语学习》2009 年第 4 期)

(112) 甚至有人一句话没有说对,他一声"滚",就直接把人家赶了〈出去〉。(《读者》2016 年 12 期)

(113) 当天晚上别佳就被邀请〈去〉参加了一个酒会。(《读者》2014 年第 11 期)

2. 兼语结构的第一个动词非单音节、第二个动词虚化为介词,由此使兼语省略结构整体或局部构成动补结构。如:

(114) 生活本来没什么高低贵贱之分,但这些热衷于标榜自己有趣的人,总是迫不及待地,把周围的人划分〈到一个"你真没意思"的框里〉。(《读者》2017 年第 3 期)

(115) 而她过去的人生像是遭遇了诅咒一般,死亡如影随形,一度将她打击〈到濒临崩溃〉。(《读者》2015 年第 11 期)

(116) 1944 年,一名年轻的美国空军士兵返回营地时错过了最后一班公交车,当时他被派驻〈在英国的一个小镇〉。(《读者》2015 年第 11 期)

(117) 乡里的办学条件比较简陋,语文组和数学组被安置〈在同一个办公室里〉。(《读者》2014 年第 11 期)

(118) 他曾经被下放〈到这个县〉劳动过。(《读者》2015 年第 11 期)

(119) 朱见深大怒,把他发配〈到南京〉当闲差去了。(《读者》2018 年第 3 期)

但值得注意的是,这里的介词后有时可以出现动态助词"了",如:

(120) 图上展示了该校孔子学院的视觉效果,浙江天一阁与北京恭王府被缩建到了一起。(徐宏力《浮山随笔》,青岛出版社,2008 年)

(121) 单就这种知识的普及来说不是坏事,但孩子对名牌车的另一层理解上升到了特权的概念。(《读者》2014 年第 11 期)

此种现象是"到"动词特征的一种还原显现,还是"动词+介词+NP"由动补结构向动宾结构靠近过程中的一种特殊呈现,尚有待于进一步考察,不容忽略的是,现实语言中的结构停顿是置于介词后,而非介词前。

3. 兼语结构前一动词与后一动词融合为一个词,与它们后面的介词结构整体构成动补结构。使成类动词有的就是由此而形成的。如:

(122)你飞起一脚,把我踢翻在地。(《读者》2016年18期)

汉语中的各种句法结构形式,表面看各不相同,各自独立,但它们绝非静态孤立、互不相干,而是彼此关联,存在着一定的内在联系,陆俭明(2003)将此概括为"句法格式的相关性"。兼语省略结构异化的揭示,可以从一个动态的视角展现汉语同一结构形式在省略作用下所产生的变化与变异,这对于深层次认知汉语语法内部构成与整体面貌,无疑具有启示作用。

五、余　　论

汉语是一种重意合的语言,迥异于重形合的印欧语系语言。汉语没有印欧语那样严格意义上的形态变化,形式标记少,高语境化是汉语的特点,只要上下文允可,不影响语义表达,有的语言成分就可以省而不出。兼语省略就是如此。

汉语的省略是意合的极致,它丰富而又灵动,充盈于汉语表达之中。"在意合的长链上也许会出现空的环节,但'意脉'仍可把它接续起来。"(潘文国 2002)[347]①省略对于汉语的组织结构来说,有着重要的意义,它伴随着高频率的复现,催生汉语语法单位、语法结构的改变,使汉语语法构成潜移默化,充满弹性与张力。可以说,省略是汉语的语法手段,是汉语构成语法形式的重要方式。②

参考文献

北京大学中文系现代汉语教研室(2009)《现代汉语》,北京:商务印书馆:350-351。
范　晓(2000)《汉语的句子类型》,上海:书海出版社。

---

① "英语省略是对形合的补充,表现在英语省略多数伴随着形态或形式上的标记,可以从形上看得出来。甚至正是形式的存在,为英语省略创造了条件。"(潘文国 2002)[341]

② 汉语的省略可以是语法的,也可以是修辞的,由于少于形式上的限制,陈述者处在一个相对自由的话语位置,灵活选择,以此提升语言表现力。就这一点看,省略也是汉语的修辞手段。

胡裕树(1985)《〈现代汉语〉使用说明》,上海:上海教育出版社:17。
——(2016)《现代汉语》,上海:上海教育出版社。
黄伯荣(1996)《汉语方言语法类编》,青岛:青岛出版社:802。
——、廖序东(2017)《现代汉语》下册,北京:高等教育出版社:95。
刘月华(1986)《实用现代汉语语法》,上海:外语教学与研究出版社:449。
陆俭明(2003)《现代汉语语法研究教程》,北京:北京大学出版社:84。
吕叔湘(2010)《现代汉语八百词》,北京:商务印书馆。
孟　琮等(1987)《动词用法词典》,上海:上海辞书出版社。
潘文国(2002)《汉英语对比纲要》,北京:北京语言文化大学出版社:347。
戚晓杰(1996)谈兼语的省略及其条件限制,《世界汉语教学》,第2期:175。
——(2007)《明清山东方言背景白话文献特殊句式研究》,北京:中国社会科学出版
　　社:175。
——(2011)谈汉语句式结构的层面渗透——以《醒世姻缘传》中的两种基本句式为例,
　　《古汉语研究》第1期。
任学良(1981)《汉语造词法》,北京:中国社会科学出版社:196。
王　力,岑麟祥,林　焘等(1979)《古汉语常用字字典》,北京:商务印书馆:201。
邢福义(1997)《汉语语法学》,长春:东北师范大学出版社。
——等(2004)《汉语句法机制验察》,北京:生活·读书·新知三联书店。
朱德熙(1982)《语法讲义》北京:商务印书馆:220-221。
周　荐(2004)《汉语词汇结构论》,上海:上海辞书出版社:116-117。
中国社会科学院语言研究所(2010)《现代汉语词典》第5版,北京:商务印书馆。

(戚晓杰　266071　山东,青岛大学文学院　sdqixiaojie@126.com;
刘　欣　266071　山东,青岛大学文学院;杜洪英　266071　山东,青岛大学文学院)

新兴主观极量表达的补位强势现象分析*

王连盛　吴春相

提要　文章通过对在当代新媒体网络语境中涌现出的大量新兴主观极量表达用例的观察,发现相较于状位,补位在新兴主观极量表达形式选择中占据强势地位,被优先选择。具体来说,新兴主观极量述补结构包括黏合式和组合式两大类,二者共同用来表达主观极量。分析得出这一现象形成的动因则包括三个方面:一是补位极量表达的专职性,二是网络语境表情性的要求,三是汉语信息结构表达特点的制约。

关键词　新兴主观极量表达;补位;状位;强势现象;相应动因

一、引　言

当前,随着网络语言的迅猛发展,出现了大量新兴主观极量表达形式,且主要以述补结构为主,而状中结构极少。张谊生(2000)考察了程度副词充当补语的情况,认为在现代汉语中有相当一部分程度副词可以充当补语,并且提出"唯补副词"这一概念。赵日新(2001)认为,表达程度高到极点以至无以复加,这正是"形容词 + 得 + 程度补语"这一结构的语法意义。吉益民(2017b)在前人的基础上,进一步提出唯补优选这一观点,认为在程度表达的两种句法取位中,在满足主观极量表达需求时,补位相较于状位更具极性程度表达的优势,基于补位所生成的唯补结构处于优先选择的地位。然

---

* 基金项目:国家社科基金重大项目"对外汉语教学语法大纲研制和教学参考语法书系"(项目编号17ZDA307)、教育部人文社科项目"语言动态观下语法和修辞界面的同形结构研究"(项目编号15YJA740044)、中国学位与研究生教育学会课题"汉语国际教育硕士职业发展能力模型建构与应用研究"(项目编号HGJ201729)。

而,目前对于这一现象的具体句法表现和相应动因,从整体角度进行的系统研究并不充分。

鉴于此,文章拟在现有研究的基础上重点探讨如下相关问题:(1)以述补结构为主的主观极量具体表现形式;(2)相较于状位,补位成为主观极量表达首选句法取位这一现象形成的动因。本文语料来自北京大学 CCL 现代汉语语料库、北京语言大学 BCC 语料库和新浪微博。

二、新兴主观极量表达形式多为述补式

在现代汉语中,程度范畴的表达包括前置状语和后置补语两种选择,相应地,从句法位置来看则为状位和补位。张谊生(2013)指出,从语言类型和语序位置来看,充当状语表示程度无疑是汉语程度副词的常态,但也不能忽视有相当一部分副词可以在补语位置上强调极性程度,尽管这类表达方式要受到一些限制且范围相对有限。这里所说的"范围受到限制"及"范围相对有限",显然是从常规语法结构角度对可出现在状位的程度副词情况的描述,但如果立足于当代网络语境,将考察范围扩展到所有可以出现在补位表达极性程度的语言成分,情况似乎正好相反,新兴的极性程度表达形式,主要为述补结构,状中结构极少。

从极性程度表达的视角出发,相较于状位只有"程度副词+中心成分"这一种表达形式,可以出现在补位的成分则灵活多变、种类繁多。概括起来,从结构方式来看主要包括黏合式和组合式两种形式,下面对此展开分析:

(一)黏合式主观极量述补结构

所谓黏合式主观极量述补结构,是指表达极性程度成分直接黏着在其所限量的述语成分之后,二者之间并无其他成分,可以将其码化为"V/A + C +(了)"。根据搜集到的语料,从补语成分音节的角度划分,以单音节为主,除此之外还包括一些双音节情况,前者如"爆、崩、毙、残、惨、痴、呆、翻、飞、废、疯、翻、挂、坏、昏、极、尽、哭、裂、傻、煞、甚、死、塌、透、歪、瞎、晕、炸"等,此时述语既可以是单音节,也可以是双音节;后者如"非凡、非常、过分、绝顶、绝伦、透顶、无比、万分、异常、之极、之至、至极"等,此时所搭配述语只能为双音节形式。分别举例如下:

(1) 看到某些新闻我气爆了,什么烂公司,让我们老大在你们公司不值得,以后再也不看好天娱了!!!!!(微博)

(2) 因为一直联系不上,爸爸妈妈都担心坏了,妈妈更是终日以泪洗面。(微博)

(3) 而刘诗诗和吴奇隆两个人在公开恋情后的首次亮相,真的甜炸了!(人民网 2016 - 06 - 24)

(4) 绕了一大圈终于要到了老师的号码,成功请到假,高兴死了。(微博)

(5) 我母亲站在村口激动无比,呼喊着哥哥的情景,多年后回想时令我感慨万分。(余华《在细雨中呼喊》)

(6) 她虽精明绝顶,没料到两个活期存折被那个佛山佬弄清密码,趁其不备偷了存折去,把账上三万多人民币、五万多港币全额取出,逃得踪影杳无。(侯水生《走近"二奶"看她们的生活》)

例(1)—例(4)中,补语均为单音节形式,分别与单音节和双音节心理动词"气""担心"及单音节和双音节形容词"甜""高兴"搭配;例(5)、例(6)中,补语为双音节形式,均与双音节述语搭配,既可以为"激动"等动词,也可以为"精明"等形容词。

(二) 组合式主观极量述补结构

组合式主观极量述补结构,指的是表极性程度的成分与所限量的述语成分不能直接组合,二者之间必须借助补语标记(Marker),主要的补语标记为"得"和"到",分别码化为"V/A + 得 + C"和"V/A + 到 + C",举例如下:

(7) 他看黑板,她看他,那帅得冒泡的侧脸让她流尽口水。(微博)

(8) 七里海四条早些年公干出差,只要见了稍微像点模样儿的景致,我立马羡慕得不行。(微博)

(9) 看大家都在吐槽 ios7,怎不住好奇更新了,图标实在是丑到哭!(微博)

(10) 天天不是顶着烈日就是冒着台风穿梭在图书馆和寝室间,我都被自己感动到了,有没有感动到上天。(微博)

例(7)、例(8)中述语分别为单音节形容词"帅"和双音节心理动词"羡慕",例(9)、例(10)中述语分别为单音节形容词"丑"和双音节心理动词"感动"。

根据搜集的语料,"V/A+得+C"和"V/A+到+C"两个结构式中的述语主要为单双音节形容词和动词。而补语部分音节数量却十分灵活,除上述诸例中的单音节、双音节之外,还可以为三音节、四音节、五音节等,甚至在某些情况下可以接近无限扩展。分别以"帅"和"丑"为例,前者如"帅得不像话、帅得令人窒息、帅得天昏地暗、帅得一塌糊涂、帅得天崩地裂、帅得无与伦比、帅得不要不要的、帅得让人移不开视线"等,后者如"丑到没朋友、丑到一种境界、丑到天理不容、丑到让人怀疑人生、丑到超出一般人的想象力"等。

除此之外,还存在一种零形式的特殊情况,补语的位置出现空化现象,即补语位置不出现任何成分。例如:

(11) 这是上初中的时候学校举行的知识竞赛的一道题目,我一下子就猜出来了,可是当时老师就是看不到我,给我<u>急得</u>。(微博)

(12) 双手紧握,总有种不详的预感,这是多大的仇啊,把他<u>气得</u>……(微博)

(13) 一大早看到一只大老鼠躺在那儿,把我给<u>吓得</u>。(微博)

此种情况下,述语需重读,且音长加长,如例(11)中的"急"、例(12)中的"气"及例(13)的"吓",都为重音,并且音长变长。在有些情况下,补语的空位上可以添加表达极性程度的成分,而且可以填充的成分数量较多,类型多样。例如,例(11)中"急得"之后可以补充出"不行、不得了、一头汗、一拍大腿、不住地跺脚、不知如何是好、两只眼睛都突了出来、两只脚不停地左右倒换着"等,此时述语"急"不再重读,音长缩短,而且添加之后给人感觉语义上的极性程度量没那么高,而且限制了听话人和读者进行自主填空的自主性,给人造成无限遐想的语用功能也随之消失。由此可见,这一补语空位式主观极量述补表达形式结构语义已经高度规约化,并且具有独特的语用表达效果。

三、补位成为主观极量表达强势取位的形成动因

以上,我们探讨了新兴主观极量表达形式多为述补结构,而状中结构很少这一语言现象,那么这一现象形成的动因是什么?本文认为,这一语言事实形成的动因主要包括三个方面:一是补位极量表达的专职性;二是网络语

境表情性的要求；三是汉语信息结构表达特点的制约。下面将对此进行具体分析：

（一）补位极量表达的专职性

在现代汉语中程度范畴的表达中，状位可以用来表示各个量级，包括低量、中量、高量和极量在内的全程量级。而补位只用作表达极量，不能表达其他程度量级。例如，就对"帅"的程度量级限定来说，同状位相关的可以有"不帅、不怎么帅、有一点儿帅、比较帅、很帅、特别帅、极帅"等不同程度量级的状中结构表达方式，而与补位相关的述补结构只能表达极量，如"帅爆了、帅呆了、帅惨了、帅得很、帅得不得了、帅得惊天地泣鬼神"等均表达极量量级。这一程度量级表达规律已被相关研究所证实，马庆株（1992）研究发现，程度补语表示程度（Degree）和量幅（Extent）时，只表示程度高，并不表示同样的程度或者较低程度，而程度状语则可以表示各种程度。由此可见，补位是专司高层量级的语法位置，具有极量表达的专职性，我们可以运用状中结构变换为述补结构之后语义的变化对此进行进一步验证。研究发现，上述状中结构的各种量级表达形式中至少是高量才有可能变换成相应的述补结构，如"很帅、非常帅、极帅"可以分别变换为"帅得很、帅得非常、帅极了"，并且转换之后，有些所表达的程度量级有所提升，原本在状中结构中表达高量，变换为述补结构之后表达极量。试比较：

(14) 少年的身材**很帅**，长腿细腰，一个倒三角的胴体，宽厚的胸膛上，两块胸肌嚣张的隆起。（白先勇《孽子》）

(14') 少年的身材**帅得很**，长腿细腰，一个倒三角的胴体，宽厚的胸膛上，两块胸肌嚣张的隆起。

例(14)中"很帅"表达高量，变换为相应的述补结构"帅得很"之后所描述程度量级明显提升，表达极量。可见，补位是表达极端量级的专职句法位置。

除此之外，补位还与主观性表达具有很强的适配性。主观极量表达是带有说话人强烈的个人情感，表达自我的感受程度高到极致，无法复加，而补位具有专司极量表达的语义功能，且可表达强烈的主观评价，褒贬色彩非常鲜明，二者之间具有很强的适配性，从而成为强烈主观极性评价的有效载体，而状位可以表达不同量级，主要用来描写，表达相对理性，程度发生弱化，感情色彩比较淡薄，(吉益民 2017b)无法有效地进行强烈主观评价。在

此基础上,二者在不同量级的表达上形成互补关系①。具体情况如图1所示:

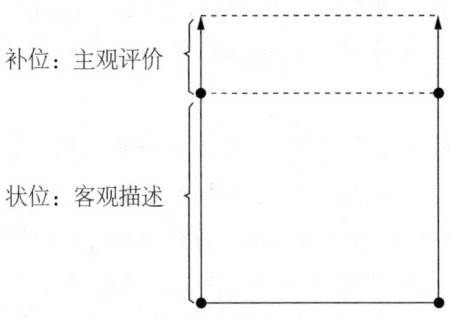

图1 补位和状位表达量级分布情况

图1中,状位可以表达各种量级,而且与主客观都能进行搭配,所表达的语义程度范围很广;而补位只能表达极量量级,且只能与主观进行搭配,从而专门用来承担主观极量表达这一语义功能。由此可见,补位极量表达的专职性及其与主观评价的适配性,促使其成为主观极性表达的最佳选择。

(二)网络语境表情性的要求

本文所研究的新兴主观极量表达形式,最先在网络中产生并流传,而且目前仍主要在网络环境下使用。与传统的语言环境相比,新媒体网络语境具有一些自己独有的特征,其中最重要的特征之一就是表情性,而新兴主观极量表达多为述补式,正是为了满足这一特征的要求。具体来说,表情性是语言与言语单位、是整个语篇或者片段语义-修辞特征的总和,这些语义-修辞特征承担保证语言和言语单位、整个语篇或者片段在交际行为中表现话语发出者对内容或受话者表达主观关系能力的职能(Лингвистический энциклопедический словарь 1990:591,转引自王辛夷 2017),既属于语义范畴,也是情感-评价范畴(王辛夷 2017)。

一般来说,表情性主要包括四个要素:强化性、情感性、形象性及评价性。其中,强化性是指词或者话语所呈现的语义饱和度;情感性是从主体特征的角度出发,主体感受情感并运用语言将其展现出来;形象性则为一种复

---

① 需要指出的是,状位和补位之间的这种互补关系并不是绝对的,状位也可以表达主观极量,只是形式较少。

杂且又多义的修辞范畴;评价性为说话人对所言事物的主观态度与相应评价。(王辛夷 2017)因此,网络语境的表情性要求新兴的主观极量表达形式需具有较强的语义饱和度和形象画面感,而且同时还能够强有效地表达说话人的情感和态度。述补结构式能够很好的满足这一要求,而状中结构却无法满足。例如:

(15) 站务司事,矮矮的,胖得眼睛挤成一条细缝,说话时脸微微向上仰着,腰挺得很直,短短的两只手膂交握在背后,一顶漆光的黑军帽,一身蓝布制眼,告诉着他的身份和履历。(吴伯箫《夜发灵宝站》)

(15') 站务司事,矮矮的,特别胖,说话时脸微微向上仰着,腰挺得很直,短短的两只手膂交握在背后,一顶漆光的黑军帽,一身蓝布制眼,告诉着他的身份和履历。

例(15)中,"胖得眼睛挤成一条细缝"充分说明了被描述对象"站务司事"胖的程度之高,具有很强的语义饱和度,且画面感十足,具有很强的具象性,同时还表达了说话人对站务司事颐指气使姿态不满的态度和情感。如果将述补式"胖得眼睛挤成一条细缝"替换为状中表达形式"特别胖",则其语义饱和度和画面感极大降低,说话人的态度和情感的表达强度也被大大削弱。

同时,相较于面对面交流等传统的语言环境,新媒体网络语境下,交际呈现出交际双方身份隐蔽化、地位平等化及言语行为和责任分离的新特点,从而大大降低了语境对言语行为的约束、限制能力。尤其在情感表达方面,新媒体网络语境与其他语言环境相比更为自由宽松,这极大地削弱了说话人情感表达的限制和约束,使说话人得以自由且充分地表达、宣泄个人情感。说话人所宣泄的情感往往是非常强烈的,而且是各种各样、千奇百怪的,可以是惊叹赞美,也可以是抗议谴责。这就要求相对应的主观极量表达的形式多种多样,从而给说话人以足够的空间来充分地发挥自己的想象力和创造力,充分宣泄自我强烈的情感,将其淋漓尽致地表达出来。

如前所述,状中式表达极性程度量级的表现形式十分有限,能够进入状位的成分主要为单音节和双音节程度副词,留给说话人自我发挥的余地非常少;而述补式表达极性程度量级的结构形式非常丰富,能够出现在补位的成分不仅仅局限于单音节和双音程度副词,多音节短语甚至是小句都可以进入到补位,从而使说话人情感的充分释放及想象力和创造力的充分使用成为可能。以"胖"为例,状中结构表达"胖"极性程度的形式有"特胖、极胖、非常胖、极其胖、特别胖"等有限的几个,且都是同一般常见的表极性程度副词结合;而述补结构则有"胖极了、胖哭了、胖死了、胖得吓人、胖得变形、胖得不像人、胖得只剩肉、胖得不像话、胖得呼吸困难、胖得不能见人、胖得不堪回首、胖得不好意思、胖得体无完肤、胖得不忍直视、胖得不成人形、胖得像个包子、胖得不成样子、胖得失去了原型、胖得自己都看不下去了、胖得一发不可收拾、胖得什么也穿不下了、胖得两张面膜都盖不住了、胖得两个人住不下月亮天宫把天兔给挤下来"等,表达形式非常丰富。可见,补位可填充成分的多样性和灵活性,极大地满足了说话人主观情感的丰富性及发挥自我想象力和创造力的能动性需求。

此外,还存在一种补位成分为模糊成分的特殊情况,这一现象的出现主要包括两种情况,一种是说话人所要表达的情感过于复杂,一时找不到准确的词语进行清晰明确的表达;一种是说话人故意为之,故意将部分内容模糊化,说话人在表达自身情感的同时,给听话人留下想象的空间,从而形成特殊的表达效果。例如:

(16) 人家说他是个冷血动物,可他心里明白自己极易动感情,有谁偶尔帮了他点什么忙,他就<u>感动得什么似的</u>,有时甚至连口也不敢开,生怕让人发觉自己的声音在发抖。(微博)

(17) 这几天不出门、不吃晚饭,吃夜宵、吃零食,<u>胖得跟什么似的了</u>。(微博)

例(16)中,说话人很难准确描述出"他"被人帮助时的心理活动,从而使用了模糊成分"什么似的",表达"他"内心复杂的情感;例(17)中,说话人本可以对自己"胖"的状态进行比较明确的说明,但是却运用模糊成分"跟什么似的了"进行描述,在表达对自己因为饮食作息不规律造成肥胖这一事实的自责和不满情绪的同时,同时给听话人留下了想象和填补的空间,如听话人可以填充出"胖得跟球似的、胖得跟猪似的、胖得跟座山似的"等,从而成功抓住读者的眼球,吸引了注意力。

(三)汉语信息结构表达特点的制约

所谓语言的信息结构,指的是当人与人之间进行言语交际时,凭借语言这一载体传递信息所形成的由不在一个层面上的种种信息元素所组合成的以信息流形态呈现的一种结构(陆俭明 2017),包括句子信息结构和篇章信息结构两个方面,其中句子信息结构为语言信息结构中最基本的结构。结合这些认识,本文在此只探讨句子信息结构。

在汉语中,一个句子包括"话题"与"焦点"两个部分,话题作为被谈论的对象,是受话人早已熟知或者预料之中的信息,即"旧信息";而受话人并不知情、出乎意料的"新信息",则是焦点。汉语信息结构表达的特点是,在没有外界因素干扰的自然情况下,随着句子从左到右的移动,句子成分所承载的信息意义会越来越重(Bolinger 1952),句子的信息编码往往遵循由旧到新的原则,越靠近句末,信息内容也就越新(张伯江,方梅 1996),因此,汉语中句子末尾通常是句子自然焦点所在(刘丹青,徐烈炯 1998),可以凸显有关结构成分所要传达的新信息,相应的语义功能的表达也更加强烈(吉益民 2017)。

具体到主观极量的表达方面,之所以基于补位形成的述补结构会成为优先选择的表达方式,原因在于补位处于述语之后,与汉语"语义尾重"的信息表达原则一致,为句子表达的自然焦点之所在;而状位则是处于述语之前,与表达原则相违背,不能成为句子的自然焦点。说话人在使用主观极量表达形式对相关对象做出评价、表达自我情感和态度时,该结构成分所负载的内容为说话人所要传递的核心信息,而处于自然焦点的补位正好满足了说话人的这一表达需求。从听话人的角度来说,正是因为主观极量述补表达形式处于焦点位置,说话人才愿意花更多的时间和精力对此进行识解,从而实现社会交际的正常、高效运行,这一情况在补位为复杂填充成分时体现得尤为明显。例如:

(18) 小时候读过《圣经故事》,依稀记得"莎乐美"<u>美到</u>可以让巴比伦国王以半壁江山来换她一支舞。(改自微博)

(19) 许久八九木有亮相了头发尴尬期<u>丑得</u>不敢见帅哥靓女们了。(微博)

例(18)中,说话人使用"美到可以让巴比伦国王以半壁江山来换她一支舞"这一复杂述补结构式来表达"莎乐美"美丽的程度之高,并且表达自己被她的美貌深深折服的惊叹之情,这一信息处于句子的末尾,为句子信息结构的焦点,所传递的主要信息。而听话人在听到这句话之后,在补语标记"到"的标示作用下,迅速确定出句子所要表达的主要信息为其之后的结构成分所包含的内容,从而将更多的时间和精力花费到这一相关成分中,顺利完成识解,确保交流的正常进行。例(19)的情况具有一致性,主要的区别点在于补语的标记词由"到"变为"得",但总体情况并未发生改变。可以发现,汉语"语义尾重"信息结构表达特点的制约,促使补位成为主观极量表达形式的优先选择。

四、结　　论

综上所述,本文对新兴主观极量表达形式以述补结构为主这一语言现象进行了探究。研究发现,当代新媒体语境中涌现的大量新兴主观极量表达形式以述补结构为主,状中结构极少。从结构方式来看,这些新兴的主观极量述补结构主要包括两大类:一类为黏合式主观极量述补结构,一类为组合式主观极量述补结构。至于这一现象形成的动因,则包括补位极量表达的专职性、网络语境表情性的要求及汉语信息结构表达特点的制约三个方面。语言表达系统具有很强的生态性,动态变化是其发展的客观规律,新陈代谢永无止息。在当代网络语境中,语言所要表达的网友情感内容越来越丰富多样,相较于状位,补位能够更好地满足这一发展的需求。目前,网络语境中涌现出一大批新兴的、富有创造性的主观极量述补结构用例,相信这一现象会不断持续下去,始终充满活力。

参考文献

崔　婷,崔　健(2016)动结式"打 V2"的受事前置现象分析,《东疆学刊》第 2 期：48-54。
吉益民(2016)汉语主观极量构式"N 中的 N",《汉语学习》第 6 期：22-32。
——(2017a)论构式"最 M + H,没有之一",《汉语学习》第 2 期：15-25。
——(2017b)主观极量唯补结构的建构机制与运行状况,《世界汉语教学》第 4 期：463-476。
刘丹青(1994)"唯补词"初探,《汉语学习》第 3 期：23-27。
——,徐烈炯(1998)焦点与背景、话题及汉语"连"字句,《中国语文》第 4 期：243-253。
陆俭明(2017)重视语言信息结构　开拓语言研究的新视野,《当代修辞学》第 4 期：1-17。
马庆株(1992)《汉语动词和动词性结构》,北京：北京语言学院出版社：153。
沈家煊(2009)汉语的"主观性"和汉语语法教学,《汉语学习》第 1 期：3-12。
王辛夷(2017)俄语文艺语篇中嵌入结构的表情性功能及其表达方式,《中国俄语教学》第 3 期：33-39。

吴春相,曹春静(2018)当代汉语"最高级"从序列到程度的语义演变,《汉语学习》第2期:15-24。
张伯江,方 梅(1996)《汉语功能语法研究》,江西:江西教育出版社。
张谊生(2000)程度副词充当补语的多维考察,《世界汉语教学》第2期:3-12。
——(2013)程度副词"到顶"与"极顶"的功能、配合与成因——兼论从述宾短语到程度副词的结构与语义制约,《世界汉语教学》第1期:27-40。
赵日新(2001)形容词带程度补语结构的分析,《语言教学与研究》第6期:45-51。
Bolinger D. *Linear Modification*. Publications of the Modern Language Association of America: 1952.

(王连盛　200083　上海,上海财经大学国际文化交流学院　wls891225@163.com;
　吴春相　200083　上海,上海外国语大学国际文化交流学院　shdwchx@126.com)

相对量级和绝对量级*
——量级义"还"字句与"都"字句的差异

贾泽林

提要 "还"字句与"都"字句是表达量级语义的句式,都表达可能性小的情况成立,能衍推量级上可能性大的情况成立,因此,二者在语义和功能方面表现出诸多相似之处。但对比发现,"还"字句是用来表示可能性相对较小的情况存在,用于构建一个相对量级;而"都"字句表达可能性最小的极端情况成立,构建的是一个绝对量级。这一语义差异具体表现在二者表义范围大小、对比命题能否隐含及"还"与"都"共现分工诸方面。在功能上,两种句式能够借助所在量级"以深证浅",但表达量级极性命题的"都"字句还具有全称量化和极言程度之高两种功能,而"还"字句没有,这与其标示相对量级的语义特点直接相关。

关键词 量级;"还"字句;"都"字句;相对量级;绝对量级

一、引　言

同一维度条件下,命题之间的信息量大小存在量级关系,常用作语用推理的前提,其中,信息度高的命题能够衍推信息度低的命题为真。(沈家煊

---

* 本文受到教育部人文社科青年基金西部和边疆地区项目"元语言视阈下现代汉语量级范畴的形式与功能研究"(项目编号18XJC740002)资助。文章在写作过程中得到了导师王红旗先生的悉心指导,郭继懋、郭锐、李秉震、朱庆祥等先生也为本文提出了很好的建议。本文还曾在"现代汉语语法前沿论坛"(复旦大学,2017年8月26—27日)上宣读,承蒙与会学者批评指正,会后进行了修改和完善。《语言研究集刊》编辑部和匿审专家也为本文给出了详细且富有启发的意见。谨在此一并致谢!

2011)在汉语中,"(连)……都……"句(以下简称"都"字句①)和"还"字句是表达这种量级衍推语义的句式。例如:

(1) 因为水利工地的活儿特别重,连队里的壮劳力都吃不消,没有人愿意去。(肖华《悠悠往事》)

(2) 小车还通不过呢,更别提大车了。(引自沈家煊 2001)

"还"字句与"都"字句都隐含对比的语义,所述命题与同一维度中的其他命题(语境命题)会构成量级关系。(白梅丽 1981;周小兵 1990;崔希亮 1993;沈家煊 2001)。例(1)中,"队里的壮劳力"与一般体力的男人、女人、老人、小孩在"干重活儿吃不消"的维度上构成一个量级,"壮劳力吃不消"能够衍推一般体力的男人、女人、老人、小孩也吃不消。例(2)中,在"通不过(某桥洞)"的维度条件下,小车通不过的可能性小于大车,借助这种量级关系,"小车通不过"能够衍推"大车通不过"成立。

从上述角度来看,"还"字句与"都"字句的语义和功能有相同之处。我们也发现,它们构成的句子常常能够变换使用,意思不发生明显变化。例如:

(3) a. 有几亩地的人还活不下去,何况咱们家连打老鸹的坷位也没有。(姚雪垠《李自成》)

b. 连有几亩地的人都活不下去,何况咱们家连打老鸹的坷位也没有。

(4) a. 和面是擀面的第一道程序,他连面都和不好,更不要说擀面条了。(《人民日报》1998-06)

b. 和面是擀面的第一道程序,他连面还和不好,更不要说擀面条了。

但在一些情况下,"都"字句不能与"还"字句互换使用,如例(5)所示;有时,"还"字句被替换为"都"字句后句子的意义会发生变化,如(6a)意在表现"建一幢屋子"和"建一座百万人口的现代化都市"的依衬关系,而(6b)

---

① 方梅(1995)、袁毓林(2006)等研究都指出"连"是可以自由隐现的成分,是一个对比焦点标记。真正约束"连"字句语义的引导成分是"都",它是句中必须出现的(obligatory)成分。另外,我们也发现"还"字句的对比焦点前同样可以出现"连"字的大量实例。基于这两个原因,本文将"(连)……都……"句简称为"都"字句。

中的"都"字句则还表达了"建一幢屋子得好几年"的极端性特征。

(5) a. 欺骗,人间到处是欺骗,连楚老师<u>都</u>在欺骗我!(霍达《穆斯林的葬礼》)

b. *欺骗,人间到处是欺骗,连楚老师<u>还</u>在欺骗我!

(6) a. 建一幢屋子<u>还</u>得好几年,何况一座百万人口的现代化都市。(人民日报 1993－03)

b. 建一幢屋子<u>都</u>得好几年,何况一座百万人口的现代化都市。

已有研究从量级语义与衍推角度所做的分析只能说明二者的意义和用法有相同之处,还未完全揭示"还"字句和"都"字句各自的特点,因而无法对上述差异提供解释。

我们考察发现,虽然在量级语义与衍推功能等方面两种句式有很多相似性,但二者在选取量级的视角方面体现出了较大的差异。具体地说,"还"字句是通过标举相对高信息度的命题来进行对比,只反映命题之间的相对信息强度;"都"字句则是通过标举量级的极端项来进行对比,它所述内容在特定语境中具有绝对信息强度。因此,我们将二者所关联的量级概括为相对量级和绝对量级,并结合相关形式表现对这一语义差异及其相通点进行论证,最后在语义分析的基础上对"还"字句和"都"字句表达功能的异同做出解释。

二、"还"字句与"都"字句的语义功能

(一)衍推量级的类型:绝对量级和相对量级

量级是由同一维度下实现可能性大小不同的命题构成的有序等级,各命题之间的关系即为量级语义。(Levinson 1983;Hirschberg 1985;Fillmore & O'Conner 1988)衍推量级是量级的重要类型之一[①],表达衍推量级的语言形式有"别提、更别说、'还'字句、(连)……都/也……、尚且……何况……、

[①] 从所标示的语义关系来看,标示量级关系的语言形式所关联的量级类型至少包括:(1)递进量级,如"甚至"(袁毓林 2008);(2)衍推量级,如"(连)……都/也……""还"字句(沈家煊 2001);(3)让步量级,如"总"(邓川林 2012)和"起码""至少"(贾泽林 2016)。

姑且……更不论……、即使……也……、不惜……也……、就算……也……、哪怕……也……、一 NP 也/都不……",等等。对比发现,这类语言形式内部其实存在明显差异。试分析:

(7) a. 他决赛<u>还</u>没进,更别提得冠军了。(自拟)

b. 买白菜<u>尚且</u>要挑肥拣瘦,<u>何况</u>是花大钱买股票。(东方财富网 2016-08-20)

c. 普遍老百姓甚至未听说过国产民用飞机,<u>更别说</u>乘坐它们。(1994年报刊精选)

(8) a. 王公馆上上下下,人人自危,<u>连</u>王老太太<u>都</u>怕他三分。(老舍《鼓书艺人》)

b. <u>即使</u>在市场上买不到煤油的三年经济困难时期,牛福<u>也</u>不惜高价弄几斤,不让儿子闲着。(程贤章、廖红球《彩色的大地》)

c. 他们不走呀,你就全完,<u>一个茶碗也</u>剩不下!(老舍《茶馆》)

例(7)中的表达凸显的是两个命题的信息强度的相对差异,不强调高信息度命题的极性特征。例(7)a 句中"他决赛还没进"与"他没得冠军"、例(7)b 句中"买白菜要挑肥拣瘦"与"花大钱买股票(要挑选)"、例(7)c 句中"未听说过国产民用飞机"与"乘坐它们"均是量级上的对比项,对比前项的信息量相对高于后项,前者的成立能够衍推后者必然成立。

与例(7)中各例情况不同,例(8)中的命题具有极性特征。例(8)a 命题"王老太太怕他"在语境中占据量级的极值位置,相比其他所有人最不可能怕他;同样,例(8)b 句中的"三年经济困难时期牛福……"和例(8)c 句中的"一个茶碗也不剩下"也是占据所属量级的极端位置,表达特定语境下最极端的情况。

通过对上述现象的考察不难发现,有的语言形式所构成的命题标示的是与语境命题相比信息度相对较高的一个量级点,有的语言形式所构成的命题标示的是语境中信息度最高的一个量级点。我们将前者所标示的量级称作相对量级,将后者所标示的量级称作绝对量级。本文将以"还"字句和"都"字句为例来具体阐释和论证相对量级和绝对量级的语义及功能的异同。

(二)"还"字句与"都"字句的意义

沈家煊(2001)指出,"还"字句所述内容在语境中会关联出另外一个命

题,二者构成量级衍推关系。例如:

(9) 小车还通不过呢,更别提大车了。(引自沈家煊2001)

(10) 旧社会,我当闺女那工夫,不用说学技术,大门还不叫出呢。(梁兴哲《倒序现代汉语词典》)

同样,"都"字句所表达的内容也会在语境中关联出其他的命题内容,并衍推其成立,共同构成量级。不难发现,这两种句式的语义和功能十分近似,如例(9)和例(10)中的"还"字句均可变换成"都"字句,句子的语义没有明显的变化。如:

(9') 连小车都通不过呢,更别提大车了。

(10') 旧社会,我当闺女那工夫,不用说学技术,大门都不叫出呢。

显然,"还"字句与"都"字句有相似的语义功能,出现在句中均能够关联一个量级,表达量级上可能性小的情况成立,同时,借助量级来衍推相对于自己信息量小的命题成立。

但如果进一步对比考察则会发现,"还"字句变换成"都"字句后,句子增加了实现可能性最小这种极端性语义特征。以例(9)/(9')为例来对比分析,"小车还通不过"是相对于"大车通不过"而存在的,句子本身并不重视小车通不过是否具有极端性。而"连小车都通不过"本身则代表一个极端事例,这一事例既能够衍推说明大车更通不过,同时也在极言桥洞之小。可以利用语义相宜的语境来测试,例如:

(11) a. 这桥洞实在太小了,一辆小车都通不过。(自拟)

  b. *这桥洞实在太小了,一辆小车还通不过。

我们还发现,"都"字句可与标示量级极端命题的"甚至"[①]共现,而"还"字句不能。例如:

(12) a. 参加晚会的人很多,甚至不少老年人都来了。(《现代汉语词典》)

  b. *参加晚会的人很多,甚至不少老年人还来了。

以上测试能够显示,"都"字句与极端语义的语言形式具有语义相宜性,而"还"字句则不凸显极端,特别是如果缺少与之相比较的语境条件则表达不能成立。

[①] 袁毓林(2008)指出,"甚至"用于引出跟语境相关的语用量级标尺,并指示所约束的焦点处于这个量级上的最低点。

学界也普遍认为,"连"字句是用于引出语境中最极端的一项内容。(白梅丽 1981;周小兵 1990;崔希亮 1993;侯学超 1999;刘丹青,徐烈炯 1998;张旺熹 2005;曹秀玲 2005)袁毓林(2006)则更明确地指出,"连"字句都包含一个说话人的主观预设:进入该句式的"(连)NP"里的 NP 都处在一个可能性(可预期)等级尺度(笔者按:量级)的低端,比起该尺度中的其他成员来是最不可能有 VP 行为或 AP 属性的对象。因此,"都"字句的意义可以概括为表示可能性最小的情况成立,句子所表达的内容只能位于它所关联的量级的最低端。而"还"字句所述内容不注重是否具有极端性,它凸显的仅是与它进行对比的语境命题之间的相对关系,如"小车还通不过"只意在衬托"大车更通不过"。因此,"还"字句的句式义是表示一个可能性较小的情况存在,句子所表达的内容可以是相比语境命题可能性小的任何一个量级点。

两种句式语义上的差异和联系可以从表义范围的大小、对比命题的隐现及"还""都"的共现与分工等方面得到证明。

1. "都"字句和"还"字句的表义范围大小不同。"都"字句只能表达量级上处于端点位置的极值命题,而"还"字句在量级上可表达的命题是比对比命题实现可能性小、信息度高的任何命题内容。

我们根据例(2)提供的语境对例子进行扩展来解释说明,如果以特定交通工具能否通过一条山路作为对比的维度,由"自行车、小汽车、大卡车"充当量级上的对比焦点,如例(2')和例(2")所示,试对比:

(2') a. 这条山路自行车都过不去,更别提小汽车和大卡车了。

b. *这条山路小汽车都过不去,更别提卡车了。

(2") a. 这条山路自行车还过不去,更别提小汽车和大卡车了。

b. 这条山路小汽车还过不去,更别提卡车了。

上例中(2')和(2")预设的最极端情况是"自行车过不去",所以(2')a 是成立的,而 b 在语用上不能成立,因为用"都"字句来表达的话则会使"小汽车过不去"变成极端情况,与语境中的预设相悖。而(2")a 和 b 都意在衬托说明后面的命题成立,不受命题内容是否具有极端性特征的制约。

通过对比测试不难看出,"都"字句只能用来表达量级上的极端情况,而不能用于表达其他量级项内容,表义范围小;而"还"字句能够表达信息度相对较高的任何量级命题,表义范围大。

值得注意的是,"还"字句中的对比焦点前有时也会使用极性对比焦点

标记"连",构成"连……还……"句式。例如:

(13) 一年前别说没什么房子,连这么细的小树还没有呢,跟野地里似的,瞧现在这些灯。(引自侯学超 1999)

(14) 连一个生发灵还风靡日本了,何况这一丸儿见效的再造金丹呢!(陈建功《皇城根》)

这体现了"还"字句与"都"字句的相通点,即"还"字句的表义范围也包含极性命题,因为特定维度下的极性命题对于量级上其他语境命题而言都是可能性相对小的情况。

2. 受语义差异的制约,"都"字句与"还"字句的语境(对比)命题隐现情况也不同。"都"字句意在表达极值信息,而与其他所有语境命题进行对比是一种伴随的、附带的信息,因此,"都"字句的对比命题可以隐含。刘丹青(2005)发现"(连)……都……"句可以独立出现,并不必然要求对比项出现,有时甚至无法明确指出其对比项。因此,"都"字句所述内容有时只是心理上的极端情况,对比项不一定真的会存在,例如:

(15) 新闻记者的耳朵,连睡觉时都是竖着的。(叶永烈《"四人帮"兴亡》)

(16) 她穿上以后连路都走不了啦。(王小波《黄金时代》)

而"还"字句的意义则仅在凸显对比,其存在的价值就是衍推语境命题为真,极值信息命题只是其根据对比的需要可能表达的语义。因此,作为对比项的语境命题必须出现。例如:

(17) 姑娘,你慢慢鼓捣着吧,我们不性急的。一头骡子有时还尥蹶子呢,何况车!(李国文《月食》)

(18) 一家子人住一块儿还整天锅碰勺勺碰碗的呢,更别说咱一个外人一个保姆?(电视剧《新结婚时代》)

例(17)通过说明生活中的一个常识,"一头骡子有时还尥蹶子呢"用来表明车出现问题更在情理之中了。例(18)中,说话人通过一家人还有磕磕绊绊的情况发生,说明保姆和主人相处时间长了更必然会有矛盾。显然,"还"字句都是表达一种可能性相对而言较小的情况,来说明可能性大的情况必然会存在的量级意义。

3. "都"和"还"有时会在同一个句子中比邻共现。例如:

(19) 水稻生产完成了 80% 的劳动量后,不但拿不出 80% 的产品出来,甚至连 1% 的产品还都没有全部形成。(《福建日报》1960-09-16)

(20) 连 ABC 都还没搞清楚,竟然能在澳洲拿到学位。(《人民日报》2000 年合辑)

根据经济性原则可断言,二者能够共现必然是因为在说话人的语感中存在语义上的差异,即它们存在语义分工。例(19)中 1% 代表最小值,具有极端性,因此用"连 1% 的产品都没有全部形成",但说话人还想强调该命题与"拿不出 80% 的产品来"之间的对比关系,因此在句中加上"还"再次强化凸显量级衍推对比关系。例(20)中的"连 ABC 还没搞清楚"能够衍推"更不能用英语写学位论文",但"连 ABC 还没搞清楚"明显具有极端性,因此句中可以加上"都"强化凸显该命题的量级极端性特点。

三、两种句式表达功能的不对称及其原因

"都"字句和"还"字句意义的异同不仅体现在上述形式表现方面,也系统地反映在表达功能的不对称上。

(一)"以深证浅"功能的异同

"都"字句和"还"字句都表达相关量级上可能性小的情况(会)成立,根据量级命题之间的关系,可能性小的情况存在能够衍推可能性大的情况必然存在。所以,表达中如果试图说明某命题必然成立,可以借助比其实现可能性小的情况存在来进行推理论证,即"以深证浅"(吕叔湘 1990)、"反逼递进"(邢福义 2001)。"都"字句和"还"字句都具有这一功能,例如:

(21) 娟子点着头道:"是啊是啊,好人和好人都不一定能成为好夫妻,更甭说好人和坏人了。"(电视剧《中国式离婚》)
(22) 连堂堂元帅的人身权利都没有保障,更别说是一般干部!(《人民日报》1994-11)
(23) 那种人货不见面的经营方式再也行不通了,买西红柿还要看看呢,何况是汽车呢!(1994 年报刊精选)
(24) 刚从文化大革命的封闭状态中走出的国人,对与"外"字号打交道还心有余悸,更别说是为外国人工作了。(1994 年报刊精选)

例(21)中"好人和好人不一定能成为好夫妻"能够衍推"好人和坏人更不能成为好夫妻"。例(22)中,堂堂元帅没有人身权利的可能性小,可能性小的状况都发生了,一般干部没有人身权利就更不用说了。"还"字句能够

表达与前两例相同的衍推义,例(23)通过说明买西红柿还要看看衍推买汽车更要看。例(24)与外国机构临时打交道都很怕,衍推为外国人工作就更怕了。在上述例子中,"都"字句和"还"字句能够替换使用。

但是,受相对量级和绝对量级语义差异的制约,在"以深证浅"时,二者所涉及的命题在情态①方面存在差异。

在以深证浅的话语中,"深"与"浅"是相对而言的,用于证"浅"的"深"作为证据,其所代表的情况应该具有现实性,这样才能证明"浅"的事态必然存在。因此,"还"字句和"都"字句注重选择现实存在或认知中的惯常情理作为其表达的内容。例如:

(25) a. 我妈说,真让人想不通,为啥一个爹妈生的孩子不一样呢？我爹说,说怪也不怪,同一棵树上结的果子味道<u>还</u>不一样哩,何况是人。(尤凤伟《石门绝唱》)

　　 b. 我妈说,真让人想不通,为啥一个爹妈生的孩子不一样呢？我爹说,说怪也不怪,同一棵树上结的果子味道<u>都</u>不一样哩,何况是人。

(26) a. 原以为这些钱在北京起码够生活半年,现在看来,别说生活半年,连半年的房租<u>还</u>不够。(《北漂艺人生存录》)

　　 b. 原以为这些钱在北京起码够生活半年,现在看来,别说生活半年,连半年的房租<u>都</u>不够。

但是,"都"字句标示的量级是绝对量级,它所表达的"深"相对于"浅"而言具有绝对性,在语言中,不依赖客观对比的绝对性判断常常可以用作主观极性命题,刘丹青(2005)也已论证指出"连……都……"句可以表达主观极量。因此,"都"字句也可用于表达说话人主观认定的程度极高的非现实情态命题,来证明语境命题会更容易成立。因此,"都"字句能够用来表达非现实性情态的"以深证浅",而"还"字句不能。例如:

(27) a. 农民现在的法律意识比干部还强,再这样下去,别说出了乱子难摆平,可能连发言权<u>都</u>要没了。(新华社新闻报道 2001-08)

---

① Givón(1984)把句子的情态分为现实情态和非现实情态两种。"现实性情态"指说话人认为相关命题所表达的是现实世界中已经/正在发生或存在的事情,"非现实情态"指说话人认为相关命题所表达的是可能世界中可能发生/存在或假设的事情。

b. *农民现在的法律意识比干部还强,再这样下去,别说出了乱子难摆平,可能连发言权还要没了。

(28) a. 先干活吧。货不出手,甭说加班费,连工钱都发不出。(电视剧《北京人在纽约》)

b. *先干活吧。货不出手,甭说加班费,连工钱还发不出。

上述例子中"都"字句所述情况的存在能够反向衍推"别说"句和"甭说"句所述内容更会出现,但"都"字句是说话人用主观或然的情况来论证其更可能发生。例(27)a中的"可能连发言权都没有"和例(28)a中的"连工钱都发不出"都是非现实情态句,均不能变换成"还"字句。

(二)"都"字句具有极言程度之高的功能

一般而言,一旦可能性最小的情况出现或存在,即说明相关属性或事态的程度达到了最高,因此,"都"字句能够通过列举极端情况说明程度极高,而"还"字句并不必然表达可能性最小的极端情况存在,所以下列例子中的"都"字句也不能变换成"还"字句。例如:

(29) a. 这次检查得特别细心,连头发根儿都看了。(转引自袁毓林2006)

b. *这次检查得特别细心,连头发根儿还看了。

(30) a. 多少年来,他们弟兄三人为了死去的父亲的罪过,一直象惊弓之鸟一般生活着,几乎连出气都不敢张大嘴巴。(路遥《平凡的世界》)

b. *多少年来,他们弟兄三人为了死去的父亲的罪过,一直象惊弓之鸟一般生活着,几乎连出气还不敢张大嘴巴。

例(29)中,"头发根儿都看了"代表极端事例,用来说明检查得特别细心,例中的"都"字句不能变换成"还"字句。例(30)"连出气都不敢张大嘴巴"说明受惊吓的程度之高,如果将a句的"都"字句变换成"还"字句,表达则不能成立。

"都"字小句可以出现在补语位置上,用来表达中心语的程度极高,"还"字句不能。例如:

(31) 活佛激动得〈连话都说不出来了〉,一个劲地对土司太太躬身行礼。(阿来《尘埃落定》)

(32) 偌大一片地方,静得〈连落花都听得见声响呢〉!(刘白羽《第二个

太阳》)

"都"字句还能够用在递进序列中,与其他表可能性大的情况的句子共同构成一个递进复句,如例(33)-例(36)"＿"部分所示,而"都"总是用作递进关系中最末句的递进关系标记词("＿"),表示递进序列中的极端情况,因此,下列"都"字小句也不能变换成"还"字句。例如:

(33) 6月7日,1 000多万考生走进高考考场。<u>禁鸣汽车喇叭</u>、<u>开辟绿色通道</u>、<u>医疗应急保障</u>,<u>甚至连考场边的公鸡都被转移了</u>。生活的钟摆一如既往地为高考而临时调整。(《人民日报》2009)

(34) 车厢里坐满了人,<u>不但座椅上是人</u>,<u>连车顶篷底下的行李架上都全是人</u>。(刘白羽《第二个太阳》)

(35) 白嘉轩<u>不仅不说</u>,<u>连这类话都不听</u>,遇见有人说这类话,他就掉头拄着拐杖走开了。(陈忠实《白鹿原》)

(36) 有一个青年女子剑术很好,<u>不独在那一带地方闻名</u>,<u>连全越国都知道她</u>。(转引自袁毓林 2006)

此外,"都"字句还可以用于构成夸张、拟人等修辞手法,来极端夸饰程度之高,"还"字句不能。例如:

(37) 他力气大得连大象都拉得动。(自拟)

(38) 她的琴声婉转悠扬,动听极了,以至于连树上的鸟儿听了之后都羞愧得不好意思再鸣叫了。(转引自《现代汉语常用虚词词典》)

(三)"都"字句具有全称量化功能

在交际中,说话人为了说明某范围内所有主体都具备某种行为特征或属性特征,常常会通过列举可能性最小的情况存在来表达全称意义。在特定量级上,肯定一个可能性最小的情况存在能够衍推量级上所有情况都如此,进行全称量化。对比发现,"都"字句具有全称量化功能,而"还"字句不具备此项功能。例如:

(39) a. 她感到浑身的血脉都冻住了,连嘴唇都冰冷了。(霍达《穆斯林的葬礼》)

b. *她感到浑身的血脉都冻住了,连嘴唇还冰冷了。

(40) a. 那几年,天府之国搞得连红薯都吃不上,饥饿的农民不得不大量外流。(张贤亮《灵与肉》)

b. *那几年,天府之国搞得连红薯还吃不上,饥饿的农民大量外流。

例(39)a通过说明嘴唇冰冷了来表现浑身冰冷的论断成立。例(40)a吃不上红薯衍推吃不上任何东西。用"还"字句来表达的话则不成立,如例(39)b与例(40)b所示。

与两种句式功能的差异相关,"都"字句经常与表全称意义的语言形式共现,而"还"字句不能。例如:

(41) 王公馆上上下下,人人自危,连王老太太都怕他三分。(老舍《鼓书艺人》)

(42) 这些在工厂干了一辈子的职工干部,他们把自己所有的一切都给了工厂,甚至连自己的儿女都牺牲给了工厂。(张平《抉择》)

(43) 把一切东西,连你的衣裳都扣着不给。(转引自周小兵1990)

(44) 没有饭店,没有旅馆,没有任何公共设施,甚至连车马店都没有。(张清平《林徽因》)

在上述例句中"都"字句表达可能性最小的情况存在,衍推所有相关情况均如此,前句中的"上上下下,人人自危""所有的一切都给了工厂""一切东西""任何公共设施"等全称量化形式在逻辑上与"都"字句所述内容是一致的。

四、结　语

"还"字句和"都"字句都属于衍推性量级的表达形式,但其实二者分别代表相对量级和绝对量级两种类型,这一语义的分野系统地反映在形式表现和表达功能等方面。

表达相对信息量的"还"字句存在的基础是对比,其句式义是表示一个可能性相对而言较小的情况存在,句子所表达的内容可以是相比语境命题可能性小的任何一个量级点,因此"还"字句强制性要求对比项与之共现,功能上只用于量级衍推。标示绝对量级的"都"字句无论是在客观情景还是主观情景中其所述命题内容具有唯一性,即在语义上表达极端情况,语义特点决定了其在功能上既能够进行量级衍推,也可以进行全称量化或极言程度之高。本文还发现,"还"字句与"都"字句在语义上也有相通点,表达相对量级的"还"字句的表义范围在特定语境中也可能包含极性命题,因为特定维度下的极性命题对于量级上其他语境命题而言都是可能性相对小的情况,这时"还"字句与"都"字句可以互相替换使用,其对比焦点前也可以出现极性对比标记"连"。

参考文献

白梅丽(1981)汉语普通话中的"连……也/都",罗慎仪译,《国外语言学》第3期。
曹秀玲(2005)再议"连………都/也………"句式,《语文研究》第1期。
崔希亮(1990)试论关联形式"连……也/都……"的多重语言信息,《世界汉语教学》第3期。
——(1993)汉语"连"字句的语用分析,《中国语文》第2期。
崔永华(1984)"连……也/都……"句式试析,《语文教学与研究》第6期。
邓川林(2012)"总"字句的量级让步用法,《世界汉语教学》第1期。
方　梅(1995)汉语对比焦点的句法表现手段,《中国语文》第4期。
郭　锐(2006)衍推和否定,《世界汉语教学》第2期。
侯学超(1999)《现代汉语虚词词典》,北京:北京大学出版社。
贾泽林(2016)量级义副词"起码"与"至少",《汉语学报》第2期。
蒋　严(2009)梯级模型与"都"的意义刻画,载程工、刘丹青主编,《汉语形式与功能研究》,北京:商务印书馆。
刘丹青(2005)作为典型构式句的非典型"连"字句,《语言教学与研究》第4期。
——徐烈炯(1998)焦点与背景、话题与汉语"连"字句,《中国语文》第4期。
吕叔湘(1990)《吕叔湘文集》第一卷,北京:商务印书馆。
沈家煊(2001)跟副词"还"有关的两个句式,《中国语文》第6期。
邢福义(2001)《汉语复句研究》,北京:商务印书馆。
袁毓林(2006)试析"连"字句的信息结构特点,《语言科学》第2期。
——(2007)论"都"的隐性否定和极项允准功能,《中国语文》第4期。
——(2008)反预期、递进关系和语用尺度的类型——"甚至"和"反而"的语义功能比较,《当代语言学》第2期。
张旺熹(2005)"连"字句的序位框架及其对条件成分的映现,《汉语学习》第2期。
张雪平(2012)现代汉语非现实句的语义系统,《世界汉语教学》第4期。
周小兵(1990)汉语"连"字句,《中国语文》第4期。
Fillmore K, O'conner(1988) Regularity and Idiomaticity in Grammatical Constructions: The Case of "Let Alone", *Language* 64.
Givón T. (1984) *Syntax: A Functional-typological Introduction. Vol. I.* Amsterdam,

Philadelphia: John Benjamins.

Hirschberg J. (1985) *A Theory of Scalar Implicature. PhD. Dissertation*, University of Pennsylvania.

Kay P. (1990) Even, *Linguistics and Philosophy* 13.

Levinson S. (1983) *Pragmatics*. Cambridge: Cambridge University Press.

(710062　西安,陕西师范大学国际汉学院　jiazelin@snnu.edu.cn)

关于"副(程度)+名"现象的思考*

陆　旭　温锁林

提要　文章专门研究近年来被广为关注的"副(程度)+名"现象,对以往阐释"副(程度)+名"现象合理性的多种说法逐一进行了分析。文章认为,词的组合能力是词性判别必须坚持的原则,"副(程度)+X"是形容词典型的句法框架,因而,汉语中根本就不存在"副(程度)+名"。一些名词由于所表示的事物具有某个方面的突出属性或特征,能够进入"副(程度)+X"结构,但在结构的压制作用下"X"的词性发生了变化,由事物义变为性状义,在结构中是按形容词来使用与识解的,哪怕是偶一用之。不少名词在突破不能受程度副词修饰的限制后,还可能扩展其形容词功能进而由临时活用变为典型的形容词。

关键词　"副(程度)+名";"副(程度)+X";名词;形容词;兼类词

现代汉语中名词的基本特点是"不能受程度副词修饰"(朱德熙 1982),这一特点也是汉语语法学界广为使用的区分体词与谓词的重要依据。二十世纪八十年代以来,"很阳光、很淑女、太近视眼"一类的说法出现爆发性增长。这种说法中因"名词"出现在程度副词之后,其新奇的特点引发了众多语法学者的高度关注。1980年以来汉语语法学界研究此类"副(程度)+名"的论文近三百篇。从张静(1961)开始,针对是否存在"副+名"现象("地上净水、已经春天了")的讨论就没有中断过,持肯定意见的占多数。后来学界

---

* 本文初稿曾在"第二届汉语名词国际讨论会"(广西师范大学2017年11月)和"纪念胡裕树先生百年诞辰学术会议"(复旦大学2018年8月)宣读,感谢与会的储泽祥、樊中元、丁加勇、张谊生等先生参与本文的讨论,感谢《语言学研究集刊》匿名评审专家提出的修改建议。文中错误,概由作者负责。

关于"副(程度)＋名"现象的研究都是在承认副词能够修饰名词的前提下展开的，其中多数是从名词语义的变化来解释"副(程度)＋名"现象的，也有的从修辞、语用、非范畴化、转喻、隐喻机制及构式语法等角度，试图说明"副(程度)＋名"的合理性。

我们认为，汉语中并不存在所谓的"副(程度)＋名"现象。词的组合能力是判断词类最重要的句法手段之一，"副(程度)＋X"是容纳形容词最典型的句法槽，但是为什么突然间这一句法槽一变而为"副(程度)＋名"，而且论文数量如此庞大，竟然把名词不能受程度副词修饰的原则抛于脑后呢？本文的目的就是做正本清源的工作，深入分析持论者肯定汉语中有"副(程度)＋名"现象的依据，并进一步解答那些"副(程度)＋名"的结构究竟属于什么句法性质。

一、各种"副(程度)＋名"说的持论理据

学界讨论过的"副＋名"主要涉及以下几种类型：a. 范围副词＋名词：地上<u>净</u>水/队伍里的学生<u>一律</u>白衬衫、黑裤子；b. 时间副词＋名词：<u>都</u>高中生了/今天<u>才</u>星期三/<u>已经</u>春天了；c. 语气副词＋名词：他<u>大概</u>韩国人/你<u>才</u>二百五；d. 最＋方位词：<u>最</u>前面/<u>最</u>中间；e. 程度/否定副词＋X：<u>很</u>淑女/<u>不</u>阳光。

特别申明，本文不讨论a—d类"副＋名"，专门讨论的是e类现象，即所谓"副(程度)＋名"，为讨论方便格式中的副词既包括程度副词"很、太、非常、有点、比较"等，也包括表示否定的"不"。众多学者认定汉语中有"副(程度)＋名"现象，但不同学者的持论依据各异。考察分析学者们的这些持论依据，有助于我们认识"副(程度)＋名"现象的实质，并有助于本文分析的展开。我们的观点是，汉语中并不存在所谓的"副(程度)＋名"现象，程度副词修饰的根本就不是名词，而是名词的形容词性用法，或称临时的借用。详细讨论见下文。

（一）以词典词性标注为唯一依据

有学者把"副(程度)＋名"中的"名"严格限定在词典中只标注为名词的词语，具有名形兼类的则不收，如邹韶华（1990）、邵敬敏等（2005）和王寅（2009）等。这种限定值得商榷。词性的判断应参照词典中的释义，这本身并无多大问题，但词典中的释义与标注有时赶不上词语的变化，词典的标注也不能保证百分百的正确。如"阳光"一词，在《现代汉语词典》（以下简称《现汉》）中标注为名词和形容词中的属性词：

【阳光】 ① 名 太阳发出的光 ② 形 属性词。积极开朗、充满青春活力的 ③ 形 属性词。(事物、现象等)公开透明的

我们从人民网和北京语言大学 BCC 现代汉语语料库(以下简称 BCC)检索到的"阳光"有如下用法：

(1) a. 清华学生空手道协会的会长,典型的阳光男孩。(《人民日报》2013-05-30)

b. 把"不阳光的念头"通过追溯制度扼杀在摇篮里。(人民网 2017-06-01)

c. 切实把中小学幼儿园建设成最阳光、最安全、最放心的地方。(《山西日报》2017-11-18)

d. 迷你 KTV……它本身是一种比较阳光、健康的娱乐方式。(人民网 2017-08-12)

e. 海川不仅性格阳光,处事思考能力也强了许多,(《解放日报》2017-08-19)

f. 谢文东笑了,笑得阳光、灿烂,笑得真挚,像个大孩子。(BCC)

g. 有时还会附带一张很阳光的照片,个个完美得不行。(《人民日报》2018-05-04)

h. 照片上是一个非常阳光的女孩,戴着鲜艳的太阳镜。(《人民日报》2016-04-27)

属性词是形容词中的小类,只表示人、事物的属性或特征,一般只能做定语。而"阳光"可以做定语,能受"不"与程度副词的修饰,能做谓语、补语,这足以表明它已经是一个比较典型的形容词了。特别应该关注的是,"阳光"可与形容词并列使用,而并列结构都是由两个同类的词或同类的构造组成的(朱德熙 1999)。温锁林等(1998)指出：处于相同句法槽中具有并列关系的词,词性一定相同；处于相同句法环境和结构关系中的词,词性也是相同的。例(1)f 中"阳光"与"灿烂"为并列结构且与"灿烂、真挚"并列出现在"笑得 X"结构中,特别是"很阳光""非常阳光"还能整体做定语例(1)g、h,这也表明,此类"副(程度)+X"可以自由进入句法成分,其中的"X"作为形容词已经相当成熟(张谊生 2019)。可见"阳光"已具备典型形容词全部的语法功能,词典应将其标注为名词兼形容词,而并不是名词兼属性词。

同样,《现汉》认为"淑女"只有名词一种词性,表示贤良美好的女子。这

种处理也与实际情况有较大的出入:

(2) a. 把丝巾在颈部系成蝴蝶结,体现了优雅的淑女气质。(《广州日报》2017-11-21)

b. 这个秋天最淑女的就是你了。(《爱秀美原创文章》2015-10-03)

c. 我平常工作就有可能会穿得比较淑女、比较公主,……(《新快报》2016-11-14)

d. 刘恩佑调侃陈翔"好淑女",却称韩雪并不淑女(《新华娱乐》2015-02-27)

e. 我外表看着很淑女很乖,所以会让很多人误会。(《中国新闻网》2013-07-08)

f. 这……是一款既活泼又淑女的连衣裙。(《世界服装鞋帽网》2015-06-29)

g. 会不会刻意让甜馨变得淑女、乖巧一点,毕竟是小姑娘嘛。(《北京晨报》2017-01-16)

h. (赵丽颖)"优雅范儿"十足,动作淑女,节奏缓慢。(《湖南卫视》2017-09-08)

i. 本来很淑女的长裙让谭维维穿得这么帅气……(《金鹰网》2013-11-11)

"淑女"做定语[如例(1)a],受程度副词修饰[如例(1)b-d],与形容词并列使用[如例(1)e—g],还能做谓语[如例(1)h],"很淑女"同样能作为一个整体做定语[如例(1)i]。可见,"淑女"也是个典型形容词了,《现汉》对其单一名词词性的处理并不能反映当代用法的全貌。

由此看来,仅仅依据词典就简单判定出现在"副(程度)+X"中的"X"是名词,进而衍生出汉语居然有"副(程度)+名"结构,这种推理的合理性是值得怀疑的。杨成凯(1991)指出,判断同形的词例是否具有同一性,应当先观察处于不同句法位置上的词例有何性质,再考虑这些词例应该归为一类还是几类,才足以描写不同的句子模式。"她是一位淑女$_1$"与"她很淑女$_2$"中的淑女所处的句法位置不同,性质不同:"淑女$_1$"做宾语,能受数量词修饰,但不能受程度副词修饰,而"淑女$_2$"做谓语,不再能受数量词修饰,而能受程度副词修饰。可见二者分属不同的词位:"淑女$_1$"是名词而"淑女$_2$"是形容词。"副(程度) + 名"说正是先验地认定这两个不同词位的"淑女"的同一性,把不同性质的词例混为一谈,从而打乱了原本严整的语法系统。

(二) 用语义变化来解释

很多学者敏锐地觉察到"副(程度) + 名"中的"名"已经不同于普通名词,但是只承认其语义和功能均发生了变化,词性上仍然是名词。持此论者有两种代表性的观点。

一种可称为"变位"论,该观点认为这种语义变化是语法位引起的。张谊生(1990)认为各语法位蕴含着客观的语法附加义,当名词性词语进入谓语语法位时,除了在一定程度上保留原有的表示一种事物范畴的概括性语法意义外,又获得了叙述说明或形容描写的陈述性意义。语法效能发生转化,自然可以受副词修饰。细加考虑,这种观点是自相矛盾的:一方面承认"副(程度) + X"中的"X"占据的是形容词的语法位,并引起了语义的变化及语法效能的转化,另一方面又不承认占据该位置的成分词性的变化。这样一来,"语义的变化以及语法效能的转化"岂非又成了一句空话?请看下例:

(3) a_1. 我才是最喜剧的人　　　a_2. 我才是最有喜剧性的人
　　a_3. *我才是最一部喜剧的人
　　b_1. 别太书生了　　　　　b_2. 别太像个书生一样了
　　b_3. *别太一个书生了
　　c_1. 她越发城市了　　　　c_2. 她越发富有城市气息了
　　c_3. *她越发一座城市了

观察例可知,例(3)a_1、b_1、c_1表意上与例(3)a_2、b_2、c_2一致,但其中的"X"表示的并非事物义,而是性质义;在例(3)a_3、b_3、c_3中的"X"前不再能插入数量词,充分表明"X"绝非名词。名词在形容词的语法位上,获得的只能是形容词的语法效能。

另一种可称为"追加"论,即采用追加名词的语义来解释"副(程度) + X"现象。储泽祥等(1997)认为,名词除了有本质义之外,还包括性质细节。如"汉子"的本质义是"男子",细节是"讲义气、正派、正义、知恩必报、不占小便宜"等。"很汉子"表达的不是本质义,而是其细节义"很讲义气、很正派"。还有的学者通过区分名词的关涉性意义和描述性意义(施春宏 2001)、内涵义与外延义(肖奚强 2001)来解释此类"副(程度) + 名"现象,叫法不同,但做法无异。这些文章均发现,进入该格式的名词语义都不是其最基本、最普通的理性意义,而是其性质义,邵敬敏等(2005)干脆将这类名词称为"形态名词"。名词的"细节义""描述性意义""外延义"其实都是根据其句法位置而生发出的性质义,但须知,这种衍生出的性质义是"副(程度)+X"格式使然,没有程度副词的激活是断然不能显现的。普通名词"开水、镜子、书本"为何就只有本质义而无"热、亮、厚"之类的性质义?恐怕还得从其不能进入"副(程度)+X"来做解答。必须指出,名词即便能表示性质义,与其表示事物的本质义毕竟是两个不同层次的认知范畴,这种不同具体体现在人们语言表达的习惯中:"一位淑女"表现的是其事物义,而"很淑女"表现的一定是其性质义。名词"淑女"与形容词"淑女"在词性上分属不同的词类范畴。储泽祥等(1997)、邵敬敏等(2005)均指出,程度副词的语义特征是表示[+程度],不能与名词匹配,只能与[+性质]吻合,但为了解释"副(程度)+名"现象,将性质义加入了对名词的解释。承认"副(程度)+X"格式的名词语义上的变化,有其合理的一面,但把[+性质]看成名词的语义属性,其实质就是用"副(程度)+形"的匹配模式来套"副(程度)+名",给汉语中硬生产出并不存在的句法组合类型。

我们的观点可以得到词典释义的证明。为了便于比较,我们选取了词典中的名形兼类词,将其释义与相应的用例列为下表1。

表1 词典中名形兼类词的释义

名词	名词释义	"副(程度)+形"	形容词释义
现代	现在这个时代	这座建筑十分现代	合乎现代潮流的;时尚的
时尚	时兴的风尚	这件衣服很时尚	合于时尚的
知己	彼此相互了解而情深意切的人	最知己的朋友	彼此相互了解而情深意切
模范	值得学习的、作为榜样的人	成绩太优秀、学习太模范	可以作为榜样的,值得学习的
傻气	愚蠢糊涂的神态	那群女孩特别傻气单纯	愚蠢糊涂的(天真直率的)

比较发现,名词表示事物,事物性是其最根本的语义特征,其释义模式为"……的W(W代表事物)";形容词表示性状,性状义才是其最根本的语义特征,其释义模式为"……的"。表1说明,虽然有的词可以兼属两个词类,但按名词和形容词使用时,都表现出了各自词类的典型句法与语义特

征。我们不能说表中的名词既表示事物,又表示性状,因为那等于混淆了名词与形容词两种不同词性的区别,与语言社会的认知是违逆的。表1中词典的释义也不支持"副(程度)+名"说,故而"副(程度)+X"格式中的"X"只能是形容词,而不再是名词。

那么,《现汉》中只标有名词一种词性但却能够用于"副(程度)+X"中的词,其词义又当如何解释呢?下表2既展示了"X"的名词义又展示了进入"副(程度)+X"格式后的形容词义,可以看出二者之间既有意义的相关性又存在词义的变化与词性的转化。在"副(程度)+X"格式中,"X"并不用于指称事物,而表示该名词所代表事物的性质,是一种性状范畴,也就是说,该格式中的"名词"是以形容词来使用与识解的。

表2 "X"的名词义及进入"副(程度)+X"的词义

名词	名词释义	"副(程度)+X"	"X"的词义
中国	国家的名称	很中国的名字	具有中国特色的
男人	男性的成年人	这个角色很男人	具有男子汉气概的
阿Q	鲁迅小说的主人公,是精神胜利者的典型	这种想法有点阿Q	像阿Q似的
温情	温柔的感情,温和的态度	大量的"低头族"让这个节并不温情	温暖的、有温度的
农民	从事农业生产的劳动者	烧酒太中年人、日式米酒太农民	土气的、朴实的

对比表1和表2,我们可以清楚地看出表2"副(程度)+X"格式中的"X"与表1"副(程度)+形"中的"形"具有一致性,均是对事物性质的描述,而名词并不具备性质义。"变位"论与"追加"论是在承认名词可受程度副词修饰的前提下的一种解说,其结果是稀释了"副(程度)+形"结构的本质属性。而汉语中是不存在所谓"副(程度)+名"结构的,"副(程度)+X"这一结构本身就是鉴别形容词的形式标准,所以我们坚持句法组合规则的稳定性,认为无论是普通名词还是抽象名词,一经进入"副(程度)+X"格式,体现的也一定是形容词的功能和意义,哪怕是偶一用之。最初进入该结构中的名词都带有引号就是最好的说明。

(三)用构式压制解释

还有的学者是用构式语法来解读"副(程度)+名"的。但存在的问题是,一方面说整体句法环境或者说构造中的某个词可迫使其中词语改变句法和语义特征，另一方面又坚持承认存在"副(程度)+名"结构。王寅(2009)认为，该构造中名词在副词的压制下大大衰减其指称功能，以凸显其"典型特征、异常感觉、语气时髦"等语用意义。"副+名"构造的合理性来源于"副+形"的惯性压制，不算很正常的副名构造与副形构造连用[见下文例(4)各句]，就倾向于将其视为与正常搭配相似或并列的成分而被接受。这种说法同样自相矛盾。既然承认"副+名"构造中的"名"受到了"惯性压制"，结构与语义上"不算很正常"，却又认为其中的"名"并未发生词性的变化，这就等于又否认了"惯性压制"，回到了问题的原点。"惯性压制"其实恰恰说明，"很潮"一类的结构一旦与"很强悍"等"副+形"出现在并列结构当中，便不再是"副+名"结构，而是"副+形"结构了，因为并列结构"副(程度)+X"中的各项"X"具有相同的性质，"X"在结构中已经完全显示性质义，而不再有任何事物义或指称义。如：

(4) a. 张艺谋<u>很潮</u>很强悍。(引自王寅 2009)

　　b. 他觉得这一举动<u>很高雅</u>，也<u>很风度</u>。(引自王寅 2009)

　　c. 王雷扮演的孙少安确实<u>很土很农民</u>。(《凤凰网娱乐》2015-03-06)

　　d. 需要重点解决征信系统不完善、信用报告<u>不权威</u>、失信惩戒不严肃三大问题。(《人民日报》2017-04-06)

"潮、风度"与形容词"强悍、高雅"处于相同的"副(程度)+X"结构中，必定是同类词。这种结构如同一个词类的加工厂与流水线，名词出现在"副(程度)+X"格式中，程度副词的强制作用使其发生功能游移，均被临时地识解为一种性质，并用程度等级来量度。随着使用频率的增加，这种由格式赋予的性质义会慢慢固化在一些名词之上，使其在脱离程度副词时也能独立表示性质，自由地出现在形容词的位置，从而获得形容词的功能。如被王寅(2009)作为名词例子的"潮"(潮流)，随着"很潮"类说法的普及化，近年来又大量出现"潮牌、潮人、潮不潮"的说法，以至于现在的年轻一代已经认为该词是形容词了，这也正是"副(程度)+X"格式使"X"的形容词性固化并最终引起词性转变的绝佳例证。"权威"在第5版《现汉》中还是名词，但在第6版的释义中已经增加了形容词词性。"科学、传统、模范、时尚、垃圾"等均是名词向形容词功能转化后的名形兼类词。胡明扬(1995)对此有精彩的阐释:"把有关的名词'硬'用在出现形容词的典型环境中并且前面再加个'很',强制改变名词的功能和意义,使其具有形容词的功能和意义,这就是汉语改变词性的办法。"

二、"副(程度)+X"结构的实质与"X"的语义条件

通过上文的分析我们认为,"副(程度)+X"从句法属性上看都是"副(程度)+形"结构,该结构是形容词程度的显化格式。那么,名词进入该格式须具备什么条件呢?

(一)"X"进入"副(程度)+X"的语义条件

可以这么说,名词一旦进入"副(程度)+X"结构中,显示的一定是形容词的词性,不论是哪种词性的"X",一旦进入该结构,语义上一定得显示性质义,即便是临时一用也是如此。通过考察,我们归纳出能用于"副(程度)+X"中的名词,大体有两类。

1. 易激活其对立面的名词

此类名词的存在是以区分最相关的对立面为前提的,它们都有唯一的对立项,形成最小的二元对比:"男人、女人|城市、乡村|本质、表面|悲剧、喜剧|病态、常态"等均是两两相对的人或事物,在使用中最容易激活其对立面,并在比较中使得各自的特点得到更大程度的彰显。普通名词则没有这样的语义特点。我们看到,最易出现于"副(程度)+X"中的正是这类具有对比特征的名词,它们所代表的事物的独特性最易得到显化。如"很城市"意为与乡村不同的"现代化、时尚、喧闹"等特点特别显著,而"很乡村"则体现与城市截然不同的"宁静、淳朴、落后"等明显的性质特征。还有一些名词不是两两对立的,如"东方、南方、西方、北方","春天、夏天、秋天、冬天",它们之间的意义并不是相反性质,但也都具有独特之处而与其他几项不同,因此也都能用在"副(程度)+X"中。虽然有些名词没有与之对应的反义词,但用在"副(程度)+X"中也表达出一定的对比义,如"很传奇"与普通人相对,意为经历不凡;"很民间"与高雅相对,意为很接地气。另外,一些高知名度的专有名词如"林黛玉、阿Q"等也能用在该格式中,表达的是一种"是非"对立,与不具有这些人物特点的普通人形成鲜明对照。

2. 由特定语境临时赋义的名词

特定的社会文化背景和临时的语境条件,也对某些名词能用在"副(程度)+X"中起到了助推作用。语言是社会文化环境的反映,有些词以前能用,如"很港、很布尔乔亚",一旦激活其使用的特定语境不复存在,也就失去了理解和使用的条件,所以现在年轻一代反而不能理解了。有些说法在中国能说,但换到其他国度也许就无法解读了,如"郊区"在中国总是与"偏远、落后"的特点相联系,而在发达的欧美则可能代表"优美、安静"等含义,要让外国人理解中国人说的"很郊区"就非常困难。

一些"副(程度)+X"用例带有对语境的极度依赖性而具有了临时性和不可预测性。有的文学作品中出现了"很款式、很山、最宝贝、很三角形"的用法,但接受度并不高,因为脱离了语境便不易理解了。有些专有名词(下例5)也只能在上下文语境中偶尔一用。

(5) a. 他要让这部片子"每一个环节都<u>很张家辉</u>"。(《羊城晚报》2018-04-27)

b. 王四海为人<u>很"四海"</u>。善于应酬交际。(引自于根元 1991)

c. 剧组拍摄了很多广东文化,剧中有不少"<u>很广东</u>"的细节。(《广州日报》2017-10-26)

总之,只有那些易于激活其对立面的名词,还有那些由语境赋义的名词,最易于被临时赋予形容词的语义特点,具备进入"副(程度)+X"的条件。反之,普通名词如"医生、眼镜"等,不易被做出性质上的认知处理,很少能够被"副(程度)+X"所接纳,原因就在于此。

(二)结构语义压制的实质是词性的改变

结构的压制作用体现在"副(程度)+X"结构对名词进行统一的语义与词性变化处理。学者们都提到能进入"副(程度)+X"结构的"X"以抽象名词最多,具体名词次之,专有名词要少一些。但是这只是频率上的差别。名词这个范畴有典型成员和非典型成员之分,抽象名词表示抽象概念,是名词中的非典型成员,在抽象义的表达上与形容词的距离更近,更容易进入"副(程度)+X"(如"温情、耻辱、暴力");具体名词是名词的典型成员,但只要在认知上容易被处理为一定的性质特征,也能顺利进入"副(程度)+X"结构。如"农民、学生、乡村"都是典型名词,在结构的压制作用下一律表示该类事物的特点:"农民:朴实的、土气的、没见过世面的;学生:不经世故的、幼稚的;乡村:土气的、落后的"等。这些典型名词因事物性较强,一旦用作形容词表示性质,便产生了新奇、独特的表达效果而备受人们青睐。此外,与形容词用一种属性给事物分类不同,名词用它代表事物的全部属性给事物分类(沈家煊 1999),如"很农民",既可以表达褒义的"很淳朴、很老实",又能表达贬义的"很土气、很没文化、很没见识",该类表达因有效地避免了形容词直接的定性描述,在表意上具有了间接含蓄、丰富多元的特点,给语言表述增添了新质。需要说明的是,典型名词如"农民、中国",其性质义的激活依赖于"副(程度) + X"这一格式,并且可根据语境进行多维度解读,词义很难固定,所以只限于在"副(程度) + X"结构中使用,至今未发生词性上向形容词的转变。

很多学者将"副(程度) + 名"存在的合理性归因于其中的"名"本身又是个"形 + 名"结构,如"很新潮、很笨蛋、顶悲剧"中的名词"新潮、笨蛋、悲剧"含有形容词性的语素"新、笨、悲",使得名词"新潮、笨蛋、悲剧"具有形容词性(王寅 2009),因此名词也能受程度副词修饰。这种解释其实有点牵强,很多含有形容词性语素的名词并不能进入构式当中,如,名词"新风、新款、新品、新闻、新郎、新春、新秀"等与"新潮"构词上十分相近,名词"热点、热带、热浪、热量、热流、热潮、热忱、热土"构词上与"热门、热情"当属同类,名词"威力、威名、威势、威信、威望、威仪"与"威严,威风"构词上也并无不同,但这些名词并未被"副(程度) + X"接纳。"太学生"可以说,"太新生"反而不能用,显然这不是名词中含有形容词性语素可以解释的。名词并没有形容词性,而是结构的压制作用给"X"赋予了性状义,程度副词[+ 程度]的语义特性激活了名词所代表事物的性质,并强行使其完成了词性的转变。刘大为(2010)认为,从语法构式到修辞构式再到语法构式是一个连续统。名词进入"副(程度) + X",首先是作为一种临时性的修辞结构出现的。名词受程度副词修饰不合语法结构,于是在构式的压制作用下,程度副词强制改变名词的句法功能与语义性质,使得"X"由名词性变为形容词性,识解为原名词所指事物的性质,从而使该结构得到正确解读。这一格式的特殊性就在于将非常规则性的语法构式"副(程度) + 形"变成了修辞构式"副(程度) + 名",即名词出现于形容词最典型的句法位置,才引起了人们的兴趣并被反复使用。这种修辞格式经高频使用后又规则化为语法构式,从而能容纳更多的名词进入该格式。但必须明确的是,如果某些名词经常用于该构式,其语义性质被格式规约化,迫使其释放出形容词语义。当其形容词的语义得到释放并将其新的用法与语义扩散开来,还会进一步发生词类的转化,最终成为名形兼类词。可以说,"副(程度)+X"是名词向形容词转化的催化剂或中转站,事实上大量名形兼类词均是由此产生的,如"淑女、阳光、潮、传统、科学、专业、土气、时尚"等都是如此。

虽然名词转变为形容词的一个重要的衡量指标是看它能否受程度副词修饰,但是有必要区分名词词性的变化是偶一用之,还是已经成为固定的用法。比如"很中国、很农民、很郊区"一类,只见于"很/太+X"格式,属于临时的活用;而"阳光、权威、新潮"一类不仅能出现在"很/太+X"中,还能受否定副词"不"的修饰,能做谓语、补语,"很阳光"等能作为整体充当句法成分,做定语修饰名词,说明形容词的用法已经固化。但是,不管临时活用还是固定用法,"X"在"副(程度)+X"中一定是形容词性的,而非名词性的。

三、关于词类划分的一点思考

本文认为,汉语中不存在"副(程度)+名"这一句法现象。"副(程度)+X"中的"X"一律为形容词,哪怕是偶一用之,也一定是按照形容词来使用的。一些名词由于所表示的事物容易被提取为某种性质特征,所以可以进入"副(程度)+X",并在格式的诱导下经历语义筛选与压制,由表示事物的空间范畴转变为表示性质的性状范畴,促使其词性发生变化。这一格式也是促使名词向形容词转化的句法手段。

坚持"副(程度)+X"结构中"X"为形容词而非名词,是本文的基本观点与讨论的原动力。尽管我们也注意到其中的"X"可能是临时借用为形容词的"中国、农民、郊区"等,它们离开"副(程度)+X"结构并不能自由地用作形容词。既然它们并未变成纯粹意义上的形容词,而只是一种名词的形容词性用法,或称临时借用,那么,目前学界称它们是能受程度副词修饰的名词又有何不可?因为认为进入"副(程度)+X"结构前的"X"是个名词,着眼点是借用前X的词性,而本文的观点是,因为"副(程度)+X"其本质就是"副(程度)+形",所以"X"只能是形容词非名词,着眼点是借用后的X的词性。两种着眼点都可以,并不矛盾,这样也就没必要坚持说"副(程度)+X"中的名词非得是形容词的用法了。其实这种想法我们也曾有过,但是觉得在理论上和实践中都立不住脚。一是理论上违反了语法学界历来坚持的语法形式与语法意义相统一的研究原则。

形式上"副(程度) + X"中的"X"是形容词的句法位置,语义上也与形容词一样表示性状义,如果接受"副(程度) + 名"的说法,那就使形式与语义脱节,这在理论上是站不住的。二是实践中的自乱阵脚。承认"副(程度) + X"中的"X"可以是名词,就得承认汉语中有两种"副(程度) + X"结构,一类"X"是典型的形容词,另一类"X"是名词,这不仅与语法学公认的名词不能受副词修饰的标准这种基本语法知识相悖逆,更让人在实践中无可适从,到底什么样的词才是形容词和名词?三是会形成严重的误导。如果只看进入句法结构前的词性,而不管它进入实际句法结构中产生的变化,我们是不是可以根据"你们都喝白干,我今天也白干一杯",就又会说名词也可以带宾语?那词类划分的标准与意义何在?简而言之,汉语中所谓的"副(程度) + 名",本身就是皇帝的新衣,虚设的存在,理论不自洽,除了让人在实践中无可适从外,没有任何价值。

关于词类的划分,前人已经有十分精深的分析。根据词的句法功能(句子成分功能和短语组合功能)划分词类已经成为语法学界的共识,但语法学界广泛讨论的"副(程度) + 名"这种怪异现象,则是没有坚持根据词的句法功能划分词类的反映。李临定(1991)指出,造成词类研究不能深入下去的一个主要原因是,当我们确定了划分的标准后,而不能或不敢于始终如一的贯彻下去。"副(程度) + X"是形容词的鉴别格式,进入该格式就显示出形容词的性质,得到形容词化的解读,而不能反过来因"X"进入格式前是名词,又否定了名词不能受副词修饰的句法规定,再去证明"副(程度) + 名"的合理性,更改了客观存在的句法规则和通行的词性鉴别标准。

不能坚持贯彻依据句法功能确定词类有两个原因。原因之一是,不少人担心会导致"词无定类"。承认"副(程度) + X"格式中的"X"的词性由名词变成了形容词,或者是名词临时活用为形容词,是不是又回到"词无定类"的老路?词从概括的词位方面看,可以"词有定类",但从具体的词例看,还有其变化与发展的一面,这就不得不依据句法结构或句法模式辨别词类。邢福义(1991)指出,词类研究要正视汉语的词"入句显类"或"入句变类"的事实,把语法特征的运用放在入句结果的背景下进行。进入"副(程度) + X"结构中的名词占据了典型形容词的句法位置,自然就获得了形容词的功能,不再是名词,(史有为 1996)这就是句法对词类的强制作用,不仅强制性地改变名词的词性。也强制性地改变了其语义。至于能进入"副(程度) + X"结构中的"X"是修辞性地临时一用,还是会继续扩展其形容词功能,最终变成名形兼类词,那是另一回事。我们所强调的是,在"副(程度)＋X"结构中,"X"必然显示的是形容词的词性,是按照形容词的语义来使用和识解的。

原因之二是担心兼类词的数量增加。因为"入句变类"带来的结果将是兼类词的数量增加。李临定(1991)曾指出,"兼类"多的现象并不只存在于汉语,如果指明了某些词在不同条件下属于两个(或三个)词类,对掌握语言来说,是有利无弊的。有人认为大量兼类词的存在会导致词类的划分没有意义,但我们认为,如果不能保证每一类词有其鲜明的区别性特征,而扩大词类的句法功能的范围,当扩大到某类词兼有多类词的功能时,词类的划分恐怕就真正失去了意义。词类划分的目的是"说明语言的组织,暗示词的用法"(陈道望语,见胡附、文炼1990),而"副(程度)＋名"说的直接后果是造成了名词和形容词各自的功能特点无法区分,混淆两种词类的界限,使语法系统造成混乱。对此现象,邢福义(1997)指出,如果不认为是名词活用为形容词,而认为还是通常意义上的名词,那么,就会引出名词可以无条件地跟形容词并列,共同做谓语等成分的结论,这显然和语言事实是相悖的。不少名词可以进入"副(程度)＋X"中确实是一种新奇的表达,体现了汉语表达的丰富性和灵活性,但这并不是副词转而可以修饰名词的"例外",而是名词词性变化的句法表征,副词修饰的仍然是形容词。把词的组合能力与句法功能作为划分词类的标准坚持到底,语法系统的建构和对语法现象的分析才能符合汉语的实际特点,才能对汉语句法中的规则与例外做出更加清晰地认识和阐释。

参考文献

储泽祥,刘街生(1997)"细节显现"与"副＋名",《语文建设》第6期。
胡　附,文　炼(1990)《现代汉语语法探索》,北京:商务印书馆:73。
胡明扬(1992)"很激情""很青春"等,《语文建设》第4期。
——(1995)现代汉语词类问题考察,《中国语文》第5期。
桂诗春(1995)从"这个地方很郊区"谈起,《语言文字应用》第3期。
李　斌(2017)《词语认知属性的知识库构建和应用》,北京:世界图书出版公司。
李临定(1991)"依句辨品,离句无品"及其他,载中国语文杂志社编,《语法研究和探索》
　　　　五,北京:语文出版社。
刘大为(2010)从语法构式到修辞构式(上)(下),《当代修辞学》第3、4期。
刘正光,崔　刚(2005)非范畴化与"副词＋名词"结构,《外国语》第2期。
陆俭明(1994)关于词的兼类问题,《中国语文》第1期。

吕叔湘(1954)关于汉语词类的一些原则性问题,《中国语文》第9期。
彭利贞(1992)说"副、名"组合式,《赣南师范学院学报》第4期。
邵敬敏,吴立红(2005)"副+名"组合与语义指向新品种,《语言教学与研究》第6期。
施春宏(2001)名词的描述性语义特征与副名组合的可能性,《中国语文》第5期。
史有为(1996)词类问题的症结及其对策——汉语词类柔性处理试探,《词类问题考察》,北京:北京语言学院出版社。
谭景春(1998)名形转类的语义基础及相关问题,《中国语文》第5期。
王　寅(2009)汉语"副名构造"的认知构造语法分析法——基于"压制、突显、传承、整合"的角度,《外国语文》第4期。
温锁林(2005)从词性标注看小句的中枢地位,《汉语学报》第1期。
——(2010)汉语的性状义名词及相关问题,《语言教学与研究》第1期。
——(2018)评估义构式"够/不够X",《山西大学学报》第2期。
——(2018)汉语的非量化名词,《广西师范大学学报》第2期。
——,刘开瑛(1998)汉语名、动、形兼类词的两种鉴别方法,《语文研究》第1期。
肖奚强(2001)从内涵角度看程度副词修饰名词,《修辞学习》第5期。
邢福义(1962)关于程度副词修饰名词,《中国语文》第5期。
——(1997)"很淑女"之类说法的语言文化背景的思考,《语言研究》第2期。
——(1989)词类问题的思考,《语言研究》第1期。
杨成凯(1991)词类的划分原则和谓词"名物化",载中国语文杂志社编,《语法研究和探索》五,北京:语文出版社。
杨亦鸣,徐以中(2003)"副+名"现象研究之研究,《语言文字应用》第2期。
于根元(1991)副+名,《语文建设》第1期。
张伯江(1994)词类活用的功能解释,《中国语文》第5期。
张　静(1961)论汉语副词的范围,《中国语文》第8期。
张谊生(1990)副名结构新探,《徐州师范学院学报》第3期。
——(1996)名词的语义基础及功能转化与程度副词修饰名词,《语言教学与研究》第4期。
——(2019)当代汉语区别词形容词化的功能与成因分析,《华文教学与研究》第1期。
中国社会科学院语言研究所词典编辑室(2012)《现代汉语词典》第6版,北京:商务印书馆。
朱德熙(1982)《语法讲义》,北京:商务印书馆。
——(1999)《朱德熙文集(1—3卷)》,北京:商务印书馆。
邹韶华(1990)名词性状特征的外化问题,《语文建设》第2期。

(陆　旭　300387　天津,天津师范大学文学院　2651314851@qq.com;
温锁林　300387　天津,天津师范大学文学院　wensll@mail.tjnu.edu.cn)

新兴动宾短语多重重叠式 VVVO 的句法语义结构*

覃业位

提要 流行于网络语的 VVVO 格式明显有别于普通话的 VV 和 VVV,应该为一类新起的语言现象。研究发现,它既不是音系重叠的产物,也不是语用反复的结果,而是语法重叠的表现,是普通话未曾有的动宾短语 VO 的不完全重叠式。与基式 VO 相比,VVVO 增量义非常明显,部分格式还能解读出 VO 不具有的某种情态或语气。句法分布上,VVVO 表现出一些与 VV 不太平行的特征,它可以自由地出现在主句或从句中的谓语位置,所受的句类限制也没有 VV 那么明显。跨语言(方言)的证据表明,文章观察到的 VVVO 重叠式所表现出的一些"特异"的句法表现并不是孤立的和特设的,它依然满足重叠的基本规律,完全符合徐杰、覃业位(2015)所提出的语言特区中语言创新现象"能突破但有限度"的特点。

关键词 动宾短语;重叠;VVVO;增量;语言特区

一、问题的提出

在普通话中,单音节动词的重叠主要是 VV 型,如"看看书写写字"中的"看看""写写"。我们观察到,网络中有这么一类有趣的现象:动词复叠三

---

* 本研究得到武汉大学引进人才科研启动经费(项目编号 413100029)、中央高校基本科研业务费专项资金(项目编号 413000046)和教育部人文社科青年基金项目(项目编号 16YJC740079)的支持,特此致谢。初稿曾在第 30 次北美汉语语言学会议(NACCL-30,2018 年 3 月,俄亥俄州立大学)上宣读,本次发表有较大改动。

次后再带宾语,形如 VVVO,一起做句子的谓语。如例(1)—例(5)所示:

(1) 大熊猫一生中有 55% 的时间都是在<u>吃吃吃</u>竹子。
(2) 为了不久以后的旅行,已经看了好多@鲜城成都@蚂蜂窝自由行。今天晚上我要变身猫头鹰,<u>做做做</u>攻略。
(3) 你妹的管理系学生会,作为一个大系什么活动都说没钱搞,就只会来<u>收收收</u>电器,收你妹啊!
(4) 又到了思考去年这时候穿啥过来的时候。又到了衣柜里总是少那么件衣裳的时候。又到了出门不知道穿哪件衣裳的时候。总之一句话,又到了<u>买买买</u>衣服的时候!
(5) 每天<u>吼吼吼</u>学生,<u>改改改</u>作业。明天又要见到我的 SB 学生了,要准备她们的月考语文复习和元旦游园会,心疼自己。

普通话中的单音节及物动词确实可以出现 VVV 的形式,①如例(6)、例(7),但这种形式是不能再带宾语的,如例(8)、例(9)就不合语法。如果句子要合格,则它只能是像例(10)这样的 VV 式重叠结构。

(6) 一天到晚啥也不干,就知道吃吃吃。
(7) 扫扫扫,能不能消停一会儿?
(8) *一天到晚啥也不干,就知道吃吃吃零食。
(9) *扫扫扫地板,能不能消停一会儿?
(10) 吃吃零食/扫扫地板

显然,前述网络中的 VVVO 格式既与已有的 VVV 有很大不同,也与常见的 VV 型重叠式有明显差异,是普通话中从未出现过的现象。尽管这种新现象在使用上会有别于核心语言形式,比如可能只会流行于一定的时间和空间,但其语言学价值并不容忽视。徐杰、覃业位(2015)所提出的"语言特区"构想就认为,语言特区中的语言创新形式尽管可以突破个别语法的一些特定规则,但它仍然受制于普遍语法,对此进行研究有助于验证、简化已有的语言规则,有助于探讨人类语言能力的边界问题。

就本文而言,由于非汉语语言的重叠讨论基本集中于音系-形态和类型学的语义功能领域[有关介绍见王芳(2012)[1],隋娜、胡建华(2016)],而

---

① 普通话中的 VVV,有的认为是语用上的反复(如王芳 2012)[5],有的认为是重叠(如李宇明 1996)。

对汉语动词重叠的研究绝大部分都以如"看看""写写"这样的 VV 式为单一对象，如果网络中新出现的 VVVO 格式与句法重叠有关，那么对动词重叠的讨论就会出现一个新的切入点，无疑会大大拓展动词重叠的句法研究。

本文基于徐杰、覃业位（2015）"语言特区"的基本构想，系统地讨论以下问题：VVVO 格式是不是语法上的重叠结构？如果是，它的语义是什么？它在句法分布上的表现如何？它与类似的结构，如三叠式 VVV 和 VV 型重叠式，又有什么样的关联？体现出何种的语言学价值？本文所使用的网络语料来自新浪微博和微信，为方便行文，引用时不再标明具体出处和时间。①

二、VVVO 的性质：音系重叠？语法重叠？还是语用反复？

语言形式的重叠关涉的层面较多，既有语音层面的（如"妈妈""星星"），也有语法层面的（如"看看"），还有语用层面的（如他接连喊叫：饶命饶命饶命"中引语"饶命"的复现）。以下将论证，VVVO 结构是语法层面的重叠。②

（一）VVVO 不是音系重叠式

根据 Inkelas & Zoll（2005）、Inkelas（2008）的重叠理论（Dual Theory），词内部的重叠可分为音系驱动的和形态语义驱动的两大类，二者表现出一系列的类型学差异。比如音系重叠只是出于语音目的[如为音节提供起首成分（onset）或核心（nuclear）]，形态重叠则可标记意义变化。据此，胡伟

---

① 本文选取的语料规模为 300 余条，使用日期集中在 2015—2016 年两年中。部分语料筛选自北京语言大学 BCC 语料库的微博分库。语料中流水句较多，为方便展示，本文在不影响基本情况的前提下进行了些许有必要的改写。

② 语学界一般用"重叠"指称语音和语法上的复叠（如构词重叠、构形/句法重叠），用"反复"指称语用上的复叠，相关成果集中在句法领域。而非汉语复叠现象的研究则集中于音系和形态层面，主要讨论词的构造（有关介绍见王芳 2012）[1]，隋娜、胡建华（2016），常见的术语有 doubling、copy、reduplication 等。本文仅在第二大点第一部分使用了"音系重叠""语法重叠"，为遵照传统，后文凡提及"重叠"处均指语法层面的重叠手段。

(2017)就认为普通话的 VV 式重叠属于形态重叠,因为它所表示的调量语义是基式动词语义的相似性函数(iconic function)。

同理,本文讨论的 VVVO 应该也不属于音系重叠,而是一种语法重叠。① 一方面,VVVO 中的 V 已经拥有完整的音节和具体的语义,不可能是出于纯粹的语音目的而叠用为 VVV,而且三个动词在 VVV 中的语音语义特征完全相同,既没有发生语音的弱化或脱落现象,也没有发生语义漂白情形;更为重要的是,与 VO 相比,VVVO 的语义明显产生了增量的解读(具体见第三节第一部分),它表示事件 VO 的多次反复或者长时持续,也是基式(VO)语义的相似性函数。

(二) VVVO 不是语用上的反复形式

重叠与反复/重复(repetition)的区分业已有了许多讨论,如 Gil(2005)、刘丹青(2012)、王芳(2012)及其相关参考文献。一般认为,重叠是一种抽象的语法手段,反复则是一种语用手段。后者作用的语言单位为话语单位,如"好!好!好!我们大家都去!"中的"好!好!好!"。到目前为止,相关研究就二者的界限并没有达成非常明确的结论。究其根源,恐怕如同 Gil(2005)在研究印度尼西亚 Riau 语时所发现的一样,话语反复与重叠是一个连续统。即"话语中的反复形式有可能发展为重叠式"(刘丹青 2012)。刘丹青(2012)就曾专门讨论过这个问题,并例举了从直接引语的反复形式[如例(11)]到位于状语位置引语的重叠形式[如例(12)]的演变:

(11) 他连连地喊个不停:"饶命!饶命!饶命!"

(12) 后来他就连连喊疼,饶命饶命地喊个不停。

尽管如此,现有研究还是尽可能区分语法重叠与语用反复,并提出了一系列的区分标准。下表 1 是综合 Gil(2005)(前六条)和刘丹青(2012)(最后一条)而形成的七条标准。值得指出的是,七条标准没有一条标准是最主要的,也没有一条是绝对的。比如王芳(2012)[6-7]就商榷过连续性、次数、复叠的单位这三条标准。因此,本文赞同王文的处理,将综合这些因素对 VVVO 进行考察。

---

① 至于是形态重叠还是句法重叠,则还需要进一步讨论。具体见第五大点第一部分。

表1 区分重叠与反复的标准

区分标准	语用反复	语法重叠
1. 复叠的单位	大于词的单位	小于或等于词的单位
2. 语用上语力的增强	具有或不具有	不具有
3. 意义	象似义或无任何意义	象似义或非象似的其他意义
4. 输出项是否位于同一语调群	处于同一或不同语调中	处于同一语调中
5. 复叠部分是否连续	连续或非连续均可	连续
6. 复叠的次数	两次或两次以上	一般是两次
7. 复叠后是否产生新的句法功能	不产生	可能产生

按照这些标准,VVVO 中的整体特征规律性更强,更倾向属于重叠而不是反复。具体如下:

1. 仅从形式上看,VVVO 中发生复叠的是动词部分。①

2. 语用上语力的增强(communicative reinforcement),最直接的理解就是表示强调。部分 VVVO 结构确实能解读出某种情态或者语气,但这是基于增量语义衍生出来的(见第三节第二部分)。即该语力表现并不是 VVVO 最基本的语用效果。

3. 意义方面,VVVO 主要是表达事件量上的增加,即该形式的意义具有象似性。

4. VVVO 中,VVV 的语音特征与单用的 V 仍然保持一致,即每个 V 都是同质的。因此它们是处于同一语调群(intonation group)中。

5. VVVO 中的 VVV 必须连续,它既不能有语音上的停顿也不允许有其他成分的插入。

6. 因反复而形成的形式,其复叠的次数不稳定,可多可少。如描述汽车鸣叫既可以用"滴滴滴滴"也可以用"滴滴滴滴滴滴",二者并无本质差异。而 VVVO 结构复叠的次数虽然不是表格中所说的两次,但它固定为三次。这显示 VVVO 结构更倾向于是重叠式。

---

① 后文认为 VVVO 是 VO 不完全重叠的产物,即它是短语的重叠而不是动词的重叠。这里仅做表面形式的分析,对它是重叠结构的结论基本不产生影响。

7. 复叠后是否产生新的句法功能是刘丹青(2012)提出来的一条非常有效的句法标准。相较基式 VO,VVVO 的句法功能有一定变化,比如不能形成否定结构、在关系从句和疑问句中出现时也有一些限制等(见第四节)。

综上所述,网络中新起的 VVVO 结构既不是音系重叠的产物,也不是语用上反复的结果,它是一类语法重叠式,应该被纳入语法层面进行考察。

三、VVVO 的语义

虽然 VVVO 所出现的句法位置都能被 VO 替换而不影响句子的合法性,但其语义与 VO 有相当差异,主要表现为两点:其一,VVVO 具有增量义;其二,VVVO 能展示出 VO 不具有的某种情态或语气。

(一) VVVO 的增量义

与 VO 相比,重叠式 VVVO 具有明显的增量义,表示事件 VO 的多次反复或长时间持续。这可以从三个方面得到论证。

其一,该格式能与表多量的词共现。比如外部可受"一直""不停"等表持续或者高频的成分修饰,如例(13)、例(14);表事件"横向的繁多"的"各种"也能够出现在 VVVO 之前,所示如例(15)。而在内部,该格式的宾语可为表示数量多或时量长的成分,如例(16)中"各种游戏"、例(17)的"一天"均反映出谓语事件在这种语境下不断反复或者持续时间较长。

(13) 今天心情好,全天<u>一直</u>在卖卖卖手上的江特、买买买益达,买到满仓后就没看盘了。

(14) 体重超越 90 斤大关后仍继续向 100 斤努力迈进……这不是我想要的结果啊!以后再也不要晚上十一点还<u>不停</u>地吃吃吃零食了,我保证!!!

(15) 去年最开心的大概是<u>各种</u>买买买小裙子,还遇到很多很棒的小伙伴。

(16) 现在小朋友的生活一样都离不开手机,随时打打打<u>各种游戏</u>,我就是一旁陪玩的。

(17) 大会小会开开开了<u>一天</u>!涉及个人利益的事情果然很难协调!

其二,当句中并无多量成分时,该格式依然能解读出显性的增量义。例(18)—例(20)中,即使处于相同的语境,重叠之前的 VO,"打发票""买材料""做发饰""做题"均无法显示它在时长或反复频率方面的量。通过重叠形成的VVVO则有较强的量的语义特征:"打打打发票"表示需要重新多次进行"打发票"这一事件,"买买买材料做做做发饰"意味着"买材料做发饰"是开年后要反复、持续进行的事,"做做做题"则展示出在其他事情做不下去的情况下选择持续"做题"事件。

(18) 今天听到一个崩溃的消息,之前做的询证函要重来,意味着又要重新打打打发票。

比较:意味着又要重新打发票。

(19) 今天天气好,迎着夕阳把手里的汉服配饰成品拿出来重新拍了一遍。开年了我要开始买买买材料做做做发饰了。

比较:开年了我要开始买材料做发饰了。

(20) 现在就是这个状态:数学做不下去了,咱去背会政治,背了半小时发现什么都记不进去,算了,还是回来做做做题好了。

比较:还是回来做题好了。

其三,该格式不能与表少量的成分共现。[①] 这一点与表少量的VV式正好相反。像"稍微"等表示短时的副词可以与VV搭配,但不能出现在VVVO的状语位置,"一点"等表少量的词语也不能与VVVO同现。[②] 如例(21)、例(22)。

(21) 你稍微看看这些作文就会发现很多问题。

*你稍微看看看这些作文就会发现很多问题。

(22) *今天逛街只买买买了一点东西。

[①] 理论上,没有观察到或无法根据语感判断其可接受性并不表示不存在、不合格。但可以依据建构的理论进行事实合法性的推断。此处VVVO不能与少量成分共现假设即是如此。

[②] 语料显示,VVVO的宾语O可为单数成分,如例(a)的"(一)个蓝牙耳机"。本文认为,此处的单数成分只是一种客观描述,并非表示数量少。整个VVVO结构依然是描述事件的长时持续或多次反复。这通过例(a)中后文的"犹豫"可以得到证明,它描述的是"买蓝牙耳机"持续了一定的时段。正文中类似的"一个善良又阳光的女孩"[如例(35)]"(一)杯红酒"[如例(40)]"那件事"[如例(36)]"一次"[如例(42)]可做同样分析。

a. 怕自己的肥脸接电话太多把手机屏压碎,买买买了个蓝牙耳机。对!犹豫的时候就挑贵的那个。

(二) VVVO 的情态或语气解读

语料显示,除了表示增量义,部分 VVVO 在一定程度上还能够解读出某种情态或语气。有的语句在增量义和情态或语气方面均有一定体现。如例(23)、例(24)中,动宾短语"做大生意""买东西""剪头发""吃蛋糕"通过重叠后,一方面具有多次反复或长时持续的语义,同时它还体现出一种语用上的解读:"做做做大生意"可以显示出新年许愿的决心或愿望更强有力,"买买买东西剪剪剪头发"可以展示出更愉悦的心态。

(23) 2015 愁的也多笑得也多,没有什么可遗憾的。2016 要红红火火更美更优秀笑得更肆无忌惮!要努力帮家里<u>做做做大生意</u>!!!

(24) <u>买买买东西剪剪剪头发</u>是人生两大快事!果然心情好到耶。

有的语句展示出较强的情态或语气,增量义则显得不那么明显了。如例(25),此时"吃吃吃苹果"是强调圣诞节吃苹果的意义,显然无法解读出动作的反复或者持续,它不再突出时量或动量的多,而更强调一种欢愉的心态和语气。VVVO 的这种语义特征还可以从如例(26)、例(27)中的"喜欢""爱死了"明显表达心态的词汇和例(28)、例(29)中句子前后情感的反差展示出来。

(25) 今天心情倍儿棒!给你买了一个苹果。圣诞节快乐!要<u>吃吃吃苹果</u>噢。再见!

(26) <u>吃吃吃泡面</u>~每次要长跑的时候就喜欢吃泡面~

(27) <u>吃吃吃米粉</u>……爱死啦。

(28) <u>吃吃吃酸汤肥牛</u>!然而周围全是情侣二人座,我心好痛!

(29) 大过年的<u>写写写 pee 作业</u>,也是无语了。

四、VVVO 的内部结构与句法分布

普通话 VV 式重叠的句法表现,现有文献已经做了细致、充分的描写,代表性的成果为李宇明(1998)。研究显示,动词在重叠前后其语法特点差异明显。如重叠后一般不能带数量宾语、不能自由地出现在定语从句中、不能与动量时量短语和否定副词搭配等。国外关涉重叠的研究目前对句法表征关注甚少;而国内关涉动词重叠的探讨几乎都以 VV 式为对象。因此,对新出现的 VVVO 式重叠进行详细的句法描写就很有必要。作为同为重叠手段

操作的语法产物,VVVO 表现出一些与 VVO 不太平行的句法特征。

(一) VVVO 的内部结构

1. 动词的特征

语料显示,VVVO 中的动词为单音节的及物动词,如前文例(1)—例(5)的"吃、做、收、买、吼、改"等。与 VV 型重叠式不同,双音节动词不能出现在这一格式中。如"批评批评张三"成立,而"批评批评批评张三"是不成立的。

不过也有一些双音节的复合动词进行这样的重叠。如例(30)—例(32)中"喝到""煮久""晒死""打完"都可以进入 VVVO 格式。

(30) 喝喝喝到了樱桃可口可乐！10 块钱,喝的真是触目惊心。

(31) 红枣洗干净切开,桂圆肉红糖姜片多切几片,一起煮煮煮久一些,趁热喝,治姨妈痛。

(32) 这么大的太阳暖洋洋的好舒服。最近心情像发霉了一般不爽,晒晒晒死坏霉菌。

2. 宾语的特征

VVVO 中的宾语无论是在形式还是语义都与常规的宾语并无二致。它既可以是光杆的名词性成分[如例(33)],也可以是非光杆的,包括带定语的 NP、带指示词或不带指示词的数量名结构、人称代词和复杂成分,分别如例(35)—例(38)所示。甚至还可以是小句,如例(39)。因此在题元角色上,宾语 O 依旧展现出相当的灵活性,除了典型的受事之外[如例(37)],还可以是处所[如例(33)]、客体[如例(35)]等。

(33) 没回家但是我已经承诺好多了:要教谁玩三国杀,要和谁一起看电影,要被谁请客喝酒吃吃吃夜市,要接谁下班回家……

(34) 晒晒晒自己做的美食,晒拍的美图,继续加油！

(35) 喔哈哈,做做做一个善良又阳光的女孩。那个说我像小公主的同学,你很有眼光！

(36) 有些事,本来自己还想打算做,就是因为别人老是说说说那件事,惹得自己太反感,反而不再想去做。

(37) 扫扫扫我,让想吃的亲们扫我！

(38) 问问问什么别人,先问问自己吧。

(39) 说说说生二胎！你以为是能生就生的嘛你们就顾虑自己有没有想过我们这些二胎人的感受！！根本没有所谓的公平对待好嘛！！

值得指出的是,VV重叠式所带的宾语不能是"数+量+名"结构,也不能是时量或动量短语。但VVVO中的宾语不受此规则限制,不带指示词的"(数)+量+名"结构[如例(40)]、时量成分[如例(41)]或动量成分[如例(42)]都可以出现在VVV之后。

(40) 喝喝喝了<u>杯红酒</u>,有点点醉,才14.5%,酒量不咋地……

(41) 每个礼拜二的晚上就是抄抄抄<u>3个小时</u>……

(42) 终于拖着老妈出去吃吃吃了<u>一次</u>。别人一桌吃一盘我们一人吃一袋。

在指称性上,VVVO中的宾语O并没有表现出特定的限制性。它可以与VV式所带宾语的指称性保持一致,即是类指(non-referential)的[如例(43)]或定指(definite)的[如例(44)];①它也可以使用"(一)+量+名"的结构呈现出不定指(indefinite)的特征。

(43) 光杆NP: a. 吃吃吃竹子　　　　　b. 吃吃米饭

(44) 指示词短语: a.(老是)说说说那件事　b. 吃吃这种食物

(45) 数+量+名: a. 抄抄抄3个小时　　　b. *吃吃一种食物

3. 可以与体貌标记"了"共现

根据语料,VVVO中能够出现表完成体的"了",比如例(46)、例(47)。不过其他两个体标记"着""过"在本文所观测的范围内并没有见到。

(46) 昨天又买买买<u>了</u>好多盘子

(47) 下午和@Gloine去看了美人鱼,结束都七点了。两个懒到死的人买买买<u>了</u>泡面和寿司……

(二) VVVO的句法分布

1. VVVO可以自由地出现在主句或从句中的谓语位置

同普通的动词短语和VV式一样,VVVO的主要功能是充当句子的谓语,所示如前文的例(1)—例(5)。值得指出的是,该结构不仅可以做主句的谓语,同时也可充当从句的谓语。它可以出现在主语从句[如例

---

① 有关指称的术语"有定/无定""有指/无指"的内涵不同学者有不同理解。本文参考了Li & Thompson(1981)和陈平(1987)的观点。李宇明(1998)根据孙朝奋(1994)有定无定、有指无指的研究,认为VV式所带宾语的指称性只能是无定无指(即类指)和有定(即定指)两种类型,而不能是无定有指(即不定指)的。

(48)]、宾语从句[如例(49)]、定语从句[如例(50)]和关系从句[如例(51)]中。① 而根据李宇明(1998),VV式在主语、宾语和定语的位置上出现受到的限制非常明显,比如出现在定语从句中时须前加情态动词[如例(52)]。

(48) 2016年的愿望就是<u>做做做</u>任何事情都能坚持下来。

(49) 工作第一天,总结下来就是<u>打打打字</u>,再继续几天,盲打完全不是问题。

(50) 体重又刷刷刷往上蹭了! 要改掉<u>吃吃吃</u>零食的习惯了!

(51) 关注、转发,然后找一个陪你<u>拍拍拍</u>靓照的人,你就有机会抽2份双人套餐奖券。

(52) 需要谈谈的人请留下来/＊谈谈的人请留下来

值得注意的是,VVVO做谓语的关系从句,它所修饰的中心语只能是该关系从句的主语。即VVVO做谓语的句子只能将其主语关系化。

(53) 拍拍拍靓照的人

＊拍拍拍的靓照

2. VVVO所受的句类限制没有VV式那么明显

已有研究显示,VV型重叠式可以自由地出现在祈使句中,但在陈述句和疑问句中分布受限。(李宇明 1998)根据观察,VVVO格式的句类限制并不如VV式那么明显。它既可以出现在祈使句中[如例(54)],也可以充当陈述句的谓语[如例(1)—例(3)]。它还可以做一般疑问句[如例(55)]和特殊疑问句[如例(56)]的谓语。②

(54) <u>卖卖卖</u>泡菜啦! <u>扫扫扫</u>二维码!

(55) 微博"不感兴趣并隐藏"这个功能只<u>做做做</u>样子么?

(56) 春节干什么呢? <u>买买买</u>什么年货呢?

3. VVVO的其他分布特征

陈述句中不能前加如"不""没(有)"这样的否定成分,与VV和VVV两类

---

① 本文区分了从句做定语的两种类型:所修饰的中心语不是从句中动词的必有论元时,从句称为定语从句,如例(50);若是从句中动词的必有论元时,则称之为关系从句,如例(51)。

② 根据观察,VVVO做特殊疑问句的谓语时,疑问词必须出现在宾语O的位置。

结构保持一致。① 同时,VVVO 做谓语的句子,其宾语 O 不能被关系化。即"S + VVV 的"不能转指宾语 O,但"VVVO 的"可以转指主语。示例见例(53)。

五、VVVO 重叠式的语言学价值

网络平台作为语言特区的类型之一,其中出现的语言创新形式尽管在使用上不如主流(核心)语言形式有那么广泛的时间和空间,比如它可能主要流行于新媒体、主要被一些比较"潮"的年轻人使用、也极可能流行一阵就会"销声匿迹",但既然能被(部分)人使用和流行,说明它是可以被接受的,因此也应该是人类语言个别化的一种表现,也应该受普遍语法的支配。(徐杰、覃业位 2015;覃业位 2016a;覃业位 2016b 等)跨语言(方言)的证据表明,本文观察到的 VVVO 格式既能表现出一些普通话现有重叠式所没有的句法和语义特征,同时也应看到,这些"特异"的句法语义表现并不是孤立的和特设的,它依然符合重叠的基本规律,完全符合徐杰、覃业位(2015)提出的语言创新现象"能突破但有限度"的特点。

(一)重叠类型的突破:VVVO 是动宾短语不完全重叠的产物

1. VVVO 结构并非"VVV + O"形成

从表面形式看,重叠式 VVVO 容易被处理为动词 V 发生三叠后再带宾语而形成。但如果置于整个汉语乃至其他语言重叠的共同特征之下,将 VVVO 格式视作动宾短语 VO 的不完全重叠应该更为合适。两个主要原因如下:

跨语言(方言)的研究表明,许多语言的及物动词在重叠后会发生去及物化(detransitivizing)的现象。(石毓智 2007;王芳 2012[35];张四红 2017)即及物动词的重叠式会丧失带宾语的能力。② 不仅现代汉语方言遵守这一规

---

① 这里的 VVV 既包括例(6)、例(7)所示的情形,还包括覃业位(2018)所观察到的网络中的另一类重叠式,如"今天我们两个去商场买买买了""好想去上海吃吃吃啊"。二者在形式和语义上也有许多显著区别,相关研究见覃业位(2018)。

② 覃业位(2018)认为只有及物动词的原生重叠才会遵守这一规律,次生重叠则不一定。如普通话中最常见的 VV 和 A-not-A 两种重叠式都能带宾语,但它们都是次生重叠,分别是动宾短语、(正反)并列短语演变的而来,甚至还有观点依然坚持普通话的 VV 式是动量/动宾短语而非重叠式(如范方莲 1964;熊仲儒 2016)。

律,其他许多有重叠的语言亦是如此。具体示例请见例(57)、例(58)。因此,本文的 VVVO 结构应该也会符合这条规律,即理论上它是无法由失去带宾能力的重叠式 VVV 再接宾语而形成。而事实是,汉语中动词的多重重叠确实是没有及物性的,如普通话和丹江口话的 VVV[如例(59)、例(60)]、南京方言中的 VVVV[如例(61)]均是如此。

(57) 安徽霍邱话:菜吃吃,没得了。/ *吃吃菜,没得了。(赵怀印 1995)

江西上汤话:一上床,就把衣裳连脱脱。/ *一上床,就连脱脱衣裳。(阮绪和 2003)

(58) Fijian 语:cula 缝(及物)　　cula-cula 缝缝(不及物)(Dixon 1988)[48]

Mokilese 语:kos 切(及物)　　koskos 切(不及物)(Kiyomi 1993)[179]

Twi 语:di 吃(及物)　　didi 吃(不及物)(Kiyomi 1993)[180]

越西尔苏语:dα-kα 打(及物)　　dα-kα~kα 互相打(不及物)(张四红 2017)

(59) 一天到晚什么也不干,就知道吃吃吃(*零食)。

(60) 你一个劲说说说,烦不烦呀!(苏俊波 2008)

(61) 他唱唱唱唱,跑调了。(丁存越 2016)

同时,VVVO 的一系列句法表现也表明,该重叠式并不是由 VVV 带宾语形成。以下将它与具有带宾能力的 VV 式进行对比。第一,宾语能否话题化。VV 的宾语可以前移成为句子的话题,但 VVVO 不能如此操作[如例(62)]。第二,宾语能否关系化。VV 做谓语的句子,主、宾语均可关系化,但 VVVO 做谓语的句子只有主语可以关系化[如例(63)]。① 也就是说,VVVO 中的宾语是无法进行移位操作的,如例(64)所示。

(62) 这本书你可以看看。

　　*东来顺我要吃吃吃。

---

① 动宾短语重叠式的宾语不能关系化并非此处 VVVO 的特设规则。汕头方言、廉江粤方言、海南屯昌话都有这样的情况,具体参考施其生(1988)、林华勇(2011)、钱奠香(2002)。

(63) 经常看看书的(人)才有修养。

要吃吃吃东来顺的(人)是我。

(64) 你可以看看的(书)都在架子上。

*我要吃吃吃的(火锅)没有配青菜。

综上所述,既然重叠结构 VVVO 不是 VVV 带宾语的产物,即重叠操作不是作用于 V 上,那其解释只能是整个 VO 都发生了重叠。亦即 VVVO 是动宾短语(不完全)重叠的产物。①

2. VVVO 的不完全短语重叠说并非特设

传统上多认为重叠是用于构词的形态手段,后来有学者认为重叠是一种形式手段,其不仅适用于构词(形态)层面,而且可以作用于语言结构的任何层面,包括短语的重叠。(刘丹青 1988;Mass 2005)一个疑问是,既然普通话在此之前未曾出现过动词短语的原生重叠,②那么上述处理是否是特设的呢? 我们可以从汉语方言的角度给出答案。一方面,短语重叠在方言中并不少见。比如:

(65) 汕头方言:我有半年食无乜落食无乜落　我有半年总不太想吃东西(施其生 1988)

(66) 廉江粤方言:我大伯在呢=[nei^{55}]使牛使牛在　我大伯在那犁田呢(林华勇 2011)

(67) 塘蓬客家话:天爱落水爱落水[kɐn^{24}]　天好像要下雨似的(林华勇 2011)

另一方面,一些方言中就存在短语的不完全重叠情况。根据钱奠香(2002)[64-65],海南屯昌话的双音节动宾短语重叠时既可以是 VOVO 式,也可以是 VVO 式,如例(68)的意义完全一样。然而,当 VO 的音节数超过两个,一般使用 VVO 式,如(69)。③ 这种 VVO 式实质上就是动宾短语的不完全重

---

① 不完全重叠(也称"部分重叠",见刘丹青 1988)在汉语中并不少见,如普通话的"喜欢-喜不喜欢"、苏州话的"字相(玩儿)-字相相"都只重叠了动词的一部分。

② 按刘丹青(2012),重叠有原生和次生之别。原生重叠就是通过重叠手段进行的操作。

③ 根据钱奠香(2002),O 的音节数超过三个时就不能使用 VOVO 式了。类似地,本文讨论的动宾短语 VO 多重重叠为何没有优先选择完全重叠(即 VOVOVO 式),也可能同样与音节的限制有关。

叠：重叠作用的是整个动宾短语，但形式上只通过动词的重叠表现出来，从而造成"VV + O"的假象。

(68) 卖菜卖菜奻大嫂/卖卖菜奻大嫂　　卖菜的那位大嫂
(69) 卖卖白菜奻大嫂　　卖白菜的那位大嫂
　　？卖白菜卖白菜奻大嫂
　　驶驶手扶拖拉机奻青年团　　驾驶手扶拖拉机的那个青年
　　*驶手扶拖拉机驶手扶拖拉机奻青年团

综上所述，VVVO 结构并不是重叠式 VVV 带宾语形成的，而是重叠操作作用于整个动宾短语的结果。其句法表现也说明，它同样遵守着"重叠去及物化"的规律。众所周知，普通话中并没有原生的动词短语重叠式，VVVO 的兴起表明，同其他方言或语言一样，其原生重叠也能发生在短语层面。

（二）语义上的突破：普通话出现了表增量义的动词短语重叠式

现代汉语（尤其是普通话）中关涉动词的重叠研究主要围绕 VV 式展开，并在其历史来源、重叠类型和语义与功能上取得了丰富的成果。就语义来说，一般文献都赞同 VV 式的基本语义与量（调量或定量）相关（如朱德熙 1983[66]；石毓智 1996；李宇明 1996）。具体而言，主流意见认为该格式主要描述动作或事件时量短、动量小（如朱德熙 1983[67]；李宇明 1996），所以应该是表示减量。

VVVO 结构的兴起则对上述局面造成一定挑战：同为重叠式，VVVO 能够解读出明显的增量义，与 VV 迥然不同。该如何解释？我们认为，这与 VV 式的特殊性相关。

跨语言的调查发现，重叠的基本语义是表示量的增加（increased quantity），就关涉动词的重叠而言，或者表示事件的持续或复现，或者表示动作的强度及性状的程度的增加（如 Moravcsik 1978；张敏 2001）。然而，在现代汉语中使用得最为广泛的 VV 式却并不是由重叠操作产生，而是动词带表动量的同源宾语历时演变的产物，其少量义自然也是继承了原结构的基本语义特征（范方莲 1964；王姝 2016）亦即 VV 结构并不是原生重叠式，其语义也非由重叠产生。

董思聪、黄居仁（待刊）认为，语言各层面的规则法则构建出了系统网络，而语言创新只能发生在这些网络的空缺位置上。就本文而言，普通话中实际上还没有跟动词或动词短语有关的原生重叠现象。本文观察到的

VVVO[还有覃业位(2018)讨论的 VVV]语法语义特征都与原生重叠的一般规律相符合,正好填补了普通话的这一语言事实缺口。

六、结　　论

普通话中关涉动词的重叠研究目前集中于 VV 的讨论上。本文观察到一类形如 VVVO 的新重叠结构,并对它进行了详细的句法和语义描写,一定程度上可以丰富汉语动词(短语)重叠研究的成果。

从普通话现有的动词重叠特征来看,新兴的 VVVO 在语义和句法上表现出许多的"特殊"之处。语义上,它表示事件 VO 的多次反复或长时持续,增量义十分明确,部分结构还能解读出某种特定的情态或语气。该格式的动词以单音节为主,而其宾语在形式和语义指称上与一般动宾短语的宾语并无二致;但在句法分布上,通过与 VV 型重叠式进行对比,VVVO 体现出一系列的差异:它不仅可以做主句的谓语,还能比较自由地出现在从句(如主语从句、定语从句等)的谓语位置上;除了祈使句之外,该结构也能较自由地用于陈述句和疑问句,所受句类限制并不如 VV 式那么明显。

本文认为,VVVO 语义和句法的上述"特殊性"仅局限在普通话之中,一旦置于重叠的类型学特征下,它就不再是孤立的和特设的了。一方面,其增量义完全符合"重叠表量的增加"这一基本的类型学语义特征,它突破的只是普通话中动词(短语)重叠无此语义的特点而已。另一方面,VVVO 是动宾短语不完全重叠的结果,并没有违反"重叠去及物化"的规律,即不是动词三叠后再带宾语形成。它只是改变了普通话中无原生动词短语重叠的局面。

新兴重叠式 VVVO 的句法表现与 VV 式并不平行,似乎不适用于隋娜、胡建华(2017)基于 VV 式所提出的关于重叠的两个句法限制条件。刘丹青(2012)认为,将次生重叠与原生重叠分开可以更好地用象似性解释重叠式的表义功能。这一认识可能也同样适用于对重叠的句法研究,值得进一步思考。

参考文献

陈　平(1987)释汉语中与名词性成分相关的四组概念,《中国语文》第 2 期: 81-92。
丁存越(2016)南京方言的 VVVV 式,《方言》第 2 期: 236-242。
董思聪,黄居仁(待刊)《语言特区中创新形式的限度》。

范方莲(1964)试论所谓"动词重叠",《中国语文》第 4 期:264-278。
胡　伟(2017)汉语重叠音系的分布形态学分析,《中国语文》第 2 期:215-228。
李宇明(1996)论词语重叠的意义,《世界汉语教学》第 1 期:10-19。
——(1998)动词重叠的若干句法问题,《中国语文》第 2 期:83-92。
林华勇(2011)廉江粤语的两种短语重叠式,《中国语文》第 4 期:364-371。
刘丹青(1986)苏州方言重叠式研究,《语言研究》第 1 期:7-28。
——(1988)汉藏语系重叠形式的分析模式,《语言研究》第 1 期:167-175。
——(2012)原生重叠和次生重叠:重叠式历时来源的多样性,《方言》第 1 期:1-11。
钱奠香(2002)《海南屯昌闽语语法研究》,昆明:云南大学出版社:63-65。
阮绪和(2003)江西武宁(上汤)话一种特殊的动词重叠结构,《江西教育学院学报》第 2 期:55-56。
施其生(1988)汕头方言短语动词重叠式,《方言》第 2 期:149-151。
石毓智(1996)试论汉语的句法重叠,《语言研究》第 2 期:2-13。
——(2007)汉语方言中动词重叠的语法意义和功能的差别,《汉语学报》第 4 期:59-63。
苏俊波(2008)丹江口方言的多重重叠,《三峡大学学报》第 6 期:50-53。
隋　娜,胡建华(2016)动词重叠的句法,《当代语言学》第 3 期:317-338。
孙朝奋(1994)汉语数量词在话语中的功能,载戴浩一、薛凤生主编,《功能主义与汉语语法》,北京:北京语言学院出版社:139-158。
覃业位(2016a)汉语诗歌中介宾状语"在 + NP"的后置及相关句法问题,《语言教学与研究》第 1 期:67-76。
——(2016b)网络语料所见之语法创新及其限度,澳门大学博士学位论文。
——(待刊)两类新兴重叠结构与动词重叠式的去及物化现象。
王　芳(2012)重叠多功能模式的类型学研究,南开大学博士学位论文。
王　姝(2016)现代汉语动词重叠式何以会表量减,《语言教学与研究》第 5 期:64-75。
熊仲儒(2016)动词重叠的句法分析,《世界汉语教学》第 2 期:156-169。
徐　杰,覃业位(2015)"语言特区"的性质与类型,《当代修辞学》第 4 期:20-31。
张　敏(2001)汉语方言重叠式语义模式的研究,《中国语文研究》第 1 期:24-42。
张四红,王　轩(2017)越西尔苏语以动词为基式的重叠式研究,《中央民族大学学报》第 2 期:163-169。
赵怀印(1995)霍邱方言中的一种动词重叠句,《方言》第 3 期:211-215。
朱德熙(1983)《语法讲义》,北京:商务印书馆。
Dixon R M W. (1988) *A Grammar of Boumaa Fijian.* Chicago:University of Chicago Press.
Gil D. (2005) From Repetition to Reduplication in Riau Indonesian. In Hurch B. (eds.) *Studies on Reduplication* 28. Berlin:Mouton de Gruyter:31-64.

Inkelas S, Zoll C. (2005) *Reduplication: Doubling in Morphology* 106. Cambridge: Cambridge University Press.

Inkelas S. (2008) The Dual Theory of Reduplication. *Linguistics* 46(2): 351-401.

Kiyomi S. (1993) *A Typological Study of Reduplication as a Morpho-semantic Process: Evidence from Five Language Families (Bantu, Australian, Papuan, Austroasiatic and Malayo-Polynesian)*. Doctoral dissertation, Indiana University.

Li C, Thompson S. (1981) *A Functional Reference Grammar of Mandarin Chinese*. Berkeley: University of California Press.

Maas U. (2005) Syntactic Reduplication in Arabic. In Hurch B. (eds.) *Studies on Reduplication* 28. Berlin: Mouton de Gruyter: 395-429.

Moravcsik E A. (1978) Reduplicative Constructions. In Greenberg J. (eds.) *Universals of Human Language* 3. Stanford: Stanford University Press: 297-334.

(430072 湖北,武汉大学文学院/中国语情与社会发展研究中心 qyewei@gmail.com)

汉语史上"惭愧"向庆幸程式语的语用化[*]

张爱玲

提要 在汉语史上,"惭愧"是个多功能词,有"不安"义心理形容词、"感谢"义动词、"庆幸"义动词、"幸运"义形容词、"谢天谢地"义叹词等用法。其中,"谢天谢地"义叹词"惭愧"常独立成句,构成庆幸程式语。叹词"惭愧"的语用化路径为:"感谢"义动词→"庆幸"义动词→"幸运"义形容词→"谢天谢地"义叹词。"感谢"义动词"惭愧"不是从"不安"义心理形容词"惭愧"演变而来,而是"惭"和"愧"这两个"感谢"义动词并列复合的结果。"惭愧"的语用化还表现在它曾一度呈现出从庆幸语向感叹语演变的倾向。

关键词 惭愧;"感谢"义动词;"谢天谢地"义叹词;语用化

一、引　言

在现代汉语中,"惭愧"是表示心理不安的形容词(以下简称"心理形容词"),意即"因为自己有缺点、做错事或未尽到责任而感到不安"(《现代汉语词典》第6版)。以下把"惭愧"的这种意义简记为"感到不安"义。心理形容词"惭愧"通常做谓语[①]、宾语,有时也做定语和状语。"惭愧"做谓语时可受"有点儿、非常"等程度副词修饰或受"很、万分、极"等程度副词补充,如"惭愧得很、惭愧万分、惭愧极了";通常不能带"着、了、过"等体态助词;通常不带宾语,除非其宾语是表示原因的小句或其省略句。例如:

---

[*] 本研究得到江苏省高校哲学社会科学研究基金项目"汉语致谢词的共时变异与历时演变研究"(项目编号2018SJA0945)的资助,特此致谢!

① 这里的"谓语"其实是"谓语中心"的省略。为了论述的方便,这里用"谓语"来代表"谓语中心"。

(1) 惭愧我们不大晓得,我们不能送你回去。(俞平伯《稚翠和她情人的故事》)

(2) 嘱我作序,惭愧我是门外汉,真是无从说起。(俞平伯《以漫画初刊与子恺书》)

上两例中"惭愧"做谓语,后续宾语小句S,表示"因S而感到不安"义。"惭愧"做宾语时,支配它的述语通常是"感到、觉得"等表示心理活动的动词。做定语时,"惭愧"通常修饰"心情、神情、神色"等涉及感事心理或其外在表现的词。做状语时,"惭愧"必须后附结构助词"地"。例如:

(3) 别给自己找台阶了!宋玉珂说,"我们一二十条大汉,竟保护不了一个小女孩,怎么有脸还说风凉话?"张巨往山崎那边看看,惭愧地低下了头。(邓友梅《别了,濑户内海!》)

"惭愧"一般不能做主语,除非其表达功能发生从陈述到指称的变化(即发生指称化/名物化)。例如:

(4) 惭愧是该被淘汰而不是该被培养的感情。(钱锺书《〈干校六记〉小引》)

上例中,"惭愧"做主语,指称一种情感/心理。综上所述,心理形容词"惭愧"在句中可以做主语、谓语、宾语、定语、状语。但是,做主语、宾语、状语是有条件的,且用例较少。做谓语是"惭愧"的最典型用法。做定语时,"惭愧"对充当中心语的词语有语义上的选择限制。

其实,在现代汉语中,"惭愧"不仅可充当句法成分,还可独立成句。独立成句时,"惭愧"在语法上是叹词,在语用上是表示自我谦虚的程式语(以下简称"谦辞"),对来自他人的尊敬、赞扬等做出谦虚的回应,意犹"不敢当"。例如:

(5) 于德利对着江湖冷笑:"江导,都写过什么大作呀?""惭愧,戏不多,都是老戏。"(王朔《懵然无知》)

(6) 石岑先生爱谈人生问题,著有《人生哲学》,席间他请弘一法师谈关于人生的意见。"惭愧,"弘一法师虔敬地回答,"没有研究,不能说什么。"(叶圣陶《两法师》)

在"惭愧"条的释义方面,《现代汉语词典》第6版比第5版的进步之处就是增设了义项②:谦辞,多用于受到别人的称赞,表示不敢当。

在受到称赞、尊敬或礼遇时,自言"惭愧",重在表达言者的自谦和对他人的尊敬,发挥的是人际互动过程中的谦敬功能,言者未必真的感到内心不

安。有时为了提高礼貌度,可重叠使用"惭愧"。例如:

(7) 游朴拱手连声说:"游朴何德何能,受此殊荣,惭愧,惭愧!"(胡秀林、颜素开编《宁德人杰》)

(8) "振武将军!"陈毅伸出手去,极力把话说得平淡,"有约在先,我是备车恭候了。"马振武握了一下陈毅的手,连连摇头:"惭愧,惭愧。"(邓友梅《我们的军长》)

上文的分析表明,在现代汉语中,"惭愧"虽是多义词,兼有"羞愧"和"不敢当"二义,但词性单一,只是心理形容词。那么,在古代汉语中"惭愧"是否也只是心理形容词呢?

语料调查表明,在古代汉语中,"惭愧"是兼类词,除了用作心理形容词,还兼有动词、语气副词、叹词等词性。动词"惭愧"意即感谢。例如:

(9) 惭愧流莺相厚意,清晨犹为到西园。(唐韩偓《春尽》)

(10) 惭愧圣恩优渥异,不教炎暑冒长歧。(唐钱弘俶《路次再感圣恩》)

(11) 惭愧我世尊悲愿重,唯留佛教在世间。(《敦煌变文集·三身押座文》)

语气副词"惭愧"表示庆幸或赞扬语气,犹"幸喜"或"难得"。例如:

(12) 咨嗟斑鬓今承弁,惭愧新荷又发池。(唐独孤及《伤春赠远》)

(13) 惭愧今年二麦丰,千畦细浪舞晴空,化工余力染夭红。(北宋苏轼《浣溪沙·徐州藏春阁园中》)

(14) 惭愧南风知我意,吹将草木作天香。(北宋昙秀《山光寺》)

(15) 莎衫筠笠,正是村村农务急。绿水千畦,惭愧秧针出得齐。(南宋卢炳《减字木兰花·莎衫筠笠》)

叹词"惭愧",犹"谢天谢地",表示庆幸语气,常用在话轮开头,构成庆幸程式语。例如:

(16) (夫人云)惭愧,孩儿醒过来了也。(徐端云)将定魂汤与孩儿吃。(元无名氏《萨真人夜断碧桃花》第4折)

(17) 那蛇看了洪大尉一回,望山下一溜,却早不见了。大尉方才爬得起来,说道:"惭愧!惊杀下官!"(明施耐庵《水浒传·楔子》)

正因为近代汉语中"惭愧"具有多功能性并以表示感谢或庆幸为主,所以,张相《诗词曲语辞汇释》卷六(2001/1953)说:"惭愧,感幸之词,犹云多谢也;侥幸也;难得也。"

本文旨在追溯"惭愧"向庆幸语的语用化。文章基于对历史语料的定量统计和定性分析，描写"惭愧"的如下语用化路径：[心理形容词]"感到不安"→[言语行为动词]"感谢"→[动词]"庆幸"→[形容词]"幸运"→[叹词]"谢天谢地，天哪/妈呀"。揭示相关演变的发生条件和所遵循的机制。本文所用语料均出自北京大学中国语言学研究中心现代汉语和古代汉语语料库（以下简称"CCL 语料库"）。

二、"惭愧"向庆幸程式语的语用化

（一）从"惭愧"的心理形容词用法说起

形容词"惭愧"表示"感到不安"（下文记作"惭愧₁"），由"惭"和"愧"并列复合而成。"惭"和"愧"表义相近，常彼此互训。《说文解字·心部》：惭，媿也。《说文解字·女部》：媿，惭也。①《汉语大词典》：惭，羞愧。愧，羞惭。佛教典籍则对"惭"与"愧"进行了近义辨析。《俱舍论》（卷四）对"惭"与"愧"做了两种不同的区分：① 谓崇敬诸功德及有德者之心为"惭"，怖罪之心为"愧"；② 谓自省所造之罪恶而感羞耻为"惭"，以己所造之罪示人时引以为耻为"愧"。明代一如等撰《三藏法数》：惭者，惭天；愧者，愧人。即对天的羞耻心叫"惭"，对人的羞耻心叫"愧"。总之，析言则"惭、愧"有别；浑言则"惭、愧"同义。在古籍中，"惭愧"又作"慙愧、慙媿、惭媿"，四者是异体关系。《辞源》："慙愧"也作"惭愧"。高诱曰："慙愧"本作"慙媿"。

为了对"惭愧"的历史演变做全面准确的考察，我们调查了 CCL 语料库中的历代语料，发现"惭愧"在历史上的使用情况如表 1 所示。②

表1 历史上"惭愧"的使用情况

朝代 \ 意义	动词	形容词		语气副词	叹词	总用例数
	感谢	愧疚	幸运	幸喜难得	谢天谢地	
先秦两汉	0	7	0	0	0	7
魏晋六朝	0	8	0	0	0	8

---

① 段玉裁《说文解字注》曰："慙，媿也。女部曰：媿，慙也。二篆为转注。"
② 表一中暂未计入"愧色"义名词"惭愧"（凡 30 例）、"庆幸"义动词"惭愧"（凡 5 例）的用例。"幸喜"义和"难得"义难以截然区分，归为一类。

(续表)

词性 朝代\意义	动词 感谢	形容词 愧疚	形容词 幸运	语气副词 幸喜难得	叹词 谢天谢地	总用例数
唐五代	17	40	1	5	0	63
宋代	12	35	1	5	6	59
元代	8	15	2	4	28	57
明代	8	55	0	3	38	104
清代	3	51	0	0	7	61
合计	48	211	4	17	79	359

根据我们的调查,心理形容词"惭愧"始见于先秦,在上古(先秦两汉)汉语中习见。例如:

(18) 是故大国惭愧,小国附协。(《国语·齐语》)

(19) 伏自念终亡以报厚德,日夜惭愧而已。(东汉班固《汉书》第72卷)

到了魏晋六朝,心理形容词"惭愧"渐多。例如:

(20) 更多忧愁不乐惭愧而归。(三国吴支谦译《佛说龙施女经》)

(21) 有惭愧清净,志求佛道者,当为如是等,广赞一乘道,舍利弗当知,诸佛法如是(《妙法莲华经·方便品》)

(22) 后为烦恼所惑,三十六物一时都捉,不生惭愧,至死不舍。(《百喻经·为王负机喻》)

到了唐代,心理形容词"惭愧"出现了"为动词"用法,后续小句宾语S,表示"因为S而感到惭愧"义。换言之,这种用法的"惭愧"后接表示原因的宾语小句。例如:

(23) 我归应待乌头白,惭愧元郎误欢喜。(唐白居易《答元郎中杨员外喜乌见寄〈四十四字成〉》)

(24) 惭愧四邻教断火,不知厨里久无烟。(唐伍唐圭《寒食日献郡守》)

例(23)中的"惭愧元郎误欢喜"意谓因让元郎空欢喜一场而感到羞愧。例(24)可作类似分析。可见,心理形容词"惭愧"在这两例中已活用作为动词,引导原因小句。为动词用法的"惭愧"可看作形容词"惭愧"移动到无语音形式的空介词"因/为"所在空位的结果。

（二）致谢动词"惭愧"的历史形成

在唐代,"惭愧"发展出了表示感谢的言语行为动词(以下简称"致谢动词")用法。致谢动词"惭愧"(下文记作"惭愧$_2$")可以用在兼语句中,例如:

(25) 惭愧故人怜寂寞,三千里外寄欢来。(唐白居易《刘苏州寄酿酒糯米李浙东寄杨枝舞衫偶因尝酒试衫辄成长句寄谢之》)

(26) 惭愧苍生还有意,解歌襦裤至如今。(唐罗隐《重过随州故兵部李侍郎恩知因抒长》)

(27) 惭愧情人常相访,此身虽异性常存。(唐袁郊《甘泽谣》)

(28) 惭愧我世尊悲愿重,唯留佛教在世间。(《敦煌变文》)

也可以用在普通的主动宾(SVO)句中,带由指人名词(短语)充当的对象宾语,例如:

(29) 来时长道贯,惭愧酒家胡。(唐王绩《过酒家》五)

(30) 一带不结心,两股方安髻。惭愧白茅人,月没教星替。(唐李商隐《李夫人三首》)

(31) 今日喜欢离地狱,深心惭愧我娇儿。(《敦煌变文·目连缘起》)

上三例中"惭愧"带对象宾语"酒家胡、白茅人、我娇儿"。"惭愧"的对象宾语也可以省略,例如:

(32) 燕子语雀儿:"好得辄行非!问君向者语,元本未相知。一冬来居住,温暖养妻儿,计你合惭愧,却被怨辩之!"(《敦煌变文集·燕子赋》)

例(32)中"惭愧"的宾语"我们"在语境中省略了。"计你合惭愧(我们)"意谓"估计你应该感谢我们(因为你雀占燕巢,过了一冬)"。

在宋代直至清代,致谢动词"惭愧"一直被沿用,尽管用例数递减(详见表1)。例如:

(33) 朝渴饮清池,暮饱眠深栅。惭愧主人恩,自非杀身难报德。(北宋欧阳修《驯鹿》)

(34) 也惭愧君恩,放还田舍。(南宋刘克庄《木兰花慢》)

(35) 拣个好日子,元椿打扮做马快手的模样,与赛儿相别,说:"我去便回。"赛儿说:"保重,保重。"元椿叫声"惭愧",飞身上马,打一鞭,那马一道烟去了。(明凌濛初《初刻拍案惊奇》第31卷)

那么,致谢动词"惭愧"是怎样形成的呢?刘丹(2013)认为,它是从形容词"惭愧"演变而来,该演变受到了跟"惭愧"处于同一聚合群的"感、谢"从描述内心不安演变为表示感谢(详见下文)的类推,是语义上相因生义的结果。① 我们认为这种演变在理论上是可能的。比如例(25)—例(28)中的"惭愧"在理论上有可能处在从心理形容词向致谢动词演变的过渡状态。例(25)—例(28)中的"惭愧"跟例(29)、例(31)中的"惭愧"不同。例(29)—例(31)中的"惭愧"因后续指人 NP 而不是小句,故只能理解为致谢动词,而例(25)—例(28)中的"惭愧"在理论上还可以被看作心理形容词,这时心理形容词"惭愧"活用为"为动词",后续原因宾语小句 S,表示"因为 S 而惭愧"。总之,在唐代,心理形容词"惭愧"是有可能演变为致谢动词的。当然,关于致谢动词"惭愧"的来源,我们认为还存在另一种可能,即:"惭、愧"先各自从形容词演变为致谢动词,然后复合成并列短语"惭愧",最后并列短语"惭愧"词汇化为致谢动词。杨观(2004)似乎也赞同此说。杨文说"惭愧"是表示感激的"惭"和"愧"连文的结果。这种连文至迟发生于唐代。但刘丹(2013)否定了致谢动词"惭愧"由致谢动词"惭"和"愧"复合而成的可能,理由是单词"惭、愧"无感谢义,复合词"惭谢、愧谢、感惭、感愧"才有感谢义。其实,单词"惭、愧"是有感谢义的。感谢义"惭、愧"在中古就已出现。例如:

(36) 仆是蚁中之王,不慎堕江,<u>惭</u>君济活。若有急难,当见告语。(东晋干宝《搜神记》第 20 卷)

(37)《三辅决录》曰:他仕不遂,乃尽以家财赂监奴,与共结亲,积年家业为之破尽。众奴皆<u>惭</u>,问他所欲,他曰:欲得卿曹拜耳。(南朝宋裴松之《〈三国志〉注》之《〈魏志·明帝纪〉注》)

(38) 日久,遂设精食,从者皆无所乏。逮既叹其才辩,又深<u>愧</u>其厚意。(南朝宋刘义庆《世说新语·贤媛》)

表示感谢义的"惭、愧"在后世(如唐代)亦可见到。例如:

(39) 顾<u>惭</u>恩私被,诏许归蓬荜。(唐杜甫《北征》)

(40) 但言季布心顽硬,不<u>惭</u>圣德背皇恩。(《敦煌变文集·捉季布变文》)

---

① 刘丹(2013)考察的"惭愧"类词语包括"惭、愧、惭愧、惭谢、羞惭"。刘丹发现,它们在《敦煌变文集》中分别有 34 例、20 例、13 例、4 例、4 例。

(41) 请为父老歌,艰难愧深情。(唐杜甫《羌村》(三))

(42) 愧君千里分滋味,寄与春风酒渴人。(唐李群玉《答友人寄新茗》)

(43) 更愧殷勤留客意,鱼香饭细酒香浓。(唐白居易《题元十八溪居》)

(44) 吾昔遭楚难,愧君出应逢迎。(《敦煌变文集·伍子胥变文》)

既然动词"惭、愧"都有感谢义,那么致谢动词"惭愧"就有可能是致谢动词"惭、愧"并列复合而成。在上述两种观点中,我们更赞同第二种观点,即认为致谢动词"惭愧"是致谢动词"惭、愧"并列复合而成,而不是从心理形容词"惭愧"演变而来。这是因为,第一,心理形容词"惭愧"早在先秦就有,但致谢动词"惭愧"直到唐代才出现。而且,其始见时间和致谢动词"惭、愧"紧相承接。致谢动词"惭、愧"分别始见于东晋和南朝[见上文例(36)—例(38)],致谢动词"惭愧"始见于初唐[见例(29)]。第二,在唐代,致谢动词"惭愧"有时又说成"愧惭"。例如:

(45) 愧惭天子恩波及,感荷王孙库藏开。(《敦煌变文集校注》第5卷)

如果致谢动词"惭愧"的确是从心理形容词"惭愧"演变而来,那么其词形应该相对固定。致谢动词"惭愧"又作"愧惭",这其实是致谢动词"惭、愧"在复合为"惭愧"的过程中两者的相对顺序起初不固定的体现。

既然致谢动词"惭愧"是致谢动词"惭、愧"并列复合而成,那么致谢动词"惭、愧"又是如何形成的呢?显然,致谢动词"惭、愧"是由心理形容词"惭、愧"演变而来,因为表情(譬如,表达内心因受惠而不安,感到欠对方人情)是向施惠方间接表示感谢的一种手段。通过表情来间接致谢这种语用法的高频使用导致"惭、愧"在中古发展出了致谢动词用法。下面详细阐述"惭、愧"是怎样从心理形容词演变为致谢动词的,尤其是要揭示这种演变是在什么句法-语用环境中发生的。语料调查表明,"惭、愧"是在表情式间接致谢(即通过表达内心不安来间接表达谢意)语境中、在带原因宾语小句的包孕句中演变为致谢动词的,其语源是"感到不安"义形容词"惭、愧"。以上文例(36)为例。该例中的"惭"原本可能用在包孕句中,表示"因……而不安"义,后续原因宾语小句"君济活"。后来,"惭"通过语义重新解读(semantic reinterpretation)获得感谢义,同时其所在包孕句通过句法重新分析(syntactic reanalysis)而演变为兼语句。重新分析后,"君"既是"惭"的宾语("惭君"意即感谢您)",又是"济活(仆)"的主语。上述从包孕句到兼语句的句法重新分析可表示为：

惭君济活 —重新分析→ 惭　君　济活(惭 [$_s$ NP VP]) —重新分析→ 惭　NP　VP)

上述语义重新解读和句法重新分析是以语用推理为基础的。因为人们受到帮助、关照或收到馈赠时通常会心怀感激。而当这种恩惠来自尊长或陌生人时，受益者可能还会感到惭愧。总之，在受惠于尊长或陌生人这种特定语境中，受益方的内心往往交织着感激和惭愧两种感受，正如宋代文学家曾巩在写给其老师欧阳修的感谢信《寄欧阳舍人书》中所说，"感与惭并"。在特定语境中，"惭、愧"的字面意义（"感到不安"义）会逐渐弱化和退隐，而其语境意义（"感谢"义）会逐渐浮现和凸出，从而最终被单词"惭、愧"吸收。一旦"惭、愧"完成从表示心里不安向表示感谢的演变，它们就会发生句法环境扩展(syntactic contextual expansion)，从后续原因宾语小句到后续情意类抽象名词（短语）[如例(38)、例(41)、例(43)所示]，或其宾语省略[如例(37)]。

（三）"惭愧"从表示感谢到表示赞扬/庆幸

在中晚唐，"惭愧"表现出了从致谢动词向表示赞扬语气的"难得"义语气副词演变的倾向。例如：

(46) 此花南地知谁种，惭愧僧闲用意栽。（唐徐凝《题杭州开元寺牡丹》）

(47) 眼中三十年来泪，一望南云一度垂。惭愧临淮李常侍，远教形影暂相随。（唐元稹《喜五兄自泗州至》）

(48) 惭愧使君怜病眼，三千余里寄闲人。（唐张籍《答开州韦使君寄车前子》）

上三例中"惭愧"都表示"感谢"义，但也可随文释作"难得"。张相(2001/1953)就把前两例中的"惭愧"释作"多谢，难得"。只要上三例表义重心发生转移，即：从表示对开元寺僧人、临淮李常侍、韦使君的感谢（客观行为义）转到表示庆幸——庆幸因为有僧人用心栽培，牡丹花才开得好……因为有韦使君寄来车前子，眼病才痊愈——（主观评注义），句中"惭愧"的意义就有可能发生从表示外在客观行为到表示内在赞扬语气的主观化，即从表示"感谢"义到表示"难得"义。从表示外在行为（客观意义）到表示内在评价（主观意义),这种语义主观化在世界很多语言的很多演变现象上可以观察到(详见 Traugott 1989)。

加速"惭愧"从表示"感谢"义向表示"难得"义演变的是,"惭愧"的对象宾语的省略和无生命化。例如:

(49) 惭愧梦魂无远近,不辞风雪到长滩。(唐元稹《长滩梦李绅》)

(50) 惭愧流莺相厚意,清晨犹为到西园。(唐韩偓《春尽》)

(51) 惭愧二年青翠色,惹窗黏枕伴吟诗。(唐崔橹《别君山》)

例(49)写自己梦到老友李绅不计路程远近、不辞风雪险阻到长滩看望自己。该例中"惭愧"本是表示感谢的动词,但因其宾语"李绅"承诗题省略而有可能被重新分析为"难得"义语气副词。张相(2001/1953)就认为该例中的"惭愧"表示"难得"义。例(50)中,流莺是动物而非人,所以它作为感谢对象的可能性要比例(49)中的"李绅"小。所以,在例(50)中"惭愧"的"感谢"义弱化,而"难得"义强化。不过,我们也不能说例(50)中的"惭愧"肯定无"感谢"义,因为如果作者在使用拟人辞格,或者坚信人与流莺之间可以进行情感交流,那么流莺是可以作为感谢对象的。在例(51)中,青翠的景色是无生命的事物,与人之间缺乏共情的基础,故不能成为感谢的对象。所以,该例中的"惭愧"作"感谢"义解的可能几近于零,更应作"难得"义解。总之,从例(48)到例(49),再到例(50),最后到例(51),"惭愧"从后接显性指人名词(短语),到该指人名词(短语)隐而不现,再到后接表示动物的名词(短语),最后到后接表示无生命事物的名词(短语),"惭愧"的后接成分的生命度不断下降,"惭愧"作"感谢"义动词理解的可能逐步降低,而作"难得"义语气副词义解读的可能性逐步提高。

在中晚唐,"惭愧"还从表示感谢的用法发展出了表示庆幸的用法。[①] 例如:

(52) 世间生老病相随,此事心中久自知。今日行将年七一,犹须惭愧病来迟。(唐白居易《病中五绝句》之一)

(53) 除却虚日,在路行正得卅四日也。惭愧,在路并无病累。(唐圆仁

[①] 庆幸用法的"惭愧"除少数是"幸喜"义语气副词外,多数是"庆幸"义动词、"幸运"义形容词和"谢天谢地"义叹词用法,如例(53)—例(60)所示。而且,"惭愧"的"幸喜"义和"难得"义有时界限模糊。所以,下文暂不关注"幸喜"义"惭愧"。

《入唐求法巡礼行记》第 2 卷）

例(52)中的"惭愧"本表示"感谢",但因致谢对象"病"是无生命事物而可以释作"庆幸"。该例表明"惭愧"从表示感谢向表示庆幸的演变在中唐可能才刚刚开始。例(53)中的"惭愧"则不能释作"感谢",只能释作"幸运(的是)"。全句表示"幸运的是/幸亏在路上没有病累"。这表明"惭愧"从表示感谢向表示庆幸的演变在晚唐可能已基本完成。"惭愧"在近代汉语中(尤其是中晚唐至宋元时期)确实具有"幸运"义形容词用法。例如:

(54) 野老逢人说惭愧,长官清白社公灵。(南宋刘克庄《田舍即事十首·其一》)

(55) 小生惭愧,有缘遇这个小娘子,许我明夜再会。(元张寿卿《红梨花》第 1 折)

(56) 那秀才原来是你的丈夫。(旦云)阿,好烦恼人也呵!(正末唱)你可道莫烦恼莫啼哭,我与你做主。(旦云)是真个?好惭愧也!谢了哥哥。(元无名氏《鲁智深喜赏黄花峪》第 3 折)

对比上文例(53)和上引例(55)、例(56),可以发现这三例中的"惭愧"本来都是"幸运"义形容词,只不过在例(53)中"惭愧"独立做谓语且其前省略了表示幸运者的当事主语。也正是因此,该例中的"幸运"义形容词"惭愧"有可能被重新分析为"谢天谢地"义叹词。那么,"幸运"义形容词"惭愧"又从何而来呢?我们认为它源自"庆幸"义动词"惭愧",是"庆幸"义动词脱落[+庆祝]义素的结果。

(四) 庆幸程式语"惭愧"的形成和发展

上文例(53)中的"惭愧",我们倾向于释作"幸运"。董志翘(1999)释为"幸运,谢天谢地"。① 董先生的释义似乎表明"惭愧"的"谢天谢地"义叹词用法源自"幸运"义形容词用法。对此,我们表示认同。而且,我们认为"惭愧"从形容词向叹词的演变是在句首独立语位置[如例(53)所示]实现的。

---

① 董志翘(1999)说,"惭愧"用在句首,带感叹意味,表真幸运、谢天谢地之义,学界一般认为始见于元曲及后代的话本小说。《汉语大词典》"惭愧"条下引元张寿卿《红梨花》第 1 折:"小生惭愧,有缘遇这个小娘子,许我明夜再会。"及清吴敬梓《儒林外史》第 38 回"郭孝子扒起来,老虎已是不见了。说道惭愧,我又经过了这一番。"为例,这仍未脱以往成见。《入唐求法巡礼行记》中"惭愧"的这一新义不仅时间上早几百年,而且比《红梨花》中的用例更典型。

汉语史上"惭愧"向庆幸程式语的语用化

在例(53)中,"惭愧"既可随文释作"幸运的是",又可释作"谢天谢地"。

到了金元时期,"幸运"义形容词"惭愧"向"谢天谢地"义叹词(庆幸程式语)的语用化基本完成。标志是"惭愧"可与语气词一起构成感叹句[如例(57)、例(58)]或重叠使用[如例(59)]。

(57) 越越的哭得灯儿灭,惭愧哑、秋天甫能明夜,一枕清风半窗月。(金董解元《西厢记诸宫调》第7卷)

(58) 红红的星飞迸散,腾腾的焰接林梢,烘烘的火闭了山门。烟惊了七魄,火唬了三魂。不付能这性命得安存,多谢了烟火神灵搭救了人,惭愧呵!险些儿有家难奔。(元狄君厚《晋文公火烧介子推》)

(59)(带云)惭愧,惭愧!(唱)从今不受人磨灭,稳情取好夫妻百年喜悦。(元关汉卿《望江亭中秋切鲙》第3折)

在元代,庆幸语"惭愧"(犹"谢天谢地")还表现出了向感叹语(犹"天哪/妈呀")演变的倾向。这时"惭愧"后续语气词的现象更常见。例如:

(60) [油葫芦]我但有些卧枕着床脑袋疼,他委实却也心内惊,他急荒的请医人诊了脉却笑容生,他道是喜的女孩儿感得些风寒症,惭愧呵!谢天地不是相思病。(元石君宝《诸宫调·风月紫云亭》第1折)

(61) 只怕我今宵磕睡呵,先点建溪茶。猛吃了几碗,惭愧哑,僧院已闻鸦。(元王实甫《西厢记》第4折)

例(60)和上文例(58)中"惭愧"都后接语气词"呵",但例(58)中"惭愧呵"犹云"谢天谢地啊",用作庆幸语,而例(60)中"惭愧呵"犹云"天哪",用作感叹语。① 该例中"惭愧呵"不大可能是庆幸语,因为其后的"谢天地"已经表示庆幸语气了。例(61)中"惭愧哑"也是感叹语,重在表示感叹语气②,犹"天哪/妈呀"。该例中,说话人忽然发现天色已晚,故而用"惭愧哑"表示感叹语气,暗示说话人对天色已晚感到惊讶。

---

① 据黄斌(1996),元曲中"呵"可表示感叹语气,例如:看了这坟所,好是感伤人呵!(《老生儿》第3折)。因此,我们认为例(61)中"惭愧呵"犹"天哪",重在表示感叹语气。

② 当然,张相(2001/1953)认为该例中"惭愧"表示庆幸语气,犹云"侥幸,谢天谢地"。张相认为此句写出了主人公巴望到天晚的庆幸。

到了明代,"惭愧"的庆幸语用法已非常成熟,用例从元代的28例增至38例(见表1)。这时语境中常有"以手加额、顶礼、合掌"等动作描写或"天可怜见"之类的话语。例如:

(62) 童贯在马上,以手加额,顶礼天地神明道道:"惭愧!脱得这场大难!"(明施耐庵《水浒传》第77回)

(63) 吕玉看他,不是别人,正是第三个亲弟吕珍。吕玉合掌道:"惭愧,惭愧!天遣我捞救兄弟一命。"(明冯梦龙《警世通言》第5卷)

(64) 众人前后簇拥,押着迳奔甘泉坊使臣房里来。温殿直道,"惭愧!干办得这场公事,且交龙图相公安心。"(明罗贯中著、冯梦龙改《三遂平妖传》第12回)

上几例中"惭愧"表示"谢天谢地"义,着重凸显言者的庆幸语气。前三例中有庆幸语"天可怜见"或庆幸动作"以手加额、顶礼天地神明、合掌"等。在明代,"惭愧"的语用化程度已经很高。这表现在它经常独立构成一个话轮,用在"叫/称+'惭愧'"中。例如:

(65) 二更人静,两口儿两把锄头,照树根下窍穴开将下去……拨开米,下边都是白物。原来银子埋在土中……夫妻二人叫声"惭愧",四只手将银子搬尽,不动那磁坛,依旧盖砖掩土。(明冯梦龙《警世通言》第25卷)

(66) 醒将转来,已是黎明时候,但见破败荒庵,墙壁俱无,并不见坐禅胡僧的踪迹。上边佛像也剥落破碎,不成模样。佛座下露出白晃晃一锭大银绽,上凿有黄损二字。黄生叫声"惭愧"。(明冯梦龙《醒世恒言》第32卷)

(67) 勤公、勤婆见是个美貌女子,细叩来历,方知大虫报恩送亲一段奇事。双双举手加额,连称惭愧。(明冯梦龙《醒世恒言》第5卷)

跟例(62)—例(64)中,引语里的"惭愧!"不是独立构成一个话轮,而是后续说明性文字来表示感叹内容不同,例(65)、例(66)中的"惭愧"独立构成一个话轮(是夫妻二人、黄生的一次发言)。例(67)中"连称'惭愧'"意即"连连庆幸"。

综上所述,庆幸用法的"惭愧"或是"庆幸"义动词(记作"惭愧$_3$"),或是

"幸运"义形容词(记作"惭愧₄"),或是"谢天谢地"义叹词(记作"惭愧₅")。① 其中,"惭愧₅"常用作庆幸程式语。上述表示庆幸的不同词性的"惭愧"在汉语史上的出现顺序为:"惭愧₃">"惭愧₄">"惭愧₅"。"惭愧₃"始见于中唐,成熟于晚唐;"惭愧₄"始见于晚唐,成熟于宋代;"惭愧₅"始见于晚唐,成熟于金元。"惭愧₅"产生后还表现出了从表示庆幸向表示感叹的演变。总之,从唐代经宋元到明清,"惭愧"走过的一条显赫的语法-语义演变路径是:"感谢"义动词→"庆幸"义动词→"幸运"义形容词→"谢天谢地"义叹词。②

跟"惭愧"从表示感谢演变为表示庆幸相似的有古代汉语中的"罪过、谢天谢地"和英语中的"thankfully"("充满感激地">"谢天谢地")③、"thanks to God"("感谢上帝">"谢天谢地")。下面仅以汉语"罪过"为例加以说明。语料调查表明,"罪过"在宋代出现了"感谢"义动词用法,到了明代发展出了表示庆幸语气的"幸亏"义副词用法。试比较:

(68)罪过渠侬商略秋,从朝至暮不曾休。(南宋杨万里《听蝉》)

(69)有个尖新底,说底话、非名即利。说得口干罪过你,且不罪,俺略起,去洗耳。(南宋辛弃疾《夜游宫·苦俗客》)

(70)罪过村间一老儿,与我衣服盘费。(明冯梦龙《警世通言》第36卷)

---

① 还有人认为庆幸用法的"惭愧"还有"幸亏"义语气副词用法,例如:
(1)丹山凤窟冷相依,惭愧如今羽翼齐。(宋释正觉《别满首座》)
但其实上例中"惭愧"也可作"幸运"义或"谢天谢地"义解。由于"惭愧"只能作"幸亏"义解而不能别作它解的用例几乎没有,所以,本文表一中没有为"惭愧"列出"幸亏"义语气副词用法。

② 胡若诗(2006)认为"庆幸"义动词"惭愧"("惭愧₃")是"幸运"义形容词"惭愧"("惭愧₄")发生词类活用的结果。果如是,则先有"惭愧₄"而后有"惭愧₃"。然而,"惭愧₃"始见于中唐,而"惭愧₄"始见于晚唐。所以,从出现时间角度看,当是"惭愧₃"演变为"惭愧₄",而不是相反。

③ 当"thankfully"从指向主语的方式状语变成指向言者的评注状语时,就发生了从"充满感激地"到"谢天谢地"的语义演变。例如:
(1) She poured a cup of tea for me thankfully. (她充满感激地为我倒了一杯茶。)
(2) Thankfully, it didn't rain then. (谢天谢地,当时没有下雨。)
据 Webster(1989)"thankfully"的语义主观化或是受 hopefully 的类推。"谢天谢地"义"thankfully"始见于1963年。

(71) 自从老底死后,罪过员外收留养得大,却也有十四五年。(同上,第37卷)

在例(68)、例(69)中,"罪过"表示"感谢"义,在例(70)、例(71)中"罪过"表示"幸亏,多亏"义。汉语"罪过、惭愧、谢天谢地"和英语"thanks to God"都从致谢用法发展出了庆幸用法。不过,"罪过"发展出的是"幸亏"义语气副词用法,而"谢天谢地"和"thanks to God"发展出的是"谢天谢地"义叹词用法。"惭愧"的庆幸用法主要有"庆幸"义动词、"幸运"义形容词、"谢天谢地"义叹词三种用法。但是,直接源自"感谢"义动词"惭愧"的是"庆幸"义动词"惭愧"。动词"惭愧"能从"感谢"义引申出"庆幸"义,是因为庆幸是间接致谢的一种语用策略。例如:

(72) 那鞋在昨晚趟了许多露水,尽是泥点儿,善贞把它刷得干干净净,就不会让人生疑……(仲谦)便感激地说:"多亏你想得周到。"(杨觉《英烈不朽》)

上例中说话人用庆幸语——"多亏"小句——来实施间接致谢。

三、结 语

在汉语史上,"惭愧"意义丰富,用法复杂。其意义和用法可归纳如下:①"羞愧,感到不安"义心理形容词(始见于先秦);②"感谢"义动词(即致谢动词,始见于初唐);③"庆幸"义动词(始见于中唐,成熟于晚唐);④"幸运"义形容词(始见于晚唐,成熟于宋代);⑤"谢天谢地"义叹词/庆幸程式语(始见于晚唐,成熟于金元,鼎盛于明代)。以上五种用法的"惭愧"分别用下标1—5加以区分。其中,"惭愧$_3$"和"惭愧$_4$"在历史文献中相对较少。"惭愧$_3$"是"惭愧$_2$"在省略施事主语的句法环境中经历语义重新解读和句法重新分析演变而来,"惭愧$_4$"则是"惭愧$_3$"经历义素脱落演变而来(即:[庆祝][幸运]→[幸运])。"惭愧$_5$"则是"惭愧$_4$"在独立做谓语且其前当事主语省略的情况下经历语用化的结果。以上几种用法之间的关系可以表述为:

$$惭愧_2 \xrightarrow{重新解读/分析} 惭愧_3 \xrightarrow{义素脱落} 惭愧_4 \xrightarrow{语用化} 惭愧_5$$

"惭愧$_1$"和"惭愧$_2$"之间没有源流关系。"惭愧$_2$"是致谢动词"惭、愧"并列复合的结果。"惭、愧"能演变为致谢动词,是因为表情——表达内心因受人恩惠而不安——是间接致谢的一种语用策略。

"惭愧"的语用演变表现在其语用功能的嬗变上。其语用功能发生了由概念编码功能到主观表达功能、人际互动功能的演变。"惭、愧、惭愧"用作"羞愧"义形容词时,发挥概念编码功能;用作致谢动词时,发挥人际互动功能;"惭愧"构成庆幸程式语时,发挥主观表达功能,重在表示主观情态(主观庆幸语气)。当然,"惭愧"在汉语史上还发生了向致歉程式语(犹"抱歉")、自谦程式语(犹"不敢当")的语用化。对此,我们将另文以详。

参考文献

董志翘(1999)《入唐求法巡礼行记》的词汇特点及其在中古汉语词汇史研究上的价值,《中国语文》第 2 期。
黄　斌(1996)《元曲选》中的语气词"也、呵、那、阿、呀",《古汉语研究》第 1 期。
刘　丹(2013)敦煌变文中的"惭愧"词义分析,《大众文艺》第 24 期。
蒋礼鸿(1981)《敦煌变文字义通释》(增订第四版),上海:上海古籍出版社。
杨　观(2004)南戏《张协状元》语词例释,《绵阳师范学院学报》第 6 期。
张　相(2001/1953)《诗词曲语辞汇释》,北京:中华书局:773-774。
胡若诗(法)(2006)唐诗与病,王晶译,载乐黛云、李比雄(法),《跨文化对话》18 辑,南京:江苏人民出版社。
Traugott E C. (1989) On the Rise of Epistemic Meanings in English: An Example of Subjectivization in Semantic Change. *Language* 65(1): 31-55.
Webster M. (1989) *Webster's Dictionary of English Usage*. Springfield/Massachusetts: Merriam-Webster Inc: 893.

(221116　徐州,江苏师范大学文学院　yunying0914@163.com)

汉译佛经让步条件句中"假使"类连词功能再析*

谷 峰 李璠希

提要 "假使、正使、假令、设复"等连词在汉译佛经中既引导条件句,也引导让步条件句。过去认为这组连词兼有假设、让步两种功能,但同经异译和梵汉对勘资料不支持这种观点,"假使"类连词虽然可出现于让步句,但它们和让步语义没有固定关联,异译经比勘显示这组连词的语义跟假设连词"若"更接近,虽然它们有时也对应异译本中的"虽、纵",但数量极少,而且相关经本的时代普遍偏晚。汉译佛经中"假使"类连词只有表示虚拟假设一种基本功能。

关键词 汉译佛经;"假使"类连词;让步条件句;虚拟假设

一、引 言

张丽丽(2006)综合考虑前后分句的语义联系和偏句的情态类型,将条件复句(也称"假设复句")、因果复句、让步条件复句(也称"假设让步复句")和让步复句之间的关系概括为表1:

表1 条件复句、让步条件复句、因果复句、让步复句的关系

	非实然	实然
符合预期	条件复句(条件分句+结果分句) 如果下雨,活动就要取消	因果复句(原因分句+结果分句) 因为下雨了,活动就取消了

---

* 本文得到国家社科基金后期资助项目(项目编号16FYY007)、南开大学百名青年学科带头人培养计划的资助,中国社科院语言所的姜南副研究员为本文提供了相关例句及其梵文拉丁转写,审稿专家提出了中肯的修改意见,特此致谢。

汉译佛经让步条件句中"假使"类连词功能再析

（续表）

	非实然	实然
偏离预期	让步条件复句（让步条件分句+结果分句） 即使下雨，活动也不会取消	让步复句（让步分句+结果分句） 虽然下雨了，活动并没有取消

复句分类的主要依据是语义关系。假设复句和让步复句的区别是，前者的偏句和正句（记为 p 和 q）是顺承关系，后者的 p 和 q 是逆转关系。（邢福义，2001）[6,40-47] 复句关系的外在表现是连词，两种复句一般会由两组不同的连词引导，假设连词和让步连词在现代汉语中范围不重合，如表 2 所示：

表 2　现代汉语书面语中的假设关系连词和让步关系连词

假设关系连词	让步关系连词	资料出处
如果、假如、假若、倘使、要是、设若	尽管、纵然、固然、即使、哪怕、就是	刘月华：《使用现代汉语语法》

有些语言的让步连词和假设连词没有瓜葛，有些语言中让步连词虽然由假设连词参与组成，但是两者词形不重合，它们一般由假设词和焦点词组合而成，例如希腊文 ei-kai，梵文 yadiapi，塞尔维亚-克罗地亚语 i-ako，马拉雅拉姆语-enkil-um，索托语 le ha/ho。表 3 是 Haspelmath 和 König（1998）搜集到的欧洲语料，对比表明，假设连词和让步连词虽然有渊源，但没有一身兼二任的情况，如表 3 所示：

表 3　欧洲诸语假设连词和让步连词的联系和区别

语言	拉丁文	德语	俄语	西班牙语	立陶宛语	罗马尼亚语	马耳他语
假设	Si	als	esli	si	kad	te	jekk
让步	Etiamsi	zelfs als	daže esli	incluso si	Kad…ir	vi te	anki jekk

相比之下，汉译佛经（以下简称"译经"）记录的佛教汉语显得别具一格。李维琦（1993,1999）发现"假使、正使"既能引导假设条件句，也能引导让步条件句。例如：

(1) 假使女人，欲作沙门者，有八敬之法，不得踰越。（后汉昙果共康孟祥译《中本起经》卷下）（条件，理解为"如果"）

(2) 假使热铁轮在我顶上旋，终不以此苦退于无上道。（后汉失译《大方便佛报恩经》卷1)(让步,理解为"即使、纵然")

(3) 正使释子绍王位者作转轮圣王,我等便为臣佐;若使出家学道自致佛者,我等愿为上首弟子。(姚秦竺佛念译《出曜经》卷9)(条件,"正使"与"若"前后对举)

(4) 正使大王以狗见赐,我亦当受。(吴支谦译《撰集百缘经》卷8)(让步)

除"假使、正使"外,徐朝红(2008)[132-149]认为译经中"假、设、假令、假设、设当、设复、设令、设使"等假设连词也可表示让步,下面仅举表示让步的例子:

(5) 假毁绝筋脉,形体皆枯干,不见四谛者,我终不休息。(姚秦鸠摩罗什译《大庄严论经》卷6)

(6) 为弱者轻忍不还报,设当打捶亦不兴恚。(姚秦竺佛念《出曜经》卷20)

(7) 设使丧命,但令汝等安隐全济,吾无所恨。(吴支谦译《菩萨本缘经》卷下)

对于这组连词的两种语义,以往有两种意见:1. 认为假设和让步是包含关系,"让步在逻辑上也是一种假设"(蒋冀骋 1994),"(这些连词)与假设连词属于同一类别,只是在语气上突出了让步语气"(钟兆华 2011);2. 认为让步和假设应该做鲜明区分(徐朝红 2008)[220],并且认为让步义起源于假设义(龙国富 2013)[345]。

假设和让步的关系是包含还是分立?它们有没有历时关联?演变方向是"假设>让步"还是"让步>假设"?这些研究课题很有价值。不过,开展上述研究要以准确理解连词在复句中的语义为基础,而这项工作要求研究者恰当地分析语料。从目前来看,这项基础工作有待夯实,因为对完全相同或文辞相近的例句,学者们的解释很不一致:

(8) 今若不与,则违本要;设当与者,非我所有。(吴支谦《菩萨本缘经》卷上)

(9) 水急驶疾,假使大鱼亦不能度。(同上,卷下)

(10) 假使国城、妻子布施,亦所不及。(姚秦鸠摩罗什译《妙法莲花经》卷6)

对于例(8),徐朝红(2008)[128]认为"设当"表示让步,周广干(2014)却认为表示假设;例(9)、例(10)文辞接近,都是"假使p,亦不q",徐朝红(2008)[125]认为"假使"在例(9)中表示让步,龙国富(2013)[342]认为例(10)的"假使"表示假设。

本文将要证明译经中引导让步条件句的"假使、正使、假令、设当、设使"等连词(下文称为"假使"类连词)的基本功能只有一个,它们表示假设而不是表示让步。

二、译经中让步条件句的界定

让步条件句的前后分句有转折关系(王春辉 2013),但"转折"这种意思不容易把握,各人的体会不尽相同,所以虽然人们都会以此为出发点辨认让步条件句,但辨认的结果却有出入,所以我们暂且参考从其他角度做出的界定,König(1985)将条件句、让步句、让步条件句的语义区别总结为:1. 条件句"if p, then q"不蕴含 p 也不蕴含 q(例如"你想看电影,你就要买票"中"你想看电影"和"你买票"都只是可能情况);2. 让步句"although p, q"同时蕴含 p 和 q("虽然下雨,他也不打伞"表示"下雨"和"他不打伞"都是事实);3. 让步条件句"even if p, q"只蕴含 q("就算你不失误,老板也要开除你"中"你不失误"未必是事实,但"老板要开除你"是既定事实)。

让步条件句的逻辑式是:($\forall$x)(if px, q)(König 1985),由该逻辑式可以得到这种复句的三个特征:A. p 未必会发生;B. q 的真值不受 p 真值的影响(Citko 2003);C. p 中某个变量受全称量词(universal quantifier)约束(Haspalmath 1997)。符合上述特征的句子是典型的让步条件句。对应于特征 B,译经中的让步条件句的正句常有"亦(复)、会、要、终、犹、故、尚、犹故、犹尚"等词语,表示"条件变化但结果不变"之义。例如:

(11)我今入水犹如草木,<u>假使</u>身灭<u>要</u>当相救。(吴支谦译《菩萨本缘经》卷下)

(12)<u>若使</u>有人百年百年取一芥子,如是乃至满仓芥子都尽,阿浮陀地狱众生寿命<u>犹故</u>不尽。(刘宋求那跋陀罗译《杂阿含经》卷48)

(13)如是病痛相不可治,<u>设</u>鹞鹊<u>亦</u>一切良医,并祠祀尽会,<u>亦</u>不能愈是。(后汉安世高译《道地经》)

(14)<u>正使</u>遭值众恼诸害火烧刀割,<u>终</u>无恨意。(西晋竺法护译《文殊师利佛土严净经》卷上)

同时对应于特征 C,让步条件句的偏句里会出现"满、一切、所有"等全称量词;此外,让步条件句还有两种形式,其偏句或是由一对互否命题(p 和-p)组成的复合句,或是描述极端夸张情况的句子(极端情况如上天入地、生死轮回,夸张情况常体现为数量庞大到不可思议等)。通过语用推理,这两种偏句也都有全称的语义表达效果,具体来说,命题 p 与其否命题-p 互补,它们共同组成一个全集;极端或夸张情况位于语用序列的顶端,举例来说,假如极端夸张情况 p_n 不会导致结果 q,这就蕴含着所有常规情况 p_{n-1} 都不会导致 q。例如:

(15) 设使三千大千世界<u>所有一切</u>诸众生等,于百千岁食此钵食,犹不能尽。(刘宋求那跋陀罗译《大方广佛宝箧经》卷中)

(16) 菩萨大士闻说斯经,假使<u>发愿或不兴愿</u>,会当证明逮闻是法。(西晋竺法护译《阿惟越致遮经》卷中)("假使"句可以翻译为"无论/不管……")

(17) 佛不以是贪爱其命、无道愚夫为学道也,正使<u>百劫</u>不得柔顺法忍也,况当获致至佛道乎?(西晋竺法护译《济诸方等学经》)("劫"是时间单位,它与"年"等普通时间单位的换算关系目前说法不一,但无疑"劫"的漫长程度超乎想象)

根据本节开头给出的判断标准,虽然例(11)—例(17)的偏句出现了"假使"类连词,但从整体表达效果看,这些句子是让步条件复句。这个判断是否符合历史事实、是否贴近古人语感,还需要用文献资料来佐证。具体地说,就是要借助同经异译或梵汉对勘资料来帮助判断语句表达的意思。通过比勘相关资料,我们发现有的经本用"假使"类连词引导让步条件句,而其异译本或改写本中与之内容相对应的语句用"虽、纵"来引导,"虽、纵"是典型的让步连词,这个证据说明,古人在语感上也会把例(11)—例(17)当作让步复句来理解。例如:

(18) 是无有沤恕拘舍罗菩萨,<u>正使</u>于百千由旬空泽中,在其中行……若百岁、若百千岁、若百千万岁……会无所益。(后汉支娄迦谶译《道行般若经》卷7)[比较:菩萨<u>虽</u>在百由旬外旷野空寂等处,<u>纵</u>经一岁百岁乃至百千俱胝那庾多岁……终无利益。(宋施护译《佛说佛母出生三法藏般若波罗蜜多经》卷19)]

(19) <u>虽</u>有善行经于百劫,尚不能得少法忍心,何况能成无上菩提?(隋

毗尼多流支译《大乘方广总持经》)[比较：例(17)]
(20) 能令众生<u>虽</u>不闻法,以发愿力故亦使得同闻法利益。(北凉失译《不退转法轮经》卷3)[比较例(16)]
(21) 是身为死物,精神无形法,<u>假令死复生</u>,罪福不败亡。(后汉竺大力共康孟详译《修行本起经》卷下)[比较：人作善恶殃福随身,<u>虽</u>更生死不可得免。(西晋法炬共法立译《法句譬喻经》卷2)]

三、"假使"类连词在让步条件句中不表示让步

如果已知复句"p, q"是让步关系,那么引导它的"假使"类连词是否一定会表达让步义呢？本文不同意这个说法,复句整体的逻辑语义和关联词的语义是两回事,不能混为一谈,而且在文献语料中找不到"假使"连词表示让步义的确凿佐证。下面给出证明。

(一) 复句的类型不能决定关联词的语义功能

虽然关联词可以显示分句 p 和 q 的语义关系,但是它们之间并非简单对应(邢福义 2001)[98],不能认为前后分句的语义关系就等同于关联词的语义功能。举例来说,在"如果 p,那么 q"和"因为 p,所以 q"中,p 和 q 都是因果关系,但人们一般不会认为"如果"是原因连词；再如,"如果你不努力,你就考不上大学；如果你努力,你也未必考上大学","不努力"和"考不上大学"是顺承关系,"努力"和"未必考上大学"是转折关系,根据语义关系判断复句类型,前半段话是假设句,后半段话有点像让步转折句,但是人们不会觉得汉语里有两个不同的"如果",分别表示假设和让步。

既然复句类型和连词的语义功能没有绝对固定的联系,我们就不能因为看到"假使"类连词能够引导两种复句,就断定它们既表示假设又表示让步。

(二)"假使"类连词和让步义不存在固定关联

第二节提到,某佛经中"假使"类连词引导的让步句有时会与异译本中由"虽、纵"引导的句子形成对应。"虽、纵"是古汉语中典型的让步连词,语义单一,对于一组异译经来说,如果 A 经本中引导让步条件句的"假使"类连词总是对应 B 经本中的"虽、纵",就可以证明它们跟"虽、纵"的语义接近；此外,梵本中 api 的功能也是表示让步关系(龙国富 2013)[341],如果"假使"类连

词总是对译 api,也可以证明"假使"等具有让步的语义功能。

然而,同本异译和梵汉对勘资料不支持这种设想,"假使"类连词虽然有时候对应异译本的"虽、纵"[见例(18)—(21)]和梵本的 api[见例(22)],但是有时也跟异译本的"若"和梵本的 sacet 对应[见例(23)—(24)],连词"若"在古汉语中的主要功能是表示假设,而梵文 sacet 也主要用于表示假设(辛嶋静志 1998:202),它们的语义比较明确。例如(《维摩诘经》和《正法华经》的梵文资料及转写由中国社科院语言所姜南副研究员提供):

(22) 正使三千大千世界满中众生皆如阿难多闻第一,得念总持,此诸人等以劫之寿亦不能受。(姚秦鸠摩罗什译《维摩诘所说经》卷下)

[梵本:trisāhasraparyāpannā apy ānanda satvās tvatsadṛśā bhaveyur agrā bahuśrutānāṃ smṛtidhāriṇīpratilabdhānām te 'pi sarve satvā ānandasadṛśā eṣāṃ trayāṇāṃ padānām arthaviniścayaṃ śrutasmṛ tidhāriṇīlabdhānām arthaviniścayanirdeśaṃ kalpenāpi na śaknuyuḥ paryavāptum yad idaṃ samyaksaṃbuddha iti tathāgata iti buddha iti∣]

(23) 正使满十方,皆如舍利弗,及余诸弟子,亦满十方刹,尽思共度量,亦复不能知。(姚秦鸠摩罗什译《妙法莲华经》卷1)[梵本:sace ha tvaṃ-sādṛśakehi paṇḍitaiḥ pūrṇā bhaveyur daśa pi ddi śāyo/ye cāpi mahyaṃ imi śrāvakā 'nye teṣāṃ pi pūrṇā bhavi evam eva //10//]

(24) 假令尽寿命,憨事天下人,象马以祠天,不如行一慈。(吴维祇难等译《法句经》卷上)[比较:若人寿百岁,勤事天下神,象马用祭祀,不如行一慈。(西晋法炬共法立译《法句譬喻经》卷1)]

对照例(22)和例(23),可以发现一个有趣现象:同样是鸠摩罗什译经,而且同样是"正使……亦(复)不……"格式,却分别对应梵本中表示让步的 api 和表示假设的 sacet。

如果"假使、正使、假令"等出现于两类不同的复句,我们可以勉强说中古汉语既有表示假设的"假使$_1$、正使$_1$、假令$_1$……",也有表示让步的"假使$_2$、正使$_2$、假令$_2$……",但是现在同样身处让步条件句中,"假使"类连词却有两种语义对应,在弄清楚这两种对应的实质之前,不能贸然断言"假使"类连词表达让步义。

四、"假使"类连词在让步条件句仍然表示假设

本文认为中古译经中"假使"类连词只有表达虚拟假设这一种功能。唐宋以前的译经中没有确凿证据证明这类连词有让步义,但却有充足证据说明这些连词有假设义。证明如下。

(一)"假使"类连词几乎只引导虚拟情态句

首先,典型的让步连词只显示前后分句 p 和 q 有转折关系,至于偏句 p 表述的事情是虚拟还是真实,并没有特殊限制,例如作为让步连词,"虽"能够引导表示既成事实的 p,也引导表示虚拟情况的 p。例如:

(25) 其彼善住龙象大王,有是神通,有是威德。<u>虽复生于畜生之中</u>,是龙辈类,乃有如是大威神力。(隋达摩笈多译《起世因本经》卷 1)(真实情况)

(26) 譬如波利质多树华,一日熏衣,<u>薝卜华、婆师华虽千岁熏</u>,所不能及。(东晋佛驮跋陀罗译《大方广佛华严经》卷 59)(虚拟情况)

"假使"类连词几乎不出现于表示事实的让步句;非但如此,它们引导的让步条件句,经常描述一种夸张的、可能性极低的或是违背常理的情形。例如:

(27) <u>使吾身坏肌骨枯腐其身碎尽</u>,不成佛道终不起也。(西晋竺法护译《普曜经》卷 5)[比较:<u>假使身肉尽干销</u>,未得菩提终不起。(唐地婆诃罗译《方广大庄严经》卷 8)]

(28) <u>设有众生愍念此人</u>,以三大海水浇灌其身,然彼海水寻时消尽,火焰不减。(东晋僧伽提婆译《增壹阿含经》卷 48)

(29) <u>假令劫尽满其中火</u>,三千刹土皆悉周遍,又取诸毒揣若须弥,犹尚不能动佛一毛。(西晋竺法护译《佛说申日经》)

有争议的例子目前仅发现一个,最初是徐朝红(2008)[218]举出来的:

(30) 阿难答言:"是时,五百乘车,截流而渡,<u>令水浑浊</u>,以是故不取。"大迦叶复言:"<u>正使水浊</u>,佛有大神力,能令大海浊水清净。汝何以不与?"(梁僧祐《出三藏记集》卷 1)

徐朝红认为上文"五百乘车……令水浑浊"是既成事实,下文"正使水浊"也是事实,这是他把"正使"处理为让步连词的重要论据。本文不同意这种说

法,在大正藏中,这个故事至少在14种经本都出现过(译经如《长阿含经》和《十诵律》等,中土撰述如《法苑珠林》和《佛祖统纪》等),对照这些经本可知,阿难所说的"水浊"是特指迦拘陀河,而迦叶说的"正使水浊"是泛称(generic)各种河流水系,因为此后迦叶提到了大海浊水,如果"正使水浊"也是特指迦拘陀河水,那么就跟后面的海水在概念上互相排斥,按照这种理解,迦叶说的话就显得前后矛盾;如果把迦叶说的"水"看作泛指一切水系,它既包含河水也包含海水,采取这种理解才不会出现逻辑矛盾,所以本文认为"正使水浊"是泛指或称为非确指。泛指或非确指名词出现典型环境是虚拟情态句(王红旗 2006),这应该能够印证"正使"所在的句子仍然是虚拟假设。

(二)异译资料说明"假使"类连词的语义接近"若"

例(31)和例(32)的划线部分在内容和行文上都极其相似,不同之处在于两段话的后半部分,例(31)是语义承前的问句,例(32)语义有转折的陈述句,由此可以判断(31)是假设条件复句,而(32)是让步条件复句:

(31) <u>正使三千大千国土,乃至恒边沙佛刹人,教令得斯陀含</u>,其福宁多不?(前秦昙摩蜱共竺佛念译《摩诃般若钞经》卷2)

(32) <u>正使三千大千世界充满其中初发意菩萨,其智百倍</u>,不如阿惟越致。(西晋竺法护译《阿差末菩萨经》卷3)

但是异译资料显示,这两种复句中"正使"的语义理解并无不同,都对应"若":

(33) 置此三千大千世界诸有情类,<u>若善男子、善女人等教化十方各如殑伽沙等世界诸有情类皆令住一来果</u>,于意云何?是善男子、善女人等由此因缘得福多不?(唐玄奘译《大般若波罗蜜多经》卷165)
[例(31)的异译]

(34) 比较:<u>若三千大千世界所有众生悉为得忍菩萨所成就智</u>,比一不退菩萨所成就智,百分千分百千分百千万分,乃至算数譬喻所不能及。(宋智严共宝云译《大方等大集经》卷28)[例(32)的异译]

上面例句的对比初步说明,无论前后分句语义关系如何,"假使"这组连词标注的总是虚拟句,而所谓的让步义只是前后分句的一种语义联系,跟"假使"等连词无关。译经中有大量让步条件句,虽然从语感上可以将其中的"假使"等连词翻译为"虽然、就算、即便",但是比勘异译或异文语料后发

现,这些连词大都跟"若"有对应,所以更多时候应该将其理解为"如果"。例如:

(35) 假使有人,人有千头、头有千口、口有千舌、舌解千义,欲叹是王所有功德,不能得尽。(吴支谦译《菩萨本缘经》卷上)[比较:若人有千头,头头有百口,口口百言舌,舌舌百言声,十力等一分,穷劫说不尽。(陈真谛译《佛性论》卷4)]

(36) 假令如来普具示现神变威力,汝等睹之则不能信,何况外术众邪异学?(西晋竺法护译《等集众德三昧经》卷上)[比较:若当如来尽现所有神通力者,汝等声闻尚不能信,况复其余诸众生也?(姚秦鸠摩罗什《集一切福德三昧经》卷上)]

(37) 上座答言:"设复有人得十万车金,亦不如以一钵之食施持戒者,况复听法欢喜,经于时节?"又复问于第三上座,上座答言:"若有人得十万舍金,亦复不如施持戒人一钵之食,况复听法?"(元魏吉迦夜共昙曜译《杂宝藏经》卷4)

下面《正法华经》这一例的"正使",以今天的语感应该翻译为"无论、不管",国外学者称为让步连词,国内学者叫做"无条件连词"(蒋冀骋,徐朝红 2009)。该例在梵文中没有明确的对译词,梵文中以表示并列、承接的连词 ca 标注前后句关系,同经异译显示"正使"也应该按照条件连词"若"来理解:

(38) 正使生天及在人间,与不可会,恩爱别离。(西晋竺法护译《正法华经》卷2)[比较:若生天上,及在人间,贫穷困苦、爱别离苦、怨憎会苦。(姚秦鸠摩罗什译《妙法莲华经》卷2);比较梵本:deva-manuṣya-dāridryam-aniṣṭa-saṃyogam iṣṭa-vinā-bhāvikāni ca duḥkhāni pratyanubhavanti]

根据调查,让步条件句中"假使"类连词在异译经本中有三种对应情况:甲,"假使"类内部成员互相对应;乙,"假使"类对应"若";丙,"假使"类对应"虽、纵"。(李瑶希 2017)乙和丙两种对应能直接够说明"假使"类连词的语义,据不完全统计,"假使"对应"若"的频次远高于对应"虽、纵"的频次。调查步骤是:以俞理明(1993)书后的附录(一)为准,选择东汉到东晋的140余部佛经(译者和年代都明确),参考唐僧智昇《开元释教录》和王文颜(1993)《佛典重译经研究与考录》,选择有异译本存世的佛经并搜集"正使、

假使、假令"三个连词的语料(只考虑让步条件句),然后计算异译本的词语对应情况。具体计算方法可以通过下面的例子说明:

(39) a. <u>正使一切人</u>,尽劫共难闻,悉能解诸结,其智不可极。(吴支谦译《无量门微密持经》)

b. <u>正使一切人</u>,穷劫思难问,悉能决定疑,其智不可尽。(刘宋求那跋陀罗译《佛说出生无量门持经》)

c. <u>若有诸有情</u>,住劫问难者,悉皆断彼疑,智慧皆无尽。(唐不空《出生无边门陀罗尼经》)

例39(c)的"若"对应 a、b 两句的"正使",就是说"正使"和"若"有两次对应,但是由于本文暂且不考虑刘宋译经,所以这里只计 1 次。再如:

(40) a. 我所说宝者,若着函中、若着箧中,其光明彻出去。正使举珠去其处,续明如故。(西晋无罗叉译《放光般若经》卷7)

b. 若置箱箧亦令其器具足成就无边威德。设空箱箧由曾置珠,其器仍为众人爱重。(唐玄奘译《大般若波罗蜜多经》卷430)

《放光般若经》的"正使"对《大般若经》的"设",这两个词同属"假使"类连词,它们之间的对应不足以说明各自的语义,可以计 0 次,但考虑到"小品般若"系列的《小品般若波罗蜜经》(鸠摩罗什译,卷2)有类似情节,且对应段落出现了"虽",因此可以认为《放光般若经》的"假使"与"虽"对应 1 次。例如:

(41) 若是珠在箧中,<u>虽举珠去</u>,以珠功德故,其箧则贵。

计算结果是,"假使"类连词与"虽"对应只有不到 30 次,但与"若"对应多达约 150 次。这个数字说明,至少在中古早期(唐以前),佛经译者的语感中"假使"类连词与"若"的意思更接近,与"虽"的语义关系较远。

(三)"假使"类连词还对应异译本中表示假设的"所"字结构

除"假使"等连词外,译经中还会用"所"引导让步条件句:

(42) <u>我所施财及不施财</u>,俱当散灭不满所愿。(唐菩提流志译《大宝积经》卷82)[比较:<u>假令我不以是物施者</u>,我会当与此物离也。(后汉安玄译《法镜经》)]

"所"在古汉语中的基本功能是构成关系小句,关系小句和条件句都是非陈述性的句子(non-indicative),"所"由这一基本功能延伸出类似于假设连词的用法。(Aldridge 2013)无论用"假使"还是"所"标记让步条件句,其共同点是表示偏句内容是虚拟不真实的,只要具备基本常识的古汉语研究者都知道,"所"字结构在古汉语中不能表示让步。

(四)异译资料显示用"假使"类连词在唐以前多数不作"虽、纵"理解

我们还发现以"虽、纵"来对应"假使"类连词的都是唐朝以后的佛经。根据胡敕瑞(2004),《小品般若经》现存6种汉译本,分别为后汉支娄迦谶译《道行般若经》、吴支谦译《大明度经》、前秦昙摩蜱共竺佛念译《摩诃般若钞经》、姚秦鸠摩罗什译《小品般若经》、唐玄奘译《大般若波罗蜜多经》(第四会和第五会)、宋施护译《佛说佛母出生三法藏般若波罗蜜多经》。连词"正使"在《道行般若经》出现37次,其中7次可以按照"虽"来理解。例如(下面只标卷号):

(43) a. <u>正使</u>余道人信佛,信佛已,反持小道入佛道中。(卷1)

  b. <u>正使</u>举珠出去余处,续明如故。(卷2)

  c. <u>正使</u>弊魔欲断是经者,会不能得胜菩萨摩诃萨。(卷4)

  d. <u>正使</u>病愈,由不能自起居行步。(卷5)

  e. <u>正使</u>是菩萨如恒中沙劫,布施求色,持戒、忍辱、精进、求色,禅亦不入空,不得深般若波罗沤恕拘舍罗。(卷5)

  f. 菩萨<u>正使</u>于百千由旬空泽中,在其中行,禽兽所不至处,贼所不至处,罗刹所不至处,在彼间止,若百岁若百千岁,若百千万岁,正使复过是,不知是远离法,会无所益。(卷7)

  g. <u>正使</u>如沙门被服,亦复是贼无异也。(卷7)

在其他5个译本中,以"虽(复)"对应"正使"的主要是罗什本(4次)、玄奘本(5次)和施护本(3次),总体上看唐宋译本居多(见表4):

表4 支娄迦谶译本中"正使"与"小品般若"其他译本中"虽(复)"对应

	43a	43b	43c	43d	43e	43f	43g
昙摩蜱本						虽	
罗什本		虽	虽	虽复		虽	
玄奘本	虽		虽		虽	虽	虽
施护本			虽		虽复	虽	

再如《大阿弥陀经》现存6种汉译本:后汉支娄迦谶译《无量清净平等觉经》、吴支谦译《阿弥陀经》、曹魏康僧铠译《无量寿经》、唐菩提流志译《无

量寿如来会》、宋法贤译《大乘新无量寿庄严经》三卷、赵宋法贤译、宋王日休译《佛说大阿弥陀经》。在支娄迦谶译《无量清净平等觉经》中共有"假令、设令、令"等3个引导让步条件句的连词,各出现1次(下面只标卷号):

(44) 假令有百千,亿万那术佛,如是佛之数,使如恒水沙,计以沙等佛,一切皆供养,不如求正道,坚勇而不怯。(卷1)

(45) 设令满世界火,过此中得闻法,会当作世尊将,度一切生老死。(卷2)

(46) 令我身止住,于诸苦毒中,我行精进力,忍之终不悔。(卷1)

对比"阿弥陀经"各本的相关句段后发现,"假令、设令、令、假使"等连词互相对应是主流,只有菩提流志和王日休的译本才用连词"纵、虽",如表5所示:

表5 让步条件句中"假使"类连词在"阿弥陀经"各本中的对应

支娄迦谶本	支谦本	康僧铠本	菩提流志本	法贤本	王日休本
假令	—	假令	—	—	假使
设令	—	设	假使	假使	—
令	—	假令	纵	—	虽

五、结　语

现代汉语"如果、假如、假使"等连词只出现于假设条件句,而中古译经中"假使"等连词还可引导让步句,如果以今人的语感来衡量,会认为中古汉语有两种"假使"类连词,它们的让步义是独立的。然而,通过分析译经中让步条件句的结构和语义特点,并参考梵汉对勘和同本异译资料,本文认为"假使"类连词只有表示虚拟假设这种功能。让步条件句的偏句表示虚拟事件,前后句有转折关系,从这种句子的关联词使用情况看,当时的语言重在凸出偏句的虚拟性,这与世界许多语言的情形一致(Citko 2003)。但个别时候,偏句会用连词"假虽"引导,从词形上看,"假虽"同时兼顾让步条件句的"虚拟"(用"假"表示)和"转折"(用"虽"表示)两种语义属性:

(47) 假虽魔娆诸众生,不能动斯一毛发。(隋阇那崛多译《大乘大集经贤护分》卷4)[正使一切皆成为魔,不能动摇菩萨一毛。(西晋竺法护译《度世品经》卷4)]

"假使"类连词的前身可以追溯到上古汉语的假设连词"使"和"令",这两个连词出现于战国时代,在战国-西汉、东汉-魏晋时期,它们或由它们参与构成的假设连词,大都表示一种违反现实(counter-factual)的假设(张丽丽 2006):

(48)(孔子)曰:"有是哉颜氏之子!<u>使尔多财</u>,吾为尔宰。"(《史记·孔子世家》)

(49)孟贲过于河,先其五,船人怒,而以楫虓其头,顾不知其孟贲也……<u>使船人知其孟贲</u>,弗敢直视,涉无先者,又况于辱之乎?(《吕氏春秋·必己》)

(50)<u>使工女化而为丝</u>,不能治丝;<u>使大匠化而为木</u>,不能治木。(《吕氏春秋·不屈》)

例(48)颜回一生贫困,所以孔子说的"使尔多财"是很难实现的事情;例(49)前文已经交代过船人不认识孟贲并且用船桨打他,所以"使船人知其孟贲"是背离现实的猜想;例(50)工女化丝、大匠化木,这种情节只会见于志怪小说,在现实世界不可能发生。

佛经中"假使"类连词经常表示夸张的、不可能实现的假设,这似乎沿袭了古汉语"使、令"的语用属性,但是本文分析了从战国到六朝的 20 种中土语料,发现"使、假使、若使"等虽然可以表示违反现实的假设,但它们所在的句子没有夸张渲染的意思(证据之一是这些句子中没有表示极大值的数量词),而且基本也不能出现于让步句。《论衡》中的 1 例值得关注:

(51)<u>使子胥之类数百千人乘船渡江</u>,不能越水;一子胥之身,煮汤镬之中,骨肉糜烂,成为羹菹,何能有害也?(《论衡·书虚》)

这是个让步条件句,行文上又很像佛经的"假令百千……""正使三千大千世界……""设经无量俱胝大劫……",它应该反映了语义发展的过渡阶段,不过想要发掘更多的历史细节,还需要另外专门研究。

参考文献

胡敕瑞(2004)略论汉文佛典异译在汉语词汇研究上的价值,《古汉语研究》第 3 期。
蒋冀骋(1994)隋以前汉译佛经虚词笺识,《古汉语研究》第 2 期。
李璠希(2017)基于同经异译的汉译佛经语法专题研究,南开大学硕士学位论文。
李维琦(1993)《佛经释词》,长沙:岳麓书社:45。

——(1999)《佛经续释词》,长沙:岳麓书社:31。

刘月华(2001)《使用现代汉语语法》,北京:商务印书馆:874-875。

龙国富(2013)《妙法莲华经语法研究》,北京:商务印书馆。

王春辉(2013)汉语的让步条件句,《语言科学》第2期。

王红旗(2006)指称不确定性产生的条件,《语文研究》第3期。

王文颜(1993)《佛典重译经研究与考录》,台北:文史哲出版社。

邢福义(2001)《汉语复句研究》,北京:商务印书馆:6,40-47。

徐朝红(2008)中古汉译佛经连词研究,湖南师范大学博士学位论文。

俞理明(1993)《佛经文献语言》,成都:巴蜀书社:47-62。

张丽丽(2006)从使役到条件,《台大文史哲学报》第65期。

钟兆华(2011)《近代汉语虚词研究》,北京:中国社会科学出版社。

周广干(2014)《汉语大词典》收双音假设连词书证义项商补,《励耘语言学刊》第2期。

Aldridge E. (2013) Object Relative Clause in Archaic Chinese. *Canadian Journal of Linguistics* 58(2):239-265.

In Auwera J V D. (ed.) *Adverbial Constructions in the Languages of Europe*. Berlin:Mouton de Gruyter:563-640.

Citko B. (2003) On the Syntax and Semantics of English and Polish Concessive Conditionals. *Journal of Slavic Linguistics* 11(1):37-54.

Haspelmath M. (1997) *Indefinite Pronouns*. Oxford:Clarendon Press.

Haspelmath M, König E. (1998) Concessive Conditionals in the Languages of Europe.

König E. (1985) Where do Concessives Come From? On the Development of Concessive Connectives. In Fisiak J. (ed.) *Historical Semantics*, *Historical Formation*. Mouton:De Gruyter:263-282.

Seishi K. (辛嶋静志) (1998) *A Glossary of Dharmarakṣa's Translation of the Lotus Sutra*(正法华经词典). Tokyo:Soka University,The International Research Institute for Advanced Buddhology.

(300071 天津,南开大学文学院 gufeng1983@126.com;
102488 北京,中国社会科学院研究生院 lifanxi5233@sina.com)

吴江同里话的条件标记"者"及其来源蠡测[*]

刘丹青

提要 吴语吴江同里话的庞大条件标记库藏(刘丹青2019)中,有一个很古雅的"者[tsø⁵²]"。文章详细分析了"者"的音韵地位、韵律、句法和语义语用特色,确定其读音是同里话"者"字的唯一读音,但属于文读层,句法属性为后附缀。它只能以单音节词为宿主,多用于单音节动词或简短动词短语后。"者"适合于假设性强的条件命题,前面往往有体现条件不确定的先行句。"者"要求其结果句是"者"所在命题的强相关正向命题。虽然古汉语"者"也有条件标记用法,但是从"者"的文读音、"者"不同于古汉语"者"的使用条件等情况看,"者"可能并非直接存古。比较粤语名词化标记"嘅"的条件句用法,更可能是同里话"者"由文言色彩的名词化后缀直接重新分析为条件标记,同里话"者"跟古汉语"者"在不同年代共享了从名词化标记到条件标记的语法化路径。

关键词 吴江同里话;条件句标记;名词化标记;后附缀;"者";词源

一、引言:现代汉语方言中罕见的条件标记"者"

本文所说的条件标记,指在条件分句中标示最基本的假想类条件功能的虚词,跟普通话"如果"、英语if语义上相当,不包括在结果分句中帮助表达条件关系的成分,如"你去,我就去"中的"就"一类关联副词,也不包括

---

[*] 本文是国家社科基金重点项目"汉语方言语法特征和语料库建设"(项目编号19AYY004)和中国社科院创新工程项目"汉语口语的跨方言调查与理论分析"的部分成果。感谢复旦大学盛益民副教授参与了本文的田野调查和材料整理,并对初稿提出建设性意见。丁健博士、卢笑予博士也曾提供有益意见。匿名审稿人的多条意见对本文的改进有实质性帮助。在此一并致谢。

"只要、只有、即使、无论"等属于特殊语义类别的条件连词。

苏州市吴江区同里镇位于吴江区政府所在地松陵镇东6公里处,其方言是吴江吴语中与松陵话最接近的镇区方言。(参考汪平 2010①;张拱贵,刘丹青 1983)同里话有一个未见于周边区县乃至整个吴语区其他方言的条件小句标记"者"[tsø⁵²],在刘丹青(2019)概述同里方言条件标记库藏的文章中有简略描写,此文之前,尚未有文献提及该条件标记。如"去者叫声吾"(去的话叫我一声)。这个"者"在吴江各镇方言中分布状况如何,尚未全面调查,所以本文集中关注同里话。"者"作为汉语方言中罕见的条件句标记,让人联想到古代汉语"者"的条件标记用法(周法高 1961),本文将在功能描写的基础上分析其与古汉语"者"的源流关系。本文材料基于作者的语感和2017年8月与复旦大学盛益民副教授一起对同里镇本地人周小平先生(1955年生)所做的田野调查,其中用"者"的例句均经周先生核实。马小健女士(1955年生)参与了部分材料的再核实。

同里话的条件标记库藏异常发达,有多种句法属性各异的表达手段,形成条件句的显赫范畴。(详见刘丹青 2019)仅假想类条件句,就有四大类标记,即前置连词、兼属话题标记的条件标记、后置连词及后附缀、补语性连词。同一条件句可以多类标记同现,共达31种标记或标记序列,加上可替换的同义标记,总数达到86种标记。条件标记"者"就在这一庞大库藏中占据后附缀的独特位置,并可以与其他类别的某些标记同现。

二、条件标记"者"的音韵地位

"者"在汉语方言中一般只用作"记者、作者"这类来自书面语的后缀,像同里话条件标记那样作为口语虚词出现非常罕见,不免让人怀疑"者"是不是该虚词的本字。目前未见任何著作记录过"者"的条件标记用法,包括《明清吴语词典》(石汝杰,宫田一郎 2005)和《现代汉语方言大词典》(李荣 2002)。这就必须斟酌其音韵地位。

---

① 本文对同里话音系的标音与汪著(p23)稍有不同。汪著ɒ组韵母(家)本文标为ɔ;ʌ组韵母(饱)本文标为ɒ。当地人后一组开口度明显大于前一组。另ou韵母本文标为əɯ。

作为条件标记的"者"在同里话中念[tsø⁵²],这个读音与周边强势方言的读音和音韵地位有显著差异。周边三大城市的吴语——苏州、上海、无锡都念[tsɛ]类读音,以致"者"有时被用来记录上海话苏州话的语气词"哉"[tsɛ](≈"了2"),见《明清吴语词典》"者"条。苏南吴语ø韵字基本都是寒山摄一二等字。但是,ø韵在同里话中除了寒山摄的字,确实有几个来自假摄麻韵开三照组:

者[tsø⁵²]:此音为"者"字在同里话中的唯一读音,无异读。用于"记者、作者、孙行者"等。

舍[sø⁵²]:用于"宿舍"的"舍"。"舍"另读[so⁵²](=捨),用于"舍得""舍不得"等。o韵是当地麻开三照组字的主流读音,如:遮[tso⁴⁴]、蔗[tso⁴²³]、车[tsʰo⁴⁴]、蛇[zo²⁴]。

社[zø³¹]。此音也是"社"在同里话中的唯一读音。如:社会、公社、社员。

射[zø²¹²]。此音是部分老派的读音,用于"射击、射线"等。大部分人念[zo²¹²]。

麻韵开口照三组字除了o韵ø韵外还有少数字入ɔ韵,如:"惹"[zɔ³¹]、"扯"[tsʰɔ³¹](扯:扯平。又"撕纸张"念"扯"[tsʰɔ⁴⁴])。这个ɔ韵对应周边吴语和普通话中的 a 韵,如"爸[pɔ⁴⁴]、妈[mɔ⁴⁴]、拉[lɔ⁴⁴]、哈"[hɔ⁴⁴]等。"惹、扯"的ɔ韵母当为麻开三照组更古层次的白读。

可见,条件标记"者"的读音是"者"的规则读音和唯一读音。跟该音韵地位主流读音 o 韵的"车、蛇"等口语词语相比,用ø韵的词语"记者、宿舍、社会"等偏于现代文化词语,从词项上看似文读①。结合后面的句法语义分析,我们推测条件标记[tsø⁵²]的本字就是"者",但未必是古汉语话题标记兼条件标记"者"的直接继承。

三、"者"的韵律条件和句法语义特征

本节从共时角度对条件标记"者"进行描写,已经在刘丹青(2019)中提

---

① 不过从音值看,共同语和周边多数吴语麻韵开口照三组没有ø类韵的历史层次,而同里话ø韵大部分辖字属寒山摄,ø韵作为麻开三部分字文读的来源层次如何形成还有待探究。

到的部分适当从简或在此补充更多细节。

(一)"者"的韵律条件和附缀属性

作为条件标记的"者"是一个附缀性(clitic)助词,它的一个显著韵律要求是前面只能以单音节词为宿主。"者"的主要出现环境是在单音动词构成的简缩型条件句后。如("者"及其宿主用黑体,同句中其他条件标记用斜体。下同):

(1) 侬[nɔ⁴⁴]明朝阿去? **去者**喊声我。你明天去吗?去的话喊我一声。

(2) 人侪勒辣,尔那[n̩³¹ nɔ²¹²]**讲者**末讲讲清爽。人都在这儿,你们要是讲就讲清楚了。

(3) 难得到服装店去一埭,**买者**呢多买两件。难得去一趟服装店,要买就多买几件。

有时,"者"看似用在一个大于单音节的语法单位后,包括动结式、谓宾动词式、可能式、情态动词组合、连动式等之后,"者"后也常带其他条件标记,但是"者"前的最后一个词必须是单音节谓词,"者"的宿主仍然是单音节的。这里只举出条件句部分(例句整句见刘丹青 2019)"考**着者**嘅闲话"(考上的话。"者"附缀于补语"着")、"拣得**着者**"(挑得到的话。附缀于补语"着")、"想**买者**"(想买的话。附缀于动词"买")、"侬要**去者**嘅闲话"(你要去的话。附缀于动词"去")、"侬**要去乘者**嘅闲话"(你要去坐的话。附缀于动词"乘")。

像"汏浴"(洗澡)、"咳嗽"这样的离合动词,合一时不能带"者",分离时可以让前字带"者",这时,整个动词要在上下文中出现,以便听话人据前字还原整词,如:

(4) a. 伊欢喜汏浴嘅,**汏者**末半个[kiu⁵²]把钟头。(kiu⁵²是量词"个"[kə?⁵]在"半"字后的变读)他喜欢洗澡,洗的话大约要半个来钟头。

b. 伊欢喜汏浴嘅,***汏浴者**末半个把钟头。

(5) a. 伊要么弗咳嗽,**咳者**就穷结棍。他要么不咳嗽,要咳嗽就很厉害。

b. 伊要么弗咳嗽,***咳嗽者**就穷结棍。他要么不咳嗽,要咳嗽就很厉害。

如果遇到非离合的双音节动词,如"商量",即使是单个动词后也不能加"者",比较:

(6) a. 人侪勒辣,尔那**讲者**末,讲讲清爽。人都在了,你们谈的话就谈清楚了。

b. 人侪勒辣,*尔那**商量者**末,商量商量清爽。人都在了,你们商量的话就商量清楚了。

　　c. 人侪勒辣,尔那**商量嘅闲话**末,商量商量清爽。人都在了,你们商量的话就商量清楚了。

例(6)a 用"讲者"作为插入的条件小句;例(6)b 换用"商量",就不能说"商量者",只能换用其他条件标记,像例(6)c 的"嘅闲话"(的话)。

　　附缀"者"较少出现在动宾结构的条件句中,但如果动宾结构很简短,"者"也能按单音节宿主规则出现。当动、宾双方都为单音节时,"者"优先位于宾语之前,如:

　　(7) 小王买**者**书,侪是电脑浪嘅。小王买书的话,都是电脑方面的。

　　(8) 伊捉**者**鱼,侪是大鱼。他捉鱼的话,都是大鱼。

　　(9) 明朝伊捉**者**鱼,吾堆就有得吃鱼特。明天他抓鱼的话,我们就有鱼吃了。

　　(10) 覅关灯特,关**者**灯**嘅闲话**狗叫得来。别关灯了。要是关了灯的话,狗叫得很凶。

如果宾语是单音节,而谓语是动结式之类短语,则"者"倾向于在宾语之后,如:

　　(11) 伊要末弗捉,捉到鱼**者**,侪是大鱼。他要么不抓鱼,他要抓鱼的话,都是大鱼。

　　(12) 伊捉到鱼**者**,侪是个大鱼。他要抓鱼的话,%都是大鱼。

假如宾语已经是双音节,如例(13)、例(14)中的"辣酱",则"者"只能放在宾语前了,如:

　　(13) 伊吃**者**辣酱,侪是平望辣酱。他要是吃辣酱的话,都是吃平望辣酱(平望镇特产)。

　　(14) 伊用**者**辣酱,侪是平望辣酱。他要是用辣酱的话,都用平望辣酱(平望镇特产)。

　　总之,不计主语,"者"前的简缩型条件小句可以是单个单音动词,也可以是一个简短的动词短语(语料中没有超过三个音节的 VP),但是"者"的直接宿主必须是单音词,而且动词优先。遇到以名词性成分结尾的离合动词(即 VO 式或被识解为 VO 的离合动词),则"者"优先选择位于前面的单音动词之后;只有动词后已经被补语式标记"到"占据的情况下,"者"才可以用在整个动宾离合词后,但仍然保持了在单音词之后的状态。前接单音词,是条件标记"者"的首要使用条件,显示汉语的形态句法受韵律条件特别是音节数目的较强的制约。(刘丹青 1993,1996)由于"者"总是用在条件句的动词或动词短语之后,因此比较接近后置连词,但不太典型,带有附缀的属性。

(二)"者"的动词选择

条件标记"者"用法的韵律限制,使"者"的使用范围受到一些限制。但是,由于吴语口语中常用动词多为单音节词,还有些双音动词属于离合词,仍可拆开后让前字带"者",因此,这一限制对"者"字使用的实际影响不算大。另外,"者"的使用,总体上受动词的语义限制也较小,这使"者"的词项选择面很广。下面略做说明。

普通实义动词只要是单音节的,都可以带"者"构成条件句。在封闭类动词中,判断动词"是"[$ʐ̩^{31}$]、有无动词(拥有兼存在动词)"有"[$jɯ^{31}$]都可以带"者",否定动词"无拨"[$m̩^{24}$ $pə$ʔ$^{5\text{-}2}$](没有)是双音节词,自然不能带"者"。如:

(15) 伊奴弗是吾嘅亲眷,假使**是者**嘅闲话,吾奴肯定要去吃酒。_{他不是我的亲戚,假如是(亲戚)的话,我肯定要去喝酒。}

(16) 伊阿是吾堆单位里嘅职工?**是者**,葛末就好进去。_{他是不是咱们单位的职工?是的话,那就也可以进去。}

(17) 我曼[$tɕiŋ^{52}$]"只要"的合音,表示"只因为"无拨票,**有者**是老早去特。_{只因我没有票,有的话早去了。}

(18) 倷阿有弗派用场嘅包?**有者**嘅,借一只拨吾用用。_{你有没有不用的包?有的话,借一只给我用用。}

情态助动词带"者"的能力偏弱。我们调查到"肯"有这一用法:

(19) 弗知李师傅阿肯帮忙,**肯者**请伊跑一趟。_{不知李师傅肯不肯帮忙?肯的话请他走一趟。}

同里话表示可能的情态词"会得",表示允许的"可以"都是双音词,都不能带"者"。但是"会得"可以省说为"会",这时可以带"者":

(20) 伊奴阿**会得**拉胡琴?**会者**末喊伊拉一拉。_{他会不会拉胡琴?会的话请他拉一下。}

"肯"和表示能力的"会"都属于主语导向的根情态。表示"可以"的"好"、表示需要、意愿和可能的"要",都是言者导向的,虽为单音节,但很难接受"者"(详后):

(21) 倷阿好请假? ***好者**到我堆来一趟。_{你能不能请假,可以的话到我这儿来一趟。}

(22) 辫个物事尔那阿要买?**要嘅闲话**就开声口。/ ??**要者**就开声口。_{这个东西你们要买吗?要的话就言语一声。}

同里话基本存在动词(兼处所介词)"勒"(在)是黏着性的,不能像普通话的"在"那样单用,要么后面带处所宾语(伊勒上海),要么以"勒+处所后置词"的复合形式出现,如"勒搭(近指'在这儿')、勒海(远指'在那儿'或内指'在里面')"①。如:

(23)—老王阿勒上海?—勒上海。/—﹡勒。 —老王在上海吗?—在。

(24)—小明阿勒搭?—勒搭。/—﹡勒。

由于这种黏着性,单音节词"勒"不能用"者"构成条件句,双音节词"勒搭、勒海"等则因为音节数而不能带"者"。

(三)"者"的句法组合特征

"者"字是一个专表假想条件句的附缀性助词,位于单音动词之后或以单音词收尾的 VP 之后。用"者"的条件句,可以单独标记条件句,也可以跟其他条件标记配合。(刘丹青 2019)多数情况下"者"已居句末,其后可以再出现条件句标记"嘅闲话"[如例(10)、例(15)]、"末话题/条件标记"[如例(20)]或"嘅的"[如例(18)]。"者"也可以用在带前置连词"假使到"的句子中(如"假使到佴去者……")。

"VP 者"之间不能插入任何补语标记(﹡看得者),"者"后面不能再带体标记(﹡看者仔)或任何补语(﹡看者清)。因此可以肯定,"者"既不是任何种类的补语,也不是补语标记。"者"有时可以用在黏合补语性条件标记"到"之后[见例(11)、例(12)],这更说明"者"本身不是补语,只是后附缀。"者"跟可以同现的后附性条件虚词间遵循以下语序:

(25)者+嘅闲话/嘅+末/呢②

再略举数例如下:

(26) 地铁站离辫咪蛮近嘅,去*者*嘅闲话跑几步就到特。<small>地铁站离这儿挺近的,去的话走几步就到了。</small>

(27) a. 弗晓得李师傅阿肯帮忙,假使肯*者*嘅,喊伊跑脱一遢。

b. 勤[fən⁴⁴]晓得伊阿宁关勒公安局,关*者*嘅闲话末伊拉家婆也响弗落嘅特。<small>没知道他有没有关在公安局,关了的话,他老婆也无可奈何了。</small>

---

① 详参刘丹青(2003)对苏州话同类词语构成模式的说明。

② "嘅"是独立的条件标记,不是"嘅闲话"的省略形式(刘丹青 2019),所以表示为两个可选形式。

(28) 佾阿有弗派用场嘅包？有**者嘅**，借一只拨吾用用。你有没有不用的包？
　　　　有的话，借一只给我用用。

(29)（衣裳）阿拣得出啊？拣得出**嘅**末，多拿两件。"挑得出(合适的)吗？挑
　　　　得出的话，多拿几件。

(30) 尔那讲**者**末讲讲清爽。你们讲的话就讲清楚了。

(31) 因儿堆伊一般弗去嘅，去**者**呢一般三四个号头。女儿那儿他一般不去，
　　　　去的话一般三四个月。

这里的语序规则有理可循。"者"是后附缀性的专用条件标记，用于客观逻辑关系，与动词距离最近。"嘅"(的)来自名词化助词，同时跟断言肯定语气词"嘅"(的)有关，带有部分主观肯定语气，所以用在"者"之后，其后能出现的只能是兼话题标记的"末/呢"。"嘅闲话"是兼话题标记的条件标记，但是客观条件义略多于话题标记的主观认定义，所以可以用在客观语义的"者"和主观认定义的"末/呢"之间。"末"和"呢"是话题标记的主观认定义多于客观性强的条件义，所以用在这些组合的最后位置，离动词最远。需要注意的是，吴语话题标记"末""呢"后面没有强制性的停顿，所以例(30)、例(31)中"末"和"呢"看似不在句末，其实后面已是结果分句了。

（四）"者"字条件句的语义语用特征

同里话的条件标记库藏罕见地丰盛。那"者"在这一条件标记库藏中还有何存在价值？

除了加于句首的前置连词"假使到"等，"者"及补语性的"到"是同里话里最专用的后置条件标记。虽然"者"常常与其他条件标记同现，共同表达条件关系，但是其他后附型标记往往兼有与条件句相关的其他功能，如"起来"的表时间功能、"末"的话题标记功能等，这些功能也可以用在非条件句中，如"吾**末**，是同里人"。而"者"只用于条件句，也可以单独表达条件关系，是地道的专用条件标记。"者"在"记者、作者"等现代词汇中的后缀作用，与"者"的条件标记功能，在当地人语感中完全没有关系。

仔细考察"者"的使用环境，同时与发音人进行深入讨论，可以看出"者"有两个显著语义特征。其一是强假设性；其二是与结果句的强正向关联。

强假设性突出表现在它的篇章语用功能中——"者"一般不用于始发句。

条件句虽然本质上都是假设性的，都有虚拟语气，在有些"式"形态显赫的语言中要用假设语气的形态表示；但是，话语中的条件句其实有假设性的

级差。假设性最强的条件句是违实条件句(counterfactual conditionals),如"如果我是你""如果太阳从西边出来"等。假设性最弱的是事实条件句(参考王芳 2014),如在运动会中途遇到下雨时说"要是下雨的话,这运动会真不能开了"。说话人将下雨的当下事实当作假设条件来谈论。

"者"所具有的强假设性,一般是盖然性居于中位,即成为事实的可能性没有任何倾向,成事实和不成事实的可能性相当,偶尔也用于违实条件,如例(17)。在言语交际中,除了明显的违实条件句,一般提出一种假设条件,都设定其为可能发生的,有时是希望发生的。如"如果你明天上班,帮我收一份文件",这样的条件句是可以充当始发句的。然而,"者"字条件句很难用于言谈始发句,它一般需要说话人先提出一种命题或问题,表明事件可能性不大、没有或不了解,然后再用"者"字条件句提出纯假设性的命题,如:

(32) 伊一般弗登勒因儿堆嘅,登者总归有三四个号头。他一般不住在女儿那儿的,住的话总有三四个月。

(33) 俫明朝阿去?去者喊声我。你明天去吗?去的话喊我一声。

例(32)条件句"登者"的先行句是表明"登"在女儿家的盖然率不高,然后才用"登"字句将这种低概率事件作为条件,再引出结果分句。例(33)的条件句"去者"的先行句是中性问句,问"去"是否为实,然后未等回答就说明以此为条件的小句将引出怎样的结果。如果拿掉始发句,发音人就觉得很不自然,因为"V者"的高假设性没有得到凸显。在调查问卷中,当"者"字句前面没有始发句时,发音人就会指出句子不太自然,并在自己给出的语句中增添合适的先行句。前面所举的"者"字句,大都有先行句,而且多像这两句这样,或为疑问句,或为表明可能性并不大的命题,或者像例(17)那样表明假设条件的违实性。

对于语境中明显符合事实或可能性高的条件句,同里话会优先采用其他条件标记,如"V起来",而避免采用"者"字条件句,因为与强假设性不符。如:

(34) 伊最怕用铜钿,用起来也弗多嘅。/²² 用者也弗多嘅。他最怕花钱,花起来也不会多的。

(35) a. 脚爪弗容易烧酥,烧起来(/²² 烧者末)要多烧歇。猪蹄不容易煮烂,煮起来要多烧一会。

b. 脚爪阿烧?烧者末要多烧歇。猪蹄煮不煮?煮的话要多煮一会儿。

例(34)先行句谈论"他"怕花钱(节省吝啬),但是花钱是高概率的日常行为,再吝啬的人也必须花钱,因此,"用铜钿"是近事实的条件句,假设性不强,不适合用"者"。例(35)a 主句是祈使句,让对方煮猪蹄时要多烧一会儿。既然祈使,就有准备做猪蹄的前提,假设性不强,与"者"的假设性不很匹配,因此发音人认为此句宜用"烧起来"而不是"烧者"。"烧者"适合是否做菜不明确的时候用,所以例(35)b 句前面加了是否做猪蹄的问句,后面就适合用"烧者"了。

第二节第二部分分析的主语导向的根情态词"肯""会"都可以带"者",言者导向的情态词"好""要"等不能带"者",这是因为后者已经有言者的强烈主观判断在内,而"者"要求对可能性持中性态度,两者同现会出现情态冲突。

"者"字句的另一个语义特点,是要求与结果句有强正向关联,即结果句必须是符合常识常理或推理的命题。一般条件句并不要求条件与结果的强关联,也不一定表示正向关联,如普通话可以说:

(36) 这儿的气温比较特别,如果是晴天,气温也这样;假如是下雨,气温也这样。

例(36)表示的是条件和结果关联度低,也谈不到正向负向,因为相反的条件并不会带来结果的不同。这样的条件句在同里话中就不适合用"者"。"者"字条件句预期结果是符合常理的、与条件同一方向(正向)的行为事件。比较:

(37) a. 俉去寻伊,**讲者**讲讲清爽。~ b. 俉去寻伊,**讲起来**(/ * **讲者**)少讲两句。

(38) 到服装店去,**买者**就多买两件。~ 到服装店去,**买起来**(/ * **买者**)少买两件。

例(37)a 条件句的行为是"讲",结果句是"讲清楚",这是正向强关联。例(37)b 条件句相同,结果句却是"少讲几句",这是对"讲"的行为的负面祈使,所以可以用"V 起来",而不适合用"V 者"。例(38)类似,去服装店买衣服,劝人多买,与"买"是正向强关联,适合用"者";劝人少买,是负向弱关联,可以用"V 起来",不适合用"V 者"。

"V 者"在语义语用上的上述鲜明特点,使得它在同里话条件标记的丰硕库藏中不显多余,靠自己的"独门绝技"活跃在口语交际中。

四、"者"的源头蠡测

粗看起来,同里话条件标记"者"比较容易追溯到上古汉语的"者"。

1. 这个"者"的读音是"者"字在同里话中的唯一规则读音。语音上吻合。

2. 古汉语"者"除了最常见的名词后缀用法外,还有话题标记和条件句标记的用法。周法高(1961):"《词诠》卷五 P22.'者,语末助词,表假设'。案'者'本为助顿之词也,可用于条件子句后。"周著将条件句的用法与"助顿"用法(约等于话题标记)联系起来。在条件用法方面,周著分"与假设连词同用"和"'者'字单用"两种情况举例,我们集中看"者"单用表条件的情况:

(39) 鲁无君子*者*,斯焉取斯?(《论文·公冶长》《集解》:"如鲁无君子,子贱安得取此行也而学行之。")

(40) 伍奢有二子,不杀*者*,为楚国患。(《史记·楚世家》)

(41) 汝所索不止*者*,会得我捶杖乃止耳。(《长者子制经》,《大正藏》第十四卷)

(42) 盗曰:释汝刀从我者,可全;不从我*者*,则杀汝姑。(《搜神记》卷十一)

从这些例子看,上古汉语到中古汉语,"者"确实有单独表条件的功能。

但是,将同里话条件标记"者"追溯到古代汉语"者",还是有一些疑点。

1. "者"的话题标记和条件句用法虽然见于上古和中古汉语,但是近代汉语中难见。白维国主编(2015)四卷本大型辞书《近代汉语词典》"者"条诸义项,包括助词义项,但没有条件假设类用法。其他更早出版的近代汉语类辞书也都未见"者"的条件助词用法,如张相(1979)《诗词曲语辞汇释》、蒋礼鸿主编(1994)《敦煌文献语言词典》等。

2. 同里话"者"只有条件用法,没有一般的名词话题标记用法,条件用法有严格的韵律制约,这些都不同于古汉语条件标记"者"。

3. "者"的条件标记用法不见于吴江以外的吴语方言中。如果吴语在如此狭小的范围内残留了中古以前的"者"的用法,那么应当是取层次更老的白读音。但是,如第一节所述,对于麻开三照组字来说,"者"的 ø 韵偏向文读,即更晚近的外来读音层;偏向白读的是 o 韵,更老的白读层则是 ɔ 韵。ø 韵作为当地独家传承古汉语功能词的读音层次是很可疑的。

我们认为,更可能的是情况是,"者"直接来自书面语中的名词化(无核关系化)后缀"者"。"者"作为名词化标记(无核定语从句标记),是有可能发展出条件句标记的。饭田真纪(2012)已经证明,粤语定语标记"嘅"发展出了条件标记的功能,其直接前身正是无核定语从句的标记。吕叔湘[1982(1942/1944)]早就指出了条件句和定语从句在语义上的相通处。吕著专设"条件隐于加语"一节,"加语"即定语。吕先生分析了"巧妇难为无米之炊"就是"要是没有米,怎么样能干的女人也做不出饭来"的意思。吕著还举了白话和文言中不少定语和条件从句交替使用、表达同类关系的佳例,如:

(43) [吉老太太]我不相信,一个女人会做了饭,就不会做文章。[吉先生]不错,不过困难的不是会做了饭的女人不会做文章,是会做了文章的女人就不会做饭。《一只马蜂》

(44) 杀人者死,伤人及盗抵罪。(《汉书·高帝纪》)

吕先生指出,吉老太太说的条件句"一个女人会做了饭",跟吉先生嘴里的定中结构"会做了饭的女人"是等价的;刘邦的"约法三章"中,"杀人者"是定语结构,"伤人及盗"则是主句"抵罪"的条件从句,两种结构的表义作用是相同的。吕先生分析的"杀人者"尤其值得重视,如果有后续发展,这里的"者"完全可以重新分析为条件句标记,这就足以成为同里话条件标记"者"的源头了,而不必经过话题标记的阶段。粤语的"嘅"和同里话的"嘅"都是在类似这样的句法位置发展成条件标记的(参看饭田真纪 2012;刘丹青 2019)。如饭田真纪文例(45),"嘅"已具备条件句标记功能的典型例子,而例(46)、例(47)是可以双重分析的例子:

(45) 你唔信**嘅**,咪入房睇吓! (《香》55)不信的话,就进屋看看嘛!

(46) 用**嘅**要俾300 蚊。唔用**嘅**都要俾 10 蚊。

  A:用的人要付300元。不用的人也要付10元。

  B:用的话,要付300元。不用的话,也要付10元。

(47) 你唔爱**嘅**我爱。

  A:你不要的东西我要。

  B:你不要的话,我要。

实际上,今天的同里话中,"者"字句也有依稀可作双重分析的例子,如:

(48) 尔俉啥人去看电影？看者现在就跑吧。

　　A：你们谁去看电影？去看的(人)现在就走吧。

　　B：你们谁去看电影？去看的话现在就走吧。

例(48)的"看者现在就跑吧"，今天的同里话只能按 B 来理解；但是，在"者"可以用作名词化标记的环境中，也可以理解为 A。这就与名词化后缀用途一致了。至于文言成分(跳过官话口语)直接进入吴语口语，这在吴语虚词中并不罕见，如苏州话的条件句连词"倘然"、同里话的"假使""倘使"，绍兴话原因后置词"之故"(……的缘故，盛益民 2014)，都不是官话口语的常用虚词，应当是由文言直接进入吴语口语的。只是该文言词在吴江话中还有发展出符合语法化路径的新功能。私塾教育、评书评话等文化传统，留了一条文言直通方言口语的"便道"。不排除历史上同里的某些阶层群体曾较多使用名词化标记"者"，进而导致在例(48)这样的语句中被重新分析为条件标记"者"。这样溯源，比"者"直接来自上古汉语的假说更可能成立。但是，即使不是直接存古，也不排除同里话"者"与古汉语"者"共享了从名词化标记到条件标记的语法化路径。

五、小　　结

吴语有着庞大的条件标记库藏，吴江同里话又比一般吴语多了"者""到"等后附条件标记，使专用或准专用条件标记库藏愈加丰盛。同里话的条件标记按句法属性和语法化来源可分为四大类：前置连词；后置连词/后附缀；话题标记；黏合补语。这些条件标记句法位置各异，因此能够数个同现，按一定语序规则组配，形成数量惊人的标记序列。其中有些条件句标记的语法化来源种类，包括本文详细讨论的"者"所代表的名词化标记，在汉语方言中比较少见。

"者"作为后附缀式条件标记有自己鲜明的韵律、句法和语义语用特色。它只能以单音节词为宿主，多用于单音节动词或简短动词短语后，偶尔用于简短紧凑动宾结构时，则根据谓语动词和宾语的音节数在宾语前后调节位置。"者"适合于假设性强、现实性不明确的条件命题，一般不用于始发句，前面往往有体现条件不确定的问句或陈述句作为先行句。"者"要求后面的结果句是"者"所在命题的强相关正向命题。凭借"者"独特的属性和功能，

"者"能够在庞大的条件库藏中保存活跃的使用状态。

条件标记"者"符合"者"字在同里话中的唯一读音,呈文读层次。"者"的条件标记功能不见于吴江以外的吴语和其他方言,从文读色彩看,不太像直接继承上古到中古汉语有话题标记兼条件标记功能的"者",更可能是从"者"的名词化后缀重新分析而来,像部分吴语虚词一样,由文言直接进入方言口语。

对条件标记"者"的考察,给我们几点启示:

1) 在语序类型不太单纯的语言方言中,虚词的位置更加不可预测,可能出现的位置更多样,较容易诱发多重标注的情况。同里话条件标记的情况,跟汉语尤其是吴语前置词、后置词、框式介词多类型并存的情况类似(参看刘丹青 2003),甚至更加多样。

2) 庞大的标记库藏意味着该范畴显赫,对语法标记有吸引力。在库藏丰盛且多个标记可以同现的情况下,可能会在组合层面形成一定的羡余表达,同时也会在标记之间形成更细致的分工,产生互有细微差别的语义语用功能。

3) 探求方言虚词的历史源头,不能简单地在历史语法中寻找语义功能对应物,而要观察相关用法的时间层次和空间分布,综合考虑语音、语义和语法功能多个方面,才有望更加合理地找到源头。

参考文献

白维国(2015)《近代汉语词典》,上海:上海教育出版社。
蒋礼鸿(1994)《敦煌文献语言词典》,杭州:杭州大学出版社。
李　荣(2002)《现代汉语方言大词典》,南京:江苏教育出版社。
刘丹青(1993)汉语形态的节律制约——汉语语法的"语音平面"丛论之一,《南京师大学报》第 1 期。中国人民大学复印资料,《语言文字学》第 3 期。
——(1996)词类与词长的相关性——汉语语法的"语音平面"丛论之二,《南京师大学报》第 2 期。
——(2003)《语序类型学与介词理论》,北京:商务印书馆:223。
——(2005)话题标记从何而来?——语法化中的共性与个性续论,载沈家煊、吴福祥、马贝加主编,《语法化与语法研究》第二辑,北京:商务印书馆。
——(2019)"如果"的 31 种(或 86 种)对应方式——吴江同里话的条件标记库藏,《方言》第 1 期。

吕叔湘[1982(1942/1944)]《中国文法要略》,上海:商务印书馆。初版上卷1942出版,下卷1944年出版。

盛益民(2014)吴语绍兴柯桥话参考语法,南开大学博士学位论文。

石汝杰,宫田一郎主编(2005)《明清吴语词典》,上海:上海辞书出版社。

唐正大(2005)从独立动词到话题标记:"起来"语法化模式的理据性,载沈家煊、吴福祥、马贝加主编,《语法化与语法研究》第二辑,北京:商务印书馆。

汪　平(2010)《吴江市方言志》,上海:上海社会科学院出版社。

王　芳(2014)条件句的非典型成员——事实条件句,《汉语学习》第2期。

徐烈炯,刘丹青[(2007)1998]《话题的结构与功能》,上海:上海教育出版社。

张拱贵,刘丹青(1983)吴江方言声调初步调查,《南京师大学报》第3期。

张　相(1979)《诗词曲语辞汇释》,北京:中华书局。据1955年第三版重印,初版1953年:141-144。

周法高(1961)中国古代语法・造句编(上),台北:"中央研究院"历史语言研究所专刊39:220。

饭田真纪(2012)粤语的条件分句标记"嘅",《中国语文》第5期。

Haiman J. (1978) Conditionals are Topics. *Language* 54(3).

Heine B, Kuteva T. (2002) *World Lexicon of Grammaticalization*. Cambridge: Cambridge University Press.

(100732　北京,中国社会科学院语言研究所/中国社会科学院大学人文学院　liudq@cass.org.cn)

略谈上海话的时体系统*

左思民

提要 文章分为两个主要部分。在文章的第二、三、四节中论述了上海话时体系统的概貌,主要涉及如下几个问题:(1)上海话中表示语义时的主要手段是时间名词。(2)语义体主要表现为句子的情状,上海话的情状体可分为状态、活动、一瞬、瞬成和渐成等五种类型。(3)上海话的语法时可以分为绝对过去时、绝对现在时、相对过去时和相对现在时等四种。(4)语法体又称为视点体,上海话的语法体可以分为实现体、动态持续体、静态持续体、结束体、起始体、继续体和短时体等七种。(5)上海话的助词"仔"[tsʅ]、"勒"[lə]、"过"[ku]、"辣海"[lAʔhE]和语气词"勒"[ləʔ]是兼表时和体的典型语法手段,动词重叠形式是仅表示体的典型语法手段,副词"辣海"[lAʔhE]是兼表时和体的非典型语法手段,虚化的趋向动词"起来"[tɕ'ilE]和"下去"[ɦotɕ'i]是仅表示体的非典型语法手段。在文章的第五节中论述了如下三个问题:(1)助词"仔"表示的体意义也可看作静态持续体,这似乎比把它归为实现体更好。(2)很可能存在这样一个历时演变过程:上海话的助词"拉"[lA]先并入"辣"[lAʔ],之后在普通话"了₁"[lə]的日益增大的影响下,上海话的原有助词"仔"被"了₁"日渐排挤并取代。由于"了₁"的读音和部分用法和"辣"相似,这两个词逐步相混。结果是形成了读作入声的助词"勒","勒"模糊了助词"仔"和助词"辣"的意义差

---

* 本文原系2018年8月14日在复旦大学"汉语方言语法类型学研讨会"上提交并宣读的论文,会上和卢英顺教授等就本文论及的部分问题进行了讨论,本文此次发表前又得到匿名审稿专家的评阅,这些对本文的再次修改均有助益。在此向卢教授和匿名审稿专家等同行表示感谢!

别。(3)"辣海"不仅有动词、副词、介词、助词、语气词等五个词性,而且还存留着或多或少的处所义。文章最后得到如下结论:(1)上海话中有语义时和语义体,也有语法时和语法体,因此存在时和体的语法范畴。(2)上海话拥有的时、体意义是多样的,成系统的,它的时体系统特别是表示体意义的语法手段具有其自身的特点。

关键词 上海话;时;体

一、绪 言

作为汉语的一种地域方言,在时(tense)、体(aspect)意义的表达方式上,上海话和汉语的其他地域方言及普通话具有许多相似性,对其传统认识可归结为如下三个要点:

1. 没有表示时的语法手段,因此不存在时的语法范畴。
2. 拥有表示体的语法手段,或许拥有体的语法范畴。
3. 表示体的语法手段主要是虚词,其次是动词重叠。

然而随着对时体现象和包含上海话在内的汉语的相关语法现象的深入了解,可以看到上述认识存在很大的局限性。从总体上看,包括上海话在内的汉语各地域方言及普通话中不仅存在表示时的语法手段,而且在使用语法手段来表达时、体意思时存在一定的规律。

下面我将对上海话的时体系统做一些简要描写和辨析,并对几个问题展开一些论述。在介绍、论述上海话的时现象时我将参考 Comrie(1985)有关时的观点,在介绍、论述上海话的体现象时我将依托 Smith(1997)的"双成分"(two components)体的理论。

在此还需要说明三点:第一,本文论述的上海话指中派市区话(如我说的上海话),它既和更早期的老派上海话不太一样,也和现在年轻人说的上海话有差别。第二,本文所说的"时"兼指语法时和语义时,本文所说的"体"兼指语法体和语义体。借助语法手段表示的时、体是"语法时"和"语法体"。语法体又可称为"视点体"(aspectual viewpoint,简称 viewpoint),视点体的说法取自 Smith(1997)。不借助语法手段表示的时、体是"语义时"和"语义体"。语义体又可分为"词汇体"(lexical aspect)和"情状体"(aspectual situation,简称 situation)。词汇体指动词的动相(aktionsart)意义,情状体指排除视点体意义之后由句子而表达出来的体意义。词汇体不单独起作用,它入句后帮助构成情状体。在构造情状体的时候,和其他几个构成成分相比,词汇体具有最重要的作用。对情状体的类别目前有不同的看法,本文采用 Smith(1997)把情状体分为五类的看法。① 第三,本文谈论上海话时体系统的主要表现,除论析几个特定问题之外,不涉及过多的细节。

二、上海话的时

上海话的时可分为语义时和语法时,它们都可再分为"绝对时"(absolute tense)和"相对时"(relative tense)。绝对时和相对时是 Comrie(1985)提出的时分类,前者以说话时间为参照点(deictic centre),后者以除去说话时间之外的其他时间为参照点。

(一)语义时的表示

上海话中主要用时间名词来表示"现在""过去""将来"等语义上的绝对现在时、绝对过去时和绝对将来时。比如:

(1)侬现在做啥个生活?(你现在做什么工作?)

(2)我是昨日去学堂个。(我是昨天去学校的。)

(3)伊拉明早还要来。(他们明天还要来。)

上海话里还可以采用零时间名词这一缺省方式来表示绝对现在时,其条件是句子中不出现其他表示时间参照点的名词和虚词。比如在例(1)中去掉"现在"之后,"侬做啥个生活?"表示的也是绝对现在时。这其实是采用了以说话时间为直指中枢(deictic centre)的时间指(time deixis)的语用原则,具有跨语言的普遍性。

(二)语法时的表示

上海话中还能用虚词来表示时。比如:

---

① 有学者认为词、短语、句子三个层级上各有语义体,即:动词的体(或曰:1 动相/2 动词的时间/事件类型)、短语的体[情状类型(situation type)]、句子的体(aspect)。我以为这是一家之言。本文采用了 Smith(1997)的"双成分"体的理论,则将一个句子的体意义看作由"情状体"和"视点体"的合成。

(4) a. 伊昨日买仔一件皮大衣。(他/她昨天买了一件皮大衣。)

　　b. ＊伊明早买仔一件皮大衣。(他/她明天买了一件皮大衣。)

　　c. 伊买仔一件皮大衣。(他/她买了一件皮大衣。)

(5) a. 侬旧年去过北京哦?(你去年去过北京吗?)

　　b. ＊侬明年去过北京哦?(你明年去过北京吗?)

　　c. 侬去过北京哦?(你去过北京吗?)

上例(4)a和例(5)a合法,例(4)b和例(5)b不合法,例(4)c和例(5)c也合法,但它们表示的动作行为只能理解为发生在过去,不能理解为发生在现在和将来,可见助词"仔"和"过"能表示绝对过去时,不能表示绝对现在时和绝对将来时。助词是虚词,虚词是一种语法手段,上例(4)、例(5)表明上海话拥有表示绝对过去时的语法手段,可见上海话能够表示语法时。由于所用语法手段存在"纯度"上的差异,并考虑到手段互补等因素,上海话的语法时又可分为典型的语法时和非典型的语法时。①

1. 典型的语法时

上海话中用助词"仔"[tsʅ]、"勒"[ləʔ]、"过"[ku]、"辣海"[lAʔhE]和语气词"勒"[ləʔ]来表示典型的语法时。②

---

① 本文主张上海话中的助词"仔""过"等兼表时、体意义,对此有反对意见。有学者认为"仔"和"过"不表示"时",仅表示"体"(完成体)。例如"勿要听伊额,伊明早买仔皮大衣还要买LV包""侬明年去过北京就晓得了"。我认为这些例句并不能提供反证,倒是支持了上海话的"仔""过"可以表示时。我认为,上海话的助词"仔""过"既能表示绝对过去时,又能表示相对过去时。比如在"伊买仔一件皮大衣"和"侬去过北京"等句子中,"仔"和"过"表示"伊买一件皮大衣"及"侬先去北京然后离开"的活动在说话时间之前发生,表示的是"绝对过去时"。在"伊买仔皮大衣还要买LV包"和"侬去过北京就晓得勒"等句子中,"仔"和"过"表示"伊买一件皮大衣"及"侬先去北京然后离开"的活动分别在"伊买LV包"及"侬晓得勒"之前发生,表示的是"相对过去时"。以上所述的"仔"和"过"的用法,都无法用表示体意义来解释,只能看作对时意义的表达或者标记。某些学者不同意上海话的助词"仔""过"等可以表示时,我以为这和他们不同意存在"相对时"有关。我在拙作正文中已经提及,在论述上海话的表时手段和时系统的过程中,我参考了Comrie(1985)有关"绝对时"和"相对时"的说法。读者可以参看Comrie的这些论述。

② 1. 除了另有说明的之外,本文中对上海话词语的注音采取钱乃荣(1997)的标写。2. 本文的"勒"钱乃荣(1997)写作"了"。

1) 绝对过去时的表示

① 采用助词"仔""勒"。① 如：

(6) 伊买仔/勒一件皮大衣。(他/她买了一件皮大衣。)

② 采用助词"过"。如：

(7) 我学过德文。

③ 采用语气词"勒"。如：

(8) 小李去学堂勒。(小李去学校了。)

在上述句子中，"仔""勒""过"分别表示"买一件皮大衣""学德文""去学堂"的活动发生在说话时间之前，即表示绝对过去时。

2) 相对过去时的表示

① 用助词"仔""勒"表示。如下例中以"买大衣"的时间为参照点，也就是用"仔""勒"来表示"买皮鞋"的活动发生在"买大衣"的活动之前：

(9) 伊买仔/勒皮鞋买大衣。(他/她买了皮鞋买大衣。)

② 用助词"过"表示。如下例中以"学法文"的时间为参照点，也就是用"过"来表示"学德文"的活动发生在"学法文"的活动之前：

(10) 我学过德文学法文。

3) 绝对现在时的表示

绝对现在时用助词"辣海"表示。② 如：

(11) 伊一介头坐辣海，不晓得做啥？(他/她一个人坐着，不知道为什么？)

在例(11)中，助词"辣海"表示"坐"发生于说话时间，即表示绝对现在时。

4) 相对现在时的表示

相对现在时用助词"辣海"表示。如下例(12)以"昨日我来看侬个辰光"为时间参照点，也就是用"辣海"来表示"做(某事)"的活动发生在"昨日我来看侬个辰光"，两者同时。例(13)以"吃饭"的时间为参照点，也就是用

---

① 助词"仔"在新派上海话中几乎不用了，被助词"勒"取代。

② 助词"辣海"又可说成"辣该"[lAʔkE]、"辣辣"[lAʔlAʔ]或者"辣"[lAʔ]，但句末不用"辣"。反之，当动词带处所宾语时，动词后只用"辣"，不用"辣海"。例如："一张大阿福挂辣墙壁浪"(一张大阿福挂在墙上)。请比较：*"一张大阿福挂辣海墙壁浪"。不过这条规则正趋于消失。

"辣海"来表示在"吃饭"的时候保持"睏"的姿势,两者同时。

(12) 昨日我来看侬个辰光侬辣海做啥?(昨天我来看你的时候你在干嘛?)

(13) 我要睏辣海吃饭。(我要睡着吃饭。)

2. 非典型的语法时

上海话中也用时间副词来表示语法时,代表性副词是"辣海"[lAʔhE]。①副词是实词,它们表示的语法时是非典型的。

1)绝对现在时的表示

(14) 倷辣海做啥事体?(你们在干什么事情?)

在例(14)中,副词"辣海"的作用是表示"做(某事)"的活动发生于说话时间,即用它来表示绝对现在时。

2)相对现在时的表示

(15) 上个月个三十号上半日倷辣海做啥事体?(上个月的三十日上午你们在干什么事情?)

在例(15)中,"做(某事)"的活动发生在"上个月个三十号上半日",两者同时,副词"辣海"的作用是表示这一同时关系。②

把副词"辣海"等表示的时意义归为语法时而非语义时是出于一些具体考虑的,理由见后文第四节。

概而言之,上海话中的助词"仔""勒""过"可以表示绝对过去时和相对过去时,助词和副词"辣海"可以表示绝对现在时和相对现在时,语气词"勒"可以表示绝对过去时。

进一步看,绝对过去时和相对过去时可以用"先时"(anterior time)来概括,绝对现在时和相对现在时可以用"同时"(simultaneous time)来概括,据此,上海话中的助词"仔""勒""过"表示先时,助词和副词"辣海"表示同时,语气词"勒"只表示绝对先时。

---

① 副词"辣海"也可说成"辣该"[lAʔkE]、"辣辣"[lAʔlAʔ]或者"辣"[lAʔ]。

② 动词用"辣海"修饰后能表示哪些种类的"时"受到某些限制。假使整个句子表示的是将来发生的活动,那么谓语动词前不能用副词"辣海",如"明朝上半日九点钟侬大概辣海做啥?"(明天上午九点你大概在做啥)不能说,而可说成"明朝上半日九点钟侬大概会搭做啥?"(明天上午九点你大概会做啥)。这正是副词"辣海"具有表示"时"的功能的体现,因为若副词"辣海"不能表示"时",那么它在入句时应该不受上述限制。

在语义时和语法时的表现方式方面,上海话和普通话没有显著差别。普通话在表示语法时方面的特点可参阅左思民(2014)的描述。

三、上海话的语义体

上海话的语义体主要表现为情状体,情状体由句子的几个主要句子成分或句法成分如主语、谓语动词、宾语、状语、补语等合力塑成。

(一) 句子表示的情状体类型

Smith(1997)把句子所能表示的情状体主要分为五种类型:状态(stative)、活动(activity)、一瞬(semelfactive)、瞬成(achievement)和渐成(accomplishment)。例如:

(16) Bill knew the truth. (Stative)
     (比尔知道了真相。)(状态)
(17) Suddenly Bill knew the truth. (Achievement)
     (比尔一下子知道了真相。)(瞬成)
(18) Mary coughed. (Semelfactive)
     (玛丽咳嗽。)(一瞬)
(19) Mary coughed for an hour. (Activity)
     (玛丽咳嗽咳了一个小时。)(活动)
(20) Kim played a set of tennis on Friday. (Accomplishment)
     (金在星期五打了一盘网球。)(渐成)

这五种情状意义在上海话中也能通过句子来表示。例如:

(21) 老先生对来龙去脉煞清。(老先生对来龙去脉了解得十分透彻。)(状态)
(22) 上半日十点钟大桥准时合龙。(上午十点大桥准时合龙。)(瞬成)
(23) 侬去敲一记门。(你去敲一下门。)(一瞬)
(24) 早浪厢打拳一个钟头,夜快点跑步三刻钟。(早上打拳一个小时,傍晚跑步三刻钟。)(活动)
(25) 张小姐要弹一只海顿个B小调钢琴奏鸣曲。(张小姐要弹一首海顿的B小调钢琴奏鸣曲。)(渐成)

(二) 动词含有的动相类型

在情状体的塑成中充当句子谓语的动词的动相特点起了最重要的作用。上海话动词拥有(活动)、(状态)、(界变)三大类动相,还拥有(弱动态活动)和(结果状态)等次类动相。比如上海话的动词"跳"有(活动)动相,"欢喜"有(状态)动相,"赢"有(界变)动相,"立(站)"有(弱动态活动)动相,"住"有(结果状态)动相。一部分动词兼有两个或三个动相,如"摆(摆放)"兼有(活动)和(结果状态)动相,"雇(人)"兼有(界变)和(结果状态)动相。①

在语义体的类别和表达方面上海话和普通话没有显著区别,要说有差别,主要表现为在表达同一种概念及相涉动相时所用的动词有一些差异。比如普通话的"喝"上海话里没有,而说成"吃"[(活动)动相];普通话的"跑(两只脚或四条腿迅速前进)"上海话里没有,而说成"奔"[(活动)动相];普通话的"知道"上海话里没有,而说成"晓得"[(状态)动相];普通话的"穿(把衣服鞋袜等物套在身体上)"上海话里也没有,而说成"着"[(活动)兼(结果状态)动相]。反过来,上海话的某些动词未见于普通话。如"鈹"[pʻi⁵²][用刀平切剖肉,(活动)动相]、"搛"[tɕi⁵²][用筷夹取,(活动)动相]、"囥"[kʻɒ̃³³⁴][藏,(活动)、(活动结果)动相]、"嗍"[soʔ⁵⁵][吮吸,(活动)动相]。②

四、上海话的语法体

上海话的语法体可以分为两大类:典型的和非典型的。典型的语法体不仅大部分使用频度高,而且用较为典型的语法手段加以表示。非典型的语法体使用频度相对较低,所用的语法表示手段不典型。

(一) 典型的语法体

上海话里有四种典型的语法体:实现体、静态持续体、结束体和短时体,它们通过前文第二节所说的助词"仔""勒""过""辣海"和语气词"勒",以及

---

① 1. 有关这些动相分类的论述请参看左思民(2015,2017)。2. 动词"雇"可能具有【活动】动相,但对此问题我还要进一步考虑。

② 这四个词例引自钱乃荣(1997)⁴⁵。其中的"搛"钱乃荣标写为[tɕi⁵²],我们以为这是新派上海话的发音特点,中派上海话念作[tɕiI⁵²]。

前文未曾提过的动词重叠手段来做标记。助词"仔""勒"和语气词"勒"标记实现体,助词"过"标记结束体,助词"辣海"标记持续体,动词重叠形式标记短时体。

1. 实现体的表示

1) 采用助词"仔""勒"。如:

(6) 伊买仔/勒一件皮大衣。(他买了一件皮大衣。)①

(9) 伊买仔/勒皮鞋买大衣。(他买了皮鞋买大衣。)

在上述两个例句中,助词"仔"和"勒"不仅如前文第二节所说的那样表示了绝对过去时或相对过去时,而且还表示了从"未买皮大衣""未买皮鞋"到"已买一件皮大衣""已买皮鞋"的变化,即表示了实现体的意义。

2) 采用语气词"勒"。如:

(8) 小李去学堂勒。(小李去学校了。)

在例(8)中,语气词"勒"不仅如第二节所说的那样表示了绝对过去时,而且还表示了从"小李未去学堂"到"小李已去学堂"的变化,即表示了实现体的意义。

2. 结束体的表示

结束体常被称为"经历体"。但"经历"其实指"过去结束",而"过去"是时的意义,并非体的意义。有鉴于此,本文不用"经历体"的说法,而称为"结束体"。上海话里用助词"过"表示结束体。如:

(7) 我学过德文。

(10) 我学过德文学法文。

在上述两个例句中,助词"过"不仅如第二节所说的那样表示了绝对过去时或相对过去时,还表示了如下意义:"我学德文"的活动的结束。以例(7)、例(10)为例,根据句义,"学德文"的活动具有"停止"的属性。

3. 静态持续体的表示

静态持续体用助词"辣海"表示。如:

(26) 墙壁浪挂辣海一张大阿福。(墙上挂着一张大阿福。)

(11) 伊一介头坐辣海,不晓得做啥?(他/她一个人坐着,不知道为什么?)

---

① 重复例句延用原例的序号。

(13) 我要瞓辣海吃饭。(我要睡着吃饭。)

在上述三个例句中,助词"辣海"不仅如第二节所说的那样表示绝对现在时或相对现在时,还表示"挂一张大阿福""坐"和"瞓"等状态或姿态的持续存在或保持,也就是表示一种持续意义。

4. 短时体的表示

短时体用动词的重叠形式表示,其意义是活动持续的时间短,或者活动重复的次数少。如:

(27) 不过算算账,又勿是啥老吃力个事体。(不过算算账,又不是什么很累人的事情。)

动词重叠形式被许多人看作一种屈折(inflection),因此可以算作典型的语法手段。上海话的重叠动词如例(27)中的"算算"是否表示体意义还可再斟酌。我(2004)曾主张普通话中动词重叠表示的短时意义不应看作体意义,而宜归为"时量"范畴。在本文中暂且根据多数人的做法把上述动词重叠表示的短时意义归为语法体意义。

上海话的"VV 看"如"写写看"表示尝试(tentative)义。有人把它归为尝试体。我认为尝试不属于体范畴。

(二) 非典型的语法体

上海话里的非典型语法体主要有三种:动态持续体即进行体、起始体和继续体,它们通过副词"辣海",虚化的趋向动词"起来"[tɕ'ilE]和"下去"[ɦiotɕ'i]来表示。

1. 动态持续体的表示

动态持续体用副词"辣海"表示。如:

(14) 倷辣海做啥事体?(你们在干什么事情?)

(15) 上个月个三十号上半日倷辣海做啥事体?(上个月的三十日上午你们在干什么事情?)

在上述两句中,副词"辣海"不仅如前文第二节所说的那样表示绝对现在时或相对现在时,还表示"做(某事)"的活动正在持续之中,也就是表示动态持续之义,或曰进行体。

2. 起始体的表示

起始体用虚化的趋向动词"起来"表示,它主要表示活动的开始,还能表示状态的渐强等。如下例中"起来"表示活动的开始:

(28) 大家先讨论起来,我等一歇就来。(大家先讨论起来,我待会儿就来。)

3. 继续体的表示

继续体用虚化的趋向动词"下去"表示,它主要表示活动的继续,还能表示状态的渐弱等。如下例中"下去"表示活动的继续:

(29) 叫阿二头讲下去。(让阿二讲下去。)

我把上述1、2、3三种体归为语法体主要出于下面两个理由:

第一,按 Smith(1997)的界定,视点体(即语法体)应该通过屈折之类的语法手段加以表示。这个看法也是语言学界的共识。副词"辣海"表示的意义比较虚,从语法功能上看它却属于实词,所以它表示的动态持续意义本不应归为语法体。现在我把副词"辣海"表示的动态持续意义看作语法体,既考虑到它和助词"辣海"同形(而且应该同源),也是为了能系统地处理动态持续体和静态持续体的互补关系。此时霍凯特(Charles F. Hockett,1986)有关"屈折短语"(传统说法"迂说屈折")、"选择范畴"、"全称范畴"、"特定范畴"等的论述对我把副词"辣海"表示的时体意义看作非典型的语法意义具有指导作用。① 但"辣海"毕竟是副词,故此把它表示的体意义归为非典型的语法意义。

第二,虚化的趋向动词"起来""下去"在意义上接近虚词,但是在语法功能上还有较为明显的实词性,故此把它们归为非典型的语法体。比如例(28)的"讨论起来"、例(29)的"讲下去"可以如下句那样变化:

(30) 大家讨论得/勿起来。(大家讨论得/不起来。)

(31) 阿二头讲得/勿下去。(阿二讲得/不下去。)

补语的主要语法特点之一是可以在其前加上"得"或"勿/不",由此看来,例(28)—例(31)中的"起来""下去"仍是补语,尚未成为真正的虚词。

但是有一些表示起始意义的"起来"之前不能加"得"或"勿/不",这些

---

① 霍凯特(汉译 1986)曾说:"英语的短语如 more beautiful 和 most beautiful 都能作为屈折短语。""只有能填补屈折模式中的明显空白的短语才能承认是屈折短语。""屈折范畴和选择范畴全是语法范畴。整个的系统或分类叫全称范畴","系统中的一个成分或分类中的一个类别叫特定语法范畴"。

"起来"较像虚词。如:

(32) a. 辂桩事体讲<u>起来</u>倒是蛮奇怪个。(这件事情说起来倒是很奇怪的。)

　　 b. *辂桩事体讲<u>得</u>/<u>勿</u>起来倒是蛮奇怪个。(这件事情说得/不起来倒是很奇怪的。)

因此,对上海话中虚化的趋向动词"起来"等还需要继续研究。

在语法体的特性和标记方面,上海话和普通话有一些差别,①下一节讨论的三个问题也与此相关。

五、对三个相关问题的讨论

在时意义的分类与表示方式、语法体的分类、语义体的分类与表示方式上,上海话和普通话较为相似,但如何表示时、体意义,上海话却有自身的一些特点。下面选谈三个:

(一)"仔"表示的体意义似可看作静态持续体

下例33(a)、例33(b)的意义很接近,"仔"似乎表示持续体。如:

(33) a. 门口头立<u>仔</u>四个卫兵。(门口站了四个卫兵。)

　　 b. 门口头立<u>辣海</u>四个卫兵。(门口站着四个卫兵。)

普通话的这类句子中也可以用助词"了"代替"着",不过有点儿不太自然。相比之下,上海话这类句子中用"仔"替代"辣海"更加自由、自然(虽然替代前后在意义上有细微差别)。请对比下面普通话例句:

(34) a. 门口站<u>了</u>四个卫兵。

　　 b. 门口站<u>着</u>四个卫兵。

左思民(2003)认为例(33)之类的句子中的"仔"不表示静态持续体,而表示过去实现之义,即同时表示过去时和实现体,这跟普通话例句例(34)a中的"了"兼表过去时与实现体而不表示静态持续体同理。

如今笔者虽未放弃2003年的看法,但正在尝试提出另一种解释。根据这个解释,上海话的助词"仔"和助词"辣海"都表示静态持续体,但两者有所区别,这主要体现在三个方面:第一,"仔"可以附着在动词后面表示结果

---

① 普通话的语法体特点可参阅左思民(2014)的描述。

义,或者非结果义(表示哪一种意义取决于句义和动词义),助词"辣海"仅能附着在动词后面表示非结果义。第二,"仔"不能居于句末,助词"辣海"可以居于句末。第三,"仔"不含处所义,助词"辣海"含有或多或少的处所义。请对比下面两组例句,并把它们和例33(a)、例33(b)再做对比:

(35) a. 听仔侬个闲话上老当。(信了你的话上大当。)
　　 b. *听辣海侬个闲话上老当。(信着你的话上大当。)
(36) a. *侬讲,我听仔。(你说,我听了。)
　　 b. 侬讲,我听辣海。(你说,我听着。)

在例35(a)中,说话人用"听仔"表示"听信了"的意思,合法。在例35(b)中,说话人也想用"听辣海"表示"听信了"的意思,但是不合法。例36(a)中,句子末尾用"仔",不合法。例36(b)中,句末用"辣海",合法。

如果把"仔"表示的语法体意义看作静态持续,那么它的标记作用大概和日语中的"ている"较为相似,因为日语的"ている"同样似乎既能表示持续义,又能表示实现义,若翻译成普通话,前者用助词"着"表示,后者用助词"了"表示。其实对"ている"表示的意义,若都看作持续,也是可以的。比如下例(39)中"もうしまっている"的意思,可看作"门已经处于关闭的状态"。请看下面引自《日本语句型词典》(2001)的例句:

(37) わたしは、手紙(てがみ)の来(く)るを待(ま)っている。(我正等着来信呢。)
(38) 子供(こども)たちが走(はし)っている。(孩子们正在跑步。)
(39) 今(いま)5時(じ)だから、銀行(ぎんこう)は、もうしまっている。(现在已经5点了,所以银行已经关门了。)

上述对"仔"的新看法似乎能更好地解释上海话中助词"仔"和助词"辣海"为何常可替换的现象,也似乎能更好地解释汉语多处地域方言中的类似现象,如石汝杰、陶寰(见张双庆 1996)分别描写的苏州话中的"仔"[tsʅ]和绍兴话中的[teʔ]都能兼表完成/实现体和持续体的现象。

(二) 助词"勒"[ləʔ]很可能是历时变化及与普通话接触的产物

从各家研究的结果看,助词、副词"辣"[lAʔ]是"辣海"删去"海"的产物,比如徐烈炯、邵敬敏(1998)[16]认为:"一方面'辣辣'可以简化为'辣',或者说是用'辣'来替代;另一方面'辣海'也可以简化为'辣',或者说是用'辣'来替代。"

除此之外,老派上海话中还有表示静态持续体意义的助词"拉"[lA]和表示动态持续意义的副词"拉"[lA],不过它们在中派市区话里就已不用了。下例反映了20世纪初(清末)老派上海话的有关特点:

(40) 或者用白矾打清拉(la)个水,(或者用白矾澄清了的水,)(引自钱乃荣,2015)[12]

(41) 今朝我看见一个本地人拉(la)卖桃子。(今天我看见一个本地人在卖桃子。)(引自钱乃荣,2015)[1]

钱乃荣(1997)[207]认为"'辣'词源来自'在[zE]'","声母边音化成为'来[lE]'",在旧上海话中"又促音化,作'垃'[leʔ]",再读作"辣"[lAʔ]。查钱乃荣(2015)[8],①有如下例句和注音(据钱乃荣(2015)[5]的说明,"-h"表示入声[ʔ]):

(42) 看见十几只老鸦垃拉(leh-la)飞。(看见十几只乌鸦在飞。)

既然可能存在如下历时变化:"来"[lE]→"垃"[leʔ]→"辣"[lAʔ],那么"拉"[lA]也可能促音化之后变为[lAʔ]。从"拉"亡而"辣"存的现状看,"拉"并入"辣"的可能性并不小。

徐烈炯、邵敬敏(1998)[3]曾指出上海话中"勒"和"辣"不仅读音不同,而且用法不同:助词"勒"相当于普通话的助词"了₁","它可以用老派的'仔'来替代,而'辣'则不行"。这就出现了徐烈炯、邵敬敏(1998)[3]所说的:"有些人发音时'勒'、'辣'不分,有些人书写时'勒'、'辣'不分,从而造成了'勒'、'辣'混用的局面。"前文我曾引用钱乃荣(1997)的说法:"辣"[lAʔ]从"垃"[leʔ]变来。既然[leʔ]可以变为[lAʔ],那么和[leʔ]音很接近的[lə]变为[lAʔ],或者[lAʔ]变为[lə]都有可能。此外还有另一个可能,即从清末到如今"辣"音一直有两读,一部分人读[lAʔ],另一部分人读[lə]。

由于我对此问题缺乏深入研究,只能以假设的方式提出如下看法:

1. 老上海话的"拉"[lA]早已并入"辣"[lAʔ]。

2. 近几十年来普通话的助词"了₁"和语气词"了₂"日渐侵入上海话。一方面上海话的语气词"哉"[zE]已被"了₂"取代,但受到"辣"等虚词读音的影响,沾染上了入声,念成"勒"[lə];另一方面普通话的助词"了₁"不仅逐

---

① 据该书主编钱乃荣在导言中介绍,该书的底本是基督教上海教会中文研究所长戴维斯编著的《生活方言练习》,由上海徐家汇土山湾印书馆1910年印行。

步排挤并取代了上海话的助词"仔",导致在新派上海话里助词"仔"基本消亡,而且因为"了₁"[lə]的读音及部分用法与"辣"[lAʔ]相似,致使普通话的"了₁"逐步和上海话的助词"辣"相混。

3. 上海话助词"辣"和普通话助词"了₁"相混造成两个结果:第一个结果是产生了带入声的助词"勒"[ləʔ],第二个结果是助词"勒"模糊了助词"仔"和助词"辣"的意义差别。

以上假设如果成立,那意味着一百多年来上海话的语法体的系统发生了较大变化。

(三)"辣海"有五个词性并存留或多或少的处所义

上海话中的"辣海"是一个相当复杂的现象,它的复杂性主要表现在两个方面:第一,存在几个同形而词性不同的"辣海"。第二,"辣海"仍多少含有处所之义。以下顺次简述。

1. "辣海"有动词、副词、介词、助词、语气词等不同的词性

1)动词"辣海"。如:

(43)甲:王老师辣屋里厢哦?(王老师在家里吗?)

乙:<u>辣海</u>。(在。)

2)副词"辣海"。如:

(44)王老师<u>辣海</u>备课。(王老师在备课。)

3)介词"辣海"。如:

(45)王老师<u>辣海</u>电脑浪写文章。(王老师在电脑上写文章。)

4)助词"辣海"。如:

(46)一个人辣角落里匍<u>辣海</u>(一个人在角落里蹲着)。

5)语气词"辣海"。如:

(47)一歇歇工夫就排仔几十个人<u>辣海</u>。[一会儿工夫就排了几十个人(的队伍)了。]

2. "辣海"仍多少含有处所之义

许宝华、汤珍珠(1988)[441]在描写了"辣""辣海"或"辣辣"的五种用法之后曾说:"'辣'在上述五种用法中都隐含着'在这儿'或'在那儿'的意思。"其实并非是"辣"表示"在这儿"或"在那儿"之义,而是"辣海"的"海"或者"辣辣"的第二个"辣"表示"这儿"或"那儿"之义。钱乃荣(1997)[113]曾说:"指示处所有时还可用'海头[hE⁵⁵dɤ³¹]'一词",Macgowan(1862)将"海头"

记作"墙头","'辣海(在那儿)'一词即来自'垃……墙头'。"以此眼光来看上述几个例句,例(43)的"辣海"可以理解为"在这儿",例(44)、例(46)、例(47)中的"辣海"也都可以理解为"在这儿"或"在那儿"。下例更证明"辣"含有"在"的意味,而"海"是一个含有或多或少的处所意义的语素。

(48) 甲:王老师<u>辣屋里</u>厢哦?(王老师在家里吗?)

乙:*<u>辣ø</u>。(在。)

这说明上海话的动词、副词、助词、语气词"辣海"并未彻底丧失"支配语素+受支配语素"这种语法组合关系,其中的受支配语素"海"仍多少含有一些处所义。

不过跟吴方言中的绍兴话等相比,上海话中副词、助词"辣海"所含的处所义更少一些。比如绍兴话中和上海话"辣海"类似的助词不止一个,它们还能分别表示远指、近指等。据陶寰(见张双庆 1996)[312]介绍,绍兴话的进行体标记有三个:"来埭"[le^{22} da^{55}]、"来动"[le^{22} doŋ^{55}]、"来亨"[le^{22} haŋ^{55}]。"'来埭'表示近指的进行,相当于'在这儿';'来亨'是远指的进行,相当于'在那儿';'来动'是混指,视具体情况,可以是近指或远指,在三个形式并举时,也可以是中指。近指、远指和中指不仅包括空间上的远近,也指时间上的远近。"蔡丹(2010)的硕士论文研究了属于吴方言的诸暨话中存在的类似现象。在诸暨话中有成对的"来过[leikʰə?]/来卡[kʰʌ?]"(用于动词前)、"勒[lə?]过/勒卡"(用于动词后)、"起[tɕʰi]过/起卡"(一般位于句末)、"过/卡"(用于句末)等持续体标记,"过"或含语素"过"的标记兼表近指,"卡"或含语素"卡"的标记兼表远指。

综合以上 1、2 之后再加以推测,上海话中几个不同词性的"辣海"应该是同源的,它们具有不同的虚化路径和虚化程度,但哪怕变为了助词或语气词,它们在意义上仍未彻底虚化,还含有或多或少的处所义。进一步看,不仅"辣海"中的"辣"可变为助词和副词(参见 P182 注②、P183 注①),而且"辣辣"的前身"垃拉"[le? la]中的"拉"也可变为助词和副词(参见例(40)、例(41))。

通过动宾/介宾结构中原本指处所的后一个语素的虚化来表示持续意义,这在汉语中并非个别现象。据施其生(见张双庆 1996)介绍,闽南方言的汕头话中有附着于动词之后表示"已然的持续"的助词"在块"[to$^{35-21}$ ko$^{213-21}$]、"在"[to$^{35-21}$]、"块"[ko$^{213-21}$]等。施其生(见张双庆 1996)[172]在论及表示"已然的进行"的"在块"时曾指出它"是由表处所的介词结构'在块'变来的"。据平田昌司和伍巍(见张双庆 1996)介绍,徽语的休宁话中可以用位于动词前面的"是个里[çi⁰ ka⁵⁵⁻⁵³ li⁰]/是么里[çi⁰ mo⁵⁵⁻⁵³ li⁰]""东个里[tan³³ ka⁵⁵⁻⁵³ li⁰]/东么里[tan³³ mo⁵⁵⁻⁵³ li⁰]"来表示进行体;用位于动词后的"个里[ka⁵⁵⁻⁵³ li⁰]/么里[mo⁵⁵⁻⁵³ li⁰]"来表示(静态)持续体。他们(见张双庆 1996)[131]在说到"是个里/是么里""东个里/东么里"时曾指出:"这些前附成分分别相当于普通话的'在那里'、'在',原义指示动作所发生的场所,后来表示动作正在进行的意义。"

由此可见,"辣海"(还包括"辣辣"等)的上述特点并非上海话独有。但是普通话中不存在类似现象,和普通话相比,仍可算作特点。

六、结　语

通过前文论述,可以看到上海话中既存在体的分类及表示手段,也存在时的分类及表示手段。上海话的体可以分为语义体和语法体,时可以分为语义时和语法时。我们以为在目前的汉语学界,承认在上海话中存在语义时和语义体似乎没有困难,承认存在语法体也困难不大,但是承认存在语法时大概不太容易。主要原因恐怕是人们忽视了上海话的若干助词、语气词既表示语法体又表示语法时(语气词还能同时表示语气);次要原因可能是人们没有意识到时可再分为绝对时和相对时,绝对时和相对时还可以进一步归并为先时和同时等。

上海话可以表示语义时和语义体的几种主要类别,这毋须多言。上海话还可以表示多种语法时和语法体,即存在语法上的时范畴和体范畴,这可能和传统观点相左。概而言之,上海话可以用典型的和非典型的语法手段表示绝对先时、相对先时、绝对同时和相对同时,并表示实现体、动态持续体、静态持续体、结束体、起始体、继续体和短时体;不仅如此,最常用、最有用的时、体意义类别在上海话中都能用典型的语法手段加以表示。这说明上海话中的时、体意义是多样的、成系统的,表示这些意义的语法手段也是多样的、成系统的。

上海话的时体系统和普通话的时体系统虽然有异,但是并无本质差别,在许多重要属性方面是相同的或相似的。尽管如此,如本文第五节所论,上海话的时体系统,体意义的某些类别,以及表示语法体的语法手段仍然具有自己的特点,甚至是明显的特征。从这个角度看,上海话的时体系统具有语言学上的研究价值。

参考文献

蔡　丹(2010)诸暨话持续体标记兼远近标记现象研究,华东师范大学硕士学位论文。

钱乃荣(1997)《上海话语法》,上海:上海人民出版社。

——(2015)《清代末期的上海话》,上海:上海书店出版社。

许宝华,汤珍珠主编(1988)《上海市区方言志》,上海:上海教育出版社。

徐烈炯,邵敬敏(1998)《上海方言语法研究》,上海:华东师范大学出版社。

张双庆主编(1996)《动词的体》,香港:香港中文大学中国文化研究所/吴多泰中国语文研究中心。

中国社会科学院语言研究所词典编辑室编(2012)《现代汉语词典》第6版,北京:商务印书馆。

左思民(2003)上海话时态助词"仔"的语法意义,载中国语文学会,《吴语研究——第二届国际吴方言学术研讨会论文集》,上海:上海教育出版社:202-207。

——(2004)动词重叠和时量,载竟成主编,《汉语时体系统国际研讨会论文集》,上海:百家出版社:236-251。

——(2005)上海话中后置"辣海"的语法功能和性质,载上海市语文学会、香港中国语文学会合编,《吴语研究——第三届国际吴方言学术研讨会论文集》,上海:上海教育出版社:289-297。

——(2008)论汉、英、日语中一些体标记聚焦特性的差别,《东方语言学》第3辑,上海:上海教育出版社:64-72。

——(2009)论吴方言的持续体标记,载《东方语言学》编委会编,《东方语言学》第5辑,上海:上海教育出版社:73-89。

——(2011a)再论上海话的"仔",载《现代中国语研究》编委会编,《现代中国语研究》第13期,东京:朝日出版社:137-147。

——(2011b)再议上海话的"辣海",《中国语言学集刊》第2期:187-205。

——(2012)上海话的"VV结果补语"和"VV看"格式及相关问题,《南国人文学刊》第2期:129-159。

——(2014)现代汉语体的再认识,载左思民,《语言规律探索集》,北京:世界图书出版公司:1-103。

——(2015)论动词动相结构的一种新解释模型——链相模型,《华东师范大学学报》第3

期:125-136。

——(2017)论动词的弱动态活动动相,载现代中国语研究编辑委员会,《现代中国语研究》第 19 期,东京:朝日出版社:37-49。

霍凯特(1986)《现代语言学教程》(上),索振羽,叶蜚声等译,北京:北京大学出版社: 266,287-288。

グループ・ジャマシ小组(2001)《日本语句型词典》,徐一平等译,东京:くろは出版: 325,326。

Comrie B. (1985) *Tense*. Cambridge:Cambridge University Press.

Macgowan J. (1862) *A Collection of Phrases in Shanghai Dialect*. Shanghai:Presbyterain Mission Press.

Smith C S. (1997) *The Parameter of Aspect*. Dordrecht:Kluwer Academic Publishers:18.

(02841/200241　首尔/上海,高丽大学/华东师范大学

zuosimin@ korea. ac. kr;smzuo@ zhwx. ecnu. edu. cn)

汉语方言"过"类修正重行结构*①
——兼论吴语"V 过 O"结构的形成与类型学意义

卢笑予　蔡黎雯

提要　汉语南方方言"过"可表示修正重行义,主要有三种形式:"V 过""V 过 O"与"VO 过",三者呈现较为鲜明的地域分布特性,分别以西南官话、粤/客/赣语和吴语为代表。这三类结构的产生与发展,同汉语连动结构显赫及隔开式动补结构(VOC)显赫或优势表征程度密切相关:吴语在现代汉语方言中 VOX 语序最强势,修正重行表达上保留"VO 过"结构;其他方言 VOX 语序衰落,修正重行标记直接接在动词后构成"V 过(O)"形式。三类处理策略体现了基本语序类型和动后限制要求在方言中的竞争与协作。

关键词　过;修正重行;跨方言;连动结构;隔开式动补结构

一、引　言

刘丹青(2008)认为作为语法范畴的"反复体",下位可分为"一次性反复""进行持续反复"和"惯常反复"三类。汉语南方方言中普遍存在专门表示"一次性反复"的标记形式。参考曹志耘(2008),497 个汉语非官话方言点中共有

---

*　本文获得中山大学高校基本科研业务费专项资金资助(项目编号 11100 - 31610148)。

①　在区分不同体貌义的"过"时,既有习惯采用下标数字形式(如"过₁""过₂"等),又有下标文字形式(如"经历""重行"等)。虽然参照大部分文献的描写,"过₁"相当于"完成","过₂"相当于"经历","过₃"相当于"重行",但因本文参考文献数量较多,且为了表现共时层面以及多个历时发展阶段"过"语义的细微差别,不同论著对其所采用的标记方法也不尽相同,因此较难做到数字形式与文字形式的完全对应统一。在不影响阅读情况下,本文尽量使用下标文字或同号字体形式区分"过"语素。

291个点有相关形式(书中称为"重复"标记),其中最常见的是"过"。

本文从跨方言比较角度,考察汉语方言"过"类重行结构的结构类型、句法-语义特征、功能差异及其成因,并探讨不同语序类型,特别是吴语"过"类重行结构的类型学意义。

二、"过"类结构跨方言的考察:分布与功能

不少学者已经结合具体方言对"过"类重行结构做了分析。如项梦冰(1997,连城客家)和杨敬宇(2002,南宁平话)将"过"命名为"重行貌";林华勇(2005,廉江粤语)和林华勇等(2015,西南官话资中方言)称之为"重行体";覃东生(2007,宾阳平话)及覃凤余、吴福祥(2009,南宁白话)定义为"再次体"或"再次体标记";严丽明(2009,广州粤语)指"过"可以是"修正助词";刘斌(2014,攸县赣语)认为"过"为"重行体貌助词",Li(2018,宜春赣语)指出"过"为重复体标记(repetitive marker)。

从方言比较的角度,黄伯荣(1996)比较了长汀客家话和阳江粤语"过"的"再次体"用法;林素娥(2006)比较了吴语和湘语中表次序的后置词,其中也包括表示"重复"义的"过"①。Yue(1993)通过比较普通话、广州粤语及龙南客家话,用"补偿体"(compensative)来概括此类跨方言语法成分。总之,学者们普遍将"过$_{重行}$"看成是体(貌)范畴标记,只是与"了""着""过$_{经历}$"等相比,没有那么典型,并且目前只有少数学者(严丽明 2009,蔡黎雯 2019)从语义上强调了"过"具备修正意味的特点。

(一)"过"类结构语序类型(句法位置)的差异

本文根据曹志耘(2008)中所记录的286个使用"过"作为重行后置成分方言点的情况,并参考各类方言语法描写材料,结合田野调查,按照"过"句法位置的区别,将重行结构分为三种:

1. "过"紧靠谓语动词形成"V 过 O"的共220处,占总数76.9%,是"过"类重行表达中最普遍的形式。主要分布于广东、广西、江西、海南等地的粤语、客家话、赣语及与之相邻的西南官话桂柳片、平话和海南闽语等,湖

---

① 林素娥(2006)将"领先"义和"重复"义都列为"次序"的下位概念,包括"先""添""起""凑"等,"过"与"添"都被列为"重复"义标记。

南湘语区亦有零星报导(如夏俐萍 2013),同时也见于吴语太湖片苏沪嘉小片嘉兴地区(5 个点)和处衢片(2 个点)。因在粤客方言中分布最广学者描写最为丰富,我们称之为"粤客型"①。

2. "过"用在"动词-宾语"之后形成"VO 过"的有 50 处,占"过"类后置 17.5%,其中吴语 45 处,主要位于南部,包括台州片全部 8 处和婺州片全部 9 处;处衢片 19 处中的 13 处;太湖片 15 处,分属苕溪小片、杭州小片(西北缘)和临绍小片(南缘)。此外还有瓯江片 1 处,靠近瓯江片的闽北方言 1 处,浙江境内畲话一处。徽语 3 处也全部处于浙江境内。因此我们将"VO 过"式重行结构称为"吴语型"。

3. 吴语、赣语及平话桂南片有部分方言允许"VO 过"和"V 过 O"两类语序。不过这种情况并未形成新的语序类型,因此仍然属于"粤客型"和"吴语型"中的成员,同时出现两种语序,很有可能是语言接触的结果。

4. 另外根据王春玲(2011)、林华勇、肖棱丹(2015)及蔡黎雯(2019)等的论述,四川方言亦存在以"过"为重行标记的情况。但这类"过"字重行句通常不允许带宾语或补语成分,只构成"V + 过"结构,在语序上我们将其视作第三类,称为"西官型"。"西官型"主要分布于四川及贵州的西南官话中。

(二)"粤客型""吴语型"和"西官型"的功能异同

1. "粤客型"——以广州话为例

严丽明(2009)对广州方言重行"过"结构进行了描写,如以下各例[原文例句序号为 14(a)—(b),15(a)—(b),16(a)—(d),本文重新调整,下文引用例句只列本文序号]:

(1) 个链坠唔好睇,你攞翻去换<u>过</u>条啦。这个坠子不好看,你拿回去换一条吧。

(2) 佢都唔中意戴呢啲噉嘅嘢嘅,你送<u>过</u>样嘢畀佢好啲喇。她不喜欢戴这些东西的,你送她别的东西比较好。

(3) 电脑一坏,搞到啲数据无晒,又要(再)(重新)记<u>过</u>喇。电脑一坏,数据全部丢失了,又得重新计算一遍了。

从形式上,V 后"过"可以与"再"及"重新"等重复义副词共现,但严文在针对例(1)—例(3)所做的语义解释上,有三点较为重要:1) 用"过"表示重

---

① 据个人调查,广东新会粤语"过过"和"过"均可用作重新标记,如"(这张写得不好,)重新写一张"说成"写过一张"或"写过过一张"。虽然形式有别,但句法位置与独用的"过"相同,我们将其也纳入"粤客型"之中。

行,强调"说话者对之前相关动作行为的结果不满意","'V'是修正不如意结构的一种手段或方式";2) 用"过"表示重行,"V过(O)"所表示的行为动作,"并不必然与之前所实行的动作行为相同"。3) 虽然"过"可以同"再"及"重新"共现,但共现时受制于"已然性修正/未然性调整"语义的限制:"过"既可以用于表示对已然不如意事件的修正,也可以着眼于"潜在的前瞻性调整",而"重新"只用于"已然性修正"。

这三点语义特征是颇具普遍性的,大部分具备"过"类重行结构的方言基本也遵循这些限制条件:项梦冰(1997)、杨敬宇(2002)等都提到粤客方言"V过O"表示"经验"与"重行"时通过事件的已然性和未然性来区分歧义。张洪年(2007)在分析香港粤语经历体标记"过"时认为表示"重行"的"过"由表示"经历"的"过"引申开来而成,即从指向过去事件到指向将来事件,就有"再做"之义,如:

(4) 做嚟做去都做唔好,不如做<u>过</u>第二样啤! _{做来做去都做不好,不如做别的!}

这实际上仍然是强调"粤客型"重行结构最无标记的语境是未然。同时与上文提到"粤客型"重行结构语义结构限制2)相同,例句(4)中V后的宾语"第二样"就与先行小句或预设部分的宾语不同,指另外的一件事。

2. "吴语型"——以临海话为例

吴语重行"过"字结构描写不多,这里我们以台州片临海方言为例加以说明。

临海方言"过"[ku^0]表示修正重行时,其语音形式与表示体标记的"过"相同,发生弱化。如:

(5) 毛笔字(还)要(再)写张<u>过</u>。_{还要再写一张毛笔字。}

(6) 作业(重新)(再)做遍<u>过</u>。_{重新再做一遍作业。}

(7) 衣裳(再)换件<u>过</u>。_{再换一件衣服。}

(8) 本书勿好望,要(再)换本<u>过</u>□[$uɛ^{31}$]? _{这本书不好看,要再换一本吗?}

临海方言及物句语序通常采用分裂式话题结构,所以受事成分呈光杆形式置于居首,带有类指性,宾语位置上则留下数量成分,数词为"一"时一般省略。"过"的位置固定,不能移到动词和数量成分之间。动词前"再"可用可不用,如果加"再",就形成"再……过"框式结构。"重新、还"等重复义副词在口语中出现频率较高,句法属性和"再"相当,同样可以删除。

临海方言经历体标记"过"与重行体标记"过"语序位置不同,因此不会混淆。但如果谓语为不及物动词或宾语不带数量成分时,"过₁"和"过₂"可能形成相同的表层句法形式。通常表"修正重行"的"过"会带上意愿类动词"想、要"以及"再、重新、还"等副词,说明行为事件通常都带有未然性或发生在将来,从而区别于经历体标记,如:

(9) 佢得⁼上海去过_{经历}。他去过上海。(经历体)

(10) 佢得⁼上海(还)要去过_{重行}。他要再去上海。(重行体)

另外,除添加能愿类动词外,通过添加数量成分(动量/名量)及调整语序,同样也能起到消歧作用,如:

(11) 佢北京一套去过_{经历}。/佢北京去过_{经历}一套。他去过一次北京。(经历体,出现数词,数量≥1)

(12) 佢北京(要)去套过_{重行}。他要再去(一次)北京。(重行体,数词省略,默认数量=1)

虽然"过"用于未然事件更为常见,但"过"字句中如果出现明确表示过去时的成分,说明相关事件发生在说话时间之前,但此时"亦ㄨ、重新"等重行反复类副词一般不省略,并且不能出现数量成分,如:

(13) 佢前年搭上海去过_{经历}一套,讲嬉勒弗舒服,上年亦*(重新)去(*套)过。他前年去过一次上海,说玩得不开心,上一年又重新去了。

此处"过₂"存在"重行"与"经历"的双重解读,所以并非典型的修正重行表达。

最后比较普通话、广州话和临海话中表未然事件的"修正重行"句:

(14a) 你这件衣服缩水缩成这样了,重新/再买一件吧。(普通话)

(14b) 你件衫缩水缩成瞰嘅,买过件啦。(粤语广州话,严丽明 2009)

(14c) 你件衣裳缩水成铁⁼个样子,买件过_{好父}了。(吴语临海话)

3. "西官型"——以资中话为例

林华勇、肖棱丹(2015)对四川资中方言重行"过"做了较为详细的描写:

(15) 你这个作业错的地方太多了,重新写过。你这个作业错得太多了,重新再写。

(16) 刚刚没讲清楚,再讲过。刚刚没讲清楚,重新讲。

以资中方言为代表,"西官型"重行结构具备以下 6 项特点:

1) 重行"过"常用于祈使句;

2) 重行"过"后不出现宾语;

3) 重行"过"的否定形式需要通过否定另外的助动词才可以实现,如

"没必要/不用/不要 V 过"等；

4) 重行"过"只能用在自主动词之后，不能与非自主、性质形容词等搭配使用；

5) 通常与重行"过"搭配的时间词是表示将来的；

6) 可以同"再""又""重新"等副词共现。

6 点中较为突出的就是 2)"过"后不允许加入名词性成分(包括数量短语和数量名短语)，从而区别于允许出现动后成分的"粤客型"与"吴语型"。从事件时体特征上看，"西官型"主要用于未然情况，同时也可以和表示已然特征的句末"了"共现(王春玲 2011)，并且主要用于"不如意"等情况，这点与"吴语型"相同。不过受普通话的影响，目前很多西南官话区重行结构对前置副词有着强制性要求，很少单用"V 过$_{重行}$"结构。(蔡黎雯 2019)

(三) 从不同后置成分看"修正重复"与"一般重复"的区分①

1. "添/凑"和"过"的对立

许多南方方言存在"行为动作增量"("凑/添")与"行为动作重复/重行"(过)的区分，所以本文认同严丽明(2009)的观点，认为对南方方言"过"功能更明确的叫法应加上"修正"。下面以临海方言为例，来看这两类区别：

首先是内在语义的差别。试比较例(17)和例(18)[同例(5)]：

(17) 毛笔字还要(再)写张<u>凑</u>。→表示单纯的量的追加，不涉及对行为动作的态度评价。

(18) 毛笔字还要(再)写张<u>过</u>。→表示对前一次的动作行为不满意或达不到说话者要求而需要重新实施一次该动作进行修正，以达到使人满意的效果，含有说话人对行为动作的情感态度，要求之前的行为必须已经完结。

据此，"凑"字句是有否定句的，如对例(17)的否定回答是"毛笔字弗写凑爻"；例(18)作为祈使句一般没有否定形式，"＊毛笔字弗写过"不合法。

---

① 严丽明(2009)以及林华勇教授(个人交流)指出，目前广州和廉江粤语存在"过"用于非修正意味的重行句中；同时，一些客家方言也出现"V 过 O 添"(非修正)这类将"过"和"添"连用，表示行为动作重复进行的句法结构(个人调查)。但根据现有调查及蔡黎雯(2019)，"过$_{重行}$"无标记使用语境仍是用于对原先行为事件的修正或修复以达到预期，因此认为"过$_{重行}$"带有修正性是最为典型的。这种"过""添"连用可能受语言接触的影响，需要更加细致的研究。

并且例(18)"过"前若出现先行小句,也不能具备"满足、满意"等义,否则就要用"凑"。

"凑"和"过"在量上也有差异:如果"凑"字句中出现数量短语,数量成分可以不限于单纯的"一",多次累加同样合语法,如:

(19)(毛笔字写勒蛮好嘅,)还要写三张<u>凑</u>。毛笔字写得挺好的,还要再写三张。

"过_{修正重行}"字句前数量短语的数词成分通常只允许出现"一",大于"一"的数量成分接受起来较为困难,如:

(20)?(毛笔字写勒唔好,)还要写四张<u>过</u>。(毛笔字写得不好,)还要再写四张。

随着方言与普通话的密切接触,在新派口语中,删"凑"留"再"这种纯普通话格式的可接受度逐渐增加,"过"字句因其含有"不如意,要求修正"的语义,无法将之后的"过"删略,所以这种句法格式的稳定性比"凑"字句强。

"凑"可单独回答问题,还具有一定的述谓性,如针对例(17)的是非问句"毛笔字还要写凑□[uɛ³¹]?"回答甚至可独用一个"凑";但"过"在表示"修正重行"时,述谓性已经消失,所以针对例(18)的是非问句"毛笔字还要重新/再写<u>过</u>□[uɛ³¹]?"就不能直接回答"过",而且问句中"重新/再"一般不删除。

"凑"与"过"的区别还可以从三域理论角度分析:与"凑"相比,"过"因为包含说话者的评价/态度,主观化程度更高,可进入到知域之中,相当于以隐性形式存在一个以说话人为主语的母句(高层命题)"我认为……(需要)再 VP……",只是句法表现上逊于粤语"添",无法像"添"一样进一步虚化为语气词。(参见刘丹青 2013)

2. 前置副词表达一般重行与"过"的对立

部分客家方言和闽语对"重行"的表达值得我们关注。根据曹志耘(2008)所述,核心闽语区①是没有后置"过"类重行结构的。但在罗源闽语及台湾地区的海陆客语中却有"过"位于动前来表示"重行"。如黄涛(2016):"重行体标记'过₂[kuo³⁵]'附在动词之前,与动词形成紧密结构,结合成一个内部发生连读变调的单位,'过₂'表示对行为进行一次性的反复,即'将某一种行为重复一次以取代或更新前一次行为'……"罗源方言动前"过"重行结构例句如下:

(21)只题做郑咯,<u>过</u>做。这题做错了,重做。

---

① 指以泉州、厦门、漳州等地为代表的漳厦泉闽南方言。

(22) 相片汝看蜀下,俪勿會俊过喀。你看一下照片,要是不好看重拍。

(23) 洗勿會澈,过洗蜀昼。洗不干净,重洗一次。

(24) 只片电影前回俪看蜀半,今旦过看蜀昼。这部电影我上次才看一半,今天再重看一次。

从黄文的语义解释及例句情况来看,闽东"过 V(O)"结构同"粤客型"的"V 过 O"基本相似。虽然杨秀芳(2004)曾提出闽语中表示"再次、重新"义的副词本字为"故",但根据我们对福清方言(闽东)母语者调查,"过"作为前置词使用情况与罗源相近,并且明确认为读音上"过"[kuo]不同于"故"[ko]。

处于台湾地区的海陆客话,"过"既可以位于动前形成"过 VO",也可以位于动后形成"V 过 O",而且两者似乎都与"修正重行"有关联(参见远藤雅裕 2018a,2018b):

(25a) 我无听清楚,请过[ko³⁵]讲一遍。我没听清楚,请再说一遍。

(25b) 我个时表跌掉了,想爱过买一只新个来。我的手表掉了,想再买一只新的。

(25c) □[lia⁵⁵]只苹果当好食,再/再过分你一只。这个苹果很好吃,我再给你一个。

从上下文情况可推断,例(25)a-b 属于修正重行表达,例(25)c 属于一般重行;同时材料中反映出的面貌是不会单用"过"来表示一般重行。但这种与大陆客家方言迥异重行表达(即不能纳入本文总结的"粤客型")是否受到闽语影响,需做专门研究才能得出结论。

三、不同"过"类结构的历时语义演变

"过"作为经历体和完成体学界分析较多,这里主要看临海方言修正重行义的"过"是如何发展成修正重行标记的。

(一)"V 过(O)"结构的形成

1. "V 过"结构

"V 过"或者"V 过 O"重行表达中,紧跟在 V 之后的"过"与表示经历或事件完成语义的典型体标记"过"句法位置相同。在处理体标记"过"的形成时,曹广顺(2005)曾提出存在"一个'过'从动宾之后,移至动宾之间的过程"。但考察历史语料情况,"V 过 O"和"VO 过"两类结构自唐末以来一直共存。魏培泉(2016)将汉语完成体"过"(曹广顺称为"过$_1$")视为有定经验

体,经历体"过"(曹广顺称为"过₂")视作无定经验体,"过₂"由"过₁"演变而来,并且提出演变过程中"过"不一定经移位从"VO 过"变为"V 过 O",可以直接从连动结构"V/过 O"重新分析为"V 过/O"。本文首先认同"不同语序共存说",同时认为魏文的分析适用于Ⅰ粤客型和Ⅲ西官型及共同语情况,而吴语"VO 过"形式自古以来并未发生变化。

针对"重行"语义的凸显,严丽明(2009)引杨永龙(2001)的观点,认为在"趋向"义"过"和经历体标记"过"之间存在一个过渡阶段,称为"过₀₂",其语义可概括为"表示把 V 所涉及的对象(受事)从头到尾 V 一遍","修正重行"就是从这个语义进一步虚化而来的。如《朱子语类》中例句:

(26)读书者譬如观此屋,……须是入去里面,逐一看过_{经历},是几多间架,几多窗棂。看了一遍,又重重看过_{02},一齐记得,方是。

(27)某所解《语》《孟》和训诂注在下面,要人精粗本末,字字为咀嚼过_{02}。

(28)如今看一件书,……将圣贤说底一句一字都理会过_{02}。

"把 V 所涉及的对象(受事)从头到尾 V 一遍"实际上也是经历体(包括完成体)必有的语义要素,这是它的语源——"越过,经过"义动词所留存的,从空间域的"跨越,越过"投射至时间域的"经过,经历",是一种常见的隐喻模式。以上各例均凸显出"从头到尾 V 一遍"这种周遍义:特别是例(26)第二个"过"前出现了表示动作重新施行的副词"重重_{重新,再次}",进一步说明行为动作不限于一次,强化了上文"看一遍不够"的意味。

例句(26)—例(28)"过"后均没有宾语,与现代"西官型"基本一致。王春玲(2011)在讨论西充方言"V 过"结构时提出西南官话"过"表示重行义时"涉及的对象已经交待了,V 是句子的焦点信息",所以 V 后不带宾语。但我们也可理解为这些"过"类重行结构用于祈使句中,不预设任何行为事件的终结点,要求行为动作一直重复,直到说话人满意为止。而关于"过"的可重复性,Dahl(1985)给出了界定,即"这些动作、事件或状态是可重复的(that the activity, event or state is repeatable)"①。Jaxontov(1997)指出汉语动词加后缀"过",通常表达行为动作的不受限可重复性(unlimited repetition)。所以当"过"用在已然事件中,虽然主在强调"经历"义,但"不受限可重复"也

---

① 另还可参见陈振宇、李于虎(2013)关于表经历体"过"可重复性假设的介绍。

为其产生"修正重行"提供了另一方面的可能性。因此,1)对行为事件完成结果的主观化要求与2)行为事件的可重复性这两方面是促使"过"产生重行义的基础语义-语用条件。

2. "V 过 O"结构

"粤客型"在"西官型"基础上添加了数量宾语,我们认为这种动后宾语数量成分的增加及数量短语类型的转变,是形成"粤客型"的关键。

粤客型"V 过 O"结构中 O 既可以是动量词(如"一遍""一次"),也可以是名量(如"一个""一张")。当 O 为动量成分时,语义指向动词,能最鲜明、最具体地体现出将动作重复进行的意味,与不带宾语的"V 过"较为接近;而当 O 中所含的数量成分从动量变为名量,就相当于为整个事件设定了终结点(沈家煊 1995),从单纯指向动作变为指向整个事件。

严丽明(2009)引沈家煊(1998)认为"过"获得修正重行义的演变机制是语用推理:其中语篇上下文和语境在推理过程中起着至关重要的作用,其意义会渗透到虚化成分中而成为它的隐含意义。如果一个话语形式经常高频传递某种隐含义或与相关成分组合使用,那么这种隐含义就会固化,最后成为虚化成分的固定语义。但严文没有注意到汉语方言"V 过、V 过 O、VO 过"三者并存的局面,因此并未在语序问题上进一步加以说明。

(二)"VO 过"结构的形成

上节我们回顾其他学者分析"V 过(O)"表重行的演变历程,所引例句中"V 过"用于已然情况,不带宾语;本该有的受事成分或是省略[如例(26)],或是经过话题化后前移[如例(27)中的"字字",例(28)中的"一句一字"]。但在这类结构以外,《朱子语类》及《朱子语类辑略》中还出现了"VO 过"的句子,例如杨永龙(2001)所举两例:

(29)讲论自是讲论,须是将来自体验。说一段过,又一段,何补?(《朱子语类》)

(30)这道理自是常在天地间,只借圣人来说一遍过。(《朱子语类辑略》,转引自孙锡信《汉语历史语法要略》)

从例子中可以看出,二例宾语 O 位置上留存的都是数量成分,这与现代临海方言"VO 过"表示"修正重行"义时句法形式基本一致。例(29)中的"说一段过"中的"过"与完成体标记接近,表示"将一段说完";到例(30),句子从语义上逐渐具备两解的可能,可视为从完成体发展为"修正重行"义的桥梁语境(bridge/ambiguous context):一方面,我们可以将例(30)解释为表示动作完成"只借圣人来说了一遍";另一解参照原文,朱熹在这一句之后又举伏羲画卦后文王、孔子等对它进行解释为例,表示这些道理原本应该是人人都知晓的("常在天地间"),是一个带有惯常性的事件,但"(由于大家仍不太明白或其他的原因)借(不一样的)圣人来再说一遍"的道理,因此这里的"过"在一定程度上存在"修正重行"解读,即认为之前行为是不令人满意或者没有达到说话人预期目的。吴福祥(2004)曾指出《朱子语类辑略》中"……'过'用在动词后表示某种动作的完结(完成、结束),但这种'完结'的语义只是对动作在时间进程中所处状态的表达,与句子所叙事件是否已然没有必然联系"。他进一步说:"'V过'可以是相对于说话时刻实际完成、结束了的动作,但更多的是一种未然或虚拟的动作'完结'"。

因为存在这种语义,所以我们对表示"修正重行"义"过"字句进行解读时,可以预设存在一个已经完成的行为动作并对现在产生影响[典型完成体(perfect)的语义],这也能解释为何"过"前的数量成分通常只允许"一":因为它的语法意义和之前已经完结的那个行为动作关系密切,其隐含义就是否定这已经完成的动作而重新做一遍,行为不具有累加性(additivity)。现代汉语表示完成的"过"理论上可以与三时相配,但强烈的主观化倾向使得修正重行义"过"常适用于祈使语气,表达未然事件。

不同于从"VO了"演变为"V了O","VO过"与"V过O"之间并不存在语序上的演变关系(梅祖麟 2000;魏培泉 2016),因此我们认为,粤客型/西官型同吴语型"过"类重行结构的形成及"过"字语义的虚化,都是在既有固定语序条件下完成的,并未促发句法移位。同时,修正重行"过"因蕴涵主观价值判断(对已完成行为不满意或其不符合预期),所以我们认为它仍然是广义上体貌范畴下的一类。

(三)共时层面不同"过"类结构的形成原因

南方方言共时层面存在这三类不同的"过"类重行结构,与方言中隔开式动补结构的保留程度(或凸显程度)密切相关。

作为动补结构两个大类,汉语动趋式(VD)和动结式(VR)[①]与连动式一

---

① 刘丹青(2017)指出动结式和动趋式两者共享着很多相同相近的生成规则,属于黏合性补语这个大类中的不同小类。

直有着密切关系。本文讨论"V过"中"过"的重行语义,就是由"过"作为连动结构中的趋向动词发展出来的。但根据刘丹青(2017),汉语史上存在动补式与连动式裂变情况,二者各自发展为独立的句法结构。同时,动补式内部动趋式和动结式也是不平衡的,以我们关注的语序问题而论,目前普通话不存在 VOR 这样的隔开动结式,只允许少量带直指性趋向词的双音节动词进入到 VOD 隔开动趋式中,如"拿一本书<u>出来</u>"或"跑<u>进</u>教室<u>来</u>"中的"出来""进来"等。

VOC 隔开式述补结构在现今汉语中大部分被 VCO 结构取代。不过吴福祥(2003)指出,如"V 得 OC"(包括类推而来的"VO 得 C")及"VO 不 C"(包括类推而来的"V 不 OC")等能性述补结构还在吴语区、徽语区及湘语区大量留存。而刘丹青(2011)等进一步指出部分南方方言中留存有典型 VOR 结构,它们可用于肯定式,并且还可以用于已然事件中。请看以下例句:

(31)东阳吴语:<u>敲</u>渠<u>碎</u>_{敲碎它}(傅国通 2010)

(32)温州吴语:<u>打</u>一个碗<u>破</u>_{打破了一只碗}(潘悟云 1997)

(33)罗源闽语:只回请客<u>使</u>千把钱<u>出</u>咯_{这次请客花了一千多块钱}(黄涛 2016)

(34)泉州闽语:<u>食</u>日昼<u>饱</u>_{吃饱午饭}(李如龙 1997)

(35)南宁粤语:佢<u>打</u>佢老豆只花瓶<u>烂</u>晒_{他把他老爸的花瓶打破了}(郭必之 2010)

(36)宾阳平话:张三着流氓<u>打</u>一只脚<u>断</u>_{张三被流氓打断了一条腿}(同上)

其中绍兴方言 VOR 结构的强势可作为一项例证。盛益民(2014)描写了绍兴柯桥方言"过"作为完成体标记、经历体标记[①]和重行体标记情况,其中作为经历体和重行体均可用"VO 过"结构:

(37)牛肉我吃得好两卯<u>过</u>哉。_{牛肉我吃过好几回。}(经历"过")

(38)衣裳还弗清爽带唻,诺再沪卯<u>过</u>。_{衣服还不干净,你再重新洗一次。}(重行"过")

趋向补语、结果补语和体标记三种成分通常处于相同句法位置,其中体标记

[①] 根据盛益民(2014),柯桥方言经历体"过$_2$"与完成体"过$_1$"存在一定区别,其中"过$_1$"后不能带宾语,如果需要出现量化宾语成分,那么会用"有"引出并位于"V 过"之前,如:"有三千个字写过亨哉。_{已经写了三千个字。}"

是语法化程度最高的。如果一个典型体标记（如经历体）也可位于 VO 之后 X 位置，那么我们可以说，这个方言中 VOX 语序特征是非常显著的。除绍兴外，还有金华、慈溪等吴方言点"过"作为完成/经历体标记也居于 VO 之后，与它作为修正重行标记位置相当：

(39) 阿望戏<u>过</u>啦。（金华吴语，完成体，傅国通 2010）

(40) 上日我看电影<u>过</u>哉。（慈溪吴语，经历体，同上）

临海方言"VO 过_{重行}"表现很突出，但 VOR 结构衰退也非常明显，目前只有"V□[gɔ²¹]v_完、v_掉""V 牢 v_住"等少数动补结构可采用隔开式，如"吃三只 □[gɔ²¹]_{吃完三个}""搭上面头牢_{抓住上面}"；隔开动趋式允许部分单音节趋向词居于 VO 之后，如"走横边头过_{从旁边走过}""逃简=边出_{从那边跑出去}"等，补语"过_{路径义}""出"等均位于最后，并且以上动补与动趋结构大都用于未然语境中。

依照郭必之（2010）、石村广（2018）及盛益民（2018）等观点，广西、海南等地汉语方言 VOR 结构与吴闽语 VOR 结构性质不同，前者源自与壮侗语的接触而后者直接继承自中古汉语。我们认为正是这种不同的源流关系进一步造成了吴粤语两类"过"字重行结构的分化。

四、结语和余论

（一）吴语"过"类重行结构语序选择的类型学意义

本文考察了汉语方言中三类含有"过"的重行表达式，指出它们在以下 3 个方面具有相似性：1）表达修正语义，2）优先选择祈使句式，3）用于未然语境。但宾语是否需要出现及出现在哪个句法槽位，构成三类"过"字重行表达式的区别。

同时，选择"V 过""V 过 O"还是"VO 过"来表示修正重行，与该方言中 VOC 的普遍性与常用性呈现正相关关系：VOR、VOD 等隔开式动补结构留存得越多，甚至于典型体标记也可以处于 VO 后这一句法位置，那么，该方言在用"过"表示重行义时，就越可能选择"VO 过"语序。

虽然闽语也保留或部分保留与中古相似的 VOR 结构和 VOD_单结构，但如梅祖麟（2000）指出，闽语的体貌、情态表达有异于其他汉语方言，体现的是晚唐的面貌；体貌标记"过"产生于宋代，表经历义的"我去过"和"吃过日本菜"等在闽语中说成"我口[bat⁷]去/我口[bat⁷]去过"及"捌食过日本料理/捌食日本料理过",这种"过"作为经历标记且同官话语序相同,应当都是在接受外来"V过O"情况下,或完全保留(语序不变),或部分调整至与"OV-PC$_{状态补语}$""VOPC$_{状态补语}$"等词序一致。

粤语、客家话与闽语不同,形成年代较晚。如粤方言成型于唐后期(麦耘 2012),客家话更晚至宋代(谢栋元 2003)。这些方言的动补结构语序早已从 VOC 演变为 VCO,没有 VOD$_单$①;那么与之平行,"过"同样要紧靠核心动词,采用"V过O"结构。

另外,吴语中这种语序同东南方言另外一项带有普遍性的句法现象,即"数量、次序"义有关后置句法成分呈现出极高相似性。如临海方言表示一般重行的"VO 凑"与表示修正重行的"VO 过"在线性语序上完全一致,同时对 V 和 O 的要求也基本相同。如果本身 VOR、VOD 结构衰亡或消失,那么一般会选择"V过(O)"来表示重行②。虽然吴语在 VOX 语序上与其他方言相比表现较为突出,但从调查材料反映的情况看,不同方言点 VOR、VOD$_单$、VOAsp 三个参项的表现其实很难做到完全一致:

1)绍兴$_{柯桥}$方言存在 VOR 和 VOAsp,但没有 VOD$_单$;

2)台州$_{临海}$方言存在 VOR(少量)、VOD$_单$ 和 VOAsp(重行),但经历体表达选择 VAspO;

3)温州$_{鹿城}$方言存在 VOR、VOD$_单$,无 VOAsp 并且很少用"VO 过$_{重行}$"。

最后,针对其中 O 类型及指称属性、包括 V 的语义选择等,不同吴语方言点也可能会有多样化的表现,也不完全一致。

对于形成这类语序的功能动因,我们参考如下理论解释:张敏(2012)提出汉语方言中存在着较为明显的动后限制(postverbal constraint)。所谓"动后限制",指的是"在一个汉语句子里,动词之后最多只能接一个成分",该限制条件自东南向西北不断加强。盛益民、陶寰(2019)则提出,如果吴语"数量名"宾语受动补结构等复杂性谓语支配,宾语通常选择前置,前置也是由

---

① 郭必之(2010)指出受语言接触影响,南宁粤语中作为趋向动词的"去"居于句末,已经发展出体貌乃至语气词用法,这时"VO 去"已经与典型动趋式关系不大。

② 由于语言接触产生的 VOR(如百色粤语"架车撞两只人死过这辆车撞死过两个人",参见郭必之 2010)与存古 VOR 结构在形成机制上不同,此处暂不讨论。

"动后限制"这一因素促动的。

结合两位学者分析,本文针对粤客方言及吴语"过"类重行的讨论,一方面说明分布于最南方的方言(如粤语、客语等)采用"V 过 O"确实在动后限制条件上放得较宽,动补结构之后亦可容纳宾语性成分;而吴语型重行表达选择"VO 过"这类作为优势语序,表明它是在 VO 语序及动后限制之间寻找一种平衡关系:数量成分作为宾语一部分处于 V 之后,符合 VO 语序特征;但跟体貌有关的成分"过"位于最后,实际上是将"V……过"重新包装(packaging)为一个黏合式动补结构或"动词 + 体标记"这样的整体性成分,O 和 C 都是动词谓语的内部组成成分,如此又满足了动后限制的要求。

(二)余论:与"重行"相关的其他类型学问题

"过"类结构是汉语方言中独具特色的重行表达形式,对动词情状和体貌等都有一定限制;并且"路径趋向动词→重行标记"这类语法化路径跨语言罕见。若是我们将"(字)写遍过"或"(字)写张过"翻译为英语,通常用重复义副词 again 或名词量化成分 another/one more 等,如 "write again/write another one";在语义上对"修正重行"与"一般重行"的区分很少采用特定形式(无论分析性还是形态性)来表达。那么从类型学角度,这里就存在许多相关内容值得我们进一步考察。

(1)"重行"范畴的语义关联、扩展与演变:世界语言中最常见反复标记(iterative,"重行"的上位概念)来源为返回义动词(RETURN)。(Heine & Kuteva 2002)粤语中除了"V 过"类重行结构外,也有"V 翻"这种由返回义动词发展而来的回复结构(邓思颖 2015)。"过"与"翻"两类都属"事件类动词后缀",语义释解上都同"达到理想状态"这一主观性要求有关(参见 Chor 2013)。那么这两类范畴在认知和形式等层面存在怎样的关系,目前还没有太多研究成果。

除"返回义"之外,重行标记可以同许多其他语义或标记形式产生关联。如四川岳池方言使用副词"格晚⁼"作为修正重行标记,这个"格晚⁼"与西南官话"另外"义副词"格外"(蔡黎雯 2019)有关。无独有偶,Faurie(2012)介绍的大洋洲语言中,也有由返回义发展为重复义(AGAIN)和"另外"义名词量化算子[(AN)OTHER, SAME; nominal (quantificational) modifier]的情况。那么"(修正)重行""再次/一般重行""另外"等不同概念节点之间是如何关联与演变的,是否存在某种单向性;包括在"重行"表达下对"修正"和

"非修正"所做出的形式区分,可能也是某种汉语语用突出和特殊句法库藏(连动结构)共同影响下形成的特异性现象,有待深入探讨分析。

(2)"重行/重复"范畴的形态-句法特征与跨语言比较:Wälchli(2006)从类型学角度分析了世界语言中存在着的"light again"和"heavy again"的现象,对应于形态性重复义表达和分析性重复义表达。印欧语中许多加 re-前缀(light again)形成的派生动词,在汉语中通常可以翻译为"重新 V",属于 heavy again,如:re-build"重建"、re-play"重播"、re-write"重写"等。它们用在表"修正"语境,方言中亦可对译为"造过""放过""写过"等。但另一些含有 re-的动词又与"返回"义有关,汉语中选择用"回"来对应,如:reply"回复"、return"返回"①。那么剖析这种跨范畴、跨类型的对应性所体现出的句法语义属性,同样也是一个有趣的课题。

参考文献

蔡黎雯(2019)从岳池方言表修正的"格晚"看重行体的类型,国际中国语言学学会第27届年会(IACL-27),神户:神户市外国语大学。
曹志耘(1996)《严州方言研究》,东京:好文出版株式会社。
——,秋谷裕幸,太田斋等(2000)《吴语处衢方言研究》,东京:好文出版株式会社。
——(2008)《汉语方言地图集》语法卷,北京:商务印书馆:90。
——等(2016)《吴语婺州方言研究》,北京:商务印书馆。
陈前瑞(2008)《汉语体貌研究的类型学视野》,北京:商务印书馆。
陈振宇,李于虎(2013)经历"过$_2$"与可重复性,《世界汉语教学》第3期。
邓思颖(2015)《粤语语法讲义》,香港:商务印书馆:89-92。
傅国通(2010)浙江吴语共时特征,载傅国通,《方言丛稿》,北京:中华书局:38。
郭必之(2010)语言接触中的语法变化:论南宁粤语"述语+宾语+补语"结构的来源,载 Cheurg H S, Chang S H.(eds.)*Diachronic Change and Language Contact: Dialects in South East China*(Journal of Chinese Linguistics Monograph Series 24). Hong Kong: The Chinese University Press: 201-216.
胡光斌(2010)《遵义方言语法研究》,成都:巴蜀书社。
黄伯荣(1996)《汉语方言语法类编》,青岛:青岛出版社:244。

---

① 特别是所谓的"仅有"形式(tantum-form),即去掉 re-后,剩下部分并不是一个词根形式(there is no base form occuring);以及去掉 re-前缀后,剩余词根部分的语义与原词有别的情况。参见 Wälchli(2006)对法语、Yanesha 语和英语相关成分的分析。

黄　涛(2016)闽东罗源方言描写语法,福建师范大学博士学位论文。
曹广顺(2005)动态助词,载蒋绍愚、曹广顺主编,《近代汉语语法史研究综述》,北京：商务印书馆：198-225。
李如龙(1996)《动词的体》前言,载张双庆主编,《动词的体》,香港：香港中文大学中国文化研究所吴多泰中国语文研究中心：1-8。
——(1997)泉州方言的动词谓语句,载李如龙主编,《动词谓语句》,广州：暨南大学出版社：121-135。
林华勇(2005)广东廉江方言的经历体和重行体——兼谈体貌的区分及谓词的语义作用,《中国语文研究》第2期。
——,肖棱丹(2015)四川资中方言"过"的多功能性及其语法化,载复旦大学汉语言文字学科《语言研究集刊》编委会编,《语言研究集刊》第十四辑,上海：上海辞书出版社：297-306。
林素娥(2006)湘语与吴语语序类型比较研究,复旦大学博士学位论文。
刘　斌(2014)赣语湖南攸县方言"过"字的两种用法,《汉字文化》第2期。
刘丹青(2008)《语法调查研究手册》,上海：上海教育出版社：471。
——(2011)汉语史语法类型特点在现代方言中的存废,《语言教学与研究》第4期。
——(2013)粤语"先""添"虚实两用的跨域投射解释,《语言暨语言学》专刊50号,台北："中央研究院"：951-970。
——(2014)粤语句法的类型学特点,载刘丹青,《著名中年语言学家自选集·刘丹青卷》,上海：上海教育出版社：39-70。
——(2017)汉语动补式和连动式的库藏裂变,《语言教学与研究》第2期。
麦　耘(2012)粤语的形成、发展与粤语和平话的关系,载麦耘,《著名中年语言学家自选集·麦耘卷》,上海：上海教育出版社：251-279。
梅祖麟(2000)唐代、宋代共同语的语法和现代方言的语法,载梅祖麟,《梅祖麟语言学论文集》,北京：商务印书馆：247-285。
潘悟云(1997)温州方言的动词谓语句,载李如龙主编,《动词谓语句》,广州：暨南大学出版社：58-75。
覃凤余,吴福祥(2009)南宁白话"过"的两种特殊用法,《民族语文》第3期。
覃东生(2007)《宾阳话语法研究》,广西大学硕士学位论文。
沈家煊(1995)"有界"与"无界",《中国语文》第5期。
——(1998)实词虚化的机制——《演化而来的语法》评价,《当代语言学》第3期。
盛益民(2014)绍兴柯桥方言参考语法,南开大学博士学位论文。
——(2018)吴语绍兴话VOR结构的句法表现与语义限制,第9届汉语方言语法国际学术研讨会,安徽大学。

——,陶寰(2019)话题显赫和动后限制——塑造吴语受事前置的两大因素,《当代语言学》第2期。

王春玲(2011)《西充方言语法研究》,北京:中华书局:68。

魏培泉(2016)经验体标记"过"的历史由来,《语言暨语言学》第2期。

吴福祥(2003)南方方言能性述补结构"V 得/不 C"带宾语的语序类型,《方言》第3期。

——(2004)《〈朱子语类辑略〉语法研究》,开封:河南大学出版社:214。

夏俐萍(2013)益阳湘语参考语法,中国社会科学院语言研究所博士后研究工作报告。

项梦冰(1997)《连城客家话语法研究》,北京:语文出版社:204。

谢栋元(2003)客家话形成的三个阶段,《广东外语外贸大学学报》第3期。

严丽明(2009)广州话表示修正的助词"过",《方言》第2期。

杨敬宇(2002)南宁平话的体貌标记"过",《方言》第4期。

杨秀芳(2004)论"故"的虚化及其在闽方言的表现,《台大文史哲学报》60:199-242。

杨永龙(2001)《〈朱子语类〉完成体研究》,开封:河南大学出版社:229。

游汝杰,杨乾明(1998)《温州方言词典》,南京:江苏教育出版社。

张洪年(2007)《香港粤语语法的研究》增订版,香港:香港中文大学出版社:156。

张敏(2012)"动后限制"的区域推移及其实质,北京:中国社会科学院语言研究所讲座讲义。

张一舟,张清源,邓英树(2001)《成都方言语法研究》,成都:巴蜀书社。

石村广(2018)汉语南方方言的动宾补语序——兼谈与壮侗语的语言接触问题,载复旦大学汉语言文字学科《语言研究集刊》编委会编,《语言研究集刊》第二十辑,上海:上海辞书出版社。

远藤雅裕(2018a)论台湾海陆客语"再次"义"过"的语法化,第10回汉语方言研究会论文,日本:神户山手大学。

——(2018b)论南方汉语的重行体"过"——以海陆客语为中心,国际中国语言学学会第26届年会(IACL-26),麦迪逊:威斯康星大学麦迪逊分校。

Chappell H. (2001) A Typology of Evidential Markers in Sinitic Languages. In Chappell H. (ed.) *Sinitic Grammar: Synchronic and Diachronic Perspectives*. Oxford: Oxford University Press, UK.

Chor W. (2013) From 'Direction' to 'Positive Evaluation': On the Grammaticalization, Subjectification and Intersubjectification of Faan1 'Return' in Cantonese. *Language and Linguistics* 14(1): 91-134.

Dahl O. (1985) *Tense and Aspect System*. Bath: The Bath Press, UK: 141.

Li Xuping. (2018) *A Grammar of Gan Chinese*. Berlin: De Gruyter Monton.

Heine B, Kuteva T. (2002) *World Lexicon of Grammaticalization*. Cambridge: Cambridge

University Press: 259-260.

Jaxontov S J. (1997) The Problem of Describing Plurality of Actions in Chinese. In Xrakovskij V S. (ed.) *Typology of Iterative Constructions*. München: Lincom Europa: 441-452.

Wälchli B. (2006) Typology of Heavy and Light Again or the Eternal Return of the Same. *Studies in Language* 30(1): 69-113.

Yue H A. (1993) *Comparative Chinese Dialectal Grammar: Handbook for Investigators*. Paris: ECOLE DES HAUTES ETUDES SCIENCES SOCIALES, Centre de Recherches Linguistiques sur l'Asie Orientale, France: 85.

(510275 广州,中山大学中文系 woodyallen_1935@126.com;
cai_liwen2012@126.com)

沈阳方言"能"的性质和用法的多样性

王 越

提要 "能"在沈阳方言中既有动词用法也有情态动词用法。当做情态动词时:可无条件用于肯定句;可加负向义、结果义、非自主义小句;后可加形容词、名词;可与时体标记"着、了、过、起来、下去"共现。与普通话"能"比其用法有一定的扩张性。沈阳方言"能"从实义动词发展而来,先出现动力情态用法,再发展出道义情态和认识情态用法。沈阳方言"能"的用法在汉语方言中具有独特性,但其演变符合世界语言发展规律。文章通过对沈阳方言"能"的个案描写,补充并细化现代汉语方言情态语义地图。

关键词 沈阳方言;能;多样性;语义地图

一、引 言

东北官话一向被认为和普通话语法区别不大,对东北官话里的情态词进行观察描写的文章更是少之又少。事实上,有些隶属于东北官话通溪小片的沈阳方言的情态词和普通话用法相同,如:"可以、可能、必须、肯、得、应该、要"。有些则和普通话不一样,如:"指定儿、兴、能、愿(意)"。例如:

(1) 放心吧铁子,这事儿我<u>指定儿</u>给你办成!(指定儿=肯定)
(2) 明儿他<u>兴</u>来,也<u>兴</u>不来。(兴=或许)
(3) 看这天儿阴乎乎的,一会儿<u>能</u>下雨。(能=可能)
(4) 今年冬天不知道咋了,老<u>愿意</u>下雨。(愿意=容易)

尤其是"能","能"在沈阳方言中的性质和用法具有多样性,和普通话有着很大的区别。在普通话中,"能"有动力情态、道义情态和认识情态的用法,但道义情态和认识情态一般只用于否定句和反问句中,不用于肯定句,如例(3)在普通话里是不合法的句子,但在沈阳方言里例(3)这种用法经常使用。沈阳方言"能"无论在意义上还是对其后成分的选择上都与普通话"能"有很大差异,值得我们深入研究。目前的相关研究如刘宇(2015)描写了"能 VC 了"式,他主要对此能性结构进行分析,没有单独对情态词"能"进行描述,本文将对沈阳方言"能"进行细致分析。

二、沈阳方言"能"性质的多样性

(一) 动词

在沈阳方言里"能"可以用作动词,表示懂得、通晓做某事情,相当于现代汉语里的"会"。王力(1989)指出"会"字用作动词,表示学习得来的能力。上古时代还没有这种'会'字,只能用'能'字来表示"。沈阳方言"能"保留了自殷墟甲骨文起"能"做动词的用法。

沈阳方言"能"可以受"很"等程度副词的修饰;在省略 VP 的情况下"能"后可以直接加"了";"能"可以跟"的"字组合,组成"的"字结构。在意义上我们细分为两类:第一类表熟习、通晓某种技能。例如:

(5) 他<u>能</u>英语,也<u>能</u>日语。
(6) 弹吉他这种事儿,学几个月就<u>能</u>了。

第二类表懂得做什么。例如:

(7) <u>能</u>的去,<u>不能</u>的回来。
(8) 一个小孩儿都<u>能</u>这个,你<u>不能</u>?

(二) 情态动词

Palmer(1986)从类型学的角度对情态的主要类型学范畴(typological categories)及其分类进行了总结,并给出这样一个分类系统:认识情态(epistemic modality)、道义情态(deontic modality)与动力情态(dynamic modality),每种情态又分成可能性与必然性来讨论。沈阳方言"能"是一个多义的情态动词,它可以表达三种情态意义:一是动力情态[心智能力]、[生理能力],二是道义情态[保证]、[许可]、[承诺],三是认识情态[可能]、[盖然]。接下来我们分别进行具体讨论。

1. 动力情态

动力情态即"动作行为的可实现性",核心是描写动作行为的实现。我们将沈阳方言"能"表达的动力情态下分为心智能力(mental ability)和生理能力(physical ability)。

1) 心智能力

心智能力即"主体的主观心智因素作为决定力的能力",是一种恒常性能力,某人一旦习得某种技能通常不会轻易忘记或丢失。例如:

(9) 他能听懂法语。

2) 生理能力

生理能力即"主要由主体的体质状况或性能决定的能力",恒常性比较低。例如:

(10) 他能搬动这个大箱子。

2. 道义情态

道义情态即关注"负有道义责任的施事者实行某些行为的必要性和可能性",是一种"事件情态"。我们将沈阳方言"能"表达的道义情态义下分为"保证""承诺""许可"三种。不同的主语激发出"能"的不同道义情态,第一人称主语一般激发出"保证"和"承诺",其他人称一般激发出"许可"义。

1) 保证

即"听者提出一定的要求,说话者表示一定会照办"。例如:

(11) 别伤心了,我能给你找回来的。

(12) 我错了今后我能改,再也不了。

例(11)、例(12)"能"表达说话人"我"的"保证"。当别人要求后,说话人从道义的角度向听话人保证句子表达的事件有实现的可能性。句子的主语一般是第一人称即承担"保证"的人,主要动词一般为自主动词,是保证的行为。

2) 承诺

即"说话者对自己提出一定的要求,说话者自己主动承担并且照办"。例如:

(13) 我说了我能去的。

(14) 我能对你好一辈子的。

例(13)、例(14)表达"我"承诺"一定去"和"对你好一辈子"这件事情。说话人用"能"来表达让某一事件成真的[承诺]时,多用于第一人称,较少用于第二人称,这也与[承诺]的本质相吻合。在"能"表道义情态[承诺]的句子里,句子末尾通常有"的"来增加这种"承诺"的确信程度。

主语也可为第三人称,这时[承诺]可能是由外力的作用迫使"他"保证,或者说话人站在"他"的立场上替"他"承诺。例如:

(15) 放心吧,晚上他<u>能</u>来的。

(16) 够了够了,一碗饭他就<u>能</u>饱的。

例(15)、例(16)是说话人站在"他"的角度,替"他"做出承诺,承诺"他晚上一定来",有"移情"的性质,而主语是说话人移情的固有位置,即言者站在"他"的立场上,把自己认同于"他"来表达。

3) 许可

即"说话人提出要求,要求听话人照办"。例如:

(17) 我问完了,你现在<u>能</u>走了。

(18) 南瓜熟了,<u>能</u>摘了。

例(17)、例(18)中的"能"表示的都是"许可"义,即说话人给主语实施某事件的许可,使主语有能力使句子表达的事件成真。主语一般为第二人称,也常出现在省略主语的祈使句中。

3. 认识情态

认识情态即"表达说话人对命题为真的可能性与必然性的看法或态度",它表达的是说话人对一个情境出现的可能性的判断。朱冠明(2003)结合汉语的实际情况,把认识情态在程度上又分为三类:可能性、盖然性、必然性。

1) 盖然性

即"从说话人主观上推测事件有较大的可能性",确信度比"可能"高,比"必然、一定"低。"能"的可能性等级相当于现代汉语共同语的"会2"①,否定式用"不","不能"相当于现代汉语共同语的"不会",例如:

(19) 飞了15个小时,他<u>能</u>到巴黎了。

(20) 他要是知道,<u>能</u>骂死我。

例(19)、例(20)表达说话人对"到巴黎""骂我"这些事件成真的盖然性推断。"能"可以和"会、应该、应当、应、该、当"等表盖然的情态动词共现,一起表达对命题的盖然性的推测。它的否定形式是"不能":

---

① "会"是现代汉语一个常用的情态动词,它有两类意义,能力和推测。通常标称为"会1"和"会2",郭昭君(2003)对的"会2"和其他情态动词的可能性等级差异有一个排序:也许 < 可能 < 大概 < 很/非常/十分/极可能 < 会2。

(21) 今天周五，人不能多。

例(21)表达说话人对"人多"这个命题的主观否定推测。

2) 可能性

即"对于事件发生的可能性做一个判断"，通常表示将来的可能性，也可表示过去和现在的可能性，例如：

(22) 现在他大概能在家里。

(23) 地上积了这么多水，昨天能下了一场大雨。

"能"可以和"不定、估计、大概、也许、有可能、或许"等表推测的情态动词共现，一起表达对命题的可能性推测。

综上，我们把沈阳方言"能"的各种用法和普通话情态动词对应如表1所示：

表1 沈阳方言"能"和普通话情态词的对应

		沈阳方言	普通话
动词(表通晓)		能 例：他能英语也能日语。	会 例：他会英语也会日语。
动力 情态	心智 能力	能 例：他能写草书。	会 例：他会写草书。
	生理 能力	能 例：他能搬动这个箱子。	能 例：他能搬动这个箱子。
道义 情态	保证	能 例：你相信我肯定能改。	会 例：你相信我肯定会改。
	承诺	能 例：我说了我就能去的。	会 例：我说了我就会去的。
	许可	能 例：我问完了，你现在能走了。	可以 例：我问完了，你现在可以走了。
认识 情态	盖然性	能 例：今天周末迪斯尼人能很多。	会 例：今天周末迪斯尼人会很多。
	可能性	能 例：现在他大概能在家。	可能 例：现在他大概可能在家。

通过表1我们可以看出，沈阳方言的"能"基本上对应普通话的"会""可以"和"可能"。这与韩语中的"수[su]"分布类似，韩语情态标记"수[su]"相

当于汉语的三种情态动词"能""会""可以"(尹智铉 2012),沈阳方言情态动词"能"发达的用法,有可能与历史接触过程中与韩语相互影响有关。

在沈阳方言情态系统中也有"会","会"和"能"各有分工:从动力情态上看,第一"能"指基本的能力,"会"指擅长的能力。例如:

(24) 他<u>能</u>种地。

(25) 他<u>会</u>种地。

例(24)"他能种地"指的是他有基本的种地能力,但不一定种的很好。例(25)"他会种地"指的是他有种地的技巧,可以种的很好。

(26) 他们聘请屯子里的栽花先生做文书,他能写字,又会归除。(周立波《暴风骤雨》)

在用东北方言写作的文学作品中出现的"能"和"会"同现的句子里,我们可以看到,有基本写字的能力用"能",归除用"会",所谓归除,就是珠算的一种技巧。

第二,"能"表动力情态带有程度义相当于"特别","会"没有程度义只是技巧。例如:

(27) 东北人<u>能</u>喝酒。

(28) 东北人<u>会</u>喝酒。

例(27)"东北人能喝酒"中"能"除了有基本的喝酒能力之外,还带有"特别"的程度,相当于"东北人能喝很多酒"。例(28)则不带有程度意,相当于"东北人有喝酒的技巧"。Palmer(1986)报道在傈僳语中也有类似的情况,傈僳语用两种不同形式表达两种能力:知道如何做的能力和身体上的能力。

从道义情态上看,沈阳方言"能"和"会"的分工在于:第一,对命题许诺、保证的程度的不同,"能"比"会"承诺、保证的程度低。例如:

(29) 等回头咱家有活儿我<u>能</u>去找你去。

(30) 等回头咱家有活儿我<u>会</u>去找你去。

例(29)"我能去找你"是承诺有可能性去找你,例(30)"我会去找你"则是承诺一定去找你。

第二,Bybee(1994)把情态分为言者情态(speaker-oriented modality)和施事者情态(agent-oriented modality),沈阳方言里"能"是言者情态,是说话人主观意图,如果句子主语是第二人称和第三人称,那么是言者替句子主语做出承诺、保证。"会"是实施者情态,是实施者自己的承诺、保证。例如:

(31) 他能对你好。

(32) 他会对你好。

例(31)是言者主观替"他"做出"对你好"的承诺,例(32)是客观表达句子主语"他"的承诺"对你好"。

从认识情态上看,"能"和"会"的分工在于可能性等级不同。在沈阳方言里"能"是可能和盖然的结论,"会"是确定必然的结论。例如:

(33) 都 30 岁了,能着急结婚了。

(34) 都 30 岁了,会着急结婚了。

例(33)"能着急结婚了"推测着急的可能性,例(34)"会着急结婚了"意义为一定着急结婚了。

最后,"会"多用于客观情态,"能"只用于主观情态。我们用客观真理句来做测试,例如:

(35) a. 太阳每天都会从东方升起。

　　　b. *太阳每天都能从东方升起。

(36) a. 人都会死。

　　　b. *人都能死。

例(35)、例(36)在沈阳方言里只能用"会",不能用"能"。

三、"能"认识情态义的扩展性

沈阳方言"能"的认识情态义用法和普通话"能"的认识情态义用法相比具有多样性和扩展性,表现在对其后成分的选择比普通话限制少。

(一)"能"对其后成分 X 的选择

1. 当 X 为 VP 时

1) 可为负向义 VP

许和平(1992)认为,现代汉语情态动词"能"有积极性特征,只能选择正向义动词做主动词,不能选择负向义动词做主动词。鲁晓琨(2004)[158]补充道:"我们把'能'不能用于消极意义的范围概括为:说话人对全句所表达的内容(NP+VP)进行负向评价,对 NP 来说 VP 是负向义时,除反问句和意外句,不能用'能'。"

在沈阳方言里,"能"后可无限制连接消极类动词,和说话人对全句内容

进行负向评价小句。例如:

(37) 你要大夏天穿貂儿,大家<u>能</u>笑话死你。

(38) 这么冷儿穿这么少,你<u>能</u>生病的。

(39) 我劝你啊别买这只股票,这只股票<u>能</u>赔钱。

例(37)—例(39)分别表示说话人对"遭到所有人的嘲笑""生病""赔钱"这三个消极命题可能性的主观推断:"大家可能笑话你""你会生病的""这只股票会赔钱"。

2) 可为非自主 VP

彭利贞(2007)指出"能"后的动词为非自主动词时,句子表达的可能性意义都是从客观的角度来表达的,主观性较弱,是根情态。在沈阳方言里,"能"后面加非自主动词时,则可表主观的认识情态。例如:

(40) 这么冷的天,孩子<u>能</u>病的。

(41) 每次地震都<u>能</u>死好多人。

(42) 不要一次上这么多人,桥<u>能</u>塌的。

例(40)—例(42)表达说话者对"病""死""塌"这三个分自主动词的主观推断,沈阳方言"能"在动词为非自主动词的句子里表认识情态可能义。

3) 可为结果义 VP

周小兵(1989)把"他不会来得那么巧"不能用"他不能来得那么巧"的原因归结为:当动词后面有补语时不能用"能"。鲁晓琨(2004)[161]也认为,"在肯定句中推测结果必然出现的时候只能用'会2'不能用'能m'①,这是因为'能m'的语义重心在前,'会2'的语义重心在后。"但在沈阳方言里,"能"后可以无条件加结果义 VP。例如:

(43) 不是他吧,他不<u>能</u>来这么巧吧。

(44) 别打啦,再打就<u>能</u>打死啦。

例(43)、例(44)分别表示"他不可能来的这么巧吧""再打就可能打死啦"。

2. 当 X 为 AP 时

王伟(2000)对约35万字语料中的"能"进行了考察,把"能"的义项分为六类:能力、条件、该允、可能(质疑态度)、意愿、祈使。并把六个义项归纳成一个统一的抽象概念"具备克服某种障碍或阻力的使能条件(enabling

---

① 鲁晓琨(2004)把"能"分为"非情态表现"的"能n"和"情态表现"的"能m"。

conditions)"。普通话中"能"的抽象概念决定了"能"后一般不加表示"逻辑上不能克服的障碍或阻力"的形容词。在沈阳方言里"能"不受这个限制,其后可以加量度形容词、感受形容词、心理形容词、评价形容词等。例如:

(45) 周二羽毛球馆的人能少。

(46) 腌酸菜也是一种手艺活,弄不好就能酸不拉几的不好吃。

(47) 还好没那么做,要不能后悔死了。

(48) 这孩子我从小看到大,我看他长大后能不错。

虽然沈阳方言"能"后可加的形容词不那么受限,但"能"后连接的基本上都是能够主观衡量的形容词。例如感受形容词是人的主观感受,心理形容词表达的是人的主观心理。虽然量度和评价一般都有一个客观标准,但这类形容词的评断和评价都是评价主体做出的判断,有评价主体自身的主观喜好在里面,带有一定的情感倾向性。而且通常用在口语里,沈阳方言"能"后通常不连接具有书面性质的状态形容词。

3. 当 X 为 NP 时

沈阳方言"能"后可以加名词,这里的名词一般是推移性名词①。例如:

(49) 这对老夫妻的孩子能三十多岁了。

(50) 我觉得现在能十点了。

需要说明的是,以上这几句的完整式是"S,能 NP 了"。"S"是推测的依据,"NP"是根据某种情况推定出的结果。"能 NP 了"有时单独出现,实际上是隐去了推断的依据"S"。如例(49)"这对老夫妻的孩子能三十多岁了"前边隐去了"我认识这对老夫妻,知道他们大概的年龄,所以我推断这对老夫妻的孩子能三十多岁了"。补说出来就成为"S,能 NP 了"这个完整的有论据的推断式。

"能 NP 了"不能直接采用"不能 NP 了"否定。否定式要把"能"与 NP 之间的动词补出来,并且去掉"了"。例如:

(49') 这对老夫妻的孩子不能有三十多岁。

(50') 我觉得现在不能有十点。

4. "能"与体标记的互动情况

周小兵(1989)提出"能"后不能带时体助词。彭利贞(2007)指出"能"

---

① 推移性名词,即指所表示的概念是原来并非如此,由相对的概念推移而来。邢福义(1984)

与时体标记同现时,要么有特殊的句法要求,一般为疑问句或否定句,要么用例比较少见。

沈阳方言"能"可以与时体标记共现。本节观察和分析"能"与句子中体标记"着、了、过、起来、下去"在句法上的互动关系。

1)"能"与"着"共现

在现代汉语普通话中"能"与静态持续体"着"同现,表达认识情态可能,句法上多为疑问句和否定句,说话人的语用效果是怀疑。沈阳方言"能"与静态持续体"着"共现,可以用在肯定句中,没有特殊的句法要求。例如:

(51) 书包丢了别问我啊,你去找小王他能拿着你的书包。

(52) 走我们去搜他的家,说不定家中能藏着什么宝贝。

这些句子中的动词与体标记"着"一起表达静态持续事件,"能"则是对这些静态持续事件进行推断,即认为这种静态持续事件在事实性上存在着较大的可能性。

2)"能"与"了"共现

沈阳方言"能"与"了"同现同样没有句法要求,"了"可以放在谓语后,也可以放在句尾。例如:

(53) 地上都是水,昨天能下了一场大雨。

(54) 别说这样的话,能伤了他的心。

例(53)表说话人对过去事件发生的现实性的推测,例(54)是说话人表达对未来可能成为现实事件的推测。

(55) 起飞有15个小时了,他现在能到巴黎了。

(56) 过了对流层飞机就能不震荡了。

例(55)推测"他到了巴黎",例(56)推测"飞机可能会不震荡了"这一命题的可能性为真。

3)"能"与"过"共现

"能"与经历体标记"过"同现,表达认识情态意义"可能"。说话人表达对过去经历过的事件的可能性的推断。例如:

(57) 我父亲在这一带很有名,你也许不认识我,但你能听说过我的父亲。

(58) 他是一位很有名的诗人,你能看过他的诗。

例(57)、例(58)中的"过"是经历体标记,他强调的是事件的历时性,具有历时终结的语义特征。带"过"的句子表示某一事件曾经发生并已终结,

"能"加在这类"过"的句子之上,表示对这一事件现实性的推断,是根据某种前提经过一个推理过程得出说话人对该事件现实性的观点与态度。如例(57)根据"我父亲"的知名度这一当地的共有认知,得出对事件"你应该听过我父亲"可能性的主观推断。例(58)根据"他很有名",得出"你应该看过他的诗"这种主观推断。

4)"能"与"起来"同现

"能"与起始体标记"起来"同现时,表认识情态可能,其后可加非自主动词。例如:

(59)我觉得这个明星<u>能</u>红起来。

(60)眼瞅着他们就<u>能</u>吵起来,我得赶紧去劝劝架。

例(59)、例(60)"能"表认识情态"可能","我觉得这个明星会红起来""眼瞅着他们可能吵起来"。

5)"能"与"下去"同现

"能"与继续体标记"下去"同现时,表认识情态"可能"。例如:

(61)别买了,这只股票<u>能</u>一直赔下去。

(62)谁也不服软,这架就<u>能</u>一直吵下去。

例(61)、例(62)的动词具有消极意义,与动力情态道义情态存在语义冲突,所以,这里的三个句子中"能"会自然的获得"可能"的认识情态意义。

总之,沈阳方言情态动词"能"能够不受句类限制的表达认识情态,表达说话者对某一事件或某一命题实现的可能性进行推测,具有很强的主观性。常常出现在非现实句中,用作状语性成分修饰其后出现的谓词性成分或命题。

我们把沈阳方言"能"和普通话"能"的区别对比如表2所示:

表2　沈阳方言"能"和普通话"能"的对比

认识情态	沈阳方言"能"	普通话"能"
在疑问和否定句中表认识可能	+	+
后加负向义、结果义、非自主义 VP	+	−
后加量度、感受、心理、评价 AP	+	−
后加 NP	+	−
与"着、了、过、起来、下去"共现	+	−

四、"能"的来源与发展途径

"能"的本义是一种似熊的动物。《说文解字》卷十能部:"熊属,足似鹿。从肉㠯声。能兽坚中,故称贤能;而强壮,称能杰也。"李明(2017)考证最早在殷墟甲骨刻辞中,出现"能"的动词用法。例如:

(63) 女受我田牧,弗能许䰧从。(䰧从鼎,296)(不能许诺与䰧从之约。)

(64) 我不能不畀县白万年保。(县簋,123)(我不能不和县伯万年保用。)①

同一时期出现了 6 例"能",李明(2017)认为以上两例出现的"能"是动词表能力,除这两例表能力外,其余 4 例②是为形容词。到西周金文以后,开始出现"能"的助动词用法。例如:

(65) 君有君之威仪,其臣畏而爱之,则而象之,故能有其国家,令闻长世。(《左传·襄 31 年》)

朱冠明(2003)指出,"能"的情态动词用法,是从表动物的"能"引申,先指具有超凡能力的人,接着转喻指超凡身体能力,由身体能力进一步引申为心理能力或综合能力,再发展出表示"外界客观条件"的"中性可能性",由此发展出在疑问句和否定句中表道义情态和认识情态的"能"。因此在古代汉语中,"能"可以作为动词、形容词和情态动词表动力情态道义情态,并在反问句中表认识情态。

发展到现在,普通话里的"能"已经不能做动词使用,但古代汉语的这种用法保留在沈阳方言中。沈阳方言"能"作为情态动词,后面的主要动词可以是消极的、否定的、反常的,这在古代汉语和现代汉语普通话中都是不存在的。这里"能"的意思就不再是主语能够不能够,而是推测事件或状态会不会发生,说明沈阳方言"能"已经可以不受限制表认识可能,这比古代汉语

---

① 以上两例引自李明(2017)李文中用例选自马承源(1988),本文引例后括号内,前为铭文所在铜器名称,后为在该书中的页码。

② 其余 4 例为:"多公能福"(沈子也簋盖,57)、"柔远能迩"(大克鼎,216;番生簋盖,225)、"康能四国"(毛公鼎,316)。

和现代汉语普通话又向前发展了一步。

普通话情态动词"能"发展到目前为止,只在疑问句和否定句中表道义情态和认识情态。沈阳方言"能"用法上可以无条件的用在肯定句中表道义情态和认识情态。单就"能"来讲,在普通话情态系统中,似乎没有其他地区的方言"能"有如此表现,沈阳方言"能"在情态动词中是比较特殊的。当然,任何特殊性都不能超越语言的普遍性。

从语言类型学角度看,沈阳方言"能"的演变是遵循世界语言发展规律的。Heine 和 Kuteva(2012)在《语法化的世界词库》里指出,从能力标记到可能性标记是人类语言的一般规律,德语 können 的发展就是能力到可能。例如:

(66) Er kann Französisch.
　　 他　能　　法语
　　 他会说法语。

(67) Er kann Französisch sein.
　　 他　能　　法国人　是
　　 他可能是法国人。

Bybee et al. (1994)根据英语事实构建了"能力到可能"的语法化途径,从道义(施事者取向的)情态到认识情态是人类语言中普遍存在的演变过程,从能力到可能性的语法化只是其中的一个具体表现。Van dei Auwera 和 Plungian(1998)情态语义地图也描述了从动力情态到道义情态最后发展成认识情态这一规律。所以从语言类型学上看,沈阳方言"能"符合世界语言情态动词的发展规律:

能力──→可能性

从方言类型学角度看,范晓蕾(2017)在 Van dei Auwera 和 Plungian(1998)情态语义地图的基础上,构建了基于汉语方言的"能性情态的语义地图"。并指出在汉语中,各方言情态词在表达生理能力和心智能力上有一定的"分工"趋势。比如北京话"能"的能力义可描述为:主要表生理能力,表心智能力受限。例如,问题"他外语怎么样?"一般用"他会说英语,也会说法语"回答,很少用"他能说英语,也能说法语"。沈阳方言"能"既可以表达生理能力也可以表达心智能力,因此在回答"他外语怎么样?"既可以用"他能说英语,也能说日语",也可以用"能"的动词用法来回答"他能英语,也能法语"。因此沈阳方言"能"进一步演化出了表可能的认识情态义。

这一演化过程的机制是回溯推理。首先,如果许可某人做某事,那么某人一定有生理能力做某事;说话人说某人有生理能力做某事,很可能是要表达许可某人做某事。于是,从生理能力发展出许可的意义。另一方面,如果某人可能做某事,那么某人一定有生理能力做某事;说话人说某人有生理能力做某事,很可能是表达某人可能做某事。于是,从生理能力发展出认识可能的意义。

其次,如果某人承诺做某事,那么某人一定有心智能力做某事;说话人说某人有心智能力做某事,很可能是要表达某人承诺做某事。于是,从心智能力发展出承诺的意义。另一方面,如果某人会做某事,那么某人一定有心智能力做某事;说话人说某人有心智能力做某事,很可能是要表达某人会做某事。于是,从心智能力发展出认识盖然的意义。

我们把沈阳方言情态动词"能"的语义范畴扩展路径总结如下:

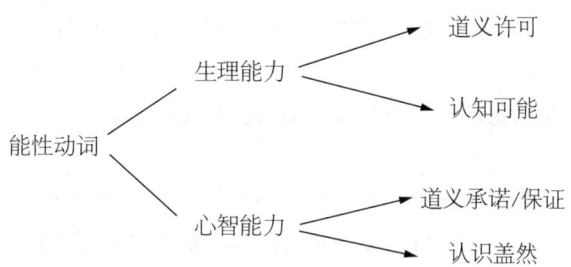

综上所述,沈阳方言情态动词"能"的演变符合人类大多数语言的演变方向。范晓蕾(2017)在建构汉语自己的情态动词语义地图时说,目前汉语情态动词语义地图的构建,还有一些汉语方言证据的缺失。我们对沈阳方言情态动词"能"的描写,也从个例的角度补充细化汉语方言情态动词语义地图。

参考文献

范晓蕾(2012)语义演变的共时拟测与语义地图——基于"能性情态语义地图"的讨论,载北京大学汉语语言学研究中心《语言学论丛》编委会,《语言学论丛》第四十六辑,北京:商务印书馆。

——(2017)语义地图的解析度及表征方式——以"能力义为核心的语义地图"为例,《世界汉语教学》第2期。
郭昭军(2003)从"会2"与"可能"的比较看情态动词"会2"的句法和意义,载中国语文杂志社编,《语法研究和探索》十二,北京:商务印书馆。
李　明(2017)《汉语助动词的历史演变研究》,北京:商务印书馆:17。
刘　宇(2015)哈尔滨方言语法现象研究,吉林大学博士学位论文。
孟祥英(1989)"能"与"会"使用上的几个问题,《天津师大学报》第4期。
马承源(1988)《商、西周青铜器铭文释文及注释》,北京:文物出版社。
马庆株(1988)能愿动词的连用,《中国语文》第2期。
彭利贞(2007)《现代汉语情态研究》,北京:中国社会科学出版社:147。
沈家煊(2008)"移位"还是"移情"?——析"他是去年生的孩子",《中国语文》第5期。
王　力(1989)《汉语语法史》,北京:商务印书馆。
王　伟(2000)情态动词"能"在交际过程中义项呈现,《中国语文》第3期。
王红卫(2008)汉语情态动词"能"语法化的类型学研究,《淮北煤炭师范学院学报》第4期。
邢福义(1984)说"NP了"句式,《语文研究》第3期。
许和平(1992)试论"会"的语义与句法特征,载南开大学对外汉语教学中心,《汉语研究》第3辑,天津:南开大学出版社。
尹智铉(2012)汉语情态动词"能"与汉语相应情态表达对比研究,浙江大学硕士学位论文。
周小兵(1989)"会"和"能"及其在句中的换用,《烟台大学学报》第4期:16。
朱冠明(2003)汉语单音情态动词语义发展的机制,《解放军外国语学院学报》第6期。
宗守云(2015)晋方言情态动词"待"及其否定关联和意外性质,《中国语文》第4期。
郑天刚(2002)助动词的语义特征和句法特征,载谢文庆、孙晖,《汉语言文化研究》第八辑,天津:天津人民出版社。
张伯江(2002)施事角色的语用属性,《中国语文》第6期。
中国社会科学院语言研究所词典编辑室(2016)《现代汉语词典》第7版,北京:商务印书馆。
渡边丽玲(2000)助动词"能"与"会"的句法语义分析,载陆俭明,《面临新世纪挑战的现代汉语语法研究》,济南:山东教育出版社。
鲁晓琨(2014)《现代汉语基本助动词语义研究》,北京:中国社会科学出版社。
宋永圭(2004)《现代汉语情态动词"能"的否定研究》,复旦大学博士学位论文。
Heine B, Kuteva T. (2012)《语法化的世界词库》,龙海平、谷峰、肖小平译,北京:世界图书出版公司。

Bybee J, Revere P, Pagliuca W. (1994) *The Evolution of Grammar: Tense, Aspect, and Modality in the Languages of the World* . Chicago: The University of Chicago.

Palmer F R. (1986) *Mood and Modality*. Cambridge: Cambridge University Press.

Perkins M R. (1983) *Modal Expressions in English*. New Jersey: ABLEX Publishing Corporation.

Van der Auwera J, Plungian V A. (1998) Modality's Semantic Map. *Linguisitic Typology*(2): 79-124.

(200030 上海,上海师范大学语言研究所 104749847@qq.com)

内蒙古晋语后置标记词"动"*

王 敏

提要 内蒙古晋语中后置标记词"动"主要有三种功能,分别为后置时间标记,后置假设标记及后置话题标记。文章认为后置标记词"动"的来源与"静"相对的动词"动",其经常出现在联合式谓词短语后端,随着"动"的语义虚化和泛化,其动作性减弱,状态性增强。"VP动"经常出现在另一小句前端作为其事件发展的时间参照,进而演变为"时间标记"。由于语用的需求,出于对结果的强调或凸显,其主观性增强,动结式变为可能式,"可能性"经常是一种非现实态,所以"动"又演变为假设句中的"虚拟标记"。虚拟标记"动"的用法又拓展到谓词性话题标记,最后泛化到名词性话题标记,发展成为内蒙古晋语中十分常见的话题标记。

关键词 晋语;动;后置;标记

内蒙古晋语区又称为内蒙古西部方言区,包括呼和浩特、包头、乌海、巴彦淖尔、乌兰察布市等地(侯精一 1999),是山西、陕西、山东、河北、河南等地"走西口"移民的重要聚集地。

内蒙古晋语中"动"是一个多功能语言单位:(1)作为动作动词,可以充当谓语,指改变原来的位置或脱离静止状态,与"静"相对,这一用法与普通话完全一样;(2)充当动补结构的补语,这一用法与普通话部分一致;(3)作为小句的连接成分,表示假设意义;(4)作为话题标记,其中后面两种用法普通话中不见。陈茂山(1990),田希诚(1996),乔全生(2000),吴建

---

 * 本文是内蒙古自治区高等学校科学研究项目成果(项目编号 NJSY16326)。曹秀玲教授、宗守云教授及匿名审稿专家为本文提出了宝贵的修改意见,谨致谢忱!文中尚存谬误,概由本人负责。

生(2002)、邢向东(2002,2005,2006)、谷向伟(2007)、邱闯仙(2012)、王芳(2014)、陈鹏飞、张雪平(2018)等都曾对"动"有过较为详细的共时描写,邢向东(2006)从语法化角度考察了表示时间的"动"的来源。本文拟在前人时贤研究的基础上,全面考察内蒙古晋语中"动"的各种用法,并尝试对其语法化过程进行理论分析。

一、"动"的功能分析

从语言类型学来看,汉语普通话一般为前置词和后置词共现形成框式结构,在方言中,后置词更为常见,曹志耘(1998)、宗守云(2015)认为晋语区存在的后置词有"等、等价、着、先"等。内蒙古晋语中"动"也属于后置词,且功能丰富。经常用在词、短语、小句等语法单位后面,标记时间、假设、话题等,属于一个多功能后置词。

(一)后置时间标记词"动$_1$"

在内蒙古晋语中,"动"后置于谓词、谓词短语、时间名词后面,形成"X 动$_1$"结构。该结构通常位于主句之前,做时间状语,"动"与普通话"时"和"的时候"意思相近。"X 动$_1$"小句不参与行为主体所述事件的动态过程,主要为主句所陈述的事件提供时间定位,起补充和衬托的背景作用。在小句中"动"使 X 降级为时间参照小句。因此,我们认为内蒙古晋语中"动$_1$"是标记时间的助词。例如:

(1)走动把你哥领上。走的时候把你哥哥带上。

(2)开花儿动去照相坨。开花的时候去照相。

(3)八点动再来哇,今儿个下班儿了。八点的时候再来吧,今天下班了。

例(1)中"动"置于动词"走"之后,表示"走的时候",为主语"把你哥领上"建立参照时间。例(2)中"动"后置于动宾短语"开花儿",在内蒙古晋语中,动宾短语与后置词"动"的位置有两种情况,"内蒙伊盟、巴盟、包头采用'VO 动'结构,内蒙呼市、乌盟采用'V 动 O'结构"(田希诚 1996)。例(3)中"八点"为时间名词,与后置时间标记"动"结合,为主句"再来哇"建立参照时间。时间名词本身能够传递信息,由于"动"的时间意义较为虚灵,从语言经济性原则出发,"动"可以省略,"八点"单独做时间状语。

进入"X 动$_1$"结构的 X 都具有[+变化][+过程],所以能愿动词、判断动词、形式动词和一般名词不能进入该结构。与普通话不同的是,普通话"X的时候"可以表示现在、过去和将来的任何时间点,内蒙古晋语"X 动$_1$"只能用于现在和将来的时间表述句中,不能用于过去时。例如:

(4) 吃鱼动操心叫刺扎住的。吃鱼的时候小心不要被刺扎住。

(5) 出门动把家锁上。出门的时候把门锁上。

例(4)和例(5)中虽然没有明显的时间标记,但是和"动"连接的话,都表示在说话时动作尚未发生,整个句子是未然事态。当有明显的过去标记时,即动作已经发生,整个句子表示已然事态,则不可以使用时间助词"动$_1$"。

"X 动$_1$"通常用于祈使句,表示说话人要求、请求或命令、劝告、叮嘱、建议听话人在"X 动$_1$"发生的同时按照命令执行某事。例如:

(6) 下坡动操心的些儿。下坡的时候要小心一点。

(7) 开会动你再提意见。开会的时候你再提意见。

(二) 后置假设标记词"动$_2$"

田希诚(1996)认为离石、汾阳、太谷等地,"动了"用在动词(或动宾词组)后面,还可以表示一种假设,相当于普通话中的"……的话"。田文所描述的"动了"即为内蒙古晋语中的"动$_2$"。从构造单位看,"X 动"结构中可以充当"X"的成分有小句、短语、光杆词。就光杆词"X"的功能类别而言,既可以是动词、形容词等谓词,也可以是否定副词,还可以是名词、代词等体词。例如:

(8) 载后生要捉哄你动,你连一支也没。这个小伙子如果骗你的话,你连一点办法也没有。

(9) 买房动买那个大的好了。当初买房如果买那个大的就好了。

(10) 愿意动你明天来上一趟。如果你愿意的话,明天来一趟。

(11) 不动你甭去了。要不然你别去了。

(12) 那样儿动,他也太不是个人了。如果是那样的话,他就太不是个人了。

(13) (一碗了不够吃,)两碗动差不多。两碗的话差不多。

与"动$_1$"不同的是,表示假设的标记"动$_2$"不凸显时间性,抑或者是表示泛时。二者的共同点是黏附对象都具有事件性和陈述性,无论是谓词性还是体词性,无论是单词、短语抑或是小句,它们都是一个完整事件的表述。代词"X"是指称前面整个事件的;动词、名词和副词"X"是在一定的话境中

由于会话的经济原则省略相关谓词而形成的结构形式,所以我们完全能根据上下文将那些被省略的部分补写出来。例如:

(13')(一碗儿了不够吃),[吃]两碗儿动差不多。

就"X 动₂"的分布看,主要充当假设复句的前句;为了强调或是补充说明,也可以以倒装的形式,位于主句的后面。例如:

(14)跟你相跟的那个女子是你女朋友哇,<u>我要猜的没错动</u>。和你一起的那个女孩子是你的女朋友吧,如果我没有猜错的话。

(15)覅客气,有事儿叫我,<u>我要能帮上忙动</u>。不要客气,有事情叫我,如果我能帮上忙的话。

例(14)中为了强调"我要猜的没错"将假设小句后置,例(15)中"我要能帮上忙动"是追加信息,补充前面的主句"有事儿叫我"。

董秀英、徐杰(2009)认为:"受 OV 型语言使用后置标记的影响,宁夏、陕西等地的后置假设标记也比较丰富。"本文认为,内蒙古晋语的"动₂"属于表示假设的后置标记。和普通话一样,内蒙古晋语的假设条件可以意合而成,即不需要关联词语连接,但是在口语中更自然的表达方式是有标记假设复句。最惯常的形式是使用后置假设连接标记"动",还可以与其他假设连词构成框式结构,如"要(是)……动""假若要(是)……动""给给……动"。例如:

(16)<u>你要是早认错动</u>,还能挨这顿打了?你如果早认错的话,能挨这顿打吗?

(17)<u>假若要是房子再大点动</u>,我还能置办点家具。假如房子再大一点的话,我还能再买点家具。

(18)<u>给给我动</u>,早就忘了。如果是我,早就忘了。

"动₂"还可以与其他后置假设连接标记"起""价"等连用,达到强化假设的目的。例如:

(19)<u>往后再找对象动起</u>,可得打听好了。以后再找对象的话,要好好地询问。

(20)<u>你做买卖动价</u>,先把数学好好学些儿。你做生意的话,先好好学习数学。

除此之外,假设助词"动₂"也可以与语气词"哇""哇么""呀"等共现。例如:

(21)<u>再要骂人动哇</u>,操心把你的嘴扯烂了。如果再骂人的话,小心把你的嘴烂了。

(22)<u>再不走动呀</u>,你老子该收拾你了。要是再不走的话,我就收拾你了。

依照语言的经济原则,尤其在口语中,依靠语境我们经常会出现大量的省略。但是在内蒙古晋语中,意合假设用法很少。多数情况下表示假设需要标记,或者是后置假设标记"动",或者是框式假设结构,或者是假设标记与假设语气词的连用。这些不是冗余成分,其作用在于明晰成分之间的管界。口语交际转瞬即逝,要在极短的时间内表达复杂的语义及情感,无论是说者还是听者都需要特别关注,所以,在内蒙古晋语假设意义的表达中,使用者选择用假设标记叠加的方式为自己(说者)/他人(听者)提供更多的信息或时间去理解——假设管界从"动"字小句开始。在口语表达中,"动$_2$"或"动$_2$"后揣测语气词的后面通常会有停顿。①

(三)后置话题标记词"动$_3$"

"动"所在小句没有假设的意味存在,仅仅表示停顿语气,引起下文,可以看作话题标记。"动$_3$"作为话题标记的话题句中,话题成分"X"的功能类别可以分为体词性和谓词性两大类,既可以是单词也可以是短语。例如:

(23)<u>我动</u>,才不怕他了。我呢,才不怕他呢。

(24)<u>女人动</u>,把乃酒少喝上点儿哇。女人的话,少喝点酒。

(25)<u>成气人家动</u>,这种姑娘早成家了。经营得当的家庭,这样的姑娘早结婚了。

(26)<u>吃动</u>,数他跑得快了。说到吃东西的话,他最积极。

(27)<u>他干些儿事儿动</u>,可利索了。他干事情呢,很利索。

例(23)中代词"我"携带话题标记"动"做述题"不怕他"的陈述对象,例(24)和例(25)中话题标记"动$_3$"黏附的对象为名词"女人"和名词性偏正短语"成气人家",话题和述题之间有停顿。例(26)和例(27)话题标记"动$_3$"黏附的对象为动词"吃"和小句"他干些儿事儿"。

与后置时间标记"动$_1$"和后置假设标记"动$_2$"不同的是,话题标记"动$_3$"更常置于名词或名词性短语之后。当然,虽然话题标记"动$_3$"也可以黏附于动词和小句之后,但是其性质也是不同的。充当话题成分的 VP 具有指称性,是已知、定指或类指的活动,是话语关涉的对象,对象本身没有事件性,只能为后面的谓语提供框架信息,符合这些条件才可以充当话题成分。(黄哲,刘丹青 2018)话题标记"动$_3$"所黏附的谓词性成分根据前后语境很容易

---

① 笔者的同学李鹏(土生土长的内蒙古乌拉特中旗人,操一口流利的内蒙古晋方言,单次离开此地时间从未超过半个月)在与笔者的私人信件中谈道:个人感觉,表示假设的"动"后稍作停顿更符合我们的方言习惯。

补出与动词相关的指称成分。例如：

(28) 看书动,刘老师看的最多。关于看书,刘老师看的最多。

(29) 开会讨论动,我没意见。开会讨论的话,我没有意见。

例(28)中,"看书"为"刘老师看的最多"建立讨论范围,讨论的对象是"看书"这件事情而不是"看书"这个动作,所以"看书"已经指称化。例(29)中"开会讨论"置于句首,明确"我没意见"所管辖的范围,"开会讨论"没有时间性,动作性减弱,缺乏事件性。

二、"动"的演化历程

"动"是会意兼形声字,金文从重(一个头上带有刑罚标记的人身背竹篓形),从土。古文另加辵(⻌),以突出背得起,篆文改辵(⻌)为力,表示用力把东西背起来了,重也兼表声。《说文·力部》："动,作也,从力重声。"段玉裁注："作者,起也。"由此可见,"动"的本义为"作、起",后引申泛指一切"(事物)改变原来的位置或脱离静止状态"。在汉语史上,"动"可以附着在动作后面表示其位置或状态的改变,这种用法在现代汉语口语和当代作家的作品中也十分常见。

(一) 时间义 X 动₁≈X 的时候

"动"可以与许多位移动词组成复合词,如走动、移动、摇动、游动、闪动、改动、飞动、滚动、开动、流动、飘动、跳动、摆动等。在这些复合词中,都是位移动词加一般动作动词"动",从组合结构来说是联合式复合词,但意义却以前面的语素为主,后面的"动"主要起补足音节、标示义类、强调状态的作用。在内蒙古晋语中,这些词语一般都以单音节形式出现①。

在现代汉语普通话和内蒙古晋语中,大量存在的是补充式"VP 动"复合词或短语,表示动作产生能够导致受事或施事本身进行活动。述补结构中的"动"表示的意思不再是强调前面 VP 的发生,而是表示动作完成结束后状态的持续,这时"动"动作性减弱,是一种被动呈现的状态,是对一种存在或新近出现状态的描绘。例如：

---

① 在内蒙古晋语中,也有"走动"一词,但是意义已经发生引申,表示"互相联系"。表示"走"意义的"走动"一词并不存在。

(30) 有一天,画至一个阶段,需要<u>搬动</u>画架,变动写生地址,迁至山上。(《1994 年报刊精选》)

需要搬动画架 = 某人(省略)搬画架 + 画架动。

表义为:画架经搬的动作产生后位置由原来的画室变为山上。

随着使用的泛化,动作的位移可以隐喻为一般动作、状态的改变,这时,"动"不再是实义动词,而是表示"动作实现"的范畴化语义。"动"已经演变为唯补词,意义虚化,具有唯补性、后附性、黏着性的特点。① 动词与唯补词"动"结合只陈述一个事件,不能像一般动补结构可以分解为两个事件。例如:

(31) 老人家今年已经八十七岁高龄,可是既不耳聋,也不眼瞎,牙齿锋利得可以<u>咬动</u>榛子。(《读者合订本》)

牙齿可以咬动榛子 ≠ 牙齿咬榛子 + 榛子动

≠ 牙齿咬榛子 + 牙齿动

当"实现义"凸显之后,"位移义"就隐退,"动"的作用不再表示动作、状态的变化,只表示"动作或变化状态的实现"这种抽象的语法意义。刘丹青(1994)指出:"唯补词的核心作用是表示作为范畴义的结果和可能,是没有更具体的用词时用来填补空位表达结果或可能的。""VP 动₁"中使用 VP 的上位概念"活动"来表示 VP 这一动作产生的"活动"结果。

作为唯补词的"动"演变为内蒙古晋语中的后置时间标记,需要一定的条件。第一,"VP₁动₁"置于另一小句前端,形成"VP₁动₁,VP₂"结构,"VP₁动₁"做状语。"VP₁动₁"结构由主句中的动补结构演变为状语小句,从事件发展的主线变化为事件的枝节,从前景信息降级为背景信息。例如:

(32) 我略略<u>转动</u>一下目光,呵唷,左边的几个窗玻璃上已经都有了她的画稿了。(王蒙《冬雨》)

(33) 上街<u>转动</u>给我捎上个梳子。逛街的时候顺便给我买把梳子。

例(32)中"转动"为"我略略转动一下目光"小句的主要动词结构,支配宾语"目光",其不可缺少,是句子的主干,这里"动"不是时间标记。例(33)中陈述的主要事件为"给我捎上个梳子","上街转动"只是为后面的小句建立时间参照,不是事件发展的主线,因此缺少也不影响表达的完整性,此时

---

① 关于"唯补词"的界定请参看刘丹青(1994)。

可以看做时间标记"动"。如果没有后置时间标记"动₁",那么"上街"和"给我捎上个梳子"为连动关系,二者在陈述中的地位同样重要,所以后置时间标记"动₁"会降低其所在小句的权重使之成为背景信息。

第二,VP₁和VP₂两个事件具有同时性关系①,VP₁是伴随VP₂发生的事件,在叙述VP₂的时候用陈述双方已知的VP₁事件为参照,定位VP₂的发生时间,用"动₁"联系二者并标明两个事件同时发生。例如:

(34) 我本来挑了一把康乃馨,她劝我买马蹄莲,说这儿的马蹄莲是全市最便宜的,我还就让她说<u>动</u>了,买了一把马蹄莲,多花了好多钱。(苏童《马蹄莲》)

(35) 她说<u>动</u>站起来就走了。她被说服然后站起来走了。/她说的时候站起来走了。

(36) 你说<u>动</u>覅叫人听见。你说话的时候不要让别人听见。

例(34)、例(35)、例(36)中"VP 动"都位于另一小句前端,在交际中也都不是表达的重心。但是VP₁和VP₂二者表现却不相同。例(34)中"说动"和"买了一把马蹄莲"具有顺承关系,后者是前者的表现或结果,"说动"意为"被说服","动"为唯补词。例(35)"说"和"站起来就走"两个事件可以为顺承事件,也可以是同时发生的事件,这时"动"处在中间状态,可以两解。例(36)"说"为"覅叫人听见"的伴随动作,两个行为同时发生,此时"动"为典型的后置时间标记。

在语言的类推机制作用下,后置时间标记"动₁"所黏附的对象由VP扩展到时间名词时,"动"的意义更加虚化,已经完全演变为一个时间标记了。

在近代汉语中,《红楼梦》中的用例与内蒙古晋语表示时间的"动"字句用法一致。例如:

(37) 薛姨妈道:"我的儿,你们女孩家那里知道,自古道:'千里姻缘一线牵'。管姻缘的有一位月下老人,预先注定,暗里只用一根红丝把这两个人的脚绊住,凭你两家隔着海,隔着国,有世仇的,也终久有机会作了夫妇。这一件事都是出人意料之外,凭父母本人都愿意了,或是年年在一处的,以为是定了的亲事,若月下老人不用

---

① 关于"同时性"的界定,语言学有严式和宽式两种标准。严式标准认为两个事件在时间域中完全重合,宽式标准认为只要是在时间域中有重合即为"同时"。本文依照宽式标准界定VP₁和VP₂的同时性。

红线拴的,再不能到一处。比如你姐妹两个的婚姻,此刻也不知在眼前,也不知在山南海北呢。"宝钗道:"惟有妈,说动话就拉上我们。"(《红楼梦》第五十七回)

例(37)"说话"和"拉上我们"为同时发生的动作,薛姨妈在讲"姻缘"一事的时候联系到了宝钗和黛玉的婚姻,"动"标记同时。

(二)假设义 VP 动₂ = VP

在现代汉语中,当动作是主体有意发出,且结果是述语行为的预期目标时,形成可能式动补结构。林可(2001)根据孟琮所编《动词用法辞典》对所收的动词逐个分析,发现在 1328 个动词中有 167 个可以和"动"组成可能式动补结构。可能补语存在正反两方面的对立,"V 得动"的否定形式为"V 不动"。例如:

拔得动——拔不动 揉得动——揉不动 说得动——说不动

而在内蒙古晋语中,可能补语不是组合式,而是黏合式。也就是可能式与结果式同形,即都是"V 动"形式。有些"V 动"结构中"动"既可以是结果补语,也可能是可能补语,如"挪动 N",即为一种同形异构结构。例如:

(38)甲:你挪动桌子我就过去了。你挪挪桌子我就过去了。

乙:这么沉的桌子我挪不动,我挪动凳子了。这么重的桌子我挪不动,我只能挪得动凳子。

例(38)中甲句中的"挪动"表达一种客观陈述,是结果补语;乙句中的"挪动"与前文的"挪不动"相对,是可能补语,属于说话人对动作能否实现的主观评述。

结果补语和可能补语都以动作为中心,但是结果补语关注叙述动作产生的伴随结果,现时性强,出现的结果是所有可能出现的结果的概括;可能补语需要对动作结果进行主观筛检,关注评估动作能否实现,主观性较强。

从可能式动补结构演变为虚拟"VP 动"结构应该满足一个条件:VP_1动$_3$与 VP_2 互相依存,二者形成条件——结果的逻辑关系。此时"动"的语义更加虚化,"VP_1动"主要强调 VP_1 本身,指动作、性质、状态和事件本身,是后置假设标记。例如:

(39)载个雀儿等伤好了飞动再放上走。这只麻雀等伤好了能飞再放走。

(40)载个雀儿飞动让飞上去哇。这只麻雀能飞再让飞走吧。/这只麻雀如果飞就让飞走吧。

(41) 载个雀儿要是飞动雯圈的了。这只麻雀如果飞就不要圈在笼子里了。

例(39)中用"再"衔接"飞"和"放走",二者具有时间顺承关系,此时"动"只能作为"飞"的可能补语。例(40)为两解状态,"飞"和"飞上去"既可以是时间顺承关系,也可以是条件关系,所以,"动"可以理解为可能补语,也可以理解为后置假设标记。例(41)"飞"和"雯圈的"形成一种条件因果关系,用"要"来强化假设,"动"不再表示"飞"的可能性,整个结构强调"飞"这个动作本身。

内蒙古晋语中的可能式补语"动"演化为假设标记可能最初是借助假设连词"要(是)"等实现的,通过语境吸收使隐含的假设义逐渐明显,慢慢脱离假设连词而独立表达虚拟,表示一种主观预测发生 VP 的可能性。主观预测"VP 动"中"动"的时间意义需要借助人们的经验知识来识别,动作意义最终消失,事件所反应的时间具有泛时性。"VP 动"句陈述过去事件,表示言者的"遗憾"义或"后悔"义时假设意义更加突出。例如:

(42) 上学好好学动,现在就有口饭吃了。如果上学好好学习,现在就有口饭吃了。

(43) 早出门十分钟动,车也走不了了。如果早出门十分钟,车就不会走了。

在内蒙古晋语中,处在过去时间"动₂"假设句都是违实句,"动"具有反叙实性,表达一个和事实相反的命题。例(42)中言者事实上"上学的时候没有好好学习""现在也没有口饭吃"。其前件和后件都包含了一个虚假的命题,句子表达了言者的主观性,包含了两个意思:(一)事件实际上没有发生或已经发生,这是语义层面的;(二)说话人希望,没有发生的事件能够发生,或者已经发生的事件不要发生。既存事实跟言者的希望正好相反,所以"动₂"句表达了言者的"遗憾"或"后悔"。

在近代汉语中,《红楼梦》中的用例与现代内蒙古晋语假设条件"动"字句表示"未然"的用法一致。例如:

(44) 凤姐儿道:"他们那里凉快,两边又有楼。咱们要去,我头几天打发人去,把那些道士都赶出去,把楼打扫干净,挂起帘子来,一个闲人不许放进庙去,才是好呢。我已经回了太太了,你们不去我去。这些日子也闷的很了。家里唱动戏,我又不得舒舒服服的看。"(《红楼梦》第二十九回)

例(44)中"家里唱戏"事件并没有发生,具有非现实性。根据上下文,凤姐儿并不是要表述"家里唱戏的时候,我又不得舒舒服服的看",而是强调假设一种情况"如果家里唱戏",具有较强的主观性。

(三) 话题标记 X 动$_3$ = X

徐烈炯、刘丹青(1998),江蓝生(2002)从语言类型学和汉语史发展角度认为话题标记和假设标记二者具有本质的相似性,话题是预设的说明对象,假设是以一个虚拟条件为话题,所以二者可以用同一标记表示。我们认为假设标记"动$_2$"演变为话题标记"动$_3$"是在 VP 指称化的条件下实现的,也就是"VP$_1$动"中的"VP$_1$"不再强调动作性,而是把它作为"VP$_2$"的陈述对象。此时,"动"可以视为谓词性话题标记,具有提顿语气,引出下文的作用。例如:

(45) 能跳动说明伤好了。如果能跳的话说明伤好了。

(46) 跳动我参加(,跑动去不了)。如果让我跳高,那我参加。/跳高的项目我参加。

(47) 跳动小明跳得最高。关于跳,小明跳得最高。

例(45)中"能跳"是"说明伤好"的条件,"动"为假设标记。例(46)处于两可状态,"跳"可以指"跳"的动作,也可以指"跳的项目",如果指动作,那么后附为"动$_2$",如果指项目,那么后附为"动$_3$"。例(47)中"跳"为话题,是陈述的对象,此时为"动$_3$"。

作为话题标记,"动$_3$"逐渐摆脱对动词的附着性,使用环境逐渐泛化,开始出现在体词性词语后面表示语气停顿,话题标记用法逐渐成熟。在"动"的诸多用法中,体词后面的话题标记"动$_3$"语法化程度最高。

三、结　　语

综上所述,内蒙古晋语中后置标记词"动"主要有三种功能,分别为后置时间标记词、后置假设标记词及后置话题标记。本文认为后置标记词"动"来源于与"静"相对的"动",其可以做主要动词,也可以附着在动作动词后面表示位置或状态的改变,在现代汉语口语中或现当代作家作品中十分常见,可以形成"V 动"式联合式谓词短语,随着"动"的语义虚化和泛化,其动作性减弱,状态性增强,"动"演变为唯补词,同时"VP 动"经常出现在时间参照句中,演变为时间标记。由于语用的需求,出于对结果的强调或凸显,动结式变为可能式,"可能性"经常是一种非现实态,所以"动"在虚拟句中演变为假设标记。话题标记和假设标记的相通性使虚拟标记"动"的用法又拓展到谓词性话题标记,最后泛化到名词性话题标记,发展成为内蒙古晋语中十分常见的话题标记。这一演化过程与江蓝生(2002,2004)、强星娜、唐正大(2009)、强星娜(2011)、宗守云(2015)关于普通话、其他方言及同类词语的路径一致。

内蒙古晋语多功能后置标记"动"语法化的特殊之处在于:一是前贤时人所讨论的"时""先""慢慢叫"等语法化的源头都来自"时间词",而本文研究的"动"则是以动词隐含的时间性作为语法化的开端;二是"动"完成了从动词-时间标记-假设标记-话题标记的语法化全过程,"时"等标记的语法化只发展到假设标记,话题标记还不属于常见用法。因此,我们认为,内蒙古晋语中的"动"属于一个语法化程度较高的多功能后置标记。

内蒙古晋语后置标记词"动"的功能演化过程如下:

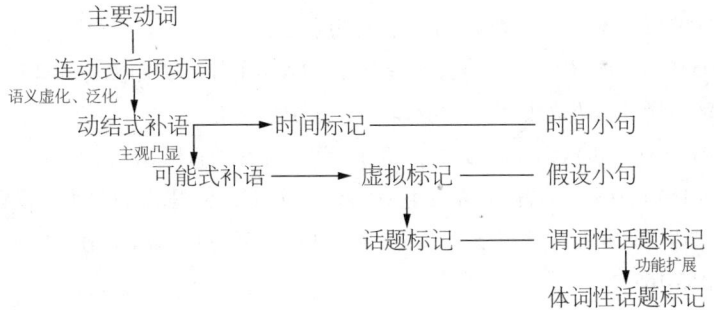

参考文献

曹志耘(1998)汉语方言里表示动作次序的后置词,《语言教学与研究》第4期:18-38。

陈茂山(1990)忻州方言的"动词(形容词)+顿咾",《语文研究》第3期:44。

陈鹏飞,张雪平(2018)河南林州方言的相对时结构"X 动",《殷都学刊》第39期第1卷:16-120。

董秀英,徐 杰(2009)假设句句法操作形式的跨语言比较,《汉语学报》第4期:64-74,96。

谷向伟(2007)河南林州方言的"动"和"动了",《方言》第2期:142-146。

黄 哲,刘丹青(2018)试析汉语中疑似连动式的话题结构,《世界汉语教学》第32期第1卷:12-25。

侯精一(1999)《现代晋语的研究》,北京:商务印书馆:52-58。

江蓝生(2002)时间词"时"和"後"的语法化,《中国语文》第4期:291-301,381。
——(2004)跨层非短语结构"的话"的词汇化,《中国语文》第5期:387-400,479。
林　可(2001)析"V得/不动"与"V得/不了",《广西大学学报》第6期:65-71。
刘丹青(1994)"唯补词"初探,《汉语学习》第3期:23-27。
强星娜(2011)上海话过去虚拟标记"蛮好"——兼论汉语方言过去虚拟表达的类型,《中国语文》第2期:155-163,192。
——唐正大(2009)从时间状语到虚拟标记——以上海话"慢慢叫"的语法化为例,《语言研究》第29期第2卷:53-60。
乔全生(2000)《晋方言语法研究》,北京:商务印书馆。
邱闯仙(2012)平遥方言的助词"动"和"嗓",《语文研究》第2期:60-65。
田希诚(1996)晋中方言的时态助词"动了"和"时",载陈庆延等主编,《首届晋方言国际学术研讨会论文集》.太原:山西高校联合出版社。
吴建生(2002)山西方言的助词"动",载戴昭铭主编,《汉语方言语法研究和探索——首届国际汉语方言语法学术研讨会论文集》.哈尔滨:黑龙江人民出版社。
王　芳(2004)河南安阳方言的时间助词"动儿",《安阳工学院学报》第1期:72-76。
邢向东(2002)《神木方言研究》,北京:中华书局。
——(2005)陕北晋语沿河方言愿望类虚拟语气的表达手段,《语文研究》第2期:44-48。
——(2006)《陕北晋语语法比较研究》,北京:商务印书馆。
徐烈炯,刘丹青(1998)《话题的结构与功能》,上海:上海教育出版社。
宗守云(2015)北万全话后置词"先"的多功能性及其演化历程,载复旦大学汉语言文学学科《语言研究集刊》编委会编,《语言研究集刊》第二十三辑,上海:上海辞书出版社:153-165。

(200234　上海,上海师范大学对外汉语学院/
015000　巴彦淖尔,河套学院汉语言文学系　wangmin8346@163.com)

广州话定指"量+名"结构再探*

单韵鸣

提要 文章细致描写了广州话定指"量+名"结构的句法分布,分化宾语位置上只能理解为有定或无定,以及有定和无定两解的句法情形;发现量词用于定指、关系连接,"啲"用于通指,以及单个量词指称有定事物等功能时有不同程度的句法限制。指出广州话量词的定指功能语法化程度最高,用作定指时,量词和所修饰的名词距离不宜太远;关系连接功能和通指功能都依附于定指功能,单个量词以指称有定事物的功能最弱。"个"和"啲"是量词系统中语法化程度较突出的两个量词。

关键词 广州话;量词;"量+名"结构;定指;语法化

一、引 言

在广州话里表示有定,有以下几个方法:1. 使用人称代词,如:你、佢(他/她)、你哋(你们)、佢哋(他们/她们);2. 使用专有名词,如:广州、《红楼梦》、陈明、王校长、小谢、老李;3. 使用"指+量+名"结构,如:呢支笔(这支笔)、嗰本书(那本书)、呢班人(这群人)、嗰啲嘢食(那些吃的东西);4. 使用定语对名词性成分进行限定,如:我嘅书包(我的书包)、妈妈送畀佢个香袋(妈妈送给她的香囊)、中间划到花晒嗰几页(中间被写花了的那几页);5. 使用"量+名"结构,如:a. 只杯重未洗。(杯子还没洗。)b. 将张凳搬开

---

* 本文是国家社科基金项目"粤语代际语料调查记录及变异、显危研究"(项目编号15BYY056),以及华南理工大学中央高校基本科研业务费项目"社会语言学视域下粤语自然语料中的语音、词汇和语法研究"(项目编号2018MSXM12)的阶段性成果;亦是广东省公共外交与跨文化传播研究基地成果之一。编辑部及匿名审稿专家提出了详细的修改意见,谨致谢意!

啲咪行得啰。(把这/那张凳子搬开一点不就能走了。) c. 好声啲啊,条石梯好企,你揸实条铁链啊。(小心点儿,这石阶很陡,你抓紧这条铁链。)

前四种结构表示有定的意义都很强。前两种方法表示有定是词汇意义本身所决定的;第三种方法中,指示代词本身有很强指示和指别的意义,"指+量+名"结构也由此获得了强烈的有定的意义;第四种方法中,定语对名词性成分进行描述或限定,便于人们对特定事物的识别,因此"定+名"结构也趋向于表示有定;第五种方法使用"量+名"结构表示有定是广州话与普通话的重要差别之一。

广州话用量词限定名词,主要是指单音节名量词(如:本、个、只、支、条、架等)、临时量词(如:盒、箱、车等)、个别度量衡量词(主要是斤),在前面没有指示代词或数词的情况下直接限定名词,形成"量+名"结构。此结构排斥双音节量词(现在广州话双音节量词基本消失)和动量词。"量+名"结构在广州话里很常见,有无定或有定的指称义(施其生1996;周小兵1997)。表示无定时,"量+名"是"一+量+名"结构中数词"一"的省略,表示有定时,是广州话量词定指功能的体现。

广州话有定的"量+名"结构,已引起学界较多关注。不少学者认为量词的定指功能和语言类型有关(Bisang 1999;Matthews & Virginia 2001;刘丹青 2000;单韵鸣 2004;王健 2013 等)。施其生(1996)提出广州话量词表示定指有点像英语定冠词。盛益民(2017)把广州话表有定的"量+名"结构归为准冠词型"量名"结构。

通过对话语篇章的考察,单韵鸣(2005a)发现有定的"量+名"一般出现在话语中的后续句里面,表示回指(anaphora),有时候也出现在话语的始发句中,这时候它所指的事物要么在话语发生的现场,是现场直指(deixis),要么跟一个听说双方都知道的事物相关,可以由常识推理得知。

在与"指+量+名"结构的区别方面,学界都一致认同"指+量+名"既是有定,又指示远近;"量+名"则只表示所指的名词指称确定,没有远近的指示义,它不是"指+量+名"的省略形式。单韵鸣(2004)指出"指+量+名"可用于比较、对比,"量+名"结构不能:

(1) 呢出戏好睇过嗰出好多,票房都高出成半。这部电影比那部好看多了,票房也多了一半!

(2) 呢条绳系尼龙料,嗰条绳系麻料,你自己定用边条啦。这条绳是尼龙料的,那条是麻料的,你自己决定用哪条吧。

除此以外,广州话量词还用于关系连接,同行在讨论定指功能时经常一并谈起(Bisang 1993;Matthews & Virginia 2001;刘丹青 2000;彭小川 2006;陈玉洁 2007;盛益民 2017 等),单韵鸣(2013)曾专文讨论量词用于领属结构的情况。刘丹青(2002)、单韵鸣(2005)还谈到不定量词"啲"用于通指。

前贤对广州话有定的"量+名"结构和量词功能的研究已经比较充分。但仍有一些不足,比如,是不是在谓词后的"量+名"结构都有有定和无定两解?是否存在只有一种理解的情况?量词的定指功能、关系连接功能和通指功能等有没有句法限制?其语法化程度如何?下面我们将对定指的"量+名"结构做进一步细致的描写,借此探析广州话量词的语法化程度及不同功能之间的关联。

二、"量+名"结构的句法分布

(一)"量+名"结构用于动词前

1. "量+名"结构做句子主语或主话题。这是粤语有定"量+名"结构最常见的句法情形。如:

(3) 本书喺台度。书在桌子上。

(4) 只狗唔见咗。狗不见了。

2. 广州话和普通话一样,句法成分话题化时,也可有主话题和次话题之分。(单韵鸣 2016)主话题占据主语的位置,第一点已说明。在次话题位置上的"量+名"结构也表示有定。如:

(5) 朱古力啲细路都食厌晒喇,有冇第啲嘢啊?巧克力小朋友们都吃腻了,有没有别的呀?

3. "量+名"结构用作介词"将"的宾语,表示有定。如:

(6) 将件衫洗到干干净净。把这/那件衣服洗得干干净净。

(二)"量+名"结构用于谓词后

"量+名"结构用作动词宾语或介词宾语时,经常被描写为有定或无定两解,具体要看语境。我们发现,"量+名"结构在谓词后只有一部分是有定和无定两解的,某些句法情形有的只能理解为有定,有的只能理解为无定。

1. 只能理解为有定的句法情形:

1）动词后有经历体标记"过"、短暂体标记"下"（包括"V下"的变体VV）、始续体标记"开"：

(7) 我睇过出戏。我看过这/那场戏剧。

(8) 我听咗下只碟。我听了一下这(张)CD。

(9) 你快啲去睇睇个存折响唔响度先。你快点儿去看一看那个存折在不在。

(10) 细佬玩开部手机㗎，畀佢抢咗之嘛。手机弟弟一直在玩，被他抢了而已。

2）动词后有"晒/齐"（表示"动作的范围涉及全部对象"）或"埋"（表示"动作行为扩大、连带至某对象"）、"翻"（表示"回复实际原来的性状或状态"①等后附成分：

(11) 琴晚返嚟个阵饿到死，我一个人就食晒只鸡喇。昨晚回来的时候饿得要命，我一个人就把那只鸡吃光了。

(12) 带齐啲嘢先好上机喔。把东西带齐了再上飞机。

(13) 食埋碗饭先走啦。吃了这碗饭再走吧。

(14) 畀埋樽狗粮你喇，如果唔系，佢肚饿个阵冇得食㗎啦。(连)这瓶狗粮也给你了，否则，它饿的时候就没得吃了。

(15) 揾咗好耐，卒之揾翻只戒指。找了好久，终于找回那(只)戒指。

3）"量+名"结构在表示未然的VCO中充当宾语（包括带体标记的祈使句）：

(16) 风咁大，小心吹走只船喔。风那么大，小心把船吹跑了。

(17) 我写好篇报告就去揾你。我写完这篇报告就去找你。

(18) 执起啲玩具啦。把玩具收拾起来。

(19) 你扎住个盒，我嚟绑。你拿着这盒子，我来绑。

(20) 卖咗啲报纸佢。把这些报纸卖掉吧！

4）"量+名"结构充当VOC中的宾语，C为动量补语：

(21) 张明踢咗只狗一脚。张明踢了那狗一脚。

(22) 翻去要省个工仔一餐先得。回去要把那小工骂一顿才行。

5）"量+名"结构用于比较标记"过"后：

(23) 装修仲贵过间屋！装修比这房子还贵！

---

① 如"呢度咁靓，影翻张相先。这儿那么漂亮，要照张相片。""暖翻啲就好喇。暖和一点就好了。"等情况不在我们的讨论范围，"翻"在此没有"回复实际状态"的意思。

(24) 讲到自己仲叻过个贼啊,唔系你去捉系边个去喔?! 说得自己比那贼还厉害,不是你去捉谁去呀?!

6)"量+名"结构用于"V得""V到"①后,做补语小句的主语:

(25) 佢执得间房好整齐。他把房间收拾得很整齐。

(26) 阿 Sam 搞得间公司几唔错。阿 Sam 把公司运营得不错。

(27) 佢洗到套西装干干净净。他把西装洗得干干净净。

(28) 佢笑到只眼都眯埋喇。她笑得眼睛都眯上了。

2. 只能理解为无定的句法情形:

1) 做表示领属或存现的"有"的宾语:

(29) 我有个仔。我有(一)个儿子。

(30) 有个细路响操场度玩紧。有(一)个小孩儿在操场那儿玩儿。

2) 多个"量+名"结构用作并列谓语的宾语

(31) 你阿爸话想食肉,我咪蒸个肉饼,焯斤虾,炒碟菜过佢咯。你爸爸说想吃肉,我就蒸了个肉饼,焯了斤虾,炒了碟菜给他呗。

(32) 朝早饮杯茶,食个包,话咁快就到晏昼喇。早上喝杯茶,吃个包子,很快就到中午了。

3. 做宾语有定和无定两解的句法情形:

1) 在最简的动宾结构②中充当宾语,往往倾向优先被理解为无定:

(33) 你带把遮啦。你带把雨伞吧。/你带上这把伞吧。

(34) 我攞张纸。我拿一张纸。/我拿走这张纸。

(35) 铲啲沙嚟铺下。铲(那)些沙子垫一垫。

(36) 畀杯茶我饮。给我一杯茶喝。/给那杯茶我喝。

2) 用作兼语句第一个动词的宾语:

(37) 我叫咗个学生去搵医生嚟㗎喇。我叫了(那)个学生去找医生的了。

(38) 佢问个小姐攞咗碟花生。③ 他向那/一位小姐拿了一碟花生。

3) 陈述句动词后有完成体标记"咗"、持续体标记"住/实"、进行体标记"紧":

(39) 佢唔小心打烂咗只碗。他不小心打破了一/那个碗。

---

① "V 得"后为评判性补语;"V 到"后为结果补语或程度补语。(单韵鸣 未刊)

② 包括在连动句中的最简动宾结构。

③ 此例的"问"在广州话中看作动词更适合,因为可在"问"后面加体标记"咗"。

(40) 细佬揸住支棍喺度舞。弟弟拿着一/那支棍子在挥舞。

(41) 我喺度睇紧篇论文。我正在看一/这篇论文呢。

4)"量+名"结构在陈述句的 VCO 中充当宾语:

(42) 风好大,吹走只船添。风这么大,把船吹跑了/吹跑了一艘船。

(43) 佢写好篇报告就去咗搵你喇。他写完那/一篇报告就去找你了。

(44) 妹妹执起个玩具,喺度摸嚟摸去。妹妹捡起一个玩具/把玩具捡起来,摸来摸去。

5)"量+名"结构用作其他介词宾语:

(45) 架单车畀啪玻璃割爆咗肽。自行车被这/一块玻璃割破了车胎。

(46) 你想唱歌,你喺个房唱得唔得? 你想唱歌,你在房间唱行不行?

"量+名"结构用作其他介词宾语,解作无定时,根据语境可表示无定特指[如例(45)],也可表示无定虚指[如例(46)]。

由上述分化可看出,有定和无定的"量+名"结构都分别有适宜的句法情形,而这些句法情形又和语义相关。也就是说,在那样的句法语义下,宾语一定只能是有定或无定的,比如动词后面有"埋"和"翻",鉴于"埋"和"翻"所表达的语义,受事宾语必须是定指的。同理,表示存在或存现的动词"有",后面的宾语也一定是无定。如此类推。事实上,宾语只能理解为有定的句法情形在广州话里还是比较多的;只能理解为无定的,反而比较少;能作有定和无定两解的也挺多。如此一来,广州话里的受事宾语不管指称义是否定指,句法表现就都在动词后。单韵鸣(2007)认为这是因为广州话是典型 SVO 语序类型的语言,VO 的制约力很强以至于有定的受事宾语仍可保留在谓词后而不必提到谓词前;在宾语位置上有定和无定的"量+名"结构只是同形,其性质和来源完全不同。

(三)"量+名"结构用作独语句

"量+名"结构在实际交际场景中有时能单独成句。这种独语句表示一种对现场事物的判断,句末可伴有语气词,"量+名"结构所指为情景所指:

(47) 哦,张凳!张凳阻住你,搬走佢。哦,这凳子!这凳子挡住你,搬开它。

(48) 条虫之嘛!使乜惊啫!一条虫而已!你怕什么!

刘探宙(2012)也曾发现"量+名"结构做独语句的用法,可以补出数词"一",但补出的"一"轻读,强调的不是数量而是名词的所指。广州话此用法根据实际情况有的能补"一"[如例(48)],兼指数量和定指事物,事物必须在现场。有的不能补"一",只能补指示代词,兼表指示和有定[如例(47)]。

(四)"量+名"结构作定语

量词修饰名词,"量+名"整个结构作为定语修饰后面的中心名词。如:

(49) 对手套啲质量都几好。那手套的质量挺好。

(50) 你摆咗架车嘅锁匙去边啊?你把那车的钥匙放到哪里了?

(51) 只猫条尾好长啊!这猫的尾巴好长呀!

如上例所示,"量+名"结构和中心名词之间可由结构助词"嘅"或量词连接。

(五)量词修饰带定语的名词

此情况和(四)不一样,量词和跟随在后的定语都是中心名词的限定成分。如:

(52) 支苹果醋乜牌子啊?这瓶苹果醋什么牌子啊?

(53) 只台脚断咗。那桌子腿断了。

(54) 张木台系我爸爸做嘅。这木头桌子是我爸爸做的。

(55) 饮埋杯热咖啡佢。喝完这杯热咖啡吧。

(56) 间大房畀张明住。那大房间给张明住。

(57) 快啲将件邋遢衫放落个红盆度。快点把这件脏衣服放到那红色盆子里。

限定语复杂度升高,限定语和中心名词之间需要有连接成分。如:

(58) 个肥肥哋**嘅**男仔唔识英文。那胖胖的男孩不会英文。

(59) 台新买**嘅**电脑开机速度超快。这台新买的电脑开机速度超快。

(60) 张旧**嘅**蓝色木头高脚椅我仲一直留住。那把旧的蓝色木头高脚椅子我还一直保留着。

如果限定语太长,限定语和中心名词之间用了连接词,自然度也不高,如:

(61) ? 本喺澳洲带翻嚟**嘅**公仔书唔见咗添。

在这样的情况下,使用"指+量"更能平衡句子的长度,或者限定语前面不加,而把指量或量词直接作为限定语和中心名词的连接成分:

(62) **嗰本**喺澳洲带翻嚟**嘅**公仔书唔见咗添。那本从澳洲带回来的小人书不见了。

(63) 喺澳洲带翻嚟**本/嗰本**公仔书唔见咗添。从澳洲带回来的那本小人书不见了。

(六)"量+名"结构前有限定成分

此时量词承担了连接的句法功能。量词用于连接,不能和结构助词同时使用。我们根据限定成分性质的不同,或与中心语形成不同的关系,分为同位、领属、关系从句和形容词(短语)几种类型来描写。

1. 同位关系

(64)佢份人就系中意吹水。他那人就是喜欢吹牛。

(65)老王个人心地好好。老王这人心地很好。

量词用于同位关系,使用范围较窄,多用于描述人的性格。其余同位关系则不一定使用量词:

(66)澳洲呢个地方真系个好地方嚟〈㗎〉。澳洲这地方真是个好地方。

(67)佢个五星级厨师好难考〈㗎〉。他这个五星级厨师很难考的。

(68)佢呢个院长唔好做啊。他这个院长不好当啊。

(69)佢(呢个/个)司机仔算老几啊?他这小司机算什么呀?

例(66)是非指人的等同关系,不用"个",用指量结构"呢个"来连接;而例(64)、例(65)指人的等同关系,换作指量结构也没有问题。例(67)、例(68)表身份,第一句可用"个",第二句用"个"容易产生领属关系的误解,用"呢个"表示同位关系更清楚。例(69)后项"司机仔(对司机的蔑称)"是对前项"他"性质的说明,具有述谓性,可用"呢个"或"个",甚至前后项之间不用任何连接成分的零标记形式也可以。可以发现,用于同位关系,广州话指量结构比单个量词使用范围更广。

2. 领属关系

单韵鸣(2013)曾根据领有者和被领有者的语义关系,详细描写过广州话的领属结构,发现量词使用范围很广,能用于亲属领属、社会关系领属、财产领属、肢体领属,甚至假领属关系和时间处所等广义的领属关系。量词是广州话领属结构的优选标记。例如:

亲属领属:

(70)明仔个妈妈去咗北京喇。小明的妈妈去北京了。

(71)我识得明仔个老婆。我认识小明的老婆。

社会关系领属:

(72)你个老师好唔好啊?你的老师好不好?

(73)明仔啲同事好玩得。小明的同事很能玩。

财产领属:

(74) 我用下你部车。我用下你的车。

肢体领属:

(75) 我要扭甩明仔只耳仔。我要把小明的耳朵拧下来。

(76) 厕所个水龙头坏咗。厕所的水龙头坏了。

假领属:

(77) 佢啲字写得好工整。她字写得很整齐。

处所、时间等广义领属关系:

(78) 望下山顶啲风景,心情都舒畅啲。望一下山顶的风景,心情都舒畅些。

(79) 琴晚场波你有冇睇?昨晚那场球你看了没有?

尽管如此,单文指出,领有者为人称代词、被领有者为非单音节词的亲属领属和社会关系领属,以及方位领属,都更倾向使用零标记的形式。此外"嘅(的)"亦是适用性很广的领属标记之一,在强调领属关系、正式语体中,或用于描写性较强的、部分修饰性成分与核心名词存在领属关系的定中结构时常被使用。总之,量词作为领属关系的连接标记是常见的,却又不完全独占鳌头。

3. 关系从句

使用量词连接的关系从句比较常见的是提取主语作为中心名词,例如:

(80) 暑假去游学啲细路好多。暑假去游学的小孩很多。

(81) 跟实着红裙个女人。紧紧跟着穿红裙子的那个女人。

(82) 上边有花床被系我嘅。上面有花床那被子是我的。

提取其他成分,比如宾语、方式、工具、领者等为中心名词的情况也有:

(83) 佢还咗佢老豆差我笔钱喇。他把他爸欠我的钱还了。(直接宾语)

(84) 我买本书借咗畀同学。我买的那本书借给同学了。(宾语)

(85) 我好中意妈妈做畀我件衫。我很喜欢妈妈给我做的那件衣服。(宾语)

(86) 老王将你切肉把刀磨到够晒利。老王把你切肉那把刀磨得很锋利。(方式)

(87) 写草稿本薄用完未啊?作草稿那个本子用完了没?(工具)

(88) 条尾受伤只猫好可怜啊!尾巴受伤的那只猫很可怜呀!(领者)

(89) 啲头发染成黄色个学生系唔系你哋班㗎?头发染成黄色的那个学生是不是你们班的?(领者)

值得注意的是,如果从句部分过于简单,只有光杆谓词,则不能用量词来连接,只能用结构助词"嘅":

(90) ＊煎条鱼好食

　　　煎嘅鱼好食。煎的鱼好吃。

从句是补足语的,也不用量词,用指量结构来连接:

(91) 你要出国进修呢件事单位知唔知啊？你要出国进修的这件事情单位知道吗？

(92) 云南出咗暴力恐怖事件嗰个消息搞到好多广州人连地铁都唔敢搭。云南出了暴力恐怖事件的那个消息弄得很多广州人连地铁都不敢乘坐了。

4. 形容词(短语)＋量＋名

当定语是形容词(短语)时,单个量词用作连接成分极为少见,如:

(93) ＊红朵花

(94) ？比较厚本书

(95) ？热辣辣碗饭

例(93)简直不能说,例(94)、例(95)如果没有任何后续成分,看作"定中"结构接受度很低,整个结构更像主谓倒装,比如两例在形容词短语和"量＋名"结构之间可稍有停顿,或加上语气词。

(96) 比较厚喔本书。

(97) 热辣辣啊碗饭。

如果是光杆形容词,更适合用上文提到的"量＋限定＋名"的形式,量词起定指的作用:

(98) 朵红花

(99) 本新书

(100) 架巨型货车

(101) 啲操重嘢这/那些重活

对于那些具有描写性的双音节或多音节形容词,以及形容词的重叠形式、其他形容词短语,它们和中心名词有述谓的关系,在广州话中采用主谓结构,名词在前,形容词(短语)充当谓语最为自然。若确实要放在定语的位置,倾向使用"(指示词＋)量词＋形容词＋嘅＋名词"的结构或者用"指示代词＋量词"来连接。如:

(102) 块晶莹剔透嘅翡翠几多钱？那块晶莹剔透的翡翠多少钱？

（103）晶莹剔透嗰块翡翠几多钱？晶莹剔透的那块翡翠多少钱？

（104）呢本比较厚嘅书贵啲。这本比较厚的书贵一些。

（105）比较厚嗰本书贵啲。比较厚的那本书贵一些。

"量词+形容词+嘅+名词"要在动词前，在动词后往往表示无定。如：

（106）碗热辣辣嘅饭系留畀你食嘅。这碗热辣辣的饭是留给你的。

（107）我要碗热辣辣嘅饭。我要碗热辣辣的饭。

"碗热辣辣嘅饭"在主语位置[如例（106）]，它是定指，在宾语位置[如例107)]，表示无定。

有意思的是，不定量词"啲"比起其他个体量词，在连接形容词短语方面略为占优，如：

（108）a. 做难少少啲题会对你有提高。做难一点的题目会对你有提高。

b. 难少少啲题佢都唔想做。难一点点的题目她都不想做。

（109）a. ？我想要长啲支笔。我想要长一点的那支笔。

b. ？长啲支笔好写啲。长一点的那支笔好写一些。

"形容词短语+啲+名词"不管在动词宾语还是主语的位置上，接受度都比较高，但这时所指更接近于类指（通指），以具有形容词所指的某一属性为一类。其他个体量词，如例（109）的说法就较难接受，连接成分需换成"指+量"结构，兼有指示和有定义。

（七）单个量词充当中心语

一般来说，粤语量词不能单独充当名词短语的中心语，量词要么得和指示代词共现，要么和名词共用。比如：

（110）呢只鸡蛋、只鸡蛋、*只

因此，量词不能单独用作主语或宾语，指称事物：

（111）*本好睇。

（112）？我要只。

表示一个单位的标准价格，量词前的数词"一"可省略，但此时单个量词并不是该词组的中心语，它只表示计算价格的单位，如：

（113）十蚊斤。十块一斤。/每斤十块。

（114）五蚊袋。五块一袋。/每袋五块。

（115）三百蚊晚。三百块一晚。/每晚三百块。

在某些特殊的情况下单个量词可以充当中心语，如：

(116) 你要一只茶叶蛋,噉我都要只啦。你要一只茶叶蛋,那我也要一只吧。

(117) (小贩在兜售货物)买只啦。买一只吧。

例(116)有前后对举的含义,例(117)离不开事物在场景中的真实存在,不过这两例的"只"都是前面数词"一"和中心名词省略的情况,不是定指。

广州话单个量词指称有定事物的用法并不常见。即便在常用的领属结构里,也轻易不能省略中心名词。如:

(118) 我嗰台、?我台。

(119) 我想借小张本书睇下。(我想借小张的书看下。)

(120) ?我想借小张本睇下。

(121) 老师支笔畀我写坏咗。(老师的笔被我写坏了。)

(122) ?老师支畀我写坏咗。

在前面有关系从句的结构里,中心名词同样不能随意省略,如:

(123) 畀老师礼物个学生已经毕咗业。给老师礼物那个学生已经毕业了。

(124) *畀老师礼物个已经毕咗业。

只有在对比的情况下,才可省略中心名词:

(125) 你台太重,我要佢台。你这台太重,我要他那台。

(126) 攞入边块啦,外边块有啲肥。拿里面那块吧,外面这块有点肥。

其他情况,除非所指非常清楚,并且处于主语位置时才可能省略中心名词,如:

(127) 钢笔唔少,台面上便支最好用。钢笔不少,桌面上面那支最好用。

(128) ?咁多间屋,我最中意向南间。

例(128)以量词为中心词的短语在宾语位置,自然度不高,把它放在主语位置,自然度提高:

(129) 咁多间屋,向南间我最中意。这么多个房子,向南那个我最喜欢。

由此可知,广州话量词独用指称名词的用法非常受限。

三、不定量词"啲"

单韵鸣(2005b)指出广州话不定量词"啲"除了有定和无定的用法,还有通指的功能。摘其文中两个例句如下:

(130) A:你个妹成日都着得咁靓,系唔系拍拖啊?你的妹妹整天都穿得那么漂亮,是不是谈恋爱啦?

B:啲女人贪靓,你又唔系唔知嘅,唔拍拖都系嗷㗎啦。女人爱美,你又不是不知道的,即使不谈恋爱,也是这样的。

(131) 我自细都唔敢食蛇,皆因觉得啲蛇好核突。我从小都不敢吃蛇,因为觉得蛇很恶心。

单文解释,广州话"啲"用于话题的位置,表示通指,是在有定的基础上,从"非个体"全体数量的方面来体现其通指的语义特征。可见,广州话量词的通指功能既和定指功能有联系,又和不定量词本身带有复数的语义相关。

"啲"作为泛用不定量词,它既能定指或不定指,又能通指,能否准确判断"啲+名词"的语义指称?其实不同语义指称的"啲+名词"受一定的句法分布和语义属性的制约,可概括如表1:

表1 "啲+名词"的语义与句法分布、谓语属性的关系

	句法位置	谓语属性
无定的"啲+名词"	动词后	事件谓语
有定的"啲+名词"	动词前/动词后	属性谓语、事件谓语
通指的"啲+名词"	话题	属性谓语

无定的"啲+名词"和通指的"啲+名词"所处句法位置不同,且谓语属性也有区分度,两者不会相混。

表示有定的"啲+名词"句法位置分布广,谓语属性没有严格限制,有时候就会和定指的、通指的"啲+名词"相混。如上文所述,在动词后的"量+名"结构就有有定和无定两解的情况。再如上述例子,如果脱离语境只说后面一句"我觉得啲蛇好核突。我觉得(这)蛇很恶心。",谓语是属性谓语,就有有定和通指两解。

四、结 语

我们把上述谈到量词的句法功能概括成表2,根据每种结构在句法使用上有无受限,有则用"+"加以标识,以三个"+"为上限,哪处的"+"多即表示所受句法限制多。

表2 粤语量词相关结构句法限制一览表

	定指"量+名"结构充当论元或独用	"量+名"结构作定语	"量+限定+名"	"限定+量+名"				单个量词表定指	量词"啲"表通指
				同位	领属	关系从句	形容词(短语)		
受限			+	++	+	+	+++	+++	+

表格中前三项量词主要发挥定指的功能,第四项量词起连接的作用,第五项量词用作指称有定的事物,最后是量词的通指功能。

定指"量+名"结构在广州话里被高频使用,它充当论元或独用,又或者作为整体去修饰名词,基本没有句法限制。如果量词和所修饰的中心名词分离,中间要插入其他较长限定成分,限制就会出现,因此量词用作定指,和所修饰的名词距离不宜太远。

量词用作连接成分,其使用限制多了很多。表示同位关系,"指+量"结构比单个量词适用性更广。作为领属关系的标记时,零标记在某些领属关系里更占优,结构助词"嘅"和量词也形成使用上的竞争。量词是否能连接关系从句要视乎从句的结构,以及从句与中心名词的关系决定,对于光杆动词做限定语的和从句为补足语的情况,量词只能让位于结构助词"嘅"和"指+量"结构。当限定成分为形容词(短语)时,单个量词极少用于连接,连接成分倾向使用零标记、"嘅"或"指+量"结构。

广州话量词一般不独用以指称有定的事物,除非在对举,或者语境中所指非常清晰、量词前有限定语且在主语位置上的时候。单个量词指称有定的事物,相当受限。

不定量词"啲"可表通指,但通常对话语篇章有依赖,倾向出现在话题的位置上。此特征与量词定指功能用于回指、情景所指这种对语境的依赖(context-dependent)一脉相承。

以上是广州话量词有别于普通话量词的若干句法功能。然而,在广州话内部,这些功能的强弱却各有差别。表示定指是量词最强的功能,其次才是关系连接和通指,最弱是指称有定的功能。量词用作不分远近的定指,和指示代词定指远近两分,形成铁三角,功能最稳定。值得一提的是,广州话表示处所也有远近和不分远近三种：呢度、嗰度、度。（单韵鸣 未刊）。量词用于连接，竞争对手较多，包括高度语法化的结构助词"嘅""指＋量"结构和零标记，难免存在语言分工。赵日新（1999）曾讨论"个"从量词语法化为指示代词，进而在一些方言中演变为定中标记的过程，文中推论广州话指示代词"嗰[kɔ³⁵]"、结构助词"嘅[kɛ³³]"和"个[kɔ³³]"存在演变关系。我们认为"个"是泛用量词，一个量词的语法化比起整个量词系统的语法化要容易得多，这决定了广州话量词的连接功能仍然是临时性的。量词的连接功能高度依附于量词的定指功能，限定语能起到明确辨明中心名词的作用时，就会更倾向使用量词来连接。领属关系对于名词的定指最为明确，量词成为领属关系的优选标记，其次是关系从句，再到同位关系，最后是形容词（短语）。性质形容词主要表现事物的性质，并不能非常有效地提高名词的可辨度，量词最为排斥用于形容词和中心名词之间，却倾向用在形名结构前充当定指标记。陈玉洁（2007）关于量词定指功能和作为定中标记存在蕴涵的关系，其实也就是承认了两种功能之间的依附关系。

个体量词"个"和不定量词"啲"在量词的语法化演变中先走一步，"个"的语法化过程赵日新（1999）已有论述，"啲"在连接功能上比其他量词略胜一筹，又发展出通指的功能。两者语法功能的扩张可能都源自它们和名词组配功能的"泛"。

参考文献

陈玉洁（2007）量名结构与量词的定语标记功能，《中国语文》第6期。
刘丹青（2000）粤语句法的类型学特点，《亚太语文教学学报》第2期。
——（2002）汉语类指成分的语义属性和句法属性，《中国语文》第5期。
刘探宙（2012）烟台话中不带指示词或数词的量词结构，《中国语文》第1期。
彭小川（2006）广州话含复数量意义的结构助词"啲"[ti⁵⁵]，《方言》第2期。
单韵鸣（2004）论粤语"量＋名"结构有定的现象，中山大学硕士学位论文。
——（2005a）论广州话语篇中有定的"量＋名"结构，《广东教育学院学报》第6期。
——（2005b）广州话"啲＋名词"语义新辨，《中山大学学报论丛》第2期。
——（2007）粤语有定的"量＋名"结构——基于交际话语和SVO语序的制约，《华南理工大学学报》第5期。
——（2013）广州话的领属结构，载复旦大学汉语言文字学科《语言研究集刊》编委会编，《语言研究集刊》第十辑，上海：上海辞书出版社。

——(2014) Classifiers in Cantonese — A 'Super Mighty Category' from a Typological Perspective 澳大利亚拉筹伯大学"语言多样性研究中心(CRLD)"语言学论坛演讲稿。

——(2016)广州话的话题化现象,《励耘语言学刊》第3期。

—— 未刊《粤语参考语法》。

盛益民(2017)汉语方言定指"量名"结构的类型差异与共性表现,《当代语言学》第2期。

施其生(1996)广州方言的"量+名"结构,《方言》第2期。

王 健(2013)类型学视野下的汉语方言"量名"结构研究,《语言科学》第4期。

赵日新(1999)说"个",《语言教学与研究》第2期。

周小兵(1997)广州话量词的定指功能,《方言》第1期。

Bisang W. (1999) Classifiers in East and Southeast Asian Languages: Counting and Beyond. *Numeral Types and Changes Worldwide*. New York: Mouton de Gruyter.

Matthews S, Virginia Y. (2001) Aspects of Contemporary Cantonese Grammar: The Structure and Stratification of Relative Clauses. Chappell H. (ed.) *Sinitic Grammar: Synchronic and Diachronic Perspectives*. Oxford: Oxford University Press.

(510641 广州,华南理工大学 ymshan@ scut. edu. cn)

宜兴(张渚)方言指示代词的语义层级和句法功能[*]

黄 河 盛益民

提要 文章介绍了宜兴(张渚)方言指示代词系统,进一步分析了指示代词的语义层级和句法功能。宜兴(张渚)方言指示词系统的复杂性和特殊性表现为有着双层嵌套的距离指示层级。文章最后从类型学的角度描写和分析了张渚话指示代词的类型学特点。

关键词 宜兴张渚话;指示代词;语义层级;距离指示;句法功能;类型学

一、引 言

宜兴市位于江苏省南部,隶属无锡市。东临太湖,西与溧阳市相邻,东南、西南分别与浙江长兴县、安徽广德县相接,北面与常州市(原武进县)相接。下辖宜城等4个街道、张渚等14个镇,人口124万。

宜兴话属于吴语太湖片毗陵小片。叶祥苓、郭宗俊(1991)指出宜兴市内存在差异,大致有两种土话:新建、新芳、杨巷等乡为"西乡话",洋溪乡的沙塘、港口村等乡为"东乡话"。两种土话在语音、词汇、语法上都存在一定差异。另外,与邻县交接的地区受到一定的外来影响,潘家坝乡西部受溧阳话影响较大,分水乡、南槽乡、闸口乡北部近于武进口音。

本文以张渚话为考察对象。张渚镇位于宜兴西南角,地处苏浙皖三省交界,四面丘陵环抱。方言归属上,张渚话属于宜兴"西乡话"。汪平(1999)介绍了张渚话的词汇。下面简要介绍一下张渚话中派音系。张渚话有29个

---

[*] 本研究受到2018年度教育部人文社会科学研究一般项目《地理语言学视野下的毗陵吴语变异研究》(项目批准号18YJC740027)的资助。

声母：p pʰ b m f v t tʰ d n l ts tsʰ dz s z tɕ tɕʰ dʑ ɲ ç z k kʰ g ŋ h ɦ ø；40个韵母：ɿ i u y ʌ iʌ uʌ o io ʊ I uI yI iɛ ɐ mʌi mɐ ia iau ɤɯ ixɯ iɯ əŋ iŋ uəŋ yŋ ʌŋ iʌŋ uʌŋ oŋ ioŋ ʌʔ iʌʔ uʌʔ əʔ ieʔ uəʔ yeʔ oʔ ioʔ m̩ʔ；8个声调：阴平44、阳平214、阴上53、阳上24、阴去412、阳去31、阴入44、阳入23。

二、张渚话指示代词的词形及说明

张渚话的指示代词列表如下：

表1 张渚话指示代词词形表

个体指示代词		葛 kəʔ⁴⁴		笃 to⁴¹²	
处所指示代词	A	荡（家）dʌŋ²⁴（ko⁴⁴）		笃（家）to⁴¹²（ko¹³）	
	B	介头 kʌ⁴⁴ dɤɯ²⁴／介边 kʌ⁴⁴ pɪ³¹	葛头 kəʔ⁴⁴ dɤɯ²¹／葛边 kəʔ⁴⁴ pɪ²¹／葛搭 kəʔ⁴⁴ tʌʔ⁴⁴	笃头 to⁴¹² dɤɯ¹³／笃边 to⁴¹² pɪ¹³／笃搭 to⁴¹² tʌʔ²³	过头 kʊ⁴⁴ dɤɯ²¹／过边 kʊ⁴⁴ pɪ²¹
时间指示代词	A		盎觉 ʌŋ⁴¹² tɕioʔ²³		
	B	葛个辰光 kəʔ⁴⁴ kəʔ⁴⁴ zəŋ²¹⁴ kuʌŋ¹³ 葛介（辰光）kəʔ⁴⁴ kʌ²¹（zəŋ²¹⁴ kuʌŋ¹³）		笃（个）辰光 to⁴¹²（kəʔ⁴⁴）zəŋ²² kuʌŋ¹³	
性状指示代词	A		盎佬 ʌŋ⁴¹² lɤɯ²⁴		
	B	葛种佬 kəʔ⁴⁴ tsoŋ²¹ lɤɯ²¹ 告（种）佬 kɤɯ⁴¹²（tsoŋ²²）lɤɯ¹³		笃种佬 to⁴¹² tsoŋ²² lɤɯ¹³	
数量指示代词	A		盎（星）多 ʌŋ⁴¹²（çiŋ²²）tʊ¹³／盎（许）多 ʌŋ⁴¹²（çi³³）tʊ¹³		
	B	葛星（多）kəʔ⁴⁴ çiŋ³¹（tʊ²²）／ 葛许多 kəʔ⁴⁴ çi²² tʊ³³ 介星（多）kʌ⁴⁴ çiŋ³¹（tʊ²²） 介许多 kʌ⁴⁴ çi²² tʊ³³		笃星 to⁴¹² çiŋ¹³	
程度指示代词			盎（个）ʌŋ⁴¹²（kəʔ⁴⁴）		

对张渚话指示代词做几点说明：

第一，陈玉洁（2012）引入"基本指示语素"这个概念，指的是构成语言中各种指示成分的有指示意义的语素，可以单用也可以不单用，如果可以单用也可以叫做"基本指示词"。不过它总是可以通过各种组合方式构成相应的代词形式。张渚话的个体、处所、时间、性状、数量指示代词都可以由基本指示语素"葛""笃"构成。"葛"可能来自量词"个","笃"①的本字可能来自处所词"笃"toʔ⁴⁴的舒化,经历了"处所-指示"演化圈(盛益民 2015),关于词源的考证与历史演变,容另文讨论。

第二,"荡""过""介"都不是基本指示语素,"荡""过"只用于构成处所指示代词,"介"只用于构成处所、数量指示代词。

第三,指示语素与处所成分的搭配情况比较复杂。"荡"可以后加"家",但不能与"头、边、搭"搭配。"葛""笃"可以后附"头、边、搭",但是"介""过"只能后附"头、边",不可以后附"搭"。只有"荡""笃"可以与"家"搭配,其余都不可以。"荡/笃"是否附加"家",以及它们和其他处所指示代词之间有功能差别,详见第四节第三部分的讨论。指示语素和处所后缀的组合情况如表 2 所示:

表 2 指示语素和后缀的组合情况

	家	头	边	搭
荡	√	×	×	×
笃	√	√	√	√
葛	×	√	√	√
介	×	√	√	×
过	×	√	√	×

第四,时间指示代词"葛个辰光"和"笃(个)辰光"有用法上的区别。张渚话还存在"葛辰光"的形式,与"葛个辰光"意思不一样,此时已经凝固成词,故不列入表中,详见第四节第四部分的分析。

第五,性状近指"告"应该来源于"葛佬"的合音,张渚话现在已经不存在"葛佬"的说法,不过宜兴境内的义庄存在"葛佬"的说法,湖㳇、扶风、归径、钮家等 22 个方言点都存在"葛个佬"的说法。合音成"告"后,又可附加"(种)佬"来进行强化(刘丹青 2001)。

---

① 张渚话中没有和"笃"to⁴¹²同音的字,本文选用"笃"来记录基于以下两方面考虑:一方面因为其本字可能就是处所词"笃",另一方面与之读音最近的"多"字可以出现在指示代词"介""葛"的后面,容易产生混淆。

第六，数量指示代词的后接成分"许多"的"许"老中派读 ɕi⁵³，新派读 ɕy⁵³。而不少北部吴语中都出现的不定量词"星"刘丹青（2012）认为可能是"些儿"的合音。"许多""星多"不能与"笃""介""过"搭配。

第七，性状、程度指示代词"盎"Aŋ⁴¹² 对应宜兴城关的 ȵiAŋ⁴¹²，溧阳城关的 tɕiɛ⁴¹²。溧阳城关的读音应该是"葛样"的合音①，宜兴城关的 ȵiAŋ⁴¹² 可能是"葛样"合音的弱化形式。张渚话的 Aŋ⁴¹² 有可能是 ȵiAŋ⁴¹² 脱落声母和介音的进一步弱化。

三、复杂的距离切分系统

张渚话的基本指示、个体指示、处所指示的 A 组，性状、时间、数量指示的 B 组都是二分的，处所指示的 B 组在此基础上进一步二分，构成复杂的层级嵌套的距离指示。时间、数量、程度指示代词及性状指示代词的 A 组都是不分远近的距离指示。

（一）基本的二分系统

基本的二分系统指的是只分近、远两类距离指示。如表 1，张渚话的个体指示代词、处所指示代词 A 组、性状、时间、数量指示词 B 组都属于基本的二分系统。

首先来看个体指示代词，距离说话者近的事物用"葛"，距离说话者远的事物用"笃"，两者可以对举。比如下例中书距离说话者近，包距离说话者远的场景中，如：

（1）葛（个）是我个书，笃（个）是你个包。这是我的书，那是你的包。

当场景中只存在一个需要被指称的事物时，无所谓孰远孰近，既可以使用"葛"，也可以使用"笃"，此时两者都兼表中性指示，例如：

（2）葛（个）苹果帮我拿过来。这个苹果帮我拿过来。
（3）笃（个）苹果帮我拿过来。这个苹果帮我拿过来。

中性指示的"葛""笃"各自都可以并用：

（4）葛个是我的包，葛个是我的书。这个是我的包，这个是我的书。
（5）笃个是我的包，笃个是我的书。这个是我的包，这个是我的书。

---

① 溧阳城关宕开三非知系声母字的韵母读 iɛ，对应于宜兴的 iaŋ。

宜兴(张渚)方言指示代词的语义层级和句法功能

再来看处所指示代词的 A 组,说话者指自己所在位置为"荡(家)",远离自己所在位置为"笃(家)"。当说话人把听话人、说话人双方所在的一片区域视为整体时,这一片区域叫"荡(家)",只要是这片区域之外都可以叫"笃(家)",不再区分远近。例如:

(6) 我勒**荡(家)**,你勒**笃(家)**。我在这里,你在那里。

(7) 我家勒**荡(家)**,他家勒**笃(家)**。我们在这里,他们在那里。

性状指示代词 B 组也是近、远二分的,"葛种佬""告(种)佬"都是近指,"笃种佬"是远指。先看"葛种佬"和"笃种佬"对举的例子:

(8) 我覅**葛种佬**,我要**笃种佬**!我不要这样的,我要那样的。

"告(种)佬"和"笃种佬"对举时空间距离的区分不是很明显,更多地体现为心理距离,且带有贬义:

(9) **告(种)佬**苹果不好吃,**笃(种)佬**苹果好吃。这种苹果不好吃,那种苹果好吃。

(10) 你曩为跟**告(种)佬**人来往啦!? 你怎么跟这样的人来往!?

(11) 你曩为跟**笃种佬**人来往啦!? 你怎么跟那样的人来往!?

时间指示代词 B 组"葛个辰光""葛介(辰光)"与"笃(个)辰光"是二分对立的。"葛介(辰光)"与"笃(个)辰光"的远近对立比较明显,前者指向说话时间点,后者指向说话时间点之前的某个时间点,例如:

(12) **葛介(辰光)**我勒浪做作业的。现在我在做作业的。

(13) 昨天你家到我家来嘎?! 啊呀,**笃(个)辰光**估计我出去则唻唛。昨天你们到我家来了?! 啊呀,那个时候估计我出门了啊。

而"葛个辰光"与"笃(个)辰光"的差异详见第四节第四部分的分析。

数量指示词"葛星"与"笃星"的远近对立比较明显,如:

(14) **葛星**是苹果,**笃星**是梨子。这些是苹果,那些是梨子。

"介星(多)"虽然是近指,但很少与"笃星"对举,详见第四节第五部分的分析。

丁启阵(2003)提到现代汉语"这""那"的距离意义"除了空间、时间之外的远近之外,语言里还有心理的远近。心理的好恶、情感的亲疏,都会转化为一种引申意义上的距离。好者近,恶者远;亲者近,疏者远。这就是心理的远近"。刘丹青(2008)提到即便是像普通话那样简单的二分指示代词系统也不可能是完全只受距离因素制约,在回指时涉及时间因素,包括心理因素也会掺杂其中。心理距离的远近是空间距离的投射,张渚话基本指示代词"葛""笃"有涉及心理因素的用法,反映说话者是否在心理上接纳所指事物,甚至是对该事物的好恶:

(15) 葛个人是哪家?这个人是谁?(接纳态度,想要认识他)

(16) 笃个人是哪家?那个人是谁?(排斥态度,心理上对其防备)

说话者表示接纳态度,感兴趣,期待认识对方的时候采用近指"葛",说话者在心理上把听话者、自己及所指对象识解为一个集团;当表示排斥,不感兴趣,心理有防备的时候采用中指"笃",说话者心理上把自己和听话者识解为一个集团,把所指对象排除在外。所以这种情况并非说话人无视所指事物与听说双方的实际距离,而是说话人心理上是否把所指对象纳入听说双方所在区域,如果纳入,那么就算是近指,使用近指指示代词"葛"。反之,如果排除在外,那就是听说双方区域之外的事物,应该用中指"笃"。所以本质上还是说话人心理划界的不同造成的。类似的例子还有:

(17) 葛人囊行佬咧啊?这个人怎么样了?

(18) 笃个人囊样佬咧啊?那个人怎么样了?

例(17)使用"葛"表示说话者认为听话者和所指共享一个事态,一般听话者和所指对象关系密切,所指的那个人的现状对听话者的现状存在较大的影响。说话人将所指对象、听话人和自己划为一个集团,所以采用近指"葛"。例(18)通常用于所指对象和听说双方都无密切关系的场合,说话人把听话人和自己划为一个集团,把所指对象排除在外,所以用"笃"。

(二) 双层嵌套的距离指示

张渚话处所指示较为复杂,如表3包含a、b两套指示代词:

表3

	近		远	
A	荡(家)		笃(家)	
B	介头/介边	葛头/葛边/葛搭	笃头/笃边/笃搭	过头/过边

A组"荡"—"笃"如上节所述是基本的二分系统,即近、远二分的指示系统。A组组内"荡(家)""笃(家)"对举最为常见,两者构成近远对立。"荡(家)"还可以与B组的"过头"对举,"笃(家)"还可以与B组的"介头"对举。A组组内对举和跨组对举有一定的句法差别,详见第四节第三部分的分析。

B组在基本的二分系统的基础上各自再分远近构成双层四分的语义层级:"介"—"葛"—"笃"—"过"。张渚话指示代词的距离指示是一个层级嵌套的系统。如图1所示,第一层先分为近、远两个基本的二分系统,然后第二层各自再分近、远。这样,"介""葛""笃""过"依次构成了更近、较近、较远、更远四种距离指示。

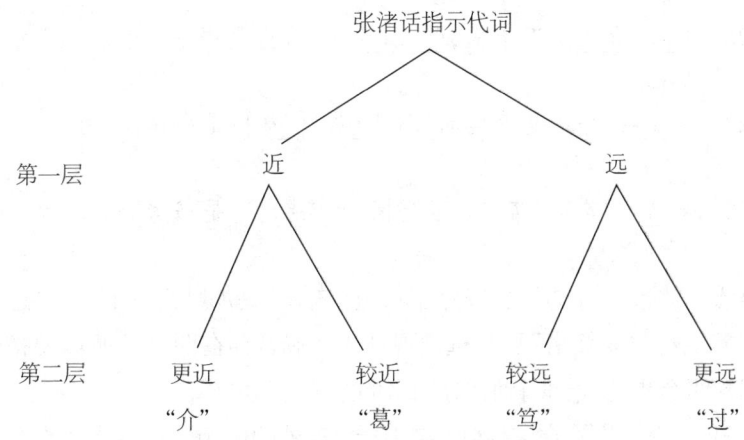

图1 张渚话层级嵌套的距离指示

上节已经介绍了A组的二分系统,我们来看B组,当说话者无需区分远近地指称某个位置时,既可以使用"介头/介边""葛头/葛边/葛搭",也可以使用"笃头/笃边/笃搭",三者在用法上差别不大,两者都可以充当中性指的用法。但是"过头/边"不可兼作中性指:

(19) 介头/介边是我原来个学堂。这里是我原来的学校。

(20) 葛头/葛边/葛搭是我原来个学堂。这里是我原来的学校。

(21) 笃头/笃边/笃搭是我原来个学堂。这里是我原来的学校。

(22) *过头/过边是我原来个学堂。这里是我原来的学校。

当说话者需要区分场景中远近不同的两处位置时,可以使用"葛头/葛边/葛搭""笃头/笃边/笃搭"进行对举,也可以使用"介头/介边""过头/过边"进行对举:

(23) 葛头/葛边/葛搭是卫生间,笃头/笃边/笃搭是书房。这里是卫生间,那里是书房。

(24) 介头/介边是卫生间,过头/过边是书房。这里是卫生间,那里是书房。

上述场景也可以使用"葛头/葛边/葛搭"与"过头/过边"对举,也可以使用"介头/介边"与"笃头/笃边/笃搭"对举,这两组对举在话语中出现的频率较上面两组低。但是"介头/介边"不可以与"葛头/葛边/葛搭"对举,"笃头/笃边/笃搭"不可以与"过头/过边"对举,即图 1 中同属第一层分枝的指示代词之间不可对举:

(25) 葛头/葛边/葛搭是卫生间,过头/过边是书房。这里是卫生间,那里是书房。

(26) 介头/介边是卫生间,笃头/笃边/笃搭是书房。这里是卫生间,那里是书房。

(27) *介头/介边是卫生间,葛头/葛边/葛搭是书房。这里是卫生间,那里是书房。

(28) *笃头/笃边/笃搭是卫生间,过头/过边是书房。这里是卫生间,那里是书房。

语感上"介头/介边"比"葛头/葛边/葛搭"更加贴近说话人,"过头/过边"比"笃头/笃边/笃搭"更加远离说话人。倘若存在四个处所需要指称,可以利用这四个指示代词明确区分四者的距离远近:

[场景:说话人站在客厅、卧室、阳台、窗外的山距离说话人依次渐远。]

(29) 介边是厅堂,葛边是睏觉个房间,笃边是阳台,过边是一座山。这边是客厅,那边是卧室,那边是阳台,那边是一座山。

Fillmore(1982)指出有的复杂的指示代词系统还有可能牵涉可见/非可见等因素。以上分析都是指在可见的情况下,当需要指称一件不可见的事物时,张渚话只能使用"笃",不能用"过"。而且同样是不可见的情况,如果说话人知道所指事物在空间上很远,这时要用"笃头个",如果所指的不可见事物空间上不远,用"笃个":

(30) (妈妈在厨房做饭,看不见阳台上的围裙,她对孩子说)帮我拿阳台浪笃个围腰裙拿则来。帮我把阳台上的围裙拿来。

(31) (看着远处的山说)山笃头个人会讲张渚话伐?山那边的人会说张渚话吗?(一定是山的另一边,不可见)

(32) (看着远处的山说)山过头有一个村庄。山脚下有一个村庄。(一定是山的这一边,可见)

第一句说话人虽然看不到围裙,但是因为知道就在阳台上,所以用"笃个"。第二句山的另一边的人不可见,而且空间上很远,只能用"笃头个"。第三句"过头"只能表示远处可见事物。

（三）不分远近的距离指示

张渚话的时间、数量、程度及性状指示代词的 A 组都是不分远近的距离指示。

张渚话的时间指示词包括"葛个辰光""葛介（辰光）""笃（个）辰光""样觉"，它们不再区分远近，"笃(个)辰光"和"葛个辰光"意思一样，相当于普通话的"那个时候"，叙述一个过去已经发生的故事的某个特定时间点。

数量指示代词包括"葛星多""葛许多""笃星""盎（星）多""盎许多""介星（多）""介许多"，其中张渚的老年人不太接受"介星（多）""介许多"的说法，而新派可以接受，很可能是晚近才从"葛星多""葛许多""笃星"类推而来。这些数量指示代词不再区分空间距离的远近，但是句法功能存在一定的差异。

程度指示代词有"盎（个）""葛星多""葛许多"，它们的差别体现在句法功能上，"葛星多""葛许多""盎"只能修饰形容词，而"盎个"只能修饰动词。性状指示代词的 A 组"盎佬"也无所谓远近。

上述不分远近的距离指示词的句法功能详见第三节分析。

四、指示代词的句法功能

（一）个体指示代词的句法功能

张渚话个体指示代词"葛""笃"的句法功能主要有以下几个特点：

1. 张渚话的"葛""笃"可以单独充当论元成分，例如：

（33）<u>葛</u>是我个东西，<u>笃</u>是哪家个东西啦？这是我的东西，那是谁的东西啊？

（34）<u>葛/笃</u>是妈妈买家来个。这/那是妈妈买回家的。

（35）<u>葛/笃</u>我覅。这/那个东西，我不要。

但是仅仅限于做主语的情况，其他句法位置就必须后加量词，以下分别是作动词宾语和介词宾语的例子：

（36）﹡停停要<u>葛</u>，歇歇要<u>笃</u>。一会儿要这，一会儿要那。

（37）停停要<u>葛个</u>，歇歇要<u>笃个</u>。

（38）﹡拿<u>葛</u>拨则他。把这东西给他。

（39）拿<u>葛个</u>拨则他。把这个东西给他。

2. "葛"可以直接修饰名词，但"笃"不可以，必须后加"量 + 名"结构才

合法。例如:

(40) 葛台子是从他家抬过来个。这桌子是从他家抬过来的。

(41) *笃台子是从他家抬过来个。那桌子是从他家抬过来的。

(42) 笃个台子是从他家抬过来个。那桌子是从他家抬过来的。

(43) 笃本书是我个。那本书是我的。

"葛个""笃个"不可以修饰量词或"量+名"结构:

(44)(指鱼)*葛个/笃个条是我钓上来个。这/那条鱼是我钓上来的。

(45) *葛个/笃个本书。这/那本书。

3. "葛""笃"既可以直接修饰"量+名"结构,还可以直接修饰"数+量+名"结构,当数词为"一"时,数词可以省略,例如:

(46) 葛/笃(一)桩事体。这/那(一)件事情。

(47) 拿葛/笃三张凳拿过来。把这/那三张椅子拿过来。

而"葛个""笃个"不可以充当限定性成分修饰"数+量+名"结构:

(48) *葛个/笃个一本书。这/那一本书。

(49) *葛个/笃个四箱苹果。这/那四箱苹果。

4. "葛""笃"所指不限单数:

(50) 葛/笃是一头牛。这/那是一头牛。

(51)(指着一堆粽子说)葛是肉粽子,笃是赤豆粽子。这些是肉粽,那些是红豆粽。

而"葛个""笃个"所指必定是单数:

(52) 葛个/笃个是一头牛。这/那是一头牛。

(53)(指着一堆粽子说)*葛个是肉粽子,*笃个是赤豆粽子。这些是肉粽,那些是红豆粽。

5. "葛个"还可以表示说话人一时想不起要说的内容,作为填充思考时间的缓冲:

(54) 葛个……我要同你讲我明朝不到南京去咧。那个啥(一时想不起要说的)……我要跟你说我明天不去南京了。

"笃个"既可以用于打断对方话语,接下来由自己开始发话的话语标记,此时不伴随肢体动作。也可以表示听话人误解了说话人所说的,说话人予以纠正的话语标记。此时通常伴随说话人拍打接触听话人身体的肢体动作:

(55)（对方正在说话,从中打断）笃个,小张要结婚咧……那个啥,小张要结婚了。
(56)（说话人意识到听话人已经误解了自己的意思,说话人用手触碰听话人身体）笃个……我讲个是小张,不是小王啦。不是,我说的是小张,不是小王。

人物指示代词"葛(个)人"除了指距离听话人较近的人,还可以回指上文出现的人：

(57) 他个同事小张前一相离婚佬咧。葛(个)人上次不到厂里来过咧么,你不记着咧啊。他的同事小张前一阵离婚了,这个人上次不是来过厂里嘛,你不记得了?

但是"笃个人"通常不用于回指上文出现的人,而是指说话人听话人双方心知肚明不便明说的人：

(58) 说话人：世界路浪借着钞票不还个事体还不多么。就像笃个人。现在借钱不还的事情很多啊,比如那个人(你知道的)。
听话人：就是讲噻。就是说啊。

（二）处所指示代词的句法功能

处所指示代词都可以直接充当论元成分：

(59) 东西荡家/介头/葛头比笃家/笃头贵。东西这儿比那儿贵。
(60) 荡家/介头/葛头是东门,笃家/笃头是西门。这里是东门,那里是西门。

"荡家""笃家"做主语时,"家"不可以省略;"荡家""笃家"做宾语时,"家"可以省略：

(61) 荡家是我个学堂,笃家是你个学堂。这儿是我的学校,那儿是你的学校。
(62) *荡是我家,*笃是你家。这儿是我家,那儿是你家。
(63) 你个东西勒荡,他个东西勒笃①。你的东西在这儿,他的东西在那儿。

---

① "勒笃"除了上述与"勒荡"对举的情况,其他环境下已经完全失去了原来的意思,虚化为进行体标记,例如：
小张勒笃看书的。小张正在看书呢。
"勒荡"也发生了一定程度的虚化,不过虚化程度不及"勒笃",例如：
小张勒荡看书的。小张正在看书呢。(不知道在离说话人近还是听话人近的地方,单纯表示进行体)
小张勒荡看书呢。小张正在这儿看书呢。(小张一定是在距说话人近的地方,同时表示进行体)
"勒笃"还有固定的意思,表示是否存在,主语时人的时候表示健在。"勒荡"没有这个意思：
书勒荡伐? 书在这里吗?
书勒笃伐? 书还在吗(没弄丢吧)?

"荡(家)""笃(家)"对举的可以是不同类别的事物,但是"荡(家)""过头""笃(家)""介头"对举的一般是同类事物:

(64)<u>荡家</u>一只狗,<u>笃家</u>一只猫。这里有一只狗,那里有一只猫。

(65)<u>荡家</u>一只桶,<u>过头</u>还有一只桶,歇间点一朝帮我拿过来。这里有一只桶,那里还有一只,待会儿都给我拿过来。

(66)<u>介头</u>一把榔头,<u>笃家</u>还有一把榔头,两把都要送到厂里去。这里有一把榔头,那里还有一把榔头,两把都要送到厂里去。

(67)？<u>荡家</u>有一只猫,<u>过头</u>有一只狗。这里有一只狗,那里有一只猫。

(68)？<u>介头</u>有一只猫,<u>笃家</u>有一只狗。这里有一只狗,那里有一只猫。

不可以直接做名词和"量+名"结构的限定成分,需要加定语标记"个":

(69)<u>荡家/介头/葛头</u>个人野到则不得了。这里的人非常野蛮。

(70)*<u>荡家</u>/*<u>介头</u>/*<u>葛头</u>人野到则不得了。这里的人非常野蛮。

(71)<u>荡家/介头/葛头</u>个箱苹果你拿则开。这儿的这箱苹果你拿去。

(72)*<u>荡家</u>/*<u>介头</u>/*<u>葛头</u>箱苹果你拿则开。这儿的这箱苹果你拿去。

另外"介头""过边"都可以再加指示代词"葛星"表示复数的意思,此时"葛星"不具有近指义:

(73)<u>介头/边葛星</u>东西是我个。这边这些东西是我的。

(74)<u>过头/边葛星</u>东西是哪家个?那边那些东西是谁的?

大部分处所词,除了"荡家",都可以充当同位语,与张莹、徐杰(2011)所指出的普通话类似,与处所词构成同位结构的词十分宽泛,包括人称代词、指人专有名词、普通名词、处所词等:

(75)你明朝到我<u>介头/葛头</u>/*<u>荡家</u>来。你明天到我这里来。

(76)他从他舅舅<u>笃边</u>过来个。他是从他舅舅那边来的。

(77)我到医院<u>过头</u>去。我到医院那边去。

表近指的"荡家"还可以后附"葛头/葛边/葛搭"复指,进一步强调是距离说话人近的位置中指远指都不可以再用"笃头""过头"复指:

(78)<u>荡家葛头/边/搭</u>是以前老房子个灶头下。这边是以前老房子的厨房。

(79)*<u>笃家笃头</u>/*<u>笃家过头</u>以前是明堂。那边以前是个院子。

近指处所词"介头""葛边"还可以投射到时间上,表示说话的那个时间。相对而言"葛边"不如"介头"常用,且空间意味更浓。"介边、荡家、葛搭"都不可以指时间:

宜兴(张渚)方言指示代词的语义层级和句法功能

(80) 我今朝就讲到<u>介头/葛边</u>。我今天就讲到这里。(指的是讲话结束的时间点)

(81) 我今朝就讲到<u>介边/荡家/葛搭</u>。我今天就讲到这里。(指的是书上的某个位置)

(三) 性状指示代词的句法功能

上文已经提到"告"是"葛佬"的合音,可以猜测以前存在过"葛佬"这个形式,而今"葛种佬""告(种)佬"和"笃种佬"分别表示性状的近远指。"葛种佬"和"告(种)佬"的意思几乎相同,"告(种)佬"稍带轻蔑的口气。"笃种佬"的"种"不可省略:

(82) <u>葛种佬/告(种)佬</u>人,勿理他。这样的人,不要理他。

(83) <u>笃种佬/*笃佬</u>人勿理他。那样的人,不要理他。

"葛种佬""告(种)佬""笃种佬"只能修饰名词性成分,而"样佬"只能修饰谓词性成分。两者互补分布:

(84) <u>葛种佬/告(种)佬/笃种佬</u>破东西么,甩甩辣则。这种/那种破东西嘛,扔掉好了。

(85) <u>*葛种佬/告(种)佬/*笃种佬</u>做不对。这样/那样做不对。

"葛种佬""告(种)佬""笃种佬"只能修饰名词,不能修饰"量+名"结构和"数+量+名"结构,不能修饰已经被状态词修饰的名词,可以修饰已经被性质形容词修饰的名词①:

(86) <u>葛种佬/告(种)佬/笃种佬</u>台子么,甩甩辣则。这样/那样的桌子嘛,扔掉好了。

(87) <u>*告(种)佬/*笃种佬</u>张台子么,甩甩辣则。这样的一张桌子嘛,扔掉好了。

(88) <u>*告(种)佬/*笃种佬</u>五张台子么,甩甩辣则。这样/那样的五张桌子嘛,扔掉好了。

(89) <u>葛种佬/告(种)佬/笃种佬</u>旧台子么,甩甩辣则。这样/那样的旧桌子嘛,扔掉好了。

(90) <u>*告(种)佬/*笃种佬</u>旧佬台子么,甩甩辣则。这样/那样的旧桌子嘛,扔掉好了。

"盎佬"还可以充当补语:

(91) 事体做到则<u>盎佬</u>,摊冲伐。事情做成这样,丢人吧。

"盎佬"既可以用于现场直指,也可以用于篇章直指:

---

① 张渚话的形容词后加"佬"表状态,形容词直接修饰名词表性质。

(92) 盎佬做对佬。这样做是对的。(现场直指)
(93) —你最近囊盎佬啦？—还是盎佬。—你最近如何？—还是如此。(篇章直指)

"盎佬"可以加在名词性成分之后表示类同或近似，例如：

(94) 我要是像他盎佬还不如死死辣则。我要是像他那样还不如死掉算了。
(95) 小张瘦到则同个芦柴棒棒盎佬。小张瘦得像根柴火一样。

(四) 时间指示代词的句法功能

"葛""笃"后接时间名词时两者并不对称，"葛""笃"都可以后加"天(子)"，但是"笃"不能后加"个礼拜""个月"，"葛"都可以后接这些时间成分分别表示本周、本月。两者都不能后接"年"，"葛"可以后接"年子"：

(96) 葛天(子)　　　　　笃天(子)
　　 葛个礼拜本周　　　*笃个礼拜
　　 葛个月本月　　　　*笃个月
　　 葛年子/*葛年那一年　*笃年

"葛""笃"可以后附时间成分"天子"，两者都要发生变调"葛天子"kə$ʔ^{44}$ $tʰ$ı^{33} tsə$ʔ^{33}$ "笃天子"to^{412} $tʰ$ı^{33} tsə$ʔ^{33}$，说明已经凝固成词。两者语义存在差异，"葛天子"既可以表示最近过去的某一天，也可以表示特定的一天，且施事通常只能是说话人自己。"笃天子"只能表示过去特定的一天，而且回指上文的一个隐性先行词，且施事通常不是说话人：

(97) 葛天子我到南京去个。(最近过去的某一天)我去了南京。
(98) 端午葛天子，我到南京去个。端午节这天，我去了南京。
(99) 10月4号你家爸爸出差，他是笃天子来个。10月4日你爸爸出差，他是那天来的。

但是"葛天"只能表示过去特定的一天，且不单用，需要前加确定的日期来回指它。而"笃天"完全等于"笃天子"，两者没有区别：

(100) 10月4号葛天你家爸爸出差。10月4日那天你爸爸出差。
(101) 10月4号你家爸爸出差，他是笃天/笃天子来个。10月4日你爸爸出差，他是那天来的。

"葛个礼拜""葛个月"都表示本周、本月，"葛年子"表示距离说话时点久远的特定的一年，不需要前加先行成分：

(102) 葛个礼拜到上海去的。本周去上海。

(103) 葛个月到上海去的。本月去上海。

(104) 葛年子你爸爸下放到农村。那一年你爸爸下放到农村。

"葛""笃"都可以与时间成分"辰光"搭配，中间还可以插入量词"个"。但是"笃(个)辰光"和"葛个辰光"意思大致一样，相当于普通话的"那个时候"，叙述一个过去已经发生的故事的某个特定时间点：

(105) 他是笃(个)辰光/葛个辰光来个。他是那时候/这个时候来的。

两者的区别在于用"笃(个)辰光"时暗含过去的这个事件与当下讨论的事件存在直接联系，用"葛个辰光"暗含过去的这个事件和当下讨论的事件不存在直接联系，试比较：

(106) 小张同小王离婚佬咧，你晓则伐？他家是六年前头结婚个，笃(个)辰光就天天相骂咧。小张和小王离婚了，你知道吗？他们是六年前结婚的，那个时候就天天吵架了。

(107) 小张同小王离婚佬咧，你晓则伐？他家是六年前头结婚个，葛个辰光还是我帮他家做介绍个。小张和小王离婚了，你知道吗？他们是六年前结婚的，那个时候还是我给他们做得介绍。

例(106)当下讨论的事件是"小张和小王离婚了"，"笃(个)辰光"指的是结婚之时就开始吵架，与当下讨论的事件直接相关。而例(107)"葛个辰光"指的是说话人新谈起的一个事件——帮两人做介绍的事，与前述两人离婚的事件不直接相关。

"葛辰光"与它们都不同，"葛辰光"已经凝固成词，语音上表现为要发生连读变调 kə?⁴⁴ zəŋ⁴⁴ kuAŋ⁴⁴，语义上表示距离说话时点久远的过去的时间段，相当于普通话的"过去、以前"：

(108) 葛是葛辰光个事体咧。这是很久以前的事情了。

数量指示"葛星""笃星"可以与"辰光"搭配表示时间段，但是两者意思大致相同，都表示过去的一段时间，相当于普通话的"那些时候"，只不过后者通常用于回指上文的一个隐性的先行词：

(109) 葛星辰光正当勒笃闹"文革"的，你爸爸就没念到书。那时候正好在闹"文革"，你爸爸没读到书。

(110) 你阿哥小辰光瘦到着不得了。笃星辰光，正当是六零年。你哥哥小时候很瘦。那时候啊，正好是六零年。

上文例(110)"你阿哥小辰光瘦到着不得了"充当了"笃星辰光"的隐性

先行成分。

"葛星辰光"还有一个意思,表示"这么久",也可以使用"葛星多辰光",两者没差别。但是不存在*"笃星多辰光":

(111) 上一趟楼,要葛星(多)辰光哒!? 上一趟楼回来,竟然花了那么久!?

"葛介辰光""盎觉"表示现在的意思,"盎觉"直接指向说话的这个时间点,表示当下;而"葛介辰光"包括说话的这个时间点前后一小段时间,说话这个时间点之后动作或事件会继续延续的意思,试比较:

(112) —你勒笃做点啦?! 水潽出来则咧! 还不拿火关辣则! 你在干嘛!?
    水烧开溢出来了! 还不去把火关了!
    —盎觉我勒浪切菜的,啊?! 水潽出来则咧啊!? 我随手关火去!
    现在我正在切菜,啊?! 水烧开溢出来了?! 我立刻去关火!

(113) —(电话)你勒笃做点啦? 搓麻将不啦? 你在干啥啊? 打麻将去吗?
    —(电话)葛介(辰光)勒浪做作业的,你们先开始,我歇介点过去。现在正在做作业,你们先开始,我过会儿过去。

例(113)意味着答话人在答话这个时间点之后继续做作业,还要过一会才过去打麻将。而例(112)答话人是立刻停止切菜去关火。因此"盎觉"直接指向说话的这个时间点,而"葛介辰光"包括说话的这个时间点前后一小段时间。

(五)数量指示代词的句法功能

"葛""笃"后接表数量的词时,两者不对称,"笃"不可以接"星多",只可以接"星":

(114) 拿笃星/*笃星多东西拿辣则。把那些东西拿走。

(115) 笃星/*笃星多东西是哪家的? 那些东西是谁的?

充当限定语修饰名词性成分时,"星多""许多"二者没有区别,只是"许多"要比"星多"更偏书面一点。但是用"葛""介""样"有一定区别,"介星多/介许多"表示说所指称的数量超出说话人预想,表示十分惊讶。用"样星多/样许多"也表示惊讶,但是程度稍逊于前者,"葛星多/葛许多"比较中性客观:

(116) 要命咧! 买介星多/介许多东西哒! 要命了! 竟然买了这么多东西。

(117) 要命咧! 买盎星多/盎许多东西哒! 要命了! 竟然买了这么多东西。

(118) ?要命咧! 买葛星多/葛许多东西哒! 要命了! 竟然买了这么多东西。

在这个语境中,前两句是自然的,只是第一句的惊讶程度大于第二句,第一句不如前两句自然。

"盎(星)多""介星多"可以充当论元成分,但只限于动词宾语,而"葛星多"没有这个限制。

(119) 我不晓则他输辣盎(星)多/介星多/葛星多。我不知道他输了那么多。

(120) *盎(星)多/*介星多/葛星多都是我做个。这么多东西都是我做的。

(121) 拿*盎(星)多/*介星多/葛星多吃辣则。把这么多东西都吃掉。

"葛星(多)"可以后附于处所远指"过头/边"表示"那边那么多""介星多""盎(星)多"没有这个用法:

(122) 过头/边*介星多/*盎(星)多/葛星(多)东西是我个。那边那么多东西是我的。

(六) 程度指示代词的句法功能

"盎(个)"不区分远近,可以用于表示数量之外的其他程度。一般放在状语位置,"盎"修饰形容词,"盎个"修饰带程度的动词:

(123) 盎好个衣裳拨他烫个洞。这么好的衣服被他烫了个洞。

(124) 葛世界路上盎个帮你个人只有我咧。这世上能帮你到这种程度的人也只有我了。

五、张渚话指示代词的类型学特点

基于前文关于张渚话指示代词系统语义、句法的讨论,本系统有以下几点极具类型学意义的特点:

第一,张渚话指示代词的语义切分符合类型学界总结的等级序列。储泽祥、邓云华(2003)发现关于指示代词层级系统的等级序列,刘丹青、刘海燕(2005)改写为蕴涵共性:方所 > 个体 > 时间 > 性状方式。如果一种语言的指示代词在右侧范畴分出 n 个层级,其左侧范畴的指示代词至少会区分 n 个层级。张渚话不同对象范畴的指示代词在语义区分度上存在不同,大致符合上述蕴涵序列,但是略有差别:

表4 张渚话对象范畴的语义区分序列

对象范畴	方所	个体	时间	性状方式	程度
语义区分	2	2	2~1	2~1	1

如表4，张渚话指示代词的个体范畴是第二分的，而处所、时间、性状范畴都有 A、B 两套，A 组都是一分的，以"样"为指示语素。B 组都是二分的；而程度范畴是一分的。符合上述蕴涵序列。

第二，张渚话处所指示代词词形复杂，是多系统叠置并混合的结果。如第三节第二部分的分析，张渚话处所指示代词包含 AB 两个系统，A 组近远二分，B 组是双层嵌套的四分系统。"介头/介边""过头/过边"和"葛头/葛边/葛搭""笃头/笃边/笃搭"两套原本二分对立的指示代词的叠置混合，后来叠置上来的挤压了原生指示代词，并产生语义功能的分化。关于张渚话处所指示代词系统的形成，笔者将另文讨论。

第三，刘丹青（2008）认为吴语、粤语的指示词都是只有指别功能，没有代替功能。盛益民（2012）指出绍兴话基本指示词不能直接修饰名词，一定要加上量词才合法。据第四节第一部分的分析，张渚话的"葛""笃"可以单独充当主语，直接修饰量名和数量名结构，"葛"还可以直接修饰名词。张渚话指示代词的这些特征和大部分北部吴语存在差别，很可能是接触产生的后起演变。

参考文献

储泽祥,邓云华(2003)指示代词的类型和分类,《当代语言学》第 4 期。
陈玉洁(2012)《汉语方言指示词的类型学研究》,北京：中国社科出版社。
丁启阵(2003)现代汉语"这""那"的语法分布,《世界汉语教学》第 2 期。
吕叔湘(1990)指示代词的二分法和三分法,《中国语文》第 6 期。
刘丹青(1999)吴江方言的代词系统及内部差异,载李如龙、张双庆主编,《代词》,广州：暨南大学出版社。
——(2001)语法化中的更新、强化与叠加,《语言研究》第 2 期。
——,刘海燕(2005)崇明方言的指示词——繁复的系统及其背后的语言共性,《方言》第 2 期。
——(2008)《语法调查研究手册》,上海：上海教育出版社。
——(2012)《名词性短语的类型学研究》,北京：商务印书馆。
李小凡(1998)《苏州方言语法研究》,北京：北京大学出版社。
盛益民(2012)绍兴柯桥话指示词的句法、语义功能,《方言》第 4 期。
——(2015)汉语吴方言的"处所成分-指示词"演化圈——兼从语言类型学看指示词的词汇更新, In William S Y. (ed.) *International Journal of Chinese Linguistics* 3：121-

148. Amsterdam: John Benjamins Publishing Company.

汪　平(1999)宜兴(张渚)方言词汇,《方言》第2期。

项梦冰(1999)清流方言的代词系统,载李如龙、张双庆主编,《代词》,广州:暨南大学出版社。

叶祥苓,郭宗俊(1991)宜兴方言同音字汇,《方言》第2期。

张　莹,徐　杰(2011)弱势特征的激活与"代词/名词+时间处所词"结构,《语文研究》第3期。

李长波(2002)《日本語指示体系の歴史》,京都:京都大学学术出版会。

Fillmore C J. (1982) Towards a Descriptive Framework for Spatial Deixis. In Jarvella R K. (eds.) *Speech, Place, and Action: Studies in Deixis and Gesture*. Chichester: John Wiley.

(黄　河　200444　上海,上海大学文学院　huanghepku@163.com;

盛益民　200433　上海,复旦大学中文系　fdshengym@163.com)

开埠以来上海城市方言语音演变

陈忠敏

提要 文章排比上海城市方言从开埠到今五个时期的语音系统,并结合移民方言、权威方言等因素来研究各时期上海城市方言语音的特点以及各阶段语音的演变。指出与邻近方言相比,上海城市方言语音发展的特点是:1.发展迅速;2.变异成分多;3.创新,而不是留存特点多。各个时期语音特点及演变方向与移民方言或权威方言的影响密切相关。影响上海城市方言音类重新分合的外来方言主要是苏州话和普通话。

关键词 上海城市方言;语言接触;苏州话;普通话

一、引 言

在一片不大的方言区内,如果外来影响比较均衡,应该说语言演变的速度和方向是大致相同的。但如果其中的某一地点,短时间内外来移民大量涌入,本地方言的发展、自身演变必然会受到移民方言的冲击,其方言的变化速度和方向也会跟原属同类的周围方言不一致,最终超越周围同类方言而独自发展。

城市方言跟周围乡村方言相比,大多属于这类性质,所以有人称之为城市方言特征,或城市方言岛。(石汝杰 2012)

如果有足够的历时、共时的语言材料,包括移民方言的材料,我们可以观察到城市方言从乡村方言脱离的轨迹,以及受各种外来方言渗透、影响的程度。

上海市中心区(1984 年前中心市区十个区的范围)的大部分地区原属松江府上海县的一部分。市中心南市区的中心地域原是松江府上海县的县城,原县城所说的话也属松江片话(我们将上海地区的方言分为五片:崇明片、嘉定片、松江片、练塘片、市区片。见许宝华,汤珍珠,陈忠敏 1993 年文)。1843 年市区被辟为通商口岸,以后的一百多年,外地移民大量涌入。1852 年,当时整个上海县,当然也包括上海县县城,总人口是 544 413 人,一百年以后的 1958 年,仅市区人口就有 6 147 600 人,其中本地籍人口只占总人口数的 15%(上海市统计局 1980)。可见一百多年来外地移民涌入上海的人口数量是十分惊人的。

尽管外地移民及他们的子女来到上海市区后,为了交际的方便都改操本地上海话,但众多来源不一的移民方言在不同程度上起了冲淡土著方言某些特征的作用,移民的母语特征会自觉不自觉地渗透到被习得的方言中去。这样,上海市区话在原松江片方言底层的基础上迅速变化,使原属于吴语临海僻远地区的、发展较为缓慢的、较常州、苏州、宁波、绍兴古老的旧上海市区话,在一百多年内一跃而领先,成为吴语诸地点方言中发展最速的新上海市区话。笔者曾根据上海市区话历时记音材料与四周松江片方言做过比较,开埠前后它们的差异非常小,可以说同属松江片方言。(陈忠敏 1992)但到今天,其差异之大,远远超过苏州、宁波等城市与其郊县话的差别。

本文是作者 1995 年"上海市区方言一百五十年来的演变"(陈忠敏 1995)一文的修订,根据最新的调查做了大幅度的修订,增加了代表各个时期的音系,特别是 90 后新上海人的音系;从语言接触视角,结合权威方言、移民方言来观察外来方言对上海城市方言的渗透影响。

上海市区话的历史源头,一般人认为跟苏州话、宁波话关系最大。从现代上海市区居民成分的来源和某些语言成分来看,这种观点不无道理。不过,从市区话老派的最为主要的一些特征来看,市区话较早的源头应该是松江府的土话(陈忠敏 1992),早期的地方志也证明了这一点。明代嘉靖《上海县志》说:"方言视华亭为重。"华亭府即后来的松江府。明代华亭县(后来的松江县)的土语是跟嘉兴话,而不是跟苏州话更接近。明代正德《华亭县志》和《松江府志》在述及方言时都说:"视嘉兴为重。"到了清代,嘉兴话、松江话的权威才让位给苏州话。清代康熙及嘉庆年间的两本《松江府志》都有方言"视姑苏为重"的话。上海城区的迅速扩展,人口急剧增长是从 1843 年 11 月清政府把上海开辟为通商口岸以后才开始的。今上海市区的籍贯遍及中国各省市,但外来人口主要是来自上海附近的江苏、浙江地区。1935 年江浙籍的人口在公共租界内占总人数的 87.43%,在"华界"内占总人数的 83.40%。江苏移民 30 年代以前,以苏南的苏州地区为多,30 年代以后,又有大量苏北籍(盐城、扬州地区为主)移民进入上海。浙江移民则以宁波地区为最多(邹依仁 1980;中国图书杂志公司 1948)。1949 年以后,政府大力推广普通话,所以普通话在解放以后对上海市区话也有很大影响。基于上述历史背景,本文在论述上海市区话语音的演变时,比较和参照了各时期的嘉兴话、上海市区附近的松江片方言、嘉定片方言、苏州话、宁波话、苏北江淮官话(盐城、扬州话)及普通话的有关资料。通过对这些话的比较,来解释上海市区话语音的演变的途径。

我们根据下列各时期的方言语音记录将上海市区话语音发展和演变分为五个时期:

第一时期的声韵调系统及语音特点根据传教士 Joseph Edkins 1853 年著 *A Grammar of Colloquial Chinese as Exhibited in the Shanghai dialect* 所记录的读音整理而成。

第二时期的声韵调系统及语音特点主要依据高本汉 1915—1926 年《中国音韵学研究》第四卷方言字汇上海话记音及赵元任 1928 年《现代吴语的研究》里的上海话记音。

第三时期的声韵调系统及语音特点主要依据江苏省和上海市方言调查组 1960 年《江苏省和上海方言概况》及许宝华、汤珍珠 1962 年《上海方音的内部差异》所记的上海市区音系。

第四时期的声韵调系统及语音特点主要据许宝华、汤珍珠主编 1988 年《上海市区方言志》记录的音系及作者对上海市区六七十年代出生的发音人的语音调查。

第五时期的声韵调系统及语音特点主要根据作者对上海市区 1990 年至 2000 年出生的发音人的语音调查。

本研究没有做定量的统计分析,所以每个时期的语音特点或语音系统在没有特别说明时,一般指该时期多数人的声韵调系统及语音特点。

二、开埠初期(十九世纪中叶)的音系

外国传教士 Edkins 1853 年著有 *A Grammar of Colloquial Chinese as Exhibited in the Shanghai dialect* 一书,比较完整、正确记录了当时上海县城话的语音系统。1853 年去上海城开辟为通商口岸的 1843 年不远,可以说,Edkins 的记录反映了开埠时期上海县城话的语音面貌。现根据 Edkins (1868)的记录,整理出我们惯常排列的声韵调系统表。[ ]内为国际音标,[ ]前的是原书用的罗马字母。国际音标是我根据原书与英文、法文读音的

对应描写,并参考周同春(1988)、钱乃荣(1986)的拟音而确定。

(一) 声母表(29个)

p[ʔb]比　　p'[pʰ]批　　p.b[b]皮　　m[m]米　　f[f]飞　　f.v[v]微
d.t[ʔd]多　t'[tʰ]拖　　t.d[d]杜　　n[n]怒　　l[l]路
ts[ts]精　　ts'[tsʰ]清　ts.dz[dz]尽　　　　　　s[s]心　　s.z[z]寻
ki[c]鸡　　k'i[cʰ]去　　ki.gi[ɟ]其　　ni[ɲ]拟　　h'i[ç]希　dj[j]序
k[k]公　　k'[kʰ]空　　k.g[g]共　　ng[ŋ]我　　h[h]火　　h[ɦ]河
Ø 爱

声母说明

(1) 古并定从邪澄床禅群等浊音声母原书都标两套字母,处于词首或句首的,用一套斜体字母,即 p、t、ts、ki、k 等记录。处于连读音节中或句末、词末的,则用 b、d、dz、z、g 等记录。如:"病"*p*ing、"生病"sang*b*ing;"动咾动" *t*óng lau'*d*óng,说明当时 Edkins 已经认识到上海城里话词首或句首的所谓浊音并非是真正的浊音,处于连读音节或词末的才是真浊音。这一点无疑是很正确的,用现代语音学的眼光来看,前者是清音浊流,后者是浊音。

(2) 古帮端母应分别为先喉塞音(pre-glottalized stop) [ʔb、ʔd]。Edkins (1853)原书虽然没有明确指出这一术语,但他在书 40 页有一段话:端、短、断(决断)、对、答、斗、耽 dön. 'dön dön'. dé'. deh. deu'. dén 声母是真浊音,但声调却配高音调。可见他已注意到这一不同寻常的音类。参照今市区老派及附近松江片方言古帮母、端母的读音,上述几个端母字的先喉塞音的色彩正好是比较浓的,所以古帮、端母拟为[ʔb、ʔd]。

(3) 鼻边音声母分两套,一套配高音调,一套配低音调,按照现在的术语,就是前者是带紧喉的,后者是带浊流的。

(4) "爱"é'、"一"ih'、"冤"yön 等元音开头的阴调类字声母无标记,即我们现在通常所说的零声母。

(5) 阳调类(低音调)零声母字元音同部位的浊擦成分是合口呼的(不包括 u 韵),用小写 w 表示,如"划"wáh[ɦua?];u 韵跟开口呼同,用斜体 h 表示,如"河"*h*u;是齐齿呼的(包括 iün[yn]韵,不包括 i 韵),用小写 y 表示,如"药"yah[ɦia?]、"云"yün[ɦyn];i 韵跟开口呼同,用斜体 h 表示,如"移"*h*i;撮口呼 ü[y]韵无特殊标记,如"雨"ü[y]。

(6) 古从邪澄床禅母许多字有读浊舌尖塞擦音声母 dz 的。如"茶"dzó、

"阵"dzun'、"助"dzú。有些字是 dz/z 两读,其中读 dz 是文读音,读 z 则是对应的白读音。(陈忠敏 2015,2018)如原书第 47 页说,这些字读书音是 dz 声母,往往在口语里是浊的舌尖擦音[z]声母。原书第 47 页有举例说明:

	口语	读书音
豺	zá	dzé
柴	zá(稻柴)	dzé(柴门)
造	'zau	'dzau

（7）古见组、晓组在细音 i[i]或 ü[y]前,声母腭化,其声母音值是舌面中音。原书第 2 页 Pronunciation and Examples 里的注脚有段说明,"去"声母的读音是 k'[kʰ]、c'hi[tɕʰ]之间的一个音。

（8）dj[j]声母字,可跟 z[z]自由变读。如:"序"djü～zü,原书只有这个"序"字有此变读。

（二）韵母表(60 个)

表 1

元音尾韵母	z[ɿ]字	f[i]理	ú[u]所	ü[y]句	û[ɥ]主
	á[a]拜	iá[a]斜	wá[wa]乖		
	o[o]怕		wo[uo]瓜		
	ao[ɔ]好	iao[iɔ]教			
	é[e]海	ié[ie]且	wé[ue]规		ûe[ɥe]虽
	eu[ɤ]沟	ieu[iɤ]求			
		iú[iu]靴			
鼻音尾韵母	én[ẽ]半	ién[iẽ]选	wén[uẽ]官		
	ön[ø̃]端	iön[iø̃]权			ûn[ɥø̃]/[ø̃]算
	an[ɛ̃]但	ian[iɛ̃]念	wan[uɛ̃]关		
	áng[ã]张	iáng[iã]量	wáng[uã]横		
	ong[õ]双	iong[iõ]旺	wong[uõ]光		
	un(g)[ʌŋ]根	iun(g)[iʌŋ]勤	wun(g)[uʌŋ]滚	iün[yŋ]训	
		ing[iŋ]心			
	óng[oŋ]松	ióng[ioŋ]兄			
	úng	iúng			

（续表）

促音尾韵母	ah[æʔ]法	iah[iæʔ]甲	wah[uæʔ]刮	
	ák[ɑk]百	iák[iɑk]略	wák[uɑk]划	
	ok[ɔk]薄		wok[uɔk]郭	
	ók[oʔ]独	ióh[ioʔ]曲		
	öh[œʔ]夺	iöh[iœʔ]月		
	eh[eʔ]实		weh[ueʔ]活	
		ih, yih[iɪʔ]热		
	uk[ʌʔ]直	iuk[iʌʔ]逆		
	m[m̩]无	n[n̩]荢	rh[əl]而	ng[ŋ̍]五

韵母说明

（1）é、ö、a、û 后的 n 原书作斜体字母 n，并说：n 韵尾发得模糊不清，只有轻微的鼻音，当后面连接其他音节时才听得较清楚（原书第 56 页）。

（2）[ʌŋ]、[iʌŋ]、[uʌŋ] 原书分别有两套记音表示，分别为 un/ung、iun/iung、wun/wung。原书 Part I ii Finals 的描写中说，官话读 ng[ŋ] 韵尾的，上海话仍读成 ng[ŋ]；官话读 n[n] 韵尾的，上海话读 ng[ŋ]；un 读 un[ʌn]、ung[ʌŋ] 皆可，如：

勤 = 擎 kiun(g)[ɟiʌŋ]

神 = 绳 zun(g)[zʌŋ]

林 = 灵 ling[liŋ]

贫 = 平 ping[biŋ]

金 = 京 kiun(g)[ciʌŋ]

（3）iun(g)[iʌŋ]与 ing[iŋ]从分布来说是互补的，iun(g)只拼见系声母，ing 只拼非见系声母。

（4）óng/úng 是一种条件变体，原书说，如是单字或在多字组末，多读 óng；如是在多字组首字位置上多读 úng。如"中国人"tsúng kóh niun，"勿拉当中"veh 'lá tong tsóng。

（5）un[ɥø]韵字对应中古的山开一寒见母的部分字，如"杆"kûn、"竿"kûn、"干"kûn 及山合一桓精组的一些字，如"钻"tsûn"算"sûn、"酸"sûn。但这个韵所含的字，读音似乎不稳定，很多字有 ûn ~ ön 两种记音。如"算"

sûn～sön、"钻"tsûn～tsön、"酸"sûn～sön。根据以后的演变情形,这里拟为[ɥø̃]或[ø]。

(6) 入声韵尾分 h[ʔ]和 k[k]两种,不过,从原书的记音和描写来看,两种韵尾出现的条件是互补的,如前面韵母主元音是后低元音的,收 k[k]：ák[ɑk]、ok[ɔk]、uk[ʌk];前面韵母主元音是前或高元音的,收 h[ʔ]：ah[æ]、öh[œ]、óh[o]、eh[e]。

(7) ih、yih 实际读音相同,为[iɪʔ]。腭化了的中古泥(娘)疑日母的记音用 yih,如"热"nyih、"日"nyih、"业"nyih。其他声母的都记为 ih,如"笔"pih、"铁"t'ih、"惜"sih、"结"kih。

(三) 声调表(8个)

阴平	阴上	阴去	阴入	阳平	阳上	阳去	阳入
53	44	35	5	22	213	13	12
希	喜	戏	歇	题	弟	地	敌

声调说明

(1) Edkins 原书的声调记录是文字描写性的,如阴平是急高降,阴上是高平,阴去是急高升,阴入是短高升,阳平是低平,阳上是缓低升,阳去是急低升,阳入是短低升。这八类声调中,阴调类与阳调类的调值高低有别,从声母的清、浊(包括清音浊流)可以看出二者的不同;促声韵跟舒声韵在韵尾也有不同。所以,原书采用以下的标调方式：a. 阴阳调不用特殊标记,可以从声母看出两者之间的不同。b. 平声、入声也不用特殊标记,可以从韵尾看出两者的不同。c. 上声在字母前上方加" ' ",去声在字母后上方加" ' "。

(2) 阳平调是低平调,但有时末尾稍往上略升。因此,有时阳平调和阳上调很难区别。

(3) 阳上调中,全浊阳上许多字已读成阳去调。次浊阳上也往往不稳定,有些字有时能独立成调,有时跟一部分全浊阳上一样归阳去。

以上是 1853 年上海县城话的声韵调系统。这一声韵调格局与语音特点与今上海市郊松江区方言及浙江嘉兴方言是较为接近的。特别是它的声调系统与松江、嘉兴方言最为相似。开埠时期的上海县城话与嘉兴话、松江话、苏州话的声调系统比较,可以看出它们之间的亲疏关系表 2：

表2

	阴调类			阴去	阴入	阳调类				调类数
	阴平	阴上				阳平	阳上	阳去	阳入	
		全清	次清							
1853年上海县城话	53	44		35	5	22	213	13	<u>12</u>	8~7
今嘉兴话	53	44	224	35	5	31	213	13	<u>12</u>	9
今松江话	53	44		35	5	31	213	13	<u>12</u>	8
今苏州话	44	51		523	5	223	231		<u>12</u>	7

嘉兴方言送气分调,次清声母字单独成调,这一点与松江方言和1853年上海县城话不同,除去这一点,嘉兴话的声调与松江话的完全一致。当时的上海县城话阳平是低平调,其余也跟松江、嘉兴话一致。阴平高降、阴上高平、阴去高升这三个调型是嘉兴、松江、1853年上海县城方言高度一致的调型,可以看出它们之间的渊源关系。苏州话声调的调型除了阴入、阳入两个入声调外,几乎没有一个跟它们相同。可以看出1853年开埠之初的上海县城方言与松江、嘉兴方言接近,与苏州话远。

开埠时期上海县城话与嘉兴话的特殊源头关系还可以从某些韵母分类和特殊读音看出,蟹止摄合口三等韵母字韵母在 Edkins(1853)的记音里是 ûe[ɥe],如"追醉催脆岁随瑞",邻近方言只有嘉兴话这些字的韵母也是这样。

第一时期古遇摄合口三等知章组字,如"主处书住"韵母读 ʮ,嘉兴话也跟它一致。苏州话也有 ʮ 韵母,但是此韵母的涵盖范围和音韵分合与第一时期上海县城话、嘉兴话不同。苏州话读 ʮ 韵母的不仅有古遇摄合口三等知章组字韵母,还有止摄、蟹摄开口三等知章组字韵母。如表3:

表3

	朱	支	书	诗	如	时
1853年上海县城话	tsʮ¹	tsʅ¹	sʮ¹	sʅ¹	zʮ²	zʅ²
嘉兴话	tsʮ¹	tsʅ¹	sʮ¹	sʅ¹	zʮ²	zʅ²
苏州话	tsʮ¹		sʮ¹		zʮ²	

三、二十世纪初音系

第二时期是指二十世纪初上海市区话的声韵调系统及语音特点。声韵调系统和特点根据高本汉《中国音韵学研究》第四卷方言字汇上海话3 000多字的记音和赵元任1928《现代吴语的研究》上海话旧派记音整理而成。为了保持前后阶段记音的连贯,个别记音做了调整。

（一）声母表（27 个）

表 4

ʔb 帮布比	pʰ 滂派片	b 並盘白	m 明米门	ɸ 非方分	β 奉文微
ʔd 端到多	tʰ 透讨土	d 定头夺	n 南怒伲		l 来路连
ʦ 糟招焦	ʦʰ 仓昌枪			s 散扇线	z 从虫齐
ʨ 九经结	ʨʰ 丘轻缺	ʥ 旗穷极	ɲ 泥女涅	ɕ 戏虚血	
k 高故公	kʰ 开靠空	g 共葵环	ŋ 硬牙岳		
ø 鸭衣乌迂				h 化灰欢	ɦ 鞋移胡雨

（二）韵母表（52 个）

表 5

ɿ 资痴是	i 低体地	u 多波罗	y 居虚余
ʮ 处朱树			
ɑ 矮嫁牙	iɑ 贾姓斜爷	uɑ 怪快白坏	
ɔ 刀逃毛	iɔ 郊巧苗		
o 花茶麻	iu 靴		
ɛ 彩丹来	iɛ 念奸文雁	uɛ 关惯弯	
e 雷男蚕	iɪ 点天尖	ue 官桂欢	
ø 追看罪			yø 圈权拳
ɤ 偷头楼	iɤ 修秋牛		
ã 浜厂常	iã 良枪详	uã 光~火口~对(蛮不讲理)	
ɑ̃ 汤桑旁	iɑ̃ 羗旺	uɑ̃ 光~线筐狂	
əŋ 针声城	iŋ 灵心京	uəŋ 滚捆稳	

（续表）

oŋ 丰重红	ioŋ 菌兄雄		
aʔ 百拆麦	iaʔ 雀削略	uaʔ 划文	
ɔʔ 薄托落	iɔʔ 拸	uɔʔ 郭扩	
oʔ 北国独	ioʔ 菊曲肉		
œʔ 喝脱夺		uø 说卒撮	yœʔ 掘月血
	iʌ 吃逆		
əʔ 答鸽纳	iiʔ 接贴叶	uəʔ 骨阔	
əl 尔而儿文	m̩ 亩	n̩ □~奶(祖母)	ŋ̍ 五鱼儿

（三）声调（6 个）

阴平 53、阴上 44、阴去 35、阳去 13、阴入 5、阳入 12。

比较第一阶段与第二阶段的声韵调系统可以看出前后五十年的语音演变。声韵调上有三大变化的标志：

第一，声调由以前的 7—8 类变为 6 类。三个舒声阳调类合并为一类。Edkins 的声调记录虽然记为 8 个单字调，但是可以看出部分阳上调单字调已经不稳定，有向阳去和阳上双向扩散的趋势。（陈忠敏 2007）高本汉无声调记录，赵元任（1928）的记音中上海老派和新派虽然在连读组里能分出阳平与阳上去的不同，但是单字调只有 6 个，阳平、阳上、阳去同调。赵元任（1928）认为"两派阳平上去单读时不分（阳＝养＝样），在词句中阳平跟上去不同"。

第二，dz 声母消失。dz 声母是来自于杭州的文读音，所以在 Edkins 的记音里，许多字都有 dz/z 异读，只有 dz 一读的往往也是文化字。随着杭州话的权威日渐消失，上海本地白读占了上风，dz 逐渐被淘汰。1900 年 Davis 和 Silsby 编写的《汉英上海方言字典》(*Shanghai Vernacular Chinese-English Dictionary*) 和高本汉 1912—1926《中国音韵学研究》中"方言字汇"记音都有 dz 声母，但是到了赵元任 1928 年的记音里新旧两派声母系统里都没有 dz，以前读 dz 声母的，都归并为 z 声母。这种 dz 到 z 声母的替换非常彻底，整个上海地区五片方言，除了崇明片，今天市区片、松江片、练塘片、嘉定片方言的老派、新派都只有 z 声母，没有 dz 声母。

第三，中古咸山摄字韵母鼻化消失。中古咸山摄字韵母在 Edkins

1853年的记录中带有轻微的鼻化,他在原书中用斜体的 n 来表示轻微的鼻化。到了高本汉《中国音韵学研究》一书里,他说"上海的'半鼻音'跟有些官话里很明显很强的半鼻音比起来差得很远(往往全无鼻音),我觉得在这宽式音标里写作口部元音就行了:例如上海'三'sε,'先'sie"。译者赵元任等人在此书的附注里写道"按浦东略有半鼻音,上海市已全失去鼻音"(高本汉 1915—1926)。显然这是赵元任 1928 年调查时的情形。可以看出 Edkins 当时所记的轻微鼻化韵已全部变为元音尾韵母。如:én[ẽ]、ién[iẽ]、wén[uẽ]到了二十世纪初分别变为相应的[e]、[ie]、[ue]韵母;ön[ø̃]、iön[iø̃]分别变为相应的[ø]、[yø](iø)韵母(高本汉记为[œ]、[iœ]);an[ɛ̃]、ian[iɛ̃]、wan[uɛ̃]分别变为相应的[ɛ]、[iɛ]、[uɛ]韵母。Edkins 的 ûn[ø̃]韵字本来已有 ûn[ɥø̃]、ön[ø̃]两读,到了高本汉时代,ûn 韵字已全部读[ø]。这样高本汉所记的一个[ø]韵,相当于 Edkins 所记的 ön、ûn、ûe 三韵了。[e]、[ie]、[ue]三韵分别相当于 Edkins 所记的 é、én、ié、ién、wé、wén 六韵。换句话说到了二十年代初咸山摄字韵母鼻化已经全部消失了。

这三项声韵调语音特征可以作为划分上海城市方言从第一阶段到第二阶段(二十世纪二十年代初)的最为重要的标志。因为这三项特征涉及方言音系声韵调三方面,而且这三个语音特征前一阶段和后一阶段截然不同。

从开埠到二十世纪初还有其他一些语音变化。

1. 古精组、知系合口灰泰祭支脂韵字韵母的演变也是一项较为显著的语音演变。Edkins(1853)ûe[ɥe]韵里所包括的字是古精组、知系合口灰泰祭支脂韵字。如:

	蟹合一灰泰(精组)	蟹合三祭(精组知系)	止合三支脂(精组知系)
ûe[ɥe]	罪最	脆缀税	随吹虽追

上述"罪"等字读 ɥe 韵,跟今嘉兴话的读音是完全一致的,说明在 1853 年左右,上海县城话是接近嘉兴话的(整个松江府,包括上海县,于元至元十四年从两浙西路嘉兴府分出)。到了二十世纪初,Edkins 所记的 ûe 韵字,韵母读音变为 ø 或 œ。高本汉《中国音韵学研究》一书里,上述"罪"等字都记为 œ,赵元任《现代吴语的研究》里记为 ø。如表6:

表6

		罪	追
第一时期		dzɥe⁴	tsɥe¹
第二时期	高本汉记音	dzœ	tsœ
	赵元任记音	zø⁶	tsø¹

ɥe > ø(œ)音变相当彻底,到了二十世纪初,上海市区话已经看不到有 ɥe 韵的记录,原来的 ɥe 变为 ø,来源于鼻化韵的[ø̃]也变为对应的 ø,所以这一时期原本两类韵母合音位一类:

表7

	醉	钻	脆	窜	岁	算
第一时期	tsɥe⁵	tsø⁵	tsʰɥe⁵	tsʰø̃⁵	sɥe⁵	sø̃⁵
第二时期	tsø⁵		tsʰø⁵		sø⁵	

2. 相比较第一时期,入声韵减少也是一个特点。第一时期入声韵开口呼有七个,第二时期高本汉记录里有六个,赵元任旧派记音是五个,新派更少,只有四个:

表8

			客	掐	磕	刻	渴	哭	壳
第一时期		七个	ɑʔ	æʔ	eʔ	ʌʔ	œʔ	oʔ	ɔʔ
第二时期	高本汉记音	六个	aʔ		eʔ	əʔ	œʔ	oʔ	ɔʔ
	赵元任旧派	五个	aʔ		əʔ		œʔ	oʔ	ɔʔ
	赵元任新派	四个	aʔ		əʔ			oʔ	ɔʔ

四、二十世纪五六十年代的音系

从第二时期(二十世纪二十年代)到第三时期(二十世纪五六十年代初)是上海市区话快速发展期。先排列二十世纪五六年代声韵调系统(主要据许宝华、汤珍珠 1962 文,同时参考 1960 年《江苏省和上海方言概况》所记上海市区话音系整理而成,为了保持前后阶段记音的连贯,个别记音做了调整):

(一) 声母(27个)

表9

p 帮布比	pʰ 滂派片	b 並盘白	m 明米门	f 非方分	v 奉文微
t 端到多	tʰ 透讨土	d 定头夺	n 南怒恁		l 来路连
ts 糟招焦	tsʰ 仓昌枪			s 散扇线	z 从虫齐
tɕ 九经结	tɕʰ 丘轻缺	dʑ 旗穷极	ȵ 泥女涅	ɕ 戏虚血	
k 高故公	kʰ 开靠空	g 共葵环	ŋ 硬牙岳		
ø 鸭衣乌迂				h 化灰欢	ɦ 鞋移胡雨

(二) 韵母(45个)(包括三个自成音节的鼻音)

表10

ɿ 猪痴除	i 低体例	u 多波罗	y 居虚余
	ɪ 烟尖鲜		
a 矮嫁牙	ia 野斜爷	ua 怪快坏	
ɔ 刀逃毛	iɔ 郊巧苗		
o 花茶麻	iu 靴		
ᴇ 雷来兰	iᴇ 念也械	uᴇ 关环弯	
ø 短干寒		uø 官碗换	yø 圈权县
ɤ 偷头楼	iɤ 修秋牛		
ã 浜厂常	iã 良枪详	uã 光~火口~对(蛮不讲理)	
ɑ̃ 汤桑旁	iɑ̃ 旺	uɑ̃ 光~线筐狂	
əŋ 针声城	iŋ 灵心京	uəŋ 滚捆稳	yŋ 均裙匀
oŋ 丰重红	ioŋ 菌兄用		
aʔ 百拆搭	iaʔ 雀削略	uaʔ 括	
oʔ 北国独	ioʔ 菊曲肉		
əʔ 舌鸽纳	ɪʔ 接贴叶	uəʔ 骨阔	yəʔ 掘月血
əl 尔而儿	m̩ 亩	n̩ □~奶(祖母)	ŋ̍ 五鱼儿

(三) 声调(5个)

阴平53、阴去34、阳去13、阴入5、阳入12。

声母演变

1. 先喉塞音(又称内爆音)声母 ʔb、ʔd 的演变。赵元任在《现代吴语的研究》一书第四章声韵调总讨论里说,老派古帮、端母用真浊音。所谓的真浊音就是先喉塞音 ʔb、ʔd,不过,当时的混合派、新派已不读 ʔb、ʔd 而读相应的清不送气声母 p、t。到了二十世纪六十年代,除了老派少数人古帮、端母尚读先喉塞音,多数人及中派、新派已读 p、t。在今市区周围的松江片方言里,古帮、端母仍读先喉塞音声母 ʔb、ʔd。

2. 古合口呼前的非敷母跟晓母,奉母跟匣母的分合。高本汉《中国音韵学研究》中"方言字汇"记音上海话古合口呼前的非敷母跟晓母,奉母跟匣母分得非常清楚,但是在赵元任(1928)的记录中,说上海旧派两者相混。即非敷母跟晓母在合口呼,特别是 u 前读成双唇清擦音 ɸ,奉母跟匣母在合口呼,特别是 u 前读成双唇浊擦音 β;新派不大混。他还提到:"旧派'h(u),f'常混(忽=拂),'w,v'常混(王=房)";1923 年 Parker 的 *Lessons in the Shanghai Dialect* 中也已提到 h、hy 和 hw 也能发成 f。今老派两者也是相混的,古合口呼前的非敷晓母常读双唇清擦音 ɸ,奉匣母常读双唇的浊擦音 β。上海市区周围的松江片方言也是如此,赵元任《现代吴语的研究》一书第四章声韵调总讨论松江点里说到的"富于双唇摩擦音(phi,beta)"也是就这一点而言的,今市区话中派开始两者又分了,声母读音与 Edkins 及以后的高本汉记音相同。如表 11:

表 11

		夫——呼	分——昏	父——户	焚——混
第一时期		fu¹ ≠ hu¹	fun(g)¹ ≠ hwun(g)	vu⁴ = hu⁴	vun(g)² ≠ hwun(g)²
第二时期	高本汉记音	fu¹ ≠ hu¹	fəŋ¹ ≠ huəŋ¹	vu⁴ ≠ ɦu⁴	vəŋ² ≠ ɦuəŋ²
	赵元任老派	ɸu¹	ɸəŋ¹	βu⁶	βəŋ⁶
	赵元任新派	fu¹ ≠ hu¹	fəŋ¹ ≠ huəŋ¹	vu⁶/⁴ ≠ ɦu⁶	vəŋ⁶ ≠ ɦuəŋ⁶
第三时期	老派	ɸu¹	ɸəŋ¹	βu⁶	βəŋ⁶
	中派、新派	fu¹ ≠ hu¹	fəŋ¹ ≠ huəŋ¹	vu⁶ ≠ ɦu⁶	vəŋ⁶ ≠ ɦuəŋ⁶

从分到合,再从合到分,一百年来走了一个循环。第二次分在 1927 年赵元任记的新派已初见端倪。赵元任在书第四章声韵调总讨论中说:"上海有新旧派,新派分类近似苏州,旧派近似浦东(两派人以'苏州音','浦东音'互相指斥),但许多人搀杂两种。"显然,第二次从分是受当时苏州话的影响。

韵母演变

1. 古知章组鱼虞韵字韵母读音的演变。Edkins(1853)记为两种韵母:ü

[y]、û[ɿ]。如"主"tsü～tsû。不过,书中古知章组鱼虞韵母读音以标û[ɿ]为多,读ü[y]主要在松江浦东和松江。说明当时û[-ɿ]、ü[-y]有地域差异,而上海县城是û[-ɿ]。在高本汉及赵元任的记音里,古知章组鱼虞韵字韵母已完全读[-ɿ]了。第三时期,也即二十世纪五十年代开始古知章组鱼虞韵字韵母读音又有新的变化,开始读-ɿ。《全国主要方言区方音对照表》(1954)及《江苏省和上海市方言概况》(1960)两书里已读-ɿ。这样就跟止摄开口(精组、知照系)字韵母相同了。

表12

	书(鱼)	私(脂)
第三时期老派(少数)	sʮ¹	sɿ¹
第三时期中派、新派	sɿ¹	

今市区周围的松江片方言里,古知章组鱼虞韵有两种读音:[-y]和[-ɿ]。读[-y]的在上海市区东部、南部的上海县、浦东地区的南汇县、川沙县;读[-ɿ]的在上海西北部的江湾、真如一带。这说明二十世纪四五十年代市区面积扩大后,原属宝山县、嘉定县人所说方言的一些特征渗透进来,在竞争中战胜了老的读音,所以至二十世纪五六十年代,市区话多数人古知章组鱼虞韵字韵母跟止摄开口精组知照系字的韵母相同,都读ɿ。

2. "靴"韵母读音的变化。Edkins当时所记的 iu 韵只有一个"靴"字,跟今整个松江片方言相同。由于韵母所管的字非常少,极易受外来方言的渗透的影响而变化。高本汉、赵元任的著作里"靴"仍读 ɕiu¹,当时苏州话"靴"的读音是 io。iu、io 两者读音本来相当接近,所以当时尽管有苏州话的渗透、影响,仍没有改变音值。到了五六十年代的《江苏省和上海市方言概况》一书里,iu 韵已没有,"靴"已改读为-y,这样跟本来不同音的见系鱼虞韵字的韵母相同了:

表13

	靴	虚
第二时期	ɕiu¹	ɕy¹
第三时期《江苏省和上海市方言概况》记音	ɕy¹	

3. 古精组、知系合口灰泰祭支脂韵字韵母的"罪最"(蟹合一灰泰)、"脆缀税"(蟹合三祭)、"随虽追"(止合三支脂)这些字的韵母从1853年的 ûe

[ɥe]韵母到了二十世纪初高本汉、赵元任记录演变为ø(œ)。这样就跟山合三仙(知系)字韵母 ø 同韵母。如"专追"同音都为 tsø[1]，"篆罪"同音都为 zø[6]。到了二十世纪五六十年代，"罪最脆缀税随虽追"等精组、知系合口灰泰祭支脂韵字韵母有 E 韵的另读，这种另读就跟蟹开一咍(精组)字韵母一样了。许宝华、汤珍珠六十年代初所写《上海方音的内部差异》已记录"罪"等字有 ø/E 互读的现象。联系附近方言，我们认为"罪"等字读 E 韵是苏州话的渗透，韵母读音的分类明显跟苏州话一致。如表 14：

表 14

	山合三仙(知系)	"罪"等字	蟹开一咍(精组)
	篆	罪	在
第二时期	zø[6]		zE[6]
二十世纪二十年代及今苏州话	zø[6]		zE[6]
第三时期	zø[6]	zø[6]/zE[6]	zE[6]

不过，这次苏州话的渗透发生在四五十年代。那时，在上海市区，苏州话的权威已是强弩之末，对上海市区话的影响大不如以前。所以今市区话里"罪"等字既有读 E 韵的，又有读 ø 韵的。两种读音势均力敌，到目前为止，未分胜负。

4. 部分鼻化韵跟口元音韵母合并。从 Edkins 1853 年到二十世纪初高本汉的记音里，我们可以看出 Edkins 当时所记的轻微鼻化韵已全部变为元音尾韵母。如：én[ẽ]、ién[iẽ]、wén[uẽ]分别变为相应的[e]、[ie]、[ue]韵母；ön[ø̃]、iön[iø̃]分别变为相应的[ø]、[iø]韵母(高本汉记为[œ]、[iœ])。an[ɛ̃]、ian[iɛ̃]、wan[uɛ̃]分别变为相应的[ɛ]、[iɛ]、[uɛ]韵母。Edkins 的 ûn[ø̃]韵字本来已有 ûn[ɥø̃]、ön[ø̃]两读，到了高本汉时代，ûn 韵字已全部读[ø]。这样高本汉所记的一个[ø]韵，相当于 Edkins 所记的 ön、ûn、ûe 三韵。[e]、[ie]、[ue]三韵分别相当于 Edkins 所记的 é、én、ié、ién、wé、wén 六韵。到了赵元任 1928 年记录的上海城里话，情况已有了新的变化，赵元任所记老派跟高本汉记音相同，新派已有变化。高本汉时代及赵元任所记老派的一个[e]韵，在赵氏所记的新派里已分化为三个韵：[e]、[E]、[ø]。如表 15：

表 15

	胎	推	贫
第二时期(旧派)		t^he^1	
第二时期(新派)	t^hE^1	t^he^1	$t^hø^1$

原读[e]后读[E]的字是古咍韵端系(胎莱来)、见系(开海)字及泰韵见系(害)字;原读[e]后仍读[e]的是古脂开口帮系(悲美),脂支合口泥来母(累类),灰合口帮系(梅背配)、端组、泥来组(腿雷)等字;原读[e]后读[ø]的是古覃开口(男含贪)、谈见系(敢)、盐仙合口知照系(传串)等字。从一类音[e]变为三类音[e、E、ø],音类的分化看不出任何共时语音条件。比较附近方言,我们认为这是苏州话与当时市区面积扩大后市区西北部松江片方言的渗透结果:

表 16

	胎	推	贪
第二时期(旧派)		t^he^1	
苏州话	t^hE^1		$t^hø^1$
松江片真如、江湾点	$t^hɛ^1$	t^he^1	
第二时期(新派)	t^hE^1	t^he^1	$t^hø^1$

到了二十世纪五六十年代原来不同韵[e]和[ɛ]的字变为同韵[E]韵字,这一音类的分合特点跟苏州话一致:

表 17

	胎	摊	来	兰
第三时期(老派)	t^he^1	$t^hɛ^1$	le^6	$lɛ^6$
第三时期(新派)	t^hE^1		lE^6	
苏州	t^hE^1		lE^2	

高本汉、赵元任(旧派)咸开一覃端系某些字韵母读[e],如"贪"t^he^1、"南"ne^6。但是在赵元任记录的新派中,这些字有ø韵的异读。如读ø韵就跟山合一端系字(湍暖)韵母同,且韵母分类也跟苏州话一致。

表 18

	贪	湍	南	暖
第二时期(旧派)	tʰe¹	tʰø¹	ne⁶	nø⁶
第二时期(新派)	tʰe¹/tʰø¹	tʰø¹	ne⁶/nø⁶	nø⁶
苏州点	tʰø¹		nø⁶	

尽管这种音类的分合并没有增加新的韵母,赵元任所记的新派[e、ɛ、ø]三韵跟高本汉及赵氏所记的老派的[e、ɛ、ø]的内涵已不同。

赵元任所记新派的[e、ɛ]到了二十世纪五十年代又有新的变化。有些人已合并为一个[ɛ]韵(见《江苏省上海市方言概况》)。这种合并到了七八十年代已成为主流(许宝华,汤珍珠 1988),附近方言里只有苏州话有相同的特点。我们认为这是受苏州话渗透的结果:

表 19

	雷	来	兰	推	胎	摊
第二时期(新派)	le⁶	lɛ⁶		tʰe¹	tʰɛ¹	
1928 年苏州点,今苏州点	lɛ²			tʰɛ¹		
第三时期	lɛ⁶			tʰɛ¹		

5. 1853 年 Edkins 所记的 ié[ie]韵只管一个"且"tsʼie[tsʰie],而且是文读音。二十世纪初 Edkins 所记轻微鼻化音 ién[iẽ]鼻化脱落以后,并入相应的[ie]韵里,所以高本汉的记音里[ie]韵对应于 Edkins 的 ié 和 ién 两韵的字,赵元任 1928 年记为[ɪ]([iɪ])(老混新三派相同),音值略有变化,但音类相同。到了二十世纪五六十年代,[ɪ]韵开始高化为[i],跟原先的[i]韵合并。这种合并是先从当时的青少年开始的。(许宝华,汤珍珠 1962)

表 20

	底	点	鸡	坚	衣	烟
第二时期	ti³	tiɪ³	tɕi¹	tɕiɪ¹	i¹	iɪ¹
第三时期	ti⁵		tɕi¹		i¹	

6. 1853 年 Edkins 的 we[ue]韵包括两类字,甲类是中古蟹合一灰泰见系(块灰会)、蟹合三祭废齐见系(卫秽桂)、止合三支脂微见系(规为轨胃)。

乙类是蟹合二皆咍见系的文读(乖怪淮怀快)。如表 21 所示：

表 21

	甲类								乙类		
	蟹摄合口见系				止摄合口见系				蟹摄合口见系		
第一时期	灰	泰	祭	废	齐	支	脂	微	皆	夬	
	灰	会	卫	秽	桂	规	轨	胃	<u>怪</u>	<u>怀</u>	<u>快</u>
	hwé	hwé'	hwé'	hwé'	kwé	kwé	'kwé	hwé	kwé'	hwé	k'wé

二十世纪初 Edkins 所记的轻微鼻化韵 wén[uẽ]（中古山摄合口一等桓韵见系字）鼻化消失以后也并入相应的[ue]韵里，我们把这类字称为丙类。这样就形成了甲、乙、丙三类字同韵母：

$$\begin{array}{cccc} 甲类 & 乙类 & 丙类 & \\ 桂 \ =& 怪 \ =& 贯 & [\text{kue}^5] \\ 回 \ =& 怀 \ =& 丸 & [\text{ɦue}^6] \end{array}$$

高本汉的记音就是如此。到了赵元任 1928 年的记音里，情况有了变化，赵氏所记的新派"贯丸"等丙类字韵母读 uø，即原来同类的韵母变为两类不同的韵母。分类的特点跟苏州话一致，显然是这时期苏州话渗透的结果：

表 22

	甲类	乙类	丙类
	桂回	<u>怪怀</u>	贯丸
第二时期(旧派)	ue		
第二时期(新派)	ue		uø
1927 年苏州话	uE		uø

到了二十世纪五六十年代，乙类蟹合二皆咍见系文读字韵母变读成 uɛ，跟甲类的字不同韵了：

表 23

	甲类	乙类
	桂回	<u>怪怀</u>

（续表）

	甲类	乙类
第二时期(旧派、新派)	ue	ue
第三时期	ue	uɛ

乙类字读 uɛ 后,跟原来的 uɛ 韵字合流,使得原来同一类韵的字不同韵,原来不同韵的字变为同韵,这一分类的特点跟市区西北部的真如、江湾等地话是一致的,显然是三四十年代后市区面积向西北部扩大,这一带的土语渗透原市区话的结果:

表 24

	桂	怪	惯	回	怀	还
第二时期	kue⁵	kuE⁵	ɦue⁶	ɦuE⁶		
第三时期	kue⁵	kuɛ⁵	ɦue⁶	ɦuɛ⁶		
真如、江湾点读音	kue⁵	kuɛ⁵	ɦue²	ɦuɛ²		

差不多同时,ue 和 uɛ 又出现了合并的趋势,这种合并与开口呼韵母 e 和 ɛ 的合并是同时的。六十年代已有"桂=怪=惯 kuE⁵""回=怀=还 ɦuɛ⁶"的情况(见《江苏省和上海市方言概况》)。附近方言里,只有苏州话有相同的特点,而且韵母的读音也相同,为 uE。到了七八十年代,ue、uɛ 合并为一类 uE 已占主流(许宝华、汤珍珠 1988)。

7. 部分 ue(uɛ)韵分化出来,变为 uø 韵。这种分化及韵母的重新组合也跟苏州话的一致,明显是受苏州话的影响。在第二时期赵元任《现代吴语的研究》里记录的一部分新派中这种分化已有表现,赵氏这批字的韵母读音新派记录了两种,一种与旧派同,为 ue,另一种记录为 uø,并说"少"。说明这些字韵母的分化在第二时期已经有端倪。到了二十世纪五六十年代第三时期,新派少数逐渐变为多数,"官规""宽亏""碗委"分别不同音:

表 25

		官	规	宽	亏文读	碗	委
第二时期	高本汉、赵元任旧派	kue¹		kʰue¹		ue³	
	赵元任新派,少数	kuø¹	kue¹	kʰuø¹	kʰue¹	uø³	ue³

（续表）

	官	规	宽	亏文读	碗	委
第三时期	kuø¹	kuE¹	kʰuø¹	kʰuE¹	uø⁵	uE⁵
苏州话	kuø¹	kuE¹	kʰuø¹	kʰuE¹	uø³	uE³

原来同音的,变成不同音,而韵母分化的情形跟苏州话一致。

8. 互补分布 iʌŋ、iŋ 音值差异的消失。1853 年 Edkins 所记的 iun(g)[iʌŋ]和 ing[iŋ]出现的条件是互补的。iun(g)只拼 ki[c]、k'i[cʰ]、gi[ɟ]、ni[ɲ]、h'i[ç]、dj[ɟ]及零声母(见系声母);ing 拼除上述声母以外的其他任何声母。二十世纪初高本汉的记音及赵元任的记音里仍保持这种互补分布。如：巾 tɕiəŋ¹、轻 tɕʰiəŋ¹、仅 dʑiəŋ⁶、跟 ɲiəŋ⁶、幸 ɦiəŋ⁶、因 iəŋ¹；兵 piŋ¹、瓶 biŋ⁶、顶 tiŋ³、定 diŋ⁶、津 tsiŋ¹、亲 tsʰiŋ¹、秦 dziŋ⁶ ~ ziŋ⁶、新 siŋ¹、静 ziŋ⁶。大约到了五六十年代,尖团音对立消失,iəŋ、iŋ 这种互补的音值差异也随之泯灭,都读 iŋ。如："进京"：

tsiŋ⁵tɕiəŋ¹ > tɕiŋ⁵tɕiŋ¹。

9. 促声韵数目大量减少。1853 年 Edkins 所记上海县城音系里促声韵共有 15 个,其中开口呼入声韵有七个。以开口呼促声韵为例,可以看出各时期促声韵的情况,以及从开埠到二十世纪五六十年代年促声韵合并的途径：(表 26 例字的声母都是 kʰ)

表 26

			客	掐	磕	刻	渴	哭	壳
第一时期		七个	aʔ	æʔ	eʔ	ʌʔ	œʔ	oʔ	ɔʔ
第二时期	高本汉记音	六个	aʔ		eʔ	ɤʔ	œʔ	oʔ	ɔʔ
	赵元任旧派	五个	aʔ		əʔ		œʔ	oʔ	ɔʔ
	赵元任新派	四个	aʔ		əʔ			oʔ	ɔʔ
第三时期	老派	五个	aʔ		əʔ		œʔ	oʔ	ɔʔ
	中新派	三个	aʔ		əʔ			oʔ	

声调演变

今市区话的四周为松江片方言。我们选择松江片江湾、真如、梅陇、洋泾四点(分别在上海市区的北西南东四面)的方言的声调与 1853 年 Edkins,

1928年赵元任的记音,及今市区话的声调进行比较,来观察市区话一百多年来声调的演变。

表27

		阴调类				阳调类				调类数
		阴平	阴上	阴去	阴入	阳平	阳上	阳去	阳入	
松江片	A. 江湾、真如、梅陇	53	44	35	5	22		13	1̲2̲	7
	B. 江湾、真如、梅陇	53	44	35	5		13		1̲2̲	6
	洋泾	53	44	35	5		13		1̲2̲	6
市区片	第一时期	53	44	35	5	22	213 ⋮	13	1̲2̲	8~7
	第二时期	53	44	35	5		13		1̲2̲	6
	第三时期 老派	53	44	35	5		13		1̲2̲	6
	第三时期 中、新派	53	34		5		13		1̲2̲	5

表27中松江片江湾、真如、梅陇分为A老派、中派,B新派两种。没有注明派别的,是指老派、中派、新派都一致。Edkins 1853年的声调记录中,阳上调很不稳定,一部分字已归阳去,所以表27市区片1853年声调一栏里,阳上调与阳去调不用实线而用虚线分开。五个声调的格局一直延续到今。

从表27可以看出,如果把Edkins所记录的那个不稳定的阳上调除去,它跟今松江片里的江湾、真如、梅陇(老中派)的声调无论是调类还是调值都是相当一致的。今洋泾及江湾、真如、梅陇(新派)跟1928年市区话、今市区话老派声调也完全一致。对比共时平面上的差异,可以看出上海市区话一百多年来的声调演变途径,先阳上跟阳去合并,然后是阳平再归阳上去,实现舒声阳调类同调值,最后才是阴上跟阴去合并,成为现在中派的五个调,而这五个声调的格局在二十世纪五六十年代已经成为主流。

舒声阳调类合并为一个调类,还是松江片声调演变的特点,因为在松江片里可以找到舒声阳调类为一个调的方言点。但阴上和阴去合并为一个调类,已经脱离松江片声调演变的轨迹,因为在整个松江片方言里,还没有一个点阴上、阴去是合并为一个调类的。

今市区话中派阴上、阴去合而为一的特点,可能跟市区北部嘉定片方言及宁波话的渗透有关。表28是嘉定片、宁波话、市区话声调比较表。

表28

		阴调类				阳调类				调类数
		阴平	阴上	阴去	阴入	阳平	阳上	阳去	阳入	
嘉定片	1928年	53	35	44	5	31	13		1̲2̲	7
	今老派	53	34		5	31	13		1̲2̲	6
	今宁波话老派	53	35	44	5	24	213		1̲2̲	7
市区片	第二时期	53	44	35	5		13		1̲2̲	6
	第三时期老派	53	44	35	5		13		1̲2̲	6
	第三时期中新派	53	34		5		13		1̲2̲	5

1928年嘉定话及今宁波话阴上、阴去的调值正好跟今市区老派的相反,大量的宁波人及上海北部的嘉定县、宝山县人进入上海市区,移民话与上海市区话交融以后,打乱了阴上阴去的调值,最后导致市区话中派二者混而不分,跟今嘉定片老派一样,古阴上阴去不分,都读34调。市区话阴上阴去不分,调值为34,大约在二十世纪四五十年代已开始,《江苏省和上海市方言概况》、《上海方音的内部差异》所记的音系里都是五声调系统,说明当时五声调已经是主流,这一声调系统一直延续至今。

五、二十世纪七八十年代音系

从二十世纪五十年代至二十世纪末可以认为是上海话语音演变的第四阶段。这一阶段由于实施严格的户籍和票证制度,限制了外来人口的流入,这一时期出生的市区居民主要是第二阶段移民所生育的子女(移民第二代),如果说移民第一代所说的上海话还有他们原籍方言的口音,到了移民第二代,他们的上海话已跟他们的父母不同,基本上已听不出他们父母原籍方言的口音,所以从二十世纪五十年代至二十世纪末是上海市区话发展定型和相对稳定期。这一时期的声韵调系统是:

(一) 声母(28 个)

表 29

p 帮布比	pʰ 滂派片	b 並盘白	m 明米门	f 非方分		v 奉文微
t 端到多	tʰ 透讨土	d 定头夺	n 南怒㐉			l 来路连
ts 糟招作	tsʰ 仓昌促			s 散扇缩		z 从虫熟
tɕ 九精结	tɕʰ 丘清缺	dʑ 旗穷极	ȵ 泥女涅	ɕ 戏虚血		ʑ 徐静绝
k 高故公	kʰ 开靠空	g 共葵环	ŋ 硬牙岳			
ø 鸭衣乌迂				h 化灰欢		ɦ 鞋移胡雨

(二) 韵母(43 个)(包括三个自成音节的鼻音)

表 30

ɿ 猪痴除	i 低天例	u 多波罗	y 居虚余
a 矮嫁牙	ia 野斜爷	ua 怪快坏	
ɔ 刀逃毛	iɔ 郊巧苗		
o 花茶麻			
E 雷来兰	iE 念也械	uE 关环弯	
ø 短干寒		uø 官碗换	yø 圈权县
ɤ 偷头楼	iɤ 修秋牛		
ã 浜厂常	iã 良枪详	uã 光~火口~对(蛮不讲理)	
ɑ̃ 汤桑旁	iɑ̃ 旺	uɑ̃ 光~线筐狂	
əŋ 针声城	iŋ 灵心京	ueŋ 滚捆稳	yŋ 均裙匀
oŋ 丰重红	ioŋ 菌兄用		
aʔ 百拆搭	iaʔ 雀削略	uaʔ 括	
oʔ 北国独	ioʔ 菊曲肉		
əʔ 舌鸽纳	iɪʔ 接贴叶	uəʔ 骨阔	yəʔ 掘月血
əl <u>尔面儿</u>	m̩ 亩	n̩ □~奶(祖母)	ŋ̍ <u>五鱼儿</u>

(三) 声调(5 类)

阴平 53、阴去 34、阳去 13、阴入 5、阳入 <u>12</u>。

这一阶段语音变化主要是:

声母方面

1. 尖团音对立消失。从 1853 年 Edkins 记音到二十世纪五六十年代,上海市区话都是分尖团音的。二十世纪六十年初开始,老派分,新派已不分。许宝华、汤珍珠(1962)认为"老年人几乎全部能分,中年人已有分化,有的分,有的不分,有的人基本上不分,只有少数字还保留尖音,青少年一代则差不多全部不分"。尖团音对立消失以后,细音前腭化声母的音值也由舌面中逐步前化为舌面前。不分尖团音的那些人声母系统多出一个浊的舌面擦音ʑ。ʑ声母只拼细音(腭化音变),所以从 z 到 ʑ 是一种条件音变:z→ʑ/__细音。由于上海话里原先的 z 声母后接 i 或 y(细音)只见于从母和邪母,所以这一音变只涉及从母和邪母字。见表 31。

表 31

	从母			邪母		
	钱	墙	籍	徐	象	席
第三时期《概况》记音	zi^6	$zia̅^6$	$ziɪʔ^8$	zi^6	$zia̅^6$	$ziɪʔ^8$
第三时期"差异"部分人	$ʑi^6$	$ʑia̅^6$	$ʑiɪʔ^8$	$ʑi^6$	$ʑia̅^6$	$ʑiɪʔ^8$

2. 一些字产生了 ʑ/dʑ 的异读。二十世纪六七十年代开始某些浊擦音 ʑ 声母产生了浊塞擦音 dʑ 异读,如果读 dʑ,则跟来自群母的 dʑ 合流了。而这些有浊塞擦音 dʑ 异读的都是来自从母,所以本来相同的声母变为不同,本来不同的声母则变为相同。见表 32。

表 32

	邪母	从母	群母	邪母	从母	群母	邪母	从母	群母
	徐	钱	骑	象	墙	强	席	籍	杰
读音一	$ʑi^6$	$dʑi^6$		$ʑia̅^6$	$dʑia̅^6$		$ʑiɪʔ^8$	$dʑiɪʔ^8$	
读音二	$ʑi^6$	$dʑi^6$		$ʑia̅^6$	$dʑia̅^6$		$ʑiɪʔ^8$	$dʑiɪʔ^8$	

表 32 中"钱、墙、籍"等从母字都有 ʑ/dʑ 声母异读,而"徐、象、席"等邪母字没有 ʑ/dʑ 声母异读。从语言系统内部是无法解释为什么前者有 ʑ/dʑ 异读,而后者没有,因为两者的语音条件是一样的。有没有异读跟古音来源有关,来自从母的有异读,来自邪母的则没有,而古音来源的背后是权威方言——普通话的不同语音条件。凡是从母的在普通话里都是读塞擦音,邪

母的则是擦音。换句话说凡是普通话读 tɕ 或 tɕʰ 的,在上海话里以前又是读 z 的,会产生塞擦音 dz 的异读,否则则不会。(陈忠敏 1995)这种异读的本质是受普通话影响而改读塞擦音,但是保留吴语浊音的特征。下列为上海话 z/dz 异读的常用字:

dz/zi⁶ 齐脐荠钱潜前渐贱泉全

dz/zy⁶ 聚

dz/ziɔ⁶ 剿憔

dz/ziɤ⁶ 酋就

dz/ziã⁶ 墙樯蔷

dz/ziŋ⁶ 秦尽情晴静净

dz/ziɪʔ⁸ 嚼

dz/ziɪʔ⁸ 捷睫截籍绝集疾寂

虽然这些字出现 z/dz 异读并不增加上海市区话的声母,因为在原来的声母系统里本来就有 z 和 dz 声母,但是可以看出异读的来源是普通话的影响。

3. 古日母字产生新的文读音声母 l。日母字在上海市区话里本来就存在文白异读,读鼻音 n/ɲ(细音前)是白读,读浊擦音 z 是文读。如"日节(日子)"中的"日"声母读白读 ɲiɪʔ⁸,"日本"中的"日"读文读 zəʔ⁸。二十世纪六七十年代受普通话影响,日母字产生了新文读声母 l,如"如果"的"如"有两种文读,读 zɿ⁶ 是旧文读,读 lu⁶ 为新文读。其他如"汝揉刃"等字也都有 l 新文读的读法。

韵母方面

1. i 韵的某些字分化出 yø 韵。二十世纪六七十年代开始,原属[i]韵的一些字出现了[yø]韵的读法。如"全"dzyø⁶、"选"ɕyø⁵、"旋"zyø⁶、"玄"ɦyø⁶。从古音条件来看,这些字全属古山摄合口三等仙韵精组字。最初的影响可能来自苏北腔上海话的渗透影响。二十世纪四十年代,特别是 1945 至 1949 抗战结束,国共内战时期,大量的苏北籍移民进入上海市区。苏北移民及他们的子女改操上海市区话时,难免会把自己母语的一些语音特征带进所习得的市区话里。由于苏北移民人众势强,逐渐形成一种很具特色的苏北腔上海话,其中"全选宣旋"等字韵母读[yø],就是早期苏北腔上海话的一种特征。这种韵母在音类的分合上跟原市区话不同,而跟苏北盐城、扬州等地的话相同。如表33:

表33

	潜(盐)	钱(仙)	全(仙)	权(仙)
原先的市区话	zi^6			$dzyø^6$
苏北腔上海话	zi^6			$dzyø^6$
苏北盐城话	$tɕhiĩ^2$			$tɕhyõ^2$
扬州话	$tɕhiĩ^2$			$tɕhyẽ^2$

二十世纪五十年代后期普通话通过文教系统、政府机关及新闻媒介对上海市区话产生强烈影响。而普通话上述字的分类跟苏北腔上海话是一致的,这样,就为苏北腔上海话的这一特征很快在上海市区扩散开来起了一个推波助澜的作用。现在很少有人认为"全"等字读 yø 韵是苏北腔上海话了。不过,跟其他渗透层相比,苏北腔上海话的发生时间较晚,所以"全"等字读 yø 韵也只发生在二十世纪五十年代后出生的人口里,有的人这些字还存在 i/yø 韵的异读。如"全"zi^6/$dzyø^6$、"选"$ɕi^5$/$ɕyø^5$、"玄"$ɦi^6$/$ɦiyø^6$。

2. ioŋ 韵的许多字有 yŋ 韵的又读。上海话从第一时期就有 yŋ(yn)韵,但是所管的字相当少,到了第三时期,yŋ 韵所管的字越来越多,也越来越普遍。不过,这些读 yŋ 的字一般都有 ioŋ 韵的另读。也就是原来只有 ioŋ 韵一读的,越来越多的字变为有 ioŋ/yŋ 异读了。如"军窘群熏云允"等。

3. 入声韵 ioʔ 韵中的 yəʔ 又读。yəʔ 在第一时期、第二时期是没有的韵母,在第三阶段曾出现端倪,不过不是主流。到了第四时期,ioʔ 韵的 yəʔ 又读成为普遍现象。如"决缺掘血月"等字都有 ioʔ/yəʔ 的又读。

4. aʔ、iaʔ、uaʔ 与 ʔ、iiʔ、uəʔ 有合并的倾向。原来的 aʔ、əʔ 一部分人合并为一个 ɐʔ,相应的齐齿呼、合口呼也有合并为 iɐʔ、uɐʔ 的倾向。如表34:

表34

	隔	割	脚	节	刮	骨
第三时期	$kaʔ^8$	$kəʔ^8$	$tɕiaʔ^8$	$tɕiiʔ^8$	$kuaʔ^8$	$kuəʔ^8$
第四时期	$kɐʔ^8$		$tɕiɐʔ^8$		$kuɐʔ^8$	

5. ã、iã、uã 和 ɑ̃、iɑ̃、uɑ̃ 也有合并的倾向。两套鼻化韵 ã、iã、uã 和 ɑ̃、iɑ̃、uɑ̃ 部分人合并为一套:ã̃、iã̃、uã̃。如下列字在一些二十世纪五六十年代出生的人的口里已经合而为一了:

表 35

	张	章	羊	旺	横(~理)	汪
第三时期	tsã¹	tsɑ̃1	ɦiã⁶	ɦiɑ̃6	uã¹	uɑ̃¹
第四时期	tsÃ¹		ɦiÃ⁶		uÃ¹	

不过，与入声韵 aʔ、iaʔ、uaʔ 与 əʔ、iɪʔ、uəʔ 的合并相比较，这两套鼻化韵的合并显得更为缓慢一些，第四时期出生的上海人基本上还维持着两套鼻化韵的区别。

六、二十世纪九十年代及以后音系

第五时期是指1990年及以后出生的上海人的语音特点。二十世纪九十年代以后上海话的语言生态发生了前所未有的改变。因为：1. 户籍制度放松，粮油票证制度取消，以及上海经济建设新一轮的快速发展，全国各地，包括世界各地新移民大量涌入，新移民语言的原生形态已经跟第一次移民的不同，普通话成为新移民交际的最为重要的语言。2. 二十世纪九十年代后普通话成为法定的教学语言，从学龄前幼儿园到大学强力普及，以至于八九十年代以后出生的新上海人普通话的流利程度已经超过上海话，大多数学生在语言学习的最佳阶段(幼儿园、小学阶段)只讲普通话，听懂上海话。此时母语已从上海话转为普通话。3. 新上海人到了初中、高中阶段，本土意识逐渐增强，开始从能听懂上海话而改操上海话，而这种上海话跟他们父母辈的具有明显的差异。4. 随着各地来的新移民在上海工作、生活的深入，他们也开始努力学习上海话。他们的第二代语言状况接近新上海人。这一时期的语音有如下的变化。

（一）声母(28个)

表 36

p 布帮北	pʰ 怕胖劈	b 步盆拔	m 美闷梅门	f 呼粉福		v 湖奉服
t 胆懂德	tʰ 透听铁	d 动地夺	n 拿囡内男			l 拉领赖
ts 煮正质	tsʰ 处仓出			s 书颂色		z 树从石
tɕ 举精脚	tɕʰ 丘轻切	dʑ 全群集	ȵ 粘扭泥牛	ɕ 修勋血		ʑ 像寻席
k 干公夹	kʰ 开垦扩	g 搞共轧	ŋ 咬眼硬	h 花荒忽		ɦ 盒鞋移雨
∅ 鸭衣乌迂						

声母方面

1. 第四时期与第五时期声母种类和声母数虽然相同，都是 28 个，但具体字的声母读音归类已有明显的变化。

2. 许多浊音声母已变为对应的清不送气声母。如"裴"pEi⁵、"惰"tu⁵、"辅"fu⁵、"系"ɕi⁵。z 声母的清化有两种方向，凡普通话读擦音的，变读为 s；凡普通话读塞擦音的，变读为 ts。如"硕"soʔ⁷、"颂"soŋ¹、"绽"tsE⁵、"赠"tsəŋ⁵。变读清声母的大多是在上海话里不能单说的非常用字。部分字浊音清化现象在第四时期已出现，但到了第五时期更为普遍、稳定，而且覆盖的字更多。

3. 大量原 ŋ 声母字声母 ŋ 失落。上海话的 ŋ 声母来自中古的疑母，第一时期至第四时期的上海市区发音人尚能较为完整保留古疑母读 ŋ（细音前为 ȵ）。到了第五时期，以前读 ŋ（细音前为 ȵ）声母的字，很多都失落鼻音声母，变为 ɦ 声母，如"我义艺仪疑宜银迎娱语寓外"。连最常见的第一人称代词"我"这一时期的发音人也多数读 ɦo⁶（ɦu⁶）。

4. 第四、第五时期都有 dʑ 和 ʑ 声母，但是具体字的声母归属有区别。凡普通话读塞擦音的，第五时期倾向于读 dʑ，如"齐"dʑi⁶、"就"dʑiɤ⁶、"墙"dʑiÃ⁶、"秦"dʑiŋ⁶；凡普通话读擦音的，倾向于读 ʑ，如"徐"ʑi⁶、"袖"ʑiɤ⁶、"像"ʑiÃ⁶、"寻"ʑiŋ⁶。

5. ɦ 声母在细音前有擦音化倾向。上海话 ɦ 其实并非是声元音段，用 ɦ 只是表示阳调类零声母字韵母发声态是气嗓音。到了第五时期这一情形发生了变化，韵腹或韵头是 i 或 y，同时普通话又是擦音时，这一时期的发音人会有擦音化（ʑ 或 ɕ）的倾向。如"效"ʑiɤ⁶/ɕiɔ⁵、"序"ʑy⁶/ɕy⁵、"系"ʑi⁶/ɕi⁵、"幸"ʑiŋ⁶/ɕiŋ⁵、"协"ʑiəʔ⁶/ɕiəʔ⁵。如果读 ʑ 声母，则声调是阳调类；如果读 ɕ，则声调是阴调类。

（二）韵母（36 个）

表 37

ɿ 知次住	i 基钱费	u 波歌做	y 居羽软
a 太鞋柴	ia 野写亚	ua 怪淮娃	
ɔ 保朝高	iɔ 条蕉唷		
o 花模蛇			
E 班慢来		uE 关还弯	

（续表）

ɛi 杯梅雷		uɛi 归回灰	
ø 干官碗			
ɤ 斗丑狗	iɤ 流尤休		
Ã 打党唱	iÃ 旺阳良	uÃ 光广汪	
əŋ 奋登论	iŋ 紧灵人	uəŋ 困魂温	yŋ 均云训
oŋ 翁虫风			yoŋ 穷荣浓
ɐʔ 石舌脱	iɐʔ 笔药剧	uɐʔ 挖刮划	yɐʔ 浴雪缺
oʔ 北郭目	ioʔ 肉玉		
əl 而尔耳	m̩ 姆呒~没	ŋ̍ 五鱼	ŋ̍口~奶(祖母)

（三）声调(5 类)

阴平 53、阴去 34、阳去 13、阴去 5、阳入 12。

韵母方面

1. 产生前响复合元音韵母 ɛɪ。第三时期开始"雷 = 来 = 兰"读 lᴇ⁶ 成为主流，第四时期延续这一主流读音，到了第五时期变成"雷 lɛɪ⁶ ≠ 来 = 兰 lᴇ⁶"。对应于普通话的 ei(uei)韵字读成双元音 ɛɪ，使得原本同音的字变为不同音：杯 pɛɪ¹ ≠ 掰 = 班 pᴇ¹；妹 mɛɪ⁶ ≠ 迈 = 慢 mᴇ⁶；内 nɛɪ⁶ ≠ 耐 = 难 nᴇ⁶；对 tɛɪ⁵ ≠ 戴 = 胆 tᴇ⁵。前响双元音 ɛɪ 音变主要发生在二十世纪八九十年代出生的新上海人口语中，不过这种读音也有逐渐向中年人扩张的趋势，换句话说少数中年人也有"雷" lɛɪ⁶ ≠ "来" = "兰" lᴇ⁶ 的读音。最近几年来对新派上海话 ᴇ ~ ɛɪ 韵变异的研究表明这种变异来源于语言接触。(陈忠敏等 2014；Yao et al. 2016)即原本上海话 ᴇ 韵的字，对应于普通话的 ei 或 uei(限舌尖音声母)，产生了 ɛɪ 音变，不对应普通话 ei 或 uei 的则不变，仍读 ᴇ。显然这是受普通话 ei(uei)影响而产生的双元音化音变，与 80 后、90 后长期接触普通话有直接关系。

2. 部分 o 韵字韵母 o 高化为 u 韵，这样就跟原来的 u 韵母合流了。如表 38：

表 38

	疤	波	遮	租	瓜	歌	桠	乌
第四时期	po¹	pu¹	tso¹	tsu¹	ko¹	ku¹	o¹	u¹
第五时期	pu¹		tsu¹		ku¹		u¹	

这一现象在第四时期已有端倪，m 声母后很多字都有 u 韵和 o 韵异读，如"模、墓、魔、磨、幕"mu^6/mo^6，到了第五时期这些字只有 mu^6 一读了。

3. yø 韵单元音化变为 y，这样就跟原来的 y 韵母合流了。如表 39：

表 39

	捐	居	劝	趣	软	女	圆	雨
第四时期	$tɕyø^1$	$tɕy^1$	$tɕ^hyø^5$	$tɕ^hy^5$	$ȵyø^6$	$ȵy^6$	$ɦyø^6$	$ɦy^6$
第五时期	$tɕy^1$		$tɕ^hy^5$		$ȵy^6$		$ɦy^6$	

4. uø 韵与 ø 韵合并。上海市区话 uø 韵只能跟舌根音、喉音及零声母拼合。ø 韵的拼合就比较多，除了不跟舌面音声母及唇齿音 f、v 声母拼合外，其他声母皆可以。第五时期的发音人 uø 韵消失，并入 ø 韵。这样在舌根音、喉音及零声母后原来不同音的，现在出现了同音：

表 40

	肝	官	看	宽	汉	唤	寒	换	暗	碗
第四时期	$kø^1$	$kuø^1$	$k^hø^5$	$k^huø^5$	$hø^5$	$huø^5$	$ɦø^6$	$ɦuø^6$	$ø^5$	$uø^5$
第五时期	$kø^1$		$k^hø^5$		$hø^5$		$ɦø^6$		$ø5$	

5. iɛ 韵丢失。iɛ 韵所辖的字很少，几乎都是旧文读。如"奸监舰念闲械也廿"等。到了第五时期，这些旧文读要么不说，要么合并到其他韵母里。如"念"读成 $ȵi^6$，"廿"读成 $nɛ^6$。

6. 第四时期的 ɤ、iɤ 韵，到了第五时期有复元音化倾向，音值可记为 ɤɯ 和 iɤɯ。如"九"$tɕiɤɯ^9$。

7. 第四时期的 ã、iã、uã 和 ɑ̃、iɑ̃、uɑ̃ 两套鼻化韵到了第五时期合并为 ã、iã、uã 一套鼻化韵。

8. 第四、第五时期都有 yŋ 韵母，但是第四时期 yŋ 韵是一个异读韵母，即凡是读 yŋ 韵的字，都有其他韵母的异读，要么 yŋ/yoŋ 异读，要么 yŋ/iŋ 异读。如"均军君钧"$tɕyŋ^1/tɕyoŋ^1$、"群裙郡"$dʑyŋ^6/dʑyoŋ^6$、"旬巡循"$zyŋ^6/ziŋ^6$、"迅"$ɕyŋ^1/ɕiŋ^1$、"熨"$ɦyŋ^6/ɦiŋ^6$。第五时期 yŋ 韵母是个独立的韵母，yŋ 韵里的字韵母异读大量减少，其规律是凡普通话读 yn 韵母的，新派多数只有 yŋ 一种读音。

9. 第四时期的 aʔ、iaʔ、uaʔ 与 əʔ、iɪʔ、uəʔ 已完成合并,合并以后的读音分别为 ɐʔ、iɐʔ、uɐʔ。

10. ioʔ 韵有跟 yɐʔ 韵合并的趋势。第四时期的 yɐʔ 其实很大部分就是 ioʔ 的又读韵,到了第五时期,又读韵 yɐʔ 占据上风,大量的 ioʔ 韵字转入 yɐʔ 韵,并且只有 yɐʔ 韵一种读法。比较顽固仍读 ioʔ 韵的几乎只有"玉肉搦" ȵioʔ[8] 三个字。

七、总 结

纵观 160 多年上海城市方言语音的变化有四大特点。

第一,声韵调系统发展演变迅速,这种发展演变主要指系统的简化及音类合并,系统的简化和音类合并的速度远远超出周边方言。上海市区话原先应属松江片方言。(陈忠敏 1992)如果 1843 年上海城没有被辟为通商口岸,至今仍然应是松江府所辖的上海县县城的话,它的语音面貌应跟今市区附近的江湾、真如、梅陇、洋泾等地的非常相近,也应有大致上相同的发展速度和方向。由于一百多年来独特的政治、经济、文化、移民等因素,造成了市区话跟周围松江片方言的发展不平衡,市区话发展演变的速度要快得多。这是一种非常典型的方言地层学(Dialect Stratigraphy)现象。即中心城市语言因非语言因素(如政治、经济、文化等)变得强势,语言发展会非常迅速,成为语言发展的超前层;环中心城市边缘地区的语言,受中心城市方言辐射和影响,向中心城市语言靠拢,但语言演变速度较为缓慢,为语言发展的受影响层;而在最外围地区,由于受城市方言的辐射力量相对较弱,语言演变基本是自身发展,演变速度更缓慢,为语言发展的滞后层。这样,使得本属一个地层平面的方言,出现了层次差异。以具有代表性的声调系统为例,如果把市区话中派算为第一层次的话,那么,市区话老派、洋泾话就是第二层,梅陇、真如、江湾话老派、中派就是第三层。参照 1853 年 Edkins 的声调记录、1928 年赵元任的声调记录,可得如图 1 的地层俯视图:第一层脱胎于第二层,时间相差 60 年;第二层脱胎于第三层,时间相差 70 年。第一层跟第三层时间相差 130 年,也就是说,市区话中派声调系统的发展,比周围松江片方言的声调系统的发展,快了 130 年左右的时间。

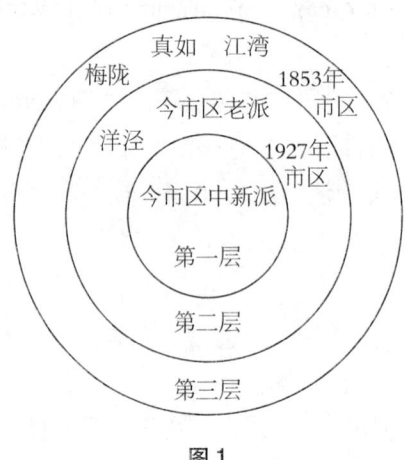

图1

第二,系统简化和音类合并的方向与各个时期移民方言或权威方言的影响密切相关。影响上海城市方言音类重新分合的外来方言主要是苏州话和普通话。第二时期(二十世纪初)到第三时期间最为明显的是苏州话的影响。赵元任(1928)说"有新旧两派,新派分类近似苏州,旧派近似浦东,(两派人以'苏州音'、'浦东音'互相指斥)"。不过苏州话影响的力度到二十世纪四五十年代已经结束。市区面积扩大以后的嘉定片方言,以及宁波话、江淮官话间或也有影响,但是影响力及程度远不及苏州话。普通话对上海城市方言语音的影响主要发生在第四时期和第五时期,随着近二三十年来城镇化建设的进程加深,这一影响力有增无减,越来越大。

第三,上海城市方言语音变异多,主要原因是外来方言的影响。由语言接触造成的语音变化往往会新旧形式并存。如由苏州话影响造成"罪"等字韵母有ø/ɛ变异,由普通话影响造成"齐"等字声母有dʑ/z变异。

第四,由语言接触引发本地音系格局改变,增加新成分,韵母最有可能。比如第五时期ɛi、uɛi的产生就是这种情况。不过音系中新成分的增加还是比较少见的,只有在语言接触非常深的情况下才有可能。大量的情况是在不改变音系格局,不产生新的声韵调情况下,一些字的读音发生了转移。这种读音的转移一般是先从个别字音的 A 音变为 AB 异读,其中 B 音是来自权威方言在本方言内的折合音类,再从 AB 异读变为只有 B 音。比如第四、第五时期字音从ioʔ韵转入yɛʔ韵,ioŋ/iŋ 韵字转入 yŋ 韵里都是通过这种途径得以实现。而这种读音转移背后的推手是权威方言。

参考文献

陈忠敏(1992)上海地区方言的分区及其历史人文背景,《复旦学报》第4期。

——(1993)方言渗透的特点及其研究方法——从上海市区方言的某些共时差异谈起,《语言研究》第1期。

——(1995)上海市区话语言一百多年来的演变,载梅祖麟等著,《吴语和闽语的比较研究》,上海:上海教育出版社。

——(2007)上海市区话舒声阳调类合并的原因,《方言》第4期。

高本汉(1915—1926[1940])《中国音韵学研究》,北京:商务印书馆:545。

江苏省和上海市方言调查组(1960)《江苏省和上海市方言概况》,南京:江苏人民出版社。

钱乃荣(1986)上海语音的变迁,中国语言与方言学术讨论会论文,美国奥克兰:加州大学本部。

上海市统计局(1984)《1983上海统计年鉴》,上海:上海人民出版社。

石汝杰(2012)现代上海方言的多种来源和方言岛理论,《中国言语文化学研究》创刊号,日本大东文化大学大学院中国言语文化学专攻。

文改会秘书处拼音方案工作组(1954)全国主要方言区方音对照表,北京:中华书局。

许宝华,汤珍珠(1962)上海方音的内部差异,《复旦学报》第1期。

——(1988)《上海市区方言志》,上海:上海教育出版社。

——,陈忠敏(1993)上海地区方言的分区,《方言》第1期。

叶祥苓(1988)《苏州方言志》,南京:江苏教育出版社。

赵元任(1928[1956])《现代吴语的研究》,北京:科学出版社:82。

周同春(1988)十九世纪的上海语音,载中国语言文学研究所吴语研究室编,《吴语论丛》,上海:上海教育出版社。

中国图书编译坊(1948)《上海市大观》,上海:中国图书杂志公司出版。

邹依仁(1980)《旧上海人口变迁的研究》,上海:上海人民出版社。

Edkins J. (1853[1868]) *A Grammar of Colloquial Chinese as Exhibited in the Shanghai Dialect*, Shanghai Presbyterian Mission Press Second Edition:52.

Parker R A. (1923) *Lessons in the Shanghai Dialect*: in Romantized and Character with Key to Pronunciation. (沪语汇集), Shanghai: Municipal council.

Yao Y, Chang C B. (2016) "On the Cognitive Basis of Contact — Induced Sound Change: Vowel Merger Reversal, in Shanghainese. *Language*,92-2:433-467.

(200433 复旦大学中文系 zhongminchen@fudan.edu.cn)

论南部吴语蟹摄一等韵的读音层次

施 俊

提要 文章认为南部吴语上丽片、瓯江片及婺州片咍韵均有三个层次的对应。其中层次Ⅰ均为上古之部字,上丽片和瓯江片保留较多,婺州片个别方言保留。咍韵与泰韵表现出文白的交错对应,咍韵的白读为泰韵的文读,咍韵的文读为泰韵的白读。泰韵受咍韵影响较深,上丽片和婺州片咍泰韵关系紧密。瓯江片泰韵还受到灰韵的影响,原因在于咍灰韵主元音不同。咍泰韵的这种双向制约关系起因于权威话的渗透,但这种格局的形成则受制于自身的音系结构。

关键词 南部吴语;蟹摄一等韵;读音层次

一、引 言

关于蟹摄今读在吴语中的特点,赵元任(1928)较早提到单元音化倾向,"古代双元音有变单元音的倾向,ɑi、ei、ɑu、ou 往往变为 ä、é、ò、e"。这种单元音化趋向包括蟹摄咍、灰、皆等韵吴语今音的单音节化。(游汝杰 2008)颜逸明(1994)亦指出"蟹摄合口二等字读开尾韵"是吴语语音的主要特点之一。总之,吴语大部分地区蟹摄今读为单元音韵母。

中古蟹摄一等韵包括咍、泰两个开口重韵和合口灰韵,按《切韵》的分韵原则,即"同韵的元音一定是相同的,而重韵的元音一定是不同的"。(黄笑山 1995)潘悟云(2000)亦指出:"《切韵》同一个韵目下的韵类,主元音和韵尾相同。两个韵类如果分置不同韵目,要么是主元音不同,要么是韵尾不同。"因此,若咍、泰两韵在方言中有异读且能够互相区分,则可能反映出早期的读音格局。关于南部吴语①蟹摄一等韵的读音层次还未有人涉及,因此,本文就此问题做一探讨。

二、上丽片咍、泰、灰三韵的读音层次

我们先列出常山咍、泰、灰三韵的常用读音如表1:

表1

咍韵	i	来₁li²,栽 tɕi¹,菜₁tɕʰi⁵
	e	戴₁te⁵,待₁de⁴,代₁de⁶,彩₁tsʰe³,开 kʰe¹,呆 ŋe²
	ɛ	戴₂tɛ⁵,待₂dɛ⁴,代₂dɛ⁶,来₂lɛ²,菜₂tsʰɛ⁵,凯 kɛ³
泰韵	e	害 ɦe⁶
	ue	沛 pʰue⁵
	ɛ	带 tɛ⁵,泰 tʰɛ⁵,赖 lɛ⁶,蔡 tsʰɛ⁵,艾 ŋɛ⁶,汏 dɛ⁵
	uɛ	盖 kuɛ⁵
	以上泰韵开口	
	ue	兑 due⁶,会开~ŋue⁶
	uɛ	会~计 kʰuɛ⁵
	以上泰韵合口	

---

① 本文所指的南部吴语包括上丽片、瓯江片及婺州片。上丽片方言点包括常山、江山、开化、广丰、玉山(属上山小片);丽水、庆元、遂昌、云和(属丽水小片);瓯江片方言点包括温州、平阳、永嘉和乐清;婺州片方言点包括义乌、兰溪、东阳、浦江、永康和武义。(材料来源:常山、开化、庆元、遂昌、云和的材料来自《吴语处衢方言研究》(曹志耘,秋谷裕幸,太田斋等 2000)。江山、广丰的材料来自《吴语江山广丰方言研究》(秋谷裕幸 2001)。丽水的材料为郑张尚芳的调查材料。温州的材料来自《温州方言志》(郑张尚芳 2008)。平阳的材料来自《平阳方言记略》(陈承融 1979)。永嘉的材料来自《浙南瓯语》(颜逸明 2000)。乐清的材料来自《浙江乐清方言音系》(蔡嵘 1999)、《乐清音系再探》(蔡嵘 2006)。东阳、兰溪的材料来自《吴语兰溪东阳方言调查报告》(秋谷裕幸,赵日新,太田斋等 2002)。义乌、浦江、永康、武义的材料为笔者调查。其他材料来源将随文作注。如无特别说明,文中声调采用调类标调法,1 阴平,2 阳平,3 阴上,4 阳上,5 阴去,6 阳去,7 阴入,8 阳入)。

（续表）

灰韵	i	杯 pi^1
	ue	配 p^hue^5、梅 mue^2、堆 tue^1、推$_1$ t^hue^1、退$_1$ t^hue^5、雷 lue^2、灰$_1$ hue^1 悔$_1$ hue^5、回 $fiue^2$、汇 $fiue^6$、踒 lue^6
	e	罪 ze^4、碎$_1$ se^5
	ui	推$_2$ t^hui^1、退$_2$ t^hui^5、内 nui^6、雷$_2$ lui^2、碎$_2$ sui^5、灰$_2$ hui^1、悔$_2$ hui^4

常山咍韵有三个读音：i、e、ɛ。其中前两者为白读音，后一为文读音。"来"有"i"和"ɛ"读音的对立，读 i 的一般单念，读 ɛ 的在"将来"等较新的词汇中出现，两者具有明显的文白色彩差异。"菜"有"i"和"ɛ"读音的对立，其中读 i 的一般单念，读 ɛ 的有"黄花菜"，但在"菠菜""包心菜"中仍读 i。"待"有"e"和"ɛ"读音的对立，前如"待侬"①，这是较土白的词，后者如"招待"，这是相对较新的说法。"代"也有类似的读音分化，读 e 韵的如"朝代"，读 ɛ 的如"交代"，文白色彩明显。同时，我们发现，只有 ɛ 韵一读的词大多属于文读性质。可见，e 与 ɛ、i 与 ɛ 的对立是语音层次的对立。

但 i 和 e 读音似乎看不出明显的对立，且两者呈互补分布，如表 2：

表 2

	i	e	例字
ts 组	−	+	彩 ts^he^3 ｜再 tse^5 ｜材 ze^2
tɕ 组	+	−	栽 $tɕi^1$ ｜菜 $tɕ^hi^5$

表 2 所示的互补关系似乎表明 e 和 i 是相同层次的读音变体。但事实并非如此，我们认为 i 和 e 是层次关系而非音变关系。事实上，在上丽片各方言中均不同程度地保留着 i 读音的咍韵字，且大多集中于"来栽菜"等字，如表 3：

表 3

	常山	开化	江山	广丰	玉山	丽水	庆元	云和
来	li^2	li^2	li^2	li^2	li^2	li^2	lie^2	li^2

---

① 意为"对待人"。

（续表）

	常山	开化	江山	广丰	玉山	丽水	庆元	云和
栽	tɕi¹	—	tɕi¹	—	tɕi¹	—	—	—
菜	tɕʰi⁵	tɕʰi⁵	tɕʰi⁵	—	—	—	—	—
苔	—	tʰi¹	—	—	—	—	—	—
腮	—	—	—	—	—	—	sɿ¹	sɿ¹
鳃	—	—	—	—	—	—	sɿ¹	sɿ¹

其中"来"字读 i 最具统一性,几乎所有点均有此读音。庆元的"来"字还发生 i>ie 的裂化音变,瓯江片、婺州片各方言也大多具有"来"字的 i 读音。哈韵中读音 i 的字均来源于上古之部字,而 e 读音字有之部、微部、物部等不同来源。因此,我们认为哈韵的 i 读音属于上古读音层,时间较早。而 e 读音则是各部合流后的结果,时间较 i 读音晚。与南部吴语关系密切的闽语也有类似哈韵 i 读音的上古音层次,且收字相当统一,如福州话有"苔 tʰi¹ | 来 ni² | 鳃 tsʰi¹"。

对此,袁碧霞(2011)对闽东地区哈韵的历史层次做过探讨,指出闽东地区哈韵的 i(ei)①读音与蟹摄四等齐韵、止摄开口三等文读层同韵,并通过吴语的相关讨论看闽语此音读的性质,其中重点引用了游汝杰先生(2008)的论证过程。游先生指出吴语、闽语哈韵的 i 读音是由于"元音简约"即双元音弱化的结果,例如:

来 *ai→ɛ→e→i

我们认为双元音弱化的分析反映的是直线发展的语言史观。从各个方言看,我们看不到 e→i 过程中的音变条件。我们知道,语音演变总是在一定条件下发生的,新语法学派所谓的"同条件同音变"原则在"e→i"过程中看不到音变的条件。事实上,赵元任先生提出的吴语元音的简约性指的是吴语方言与中古音的主体层比较而言,即吴语大多数方言哈韵中古层读音发生了单元音

---

① 哈韵的 i 和 ei 读音因声调不同而分化,ei 读音只在阴去、阳去后出现,i 读音则在其他声母后出现,两者呈互补分布。不过例字并无 ei 读音字。参见袁碧霞(2011)。文章最后提到上古之部在闽东各方言的演变拟为 *ɯ>i(闽东其他方言)>e>ei(福安),我们倒认为福安的 ei 读音应由 i 直接前裂化而来,即 i>əi>ei,因为南部吴语 i 和 e 是对立的,不是音变关系。

化的过程：*əi①→ə→e。上文我们提到，常山话 i 读音的字均来源于上古之部字，而 e 读音的字来自上古之部、微部、物部等不同部，i 读音要早于 e 读音。从词汇上看，i 读音所属字均是口语常用字，而 e 读音也包括一些非口语常用字，如常山话"耐、再、采、才、在、爱"等读 e 韵的字。因此，若从音变角度看，也应该是 i→e，而不是倒过来。有关 ɛ 文读层的性质我们下文再讨论。

《切韵》蟹摄一等咍韵和灰韵，前者属开口，后者属合口。按分韵原则，韵目不同，其主元音应有所区别。这两个韵上古属之微两部，到南北朝时已完全合为一韵，只是开合不同而已。（王力 1936）后来，这种开合区别逐渐发展为主元音的区别。潘悟云、朱晓农（1982）认为这种区别可能在《切韵》时代就已发生，咍、灰韵唇音字的对立正反映了咍、灰分韵的过程。不过，《切韵》时代反映吴音实际情况的"原本玉篇音系"则显示咍、灰主元音是相同的。（周祖谟 1966）但长安方言中可能咍、灰已分韵（周法高 1948），说明当时南北方言的这种差异原本就已存在。当然这是就整体而言的，具体到各地方言，又会显出一些差别来。

常山灰韵有四个读音：i、e、ue 和 ui。其中 ui 读音属文读，与普通话读音接近。读音 i 只"杯"一字，"杯"为上古之部字。因此，我们认为灰韵的 i 与咍韵的 i 为同一层次。

常山灰韵的 e 和 ue 互补，齿音声母后读 e，其他声母后读 ue。灰韵的 ue 与咍韵的 e 构成开合关系。为更清楚地显示此层次读音在上丽片各方言的分合情况，我们列表如表 4：

表 4

		常山	江山	开化	广丰	玉山	丽水	遂昌	庆元	云和
咍韵	读音	e	E	e	ɐi	ɐi	ɛ	ei	ai	a
灰韵	读音	ue	E	e	uɐi	uɐi	ei	ei	ai	ei
	条件	罪碎 e	端组 uE	见系 ue	—	唇音 ɐi	见系 uei	见系 uei	见系 uai	见系 uei

从表 4 中可以看到，除丽水、云和两地外，其他点两个韵的主元音相同。常山、广丰、玉山等地咍、灰韵开合基本相配。江山、开化、遂昌、庆元等地咍、灰韵韵母基本相同。对于灰韵的条件变体，上山小片各方言无统一模式，而丽

---

① 中古拟音据黄笑山（1995）。

水小片各方言均是见系声母后有-u-介音,此特点在婺州片中更是统一。

再看泰韵。泰韵主元音也有 e 和 ɛ 两个读音,与哈韵相同,可见两者关系密切。但文白关系正好与哈韵相反,如表5:

表5

	e	ɛ
哈韵	白	文
泰韵	文	白

这种交错的文白杂配,正反映了哈、泰这两个一等重韵之间相互渗透的历史事实。从白读层来看,哈韵 e ≠ 泰韵 ɛ,反映《切韵》时代一等重韵的对立。泰韵开口"盖"读如合口 uɛ,是早期见系声母后增生-u-介音所致,与歌韵这一层次读音相同,对此笔者将另文讨论。

北方权威方言,中唐时期一等重韵哈泰(包括覃谈)便开始合并,慧琳的反切里已覃谈合一,哈泰无别了(黄笑山 1995)。对于哈韵的 e 读音来说,ɛ 读音是异源的。对于泰韵的 ɛ 读音来说,e 读音是异源的。哈韵和泰韵同时受到两个相反的文白力量的制约,为更清楚地表示这种关系,我们用图 1 来表示:

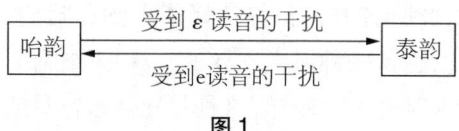

图 1

哈、泰两韵的这种制约,在上丽片各方言的共时系统中表现出程度的差异。我们把这种差异列表如表6(元音右边的数字为该读音在该韵中的数量):

表6①

		常山	开化	江山	广丰	玉山	丽水	庆元	遂昌	云和
哈韵	白	e 8	e 8	ɛ 39	ɐi 36	ɐi 45	ɛ 45	ai 34	ei 44	a 37
	文	ɛ 39	ɛ 39	æ 4	ɑ 3	ai 3	ɛɔ 3	ɑ 10	a 5	ɑ 3

---

① 此表统计数字包括哈韵和泰韵(统计数字包括开合口,表中只列出开口读音),有些有一字两读的,均重复计算在内。不同方言的哈韵或泰韵总字数由于调查的原因可能不同,但不影响比较,我们注重的是哈韵或泰韵的文白对比,而不是方言之间的对比。

（续表）

		常山	开化	江山	广丰	玉山	丽水	庆元	遂昌	云和
泰韵	白	ɛ 14	ɛ 11	æ 13	a 11	ai 10	ɐu 9	ɑ 11	a 10	ɑ 8
	文	e 4	e 2	ɛ 5	ɐi 7	ɐi 11	ɛ 4	ai 8	ei 8	a 3

从表6中我们可以看到，哈、泰两韵的这种互相干扰的制约关系在各个方言中的表现程度不同。先看哈韵，常山、开化的文读音ɛ（来自泰韵白读）所辖字远多于白读音e，可见在这两地的文白竞争中文读暂时占优，泰韵的白读音已渗入到哈韵里了。而江山、广丰、丽水、庆元、遂昌、云和等地哈韵白读仍占优势。

再看泰韵，广丰、玉山、庆元、遂昌等地文白所辖字大致相当，可见文读音（来自哈韵白读）的渗入比较严重。而其他点如常山、开化、江山、丽水、云和等地泰韵白读音仍占优势，可见，哈泰两韵的这种双向制约的发展是不平衡的。

从以上分析我们似乎可以得出这样一个结论：文读层读音的来源除了权威方言以外（外部的），方言内部的读音也可能成为文读层读音的来源。

我们认为事实并非如此。我们知道，从中唐开始，北方权威方言的哈、泰韵便开始合并，而南方仍有区别。由于北方权威话的不断渗透，异读音开始进入哈韵和泰韵，此时各方言正好选择了泰韵和哈韵的读音作为权威话的相近异读音，因此，这是一种偶合。异读来源相同但借入后读音不同是基于不同方言音值转换时产生的差异，这种差异是很常见的，如施俊（2016）认为"词是新词，但音是旧音"。因此，总的来说，哈、泰韵的这种双向制约关系起因于权威话的渗透，但这种格局的形成则受制于自身的音系结构。

事实上，泰韵还受到蟹摄二等韵的制约，下节我们再具体讨论。

综上所述，我们把常山哈泰灰三韵的读音层次总结如表7：

表7

层次Ⅰ（白）		i		—①		—
层次Ⅱ（白）	哈韵	e	灰韵	ue(e)	泰韵	ɛ(uɛ)
层次Ⅲ（文）		ɛ		ui		e(ue)

---

① 灰韵的"杯"读i韵，属上古之部字，由于哈、灰开合相配，因此我们把这个层次的读音放到哈韵中。

下面我们来看各读音层在上丽片其他方言的对应情况。先看哈韵层次Ⅰ，开化哈韵层次Ⅰ具体收字与常山略有不同，多出"苔每"两字亦读 i 韵。江山、广丰、玉山等层次Ⅰ均读 i。相比上山小片，丽水小片哈韵层次Ⅰ读音有一些变化。各地除"来"字仍读 i 外，"鳃腮"两字在庆元、云和两地读舌尖音 ɿ，丽水"碎"读 ɿ，发生 i > ɿ 的舌尖化音变。

关于灰、泰韵在各方言的表现上文已有所论述，其层次的划分与常山一致。江山灰韵"块"字读 ø，或是 uE 的合音。结合上文，我们总结各方言的层次对应如表8：

表8

		层次Ⅰ	层次Ⅱ			层次Ⅲ		
		哈韵	哈韵	灰韵	泰韵	哈韵	灰韵	泰韵
上丽片	上山小片 常山	i	e	ue(e)	ɛ(uɛ)	ɛ	ui	e(ue)
	开化	i	e	e(ue)	ɛ(uɛ)	ɛ	ui	ue
	江山	i	E	E(uE)	æ(uæ)	æ	ui	E(uE)
	广丰	i	ɐi	uɐi	a(ua)	a	ui	ɐi(uɐi)
	玉山	i	ɐi	uɐi	ai	ai	uei	ɐi(uɐi)
	丽水小片 丽水	i(ɿ)	ɛ	ei(uei)	uɔ	uɔ、ei	—	ɛ、ei(uei)
	遂昌	—	ɛ	ei(uei)	a(ua)	a	—	ei(uei)
	云和	i(ɿ)	a	ei(uei)	ɑ	ɑ、ei	—	a、ei(uei)
	庆元	ie(ɿ)	ai	ai(uai)	ɑ(uɑ)	ɑ	—	ai(uai)

注：(1) 丽水、云和两地哈韵还受到灰韵的影响，文读层读音有 ei 韵一读，使得泰韵也有相应的 ei(uei) 读音。
(2) 丽水小片四个方言点灰韵只有一种读音，大概是因为灰韵白读与权威读音相近。

三、瓯江片哈、泰、灰三韵的读音层次

瓯江片各方言与上丽片方言的三个层次有对应关系。先看哈、灰两韵白读层的关系，两者关系如表9所示：

表9

		温州	乐清	平阳	永嘉
哈韵	读音	e	e(ie)①	e	e
灰韵	读音	ai	ai(iai)	ai	ai
	条件	—	见系 uai	—	—

比较表4和表9可知，与上丽片不同的是，瓯江片哈、灰韵两韵主元音不同。乐清哈韵塞擦音后有 ie 读音，是前元音 e 增生-i-介音而使声母腭化，与 e 读音互补。如"灾 tɕie¹、猜 tɕʰie¹、采 tɕʰie³、菜 tɕʰie⁵"等，灰韵塞擦音后还有 iai 一读，如"催 tɕʰiai¹、崔 tɕʰiai¹"等，道理也相同。

乐清灰韵见系声母后有-u-介音，而其他点无。从严格意义上讲，温州、平阳、永嘉晓匣母、影母后也有-u-介音。瓯江片各方言晓匣母、影母读 f 或 v，实际是由-u-介音唇齿化而来。因此，瓯江片灰韵的实际区别在于见、溪、群母是否有合口介音。

再看哈、泰、灰三韵之间的关系。同样地，瓯江片和上丽片一样，哈韵和泰韵之间的文读层读音也来自两者之间的相互制约。但哈韵的文读还受到灰韵读音的影响，表现出与上丽片方言的差异。我们先将这种关系列表如表10：

表10

		温州	平阳	永嘉	乐清
哈韵	白	e 50	e 40	e 42	e 47
	文	a 2	a 3	a 2	a 0/ai 1

---

① 乐清方言 tɕ 组声母与开口呼相拼时，"声母与韵母之间出现过渡音，可记作ɿ，但这个ɿ不是介音，发音时不能延长，而且与-i-介音韵母在音位上是对立的"，如"盏 tɕɛ³ ≠ 剪 tɕiɛ³"。参见蔡嵘(1999)。这种情况在兰溪城关话中也有表现，如宕摄三等精组与知、章组声母的读音对立，"将 tɕiaŋ¹ ≠ 张 tɕɿaŋ¹ = 章 tɕɿaŋ¹"，又如兰溪城关话效摄三等宵韵精组与知、章组声母的对立，"焦 tsiɔ¹ ≠ 朝~tɕɿɔ¹ = 招 tɕɿɔ¹"。我们倒是倾向于认为造成这种对立的原因是声母，表示精组与知章组声母在细音前仍有区别。不过就音系的处理而言，将其表示成韵母的差异也无不可，但正是由于这个介音的出现，才使得声母腭化，此处列出 ie，表明发生了 e 元音增生-i-介音而使声母腭化的音变过程。

（续表）

		温州	平阳	永嘉	乐清
泰韵	白	a 9	a 7	a 7	a 0
	文₁	e 5	e 3	e 3	e(ue) 13
	文₂	ai 12	ai 6	ai 9	ai(uai) 11
灰韵	白	ai	ai	ai	ai(uai)

从表10可以看出，瓯江片各方言咍韵受泰韵的影响相对较少，乐清甚至一例都没有。而泰韵受咍韵的影响则相对较大，乐清甚至已无泰韵原来的读音。与上丽片各方言显著不同的是，瓯江片方言泰韵读音还受到灰韵读音的影响，即泰韵部分字与灰韵读音相同，具体如表11：

表11

	泰韵	灰韵
温州	贝 pai⁵ 盖 kai⁵ 兑 dai⁶ 会开~vai⁶	杯 pai¹ 对 tai⁵ 块 kʰai⁵ 回 vai²
平阳	贝 pai⁵ 兑 dai⁶ 会开~vai⁶	杯 pai¹ 对 tai⁵ 块 kʰai⁵ 回 vai²
永嘉	贝 pai⁵ 兑 dai⁶ 会开~vai⁶	杯 pai¹ 对 tai⁵ 块 kʰai⁵ 回 vai²
乐清	贝 pai⁵ 兑 dai⁶ 盖 kuai⁵ 会开~vuai⁶	杯 pai¹ 对 tai⁵ 块 kʰuai⁵ 回 vuai²

因此，瓯江片方言咍、泰、灰三韵的关系可用图2表示：

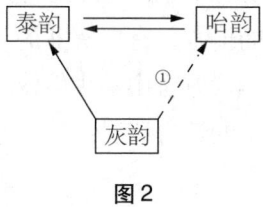

图2

温州咍韵还有 ei 读音，泰韵和灰韵均无此读音。同时，ei 读音所辖字为上古之部字，如"来 lei² ~去 | 载 tsei⁵ 一年半~ | 赛 sei⁵ | 鳃 sei¹"等。瓯江

---

① 虚线表示当咍、泰两韵合韵时，灰韵的读音进入咍韵。如乐清有一例"该"，此字有 e 和 ai 两读，其中 ai 读音大概来自灰韵。不过"该"的 ai 读音是一个指示代词，用于如"该下：此刻；该面：这面"等词项，代词的读音有其特殊性，并不适合作为层次划分的代表读音，此处暂按蔡嵘（1999）和包文朴（2004）等的记录。这个指示代词本字可能是"个"。

片其他点"来"字读i。我们认为温州咍韵的ei读音对应层次Ⅰ,乐清的"来、鳃①"等字读i韵,可见温州话层次Ⅰ读音发生前裂化音变i>ei。

温州话的这个裂化音变很常见,在支、齐韵也有发生。(施俊 2014,2016)

综上所述,我们把瓯江片咍、泰、灰三韵的读音层次列表如表12:

表12

		层次Ⅰ	层次Ⅱ			层次Ⅲ		
		咍韵	咍韵	灰韵	泰韵	咍韵	灰韵	泰韵
瓯江片	温州	ei(ɿ)	e	ai	a	a	—	e/ai
	平阳	i	e	ai	a	a	—	e/ai
	乐清	i	e(ie)	ai(uai)	—	—	—	e/ai(uai)
	永嘉	i	e	ai	a	a	—	e/ai

注:乐清咍、泰韵层次Ⅱ读音合流,泰韵读音已被咍韵读音完全占领,因此咍韵没有泰韵的文读层读音。

四、婺州片咍、泰、灰三韵的读音层次

婺州片咍、泰、灰三韵的读音层次与上丽片和瓯江片有对应关系。不过就层次Ⅰ而言,有的地方保留了,有的地方没有保留,出现了分化。比如义乌有的地方"来"读i韵,有的地方只有层次Ⅱ的e读音,无明显的地理分布规律,可见层次Ⅰ读音在婺州片方言中消失较快。具体地看,又可以分为不同情况,先看各地保留层次Ⅰ的读音情况:

表13

兰溪	永康	浦江
鳃 su¹	鳃 sɿ¹	鳃 sia¹

另外,义乌、兰溪"逮"读i,"逮"有四等齐韵的反切:苏计切,因此这个i未必属于咍韵。从表13可知,永康的ɿ读音与温州或丽水小片读音类似。

---

① 乐清"鳃"读i。参见《乐清方言词典》(包文朴 2004)。

兰溪的"鳃"读 u 较特殊,暂时存疑。浦江读 ia,浦江蟹摄其他韵无此读音,可能发生前裂化、低化音变:＊i＞ie＞ia。由此可见,在婺州片各方言里,蟹摄一等韵层次Ⅰ读音有两个方向的音变,一是舌尖化,如永康,一是后裂化,如浦江。

而咍、灰、泰三韵之间的关系亦有不同于上丽、瓯江两片的特点,先来看咍、灰两韵层次Ⅱ的读音:

表 14

		东阳	兰溪	义乌	浦江	武义	永康
咍韵	读音	e	e	e	ɑ	ɑ	ei
灰韵	读音	e	e	e	ɑ	ɑ	ei
	条件	见系 ue	见系 ue	见系 ue	见系 uɑ	见系 ui	见系 ui

从表 14 可以看出,婺州片各方言咍、灰两韵以见系声母为条件与其他声母读音形成互补。

再看咍、泰、灰三韵之间的关系,咍韵受泰韵的影响较小,但泰韵受咍韵或灰韵的影响则较大。大概是由于咍、灰两韵韵母读音相同所造成的合力使两者的影响力增加。灰韵对泰韵的影响主要表现在见系声母后的读音。我们先把咍、泰两韵比较列表如表 15:

表 15

		东阳	兰溪	义乌	浦江	武义	永康
咍韵	白	e 41	e 35	e 40	a 40	ɑ 37	ei 39
	文	ɑ 2	a 2	ɑ 1	ɔ 1	iɑ 1	iɑ 1
泰韵	白	ɑ 9	a 8	ɑ(ɔ) 6	ɔ 6	ɑ 8	iɑ 7
	文₁	e(ue)6	e(ue)9	e(ue)8	a(uɑ)6	ɑ(uɑ)6	ei 7
	文₂	uei 4	—	uai 1	ue 2	ui 2	ui 2

泰韵的文₂读音与普通话读音相近,蟹摄其他韵中均无此读音,且此读音字均在泰韵合口如"会~计、绘、刽"等字中,而武义、永康此读音刚好与灰韵见系声母后同形,形成合流。

再看咍、泰两韵文白读音的关系,咍韵对泰韵的影响要比泰韵对咍韵的影响大得多,从而形成泰韵中的哈韵层次,这与瓯江片各方言表现较为一致。但瓯江片泰韵同时还受到灰韵的影响,婺州片无此特点,倒是与上丽片各方言表现较为一致。

"外"字的读音似乎有例外,先看"外"在各点的读音:

表 16

	东阳	兰溪	义乌	浦江	武义	永康
外公/外婆	ŋe⁶	ŋa⁶	α⁵	ŋa⁶	ȵia⁶	ȵia⁶
外头	ŋɑ⁶	ŋa⁶	fiɔ⁶	ŋɔ⁶	fiuɑ⁶	fiui⁶

除兰溪外,"外"字在各点均有两个读音。结合表 16,我们发现,各点两个读音所属层次并不相同。上文我们提到,泰韵的文₁层中部分字已成为常用口语读音,因此无法通过词汇的常用与否来判断读音的早晚。

通过哈泰两韵之间的动态变化判断两韵读音关系是较为可取的,东阳"外婆/外公"的"外"韵母读音属于泰韵文₁层,"外头"的"外"的韵母读音属泰韵白读层。义乌的 α 和 ɔ 读音均为泰韵白读层,"赖、癞"等也读 ɔ。浦江和义乌读音虽相同,但所属层次却不同,反而和东阳一样,"外婆/外公"的"外"韵母读音属于泰韵文₁层,"外头"的"外"的韵母读音属泰韵白读层。武义、永康则刚好相反,"外婆/外公"的"外"韵母读音两地均属泰韵白读层,但"外头"的"外"的韵母读音武义属泰韵文₁层,永康属泰韵文₂层。

综上所述,我们把婺州片各方言读音层次总结如表 17:

表 17

		层次 I	层次 II			层次 III		
		哈韵	哈韵	灰韵	泰韵	哈韵	灰韵	泰韵
婺州片	东阳	—	e	e(ue)	ɑ	ɑ	uei	e(ue)
	兰溪	u	e	e(ue)	a	a	—	e(ue)
	义乌	i	e	e(ue)	ɑ	ɑ	uai	e(ue)
	浦江	ia	a	a(ua)	ɔ	ɔ	ue	a(ua)
	武义	ɑ	ɑ	ɑ(ui)	ia	ia	ui	ɑ(uɑ)
	永康	ɿ	ei	ei(ui)	ia	ia	ui	ei

五、小　　结

通过对南部吴语咍、泰、灰三韵的讨论,我们得出以下两点认识:

1. 南部吴语上丽、瓯江及婺州片方言咍、泰、灰三韵均有三个读音层次的对应。其中咍韵有三个层次,灰、泰两韵各有两个层次。咍韵层次Ⅰ均为上古之部字,反映的是较早的读音层次,上丽片和瓯江均有较完整的保留,而婺州片分布不均衡,有的地方保留,有的地方消失。

无论层次Ⅱ还是层次Ⅲ,咍韵与泰韵均不同音,可以说,南部吴语蟹摄一等重韵保留了中古时期对立的读音格局。因此,我们也得出一个推论:层次的早晚并不是古音韵格局保留的必要条件。

2. 南部吴语咍、泰、灰三韵关系密切,主要表现在咍、泰两韵成为各自文读层读音的来源,各方言正好选择了泰韵和咍韵的读音作为权威话的相近异读音,本质上这是一种偶合。其中泰韵受咍韵影响较深,相比之下,上丽片和婺州片咍、泰韵关系紧密,瓯江片泰韵还受到灰韵的影响,原因在于咍、灰韵韵母读音不同。

咍、泰韵之间的双向制约关系似乎表明文读音的来源除了权威官话外,还来自方言内部读音,这显然是一种错觉。我们认为,咍、泰韵的这种双向制约关系起因于权威话的渗透,但这种格局的形成则受制于音系自身的结构。异读来源相同但读音不同是基于不同方言音值转换时产生的差异。

我们以开化、江山蟹摄二等见系字为例讨论这种文读音借入时的匹配。

开化皆、佳韵见系文读有两类,一类读 iɔ,如"佳介谐"等,一类读 ie,如"届谐械"等。其中 iɔ 为早期文读,ie 为晚期文读。前者读如麻韵二等喉牙音文读,即"佳 = 家,介 = 驾,谐 = 霞"。事实上开化"佳韵读如麻韵"的层次主元音正读 ɔ,因此该读音实际读如麻韵文读,即读如现存的相近的文读。

文读 ie 则与普通话读音相同,而 ie 读音本就在开化方言音系中,为麻韵三等白读。这也是一种相近借入。

江山皆、佳韵见系文读为 iæ,如"阶介界械解"等,与开化不同的是,此文读既不是麻韵文读(麻韵二等文读为 iɒ),也不在江山话的土语音系中,但主元音 æ 是在江山话的音系中的。如表 18:

表 18

æ	iæ	uæ	—

斜体 *iæ* 读音是受普通话影响而产生的新读音,普通话"阶介界械解"等读为 ie,江山的 *iæ* 读音最接近普通话的 ie,于是产生相近匹配,填补了齐齿呼韵母的空格,结果并没有超出原有的音系格局。

从以上的讨论可知,相同来源的文读音在开化和江山方言里却产生了不同的读音,这不是后来的音变产生的,是在借入时便选择了与自身音系读音中相近的读音,这就是相似匹配。而咍、泰韵的这种文白交错关系正反映了这种相似匹配。

参考文献

包文朴(2004)《乐清方言词典》,北京:中国广播电视出版社:588。
蔡　嵘(1999)浙江乐清方言音系,《方言》第 4 期。
——(2006)浙江乐清方言音系再探,《温州师范学院学报》第 3 期。
曹志耘,秋谷裕幸,太田斋等(2000)《吴语处衢方言研究》,东京:好文出版社。
陈承融(1979)平阳方言记略,《方言》,第 1 期。
陈泽平(1998)《福州方言研究》,福州:福建人民出版社。
黄笑山(1995)《〈切韵〉和中唐—五代音位系统》,台北:文津出版社:71。
潘悟云(2000)《汉语历史音韵学》,上海:上海教育出版社:62。
——,朱晓农(1982)汉越语和《切韵》唇音字,载吴文祺主编,《中华文史论丛增刊语言文字研究专辑(上)》,上海:上海古籍出版社。
施　俊(2014)论南部吴语支脂之韵的读音层次,《中国语文》第 5 期。
——(2016)论南部吴语齐韵的读音层次,《语言科学》第 1 期。
王　力(1936)南北朝诗人用韵考,《清华学报》第 3 期。
颜逸明(1994)《吴语概说》,上海:华东师范大学出版社:35。
——(2000)《浙南瓯语》,上海:华东师范大学出版社。
游汝杰(2008)吴语元音的简约性问题,载上海语文学会,《吴语研究》第 3 辑,上海:上海教育出版社。
袁碧霞(2011)闽东方言开口咍韵的历史层次,汉语方言语音历史依次研讨会,上海:复旦大学。
赵元任(1928)《现代吴语的研究》,北京:科学出版社:8。
郑张尚芳(2008)《温州方言志》,北京:商务印书馆。

周法高(1948)玄应反切考,《"中央研究院"历史语言研究所集刊》第 20 本(上)。
周祖谟(1966)切韵与吴音,《问学集》上,北京:中华书局。
秋谷裕幸(2001)《吴语江山广丰方言研究》,松山:爱媛大学法文学部综合政策学科。
——,赵日新,太田斋等(2002)吴语兰溪东阳方言调查报告,日本学术振兴会平成 13—15 年度基盘研究(B)"历史文献データと野外调查データの综合を目指した汉语方言史 研究"研究报告。

(312000　浙江,绍兴文理学院人文学院　shijun1109@163.com)

封丘方言子变韵的韵律形态分析[*]

耿丽君

提要 河南封丘方言子变韵现象十分丰富。这类音变主要源于"子"尾在名词、动词和形容词之后的附着,属于一种典型的合音现象。从合音程度来看,封丘话子变韵可分为拼合型、融合型和长音型。根据韵律模板相关规则,文章对封丘子变韵展开分类探讨,发现这些变韵的生成可看作底层弱化词缀/au/向模板从右向左映射的结果,韵律模板可总结为[μμ]σ,第二莫拉特征固定为[-front],在最大化原则(Maximization Principle,简称 MP)和词缀凸显原则(Affix Manifestation Principle,简称 AMP)制约下,相关音系操作包括音段合并、鼻音失联、元音合并、高元音长化和韵尾失联等。

关键词 封丘话;子变韵;韵律形态;底层词缀;韵律模板

一、引　言

封丘县位于河南省东北部,隶属新乡市。它东临长垣县,西靠延津县,北接滑县,南隔黄河与开封市相望。据贺巍先生(2005)划分,封丘方言属于中原官话郑开片。封丘话存在极其丰富的子变韵现象,其中"子"尾已经失去独立的语音表现形式,和前一音节的韵母发生深度融合,属于典型的合音音变。

自 20 世纪 50 年代后期汉语方言普查以来,子变韵逐渐开始受到关注,学界尝试从历时和共时两个角度探寻官话子变韵的缘由。(侯精一 1985;贺巍 1989;王洪君 1999;王希哲 1997;王福堂 1999;辛永芬 2006 等)历时层面上,

---

[*] 基金项目:教育部人文社科青年基金项目"汉语方言变音现象的韵律形态研究"(项目编号 19YJC740012)国家社科基金重大项目"汉语方言自然口语变异有声数据库建设"(项目编号 12&ZD177)阶段性成果。

一般认为子变韵是随着山西移民进入河南省的,并逐渐对河南中部和北部方言产生影响。为了证明山西地区是子变韵的源头,学者用子变韵在不同地区语音形式的不平衡对应其历时发展的不同时期,即子尾保持独立、子尾轻化但仍自成音节(如原平方言的[ə])和子尾合入前字音节形成变韵,分别对应子变韵的初生、兴盛和衰落时期(张弼蕊 2008)。在共时层面上,对子变韵的解释一般从发音省力原则出发,但尚未得到统一的合理解释。

国外音系学家也十分关注汉语官话这类特殊的音变现象,非线性音系学、发音音系学和几何特征音系学都给出相应解释(McCarthy & Prince 1999;Steriade 1988;Moria Yip 2003 等),多数赞同将这类子变韵的底层词缀定义为弱化词缀(degenerate affix),变韵就是弱化词缀通过相关规则和词根发生联结的结果。Lin(1993)通过对比分析发现,济源话子变韵受双莫拉单音节模板和词缀特征[+back,+round]的双重限制,齿龈鼻音/n/和[+back]特征必须发生合并,导致输出最终的变韵形式。此后,学者开始运用优选论(Optimality Theory)相关方法,对词缀变韵现象进行分析,认为各种变韵形式是层级系统内制约条件交互作用的结果,从而使我们对这类构词构形现象有了进一步的理解和认识。优选论一定程度上继承了韵律形态学(Prosodic Morphology,简称 PM)的基本观点和假设,但后者在形态与韵律的交互研究上具有针对性,相关分析更接近真实音系生成过程。McCarthy & Prince(1990)从大量语言事实出发,搜集语言内部证据以支持韵律与形态互动分析的适用性和解释力,最早提出 PM 三大基本命题,其核心概念就是韵律模板及模板满足原则(Template Satisfaction Condition),即形态操作必须强制性满足模板,受普遍性和个性韵律规则制约。

目前为止,韵律形态的音系分析已被运用于解决汉语方言各种形态变化引发的变韵现象,并显示出十分具有针对性的解释力、适用性和预测力(Itô 1989;Prince & Smolensky 1993;McCarthy & Prince 1989,1993a,1993b;Lin 1993)。本文将以韵律形态学为主要理据,以封丘话子变韵为语料,重新分析其变韵模式和生成过程。

二、封丘话子变韵的韵律形态分析

(一)封丘话子变韵概况

封丘话有非常丰富的子变韵和 D 变韵词例。据统计,封丘话子变韵共

29个,D变韵共14个,各自都具备相应的语法功能。(韩卿,杨海林 2013)下文以封丘方言子变韵为例,对其音变进行韵律形态的音系分析。封丘话子变韵具体情况如表1所示(语料为笔者调查所得):

表1 封丘(赵岗)话子变韵类型表

a	ʅ > ʅau	ɿ > ɿau	i > iau	
b	ai > iau	iɛ > iau		
c	u > uau	uei > uau	y > yau	
d	a > aːu	ia > iaːu	au > aːu	iau > iaːu
e	ei > iaːu	uai > iaːu		
f	ua > uaːu	uɔ > uaːu		
g	yɔ > yaːu	yei > yaːu		
h	ɤ > ɤaːu			
i	aĩ > aːi	iaĩ > iaːi	uaĩ > uaːi	yaĩ > yaːi
j	aŋ > aːŋ	iaŋ > iaːŋ	uaŋ > uaːŋ	

　　从表1来看,封丘话存在大量子变韵,这些子变韵与基本韵母之间保持整齐的对应关系,各成系统。变韵系统中有几点需详细说明:一是子变韵后产生很多新的韵母形式,尤其是产生长元音,与短元音对立;二是相同语音形式的词根韵母可能产生不同语音形式的变韵。根据韩卿,杨海林(2013),夏俐萍(2012)等的记音,来自蟹摄的(b)行和咸山摄的(i)行已混读为[ai]类韵。但根据听辨,咸山摄词根确有轻微鼻化成分与蟹摄部分字的读音有细微差别。为了进一步将这两个韵类区分,这里将(i)行的咸山摄词根形式记为[aĩ][iaĩ][uaĩ][yaĩ]。但无论哪种记音,都能从表中明显看到它们在子尾词缀变韵中再次分化。

　　可见,封丘话子变韵情况较为复杂,尤其是需要厘清那些表层语音形式看似相同、底层音系形式实际不同的变韵类型及生成过程。王福堂(1999)将音变形式分为三类:拼合型、融合型和长音型,封丘话同样可依此分为三种变韵类型。以下将参考这个分类标准进行深入探讨,厘清封丘方言词缀的底层形式、生成和推导过程。根据韵律形态的分析方法,我们将这些子变韵底层词缀定义为弱化词缀,它们都由小于一个完整音段的成分组成,通过韵律规则映射到表层。映射过程受到韵律模板的限制,该模板由一系列音节和莫拉单位组成的韵律制约条件组成,对音节的外部结构和内部组成都构成相应的制约。

(二) 封丘话子变韵的韵律形态分析

1. 拼合型子变韵

根据定义(王福堂 1999),拼合型变韵的子尾后缀和词根韵母发生合并,子尾进入词根后占据韵核与韵尾位置,通过辨认可与词根韵母区别开来。封丘话拼合型子变韵主要有以下几种情况,如表 2 所示:

表 2　封丘话拼合型子变韵类型

	词根	子变韵	词例
a 类	tsʰɿ³¹²	tsʰɿau³⁴	刺子
	ʂɿ³¹²	ʂɿau⁴⁵	柿子
	pi⁵²	piau⁵²	鼻子
	tʰu³⁴	tʰuau³⁴	秃子
	ly⁵²	lyau⁵²	驴子
b 类	ta³⁴	ta:u³⁴	门搭子
	mau³¹²	ma:u³¹²	帽子
	kua³¹²	kua:u³¹²	裤子
c 类	pʰiɛ⁴⁵	pʰia:u³⁴	左撇子
	tɕyɔ⁴⁵	tɕya:u⁴⁵	饺子

从表 2 拼合型子变韵中,可直观看出子尾词缀的底层形式应为双莫拉的/au/,这也是典型固定音段性质的底层词缀。拼合型子变韵还可进一步分为三小类,分别对应不同的韵律操作过程:

(1) 词缀化(SUFFIXATION)和莫拉合并(Mora Incorporation,简称 MI):(a)类韵腹为高元音,直接介音化,后缀占据韵核和韵尾位置;

(2) 音段合并(Segmental Merger,简称 SM):(b)类词根主元音与词缀一致,直接合并,形成长元音;

(3) 元音合并(Vowel Coalescence,简称 VC)和音段合并:(c)类词根主元音为半低元音,受词缀影响低化为[a],再与词缀合并。

进一步分析以上三类拼合型变韵,可发现它们的音系过程均受到单音节双莫拉——[CGμμ]σ 的制约。具体来说,为了满足词缀凸显原则(Affix

Manifestation Principle,简称 AMP)和韵律模板要求,莫拉音素并入词根后,原韵腹发生不同程度的变化。在此基础上,(a)类拼合型变韵还受到最大化原则(Maximization Principle,简称 MP)制约,高元音韵核因具备介音化条件而前移,并未和词缀/au/发生合并,也没有受到异化影响。映射过程中,模板上的莫拉空位从左到右依次连接一个音段。

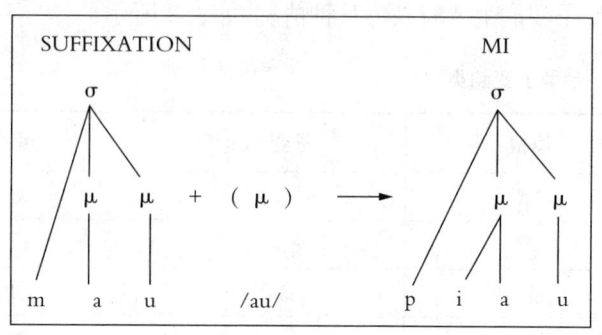

图1 (a)类拼合型子变韵示意图

(b)类和(c)类的拼合型构词,子尾词缀/au/没有直接附着在右界,而是和韵核元音发生合并,进一步生成两种不同的表层形式。第一种(b)类词根和词缀的韵核一致,MI 合并后导致形成长元音形式,见图2。通过以上操作而生成的长元音与长音型变韵完全不同,前者是"元音长化"(Vowel Lengthening,简称 VL)规则应用的结果,后者的推导将在后文进一步阐述。第二种(c)类韵腹为半低元音,受后缀音素/a/的特征影响而低化,在"赋值特征联结"(Feature Association,以下简称 FA)应用后发生[+ low] Assimilation:[ε]→[a]后,再发生合并(MI),为避免重复,此处不再附图。

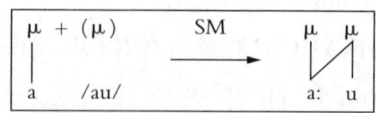

图2 (b)类拼合型子变韵示意图

2. 融合型子变韵

融合型子变韵的"子"尾和词根韵母合音后,形成新的韵母形式,子尾在其中已经无法辨认出来。根据封丘话语料,我们对这类子变韵重新进行定义:合音过程中,如子尾和词根韵母至少一项已无法辨认,就可以看作是融合型子变韵。表3中,词缀形式/au/与词根发生合音,/au/融入词根音节保留下来。也就是说,这一类变韵形成后,虽然还能看出子尾词缀,但已无法看出词根形式。

表 3　封丘话融合型子变韵词例①

词根	子变韵	词例
tai³¹²	tiau³¹²	腰带子
kʰuai³¹²	kʰiau³¹²	筷子
pei³¹²	piau³¹²	一辈子
tʂuei³⁴	tʂuau³⁴	锥子
syei³¹²	syau³¹²	麦穗子

从历史来源看,这类变韵主要发生在蟹摄一二等[ai][ei]类韵,以及对应的合口呼[uai][uei]类韵。这类词根的共同点体现为:主元音特征为[-high],后接高元音韵尾,舌位整体呈上升动程。变韵后,不论是开口呼,还是合口呼,原韵尾位置的高元音[i][y]前移,填充介音位置。夏俐萍(2012)就认为,蟹摄[ai][ei]类韵是词根韵母和子缀/au/发生直线型合音的结果,如以下音变链所示:

[ai]+[au]→[ɛaːu]→[eaːu]→[iaːu]→[iau];

[uai]+[au]→[uɛaːu]→[ueaːu]→[uiaːu]→[yaːu]→[iaːu]

根据夏的分析,该音变轨迹实际反映出基本韵母与子变韵演变的不一致性,也就是当词根与词缀组合时,为了满足音节结构的限制,迫使韵核与韵尾合并成为介音的过程。这个过程中,[ai]被迫发生介音化,演变成与之最接近的[ɛ],并不断高化为介音[i],且进一步丢掉长元音,或转变为撮口呼。但这样的音变过程存在一个疑问:如果[ɛ]来自词根[ai],那就无从解释主元音[a]在这个过程中为什么会长化。此外,音变链上的每个语音形式都应能在其他方言中找到大致对应,这一点显然比较困难。

因此,与"变韵中的介音来自词根韵母合音并高化"的观点不同,本文认为变韵后的介音来自原词根的元音韵尾:在词缀/au/的推动下,元音词尾前移并介音化,满足音节结构 CGVV 最大化。具体推导规则和过程如图 3 所示:

---

① 张娜(2011)记音为[ai]>[iau]和[ei]>[iau]、[ai]>[iʌn]和[ei]>[iou]。本文参考这些记音,认为变韵的主元音为变体差异,并参考调查仍然记为[iau]。夏俐萍认为实际记音有长音型[iaːu]和短音型[iau]两种,可能是实际发音存在长元音弱化为短元音的演变,导致记音不同。

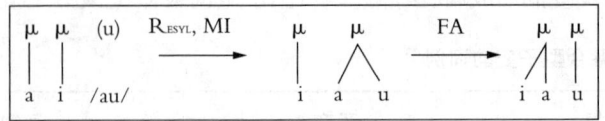

图3 融合型子变韵示意图

表3中,来自止摄脂韵的"锥子"[tʂuei³⁴] > [tʂuau³⁴]和"麦穗子"[syei³¹²] > [syau³¹²],明显与蟹摄的三例变韵不同,该变韵的介音[u]和[y]看似是直接保留了词根的撮口呼介音,其实是来自韵尾[i]的介音圆唇化。不难看出,高元音介音[i]很容易被声母吞并,无法保持独立存在,故变为圆唇的[u]和[y]。由此推测,夏俐萍认为介音[y]受声母影响会进一步变为[i],其实并不符合音理。其实,很多方言蟹摄合口韵[uai]发生变韵后,介音都会通过圆唇化得以保留,而非演变为介音[i],如获嘉话"筷子"[kʰyo]"拐子"[kyo]和济源话"筷子"[kʰyɔ]。因此,本文更支持[i]介音来自原韵核删除后韵尾前移的结果,而不是[y]的演变;同样,变韵后的[y]介音是来自韵尾[i]前移后的圆唇化,与词根介音[y]无关。

事实上,正因为高元音韵母(包含韵尾)自身具备介音化的条件,常常前移至介音位置,原词根韵核在这个过程中被删除。该种音变常见于部分方言的词缀类变音。例如,在荣昌儿化变韵中,即使所有词根形式均被底层词缀/ər/直接替代,高元音韵母(包含韵尾)仍坚持前移并介音化的原则:

表4 荣昌话儿化变韵词例

词根	词缀	子变韵	词例
taw⁵⁵	ər	tər⁵⁵	刀儿
kaŋ⁵⁵	ər	kər⁵⁵	缸儿
y³¹	ər	yər³¹(＊ər³¹)	鱼儿

如此,封丘话融合型子变韵过程并未真的产生新韵母,而是在韵尾前移的过程中,词根韵核被擦除,具体过程如图3所示,此处不再赘述。

3. 长音型子变韵

与拼合型和融合型不同,长音型变韵主要体现为主元音延长。前文提到,封丘话变韵系统中元音长短可区别意义,长元音发挥词缀的构形作用。汉语绝大多数方言中,单音节模板最多包含两个莫拉单位,[CGV₁V₂X]这样包含三个莫拉单位的音节结构(trimoraic syllable)并不合法。但从部分方言中仍可窥见类似[CGV:X]的音节结构,如和顺方言(侯精一、温端政、田希诚1986)、阳城方言(侯精一1985)和温州方言(郑张尚芳1981)等。大部分学者并不把这类包含长元音的音节结构处理为三莫拉单位,而是仍为包含二莫拉的音节结构,其中第二个莫拉韵素同时与两个音素联结,如图4:

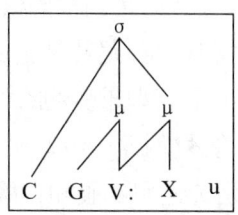

图4 长元音[CGV:X]的音节结构

这种莫拉联结方法同样适用于封丘话长音型子变韵结构。我们认为,它们仍遵守单音节双莫拉的模板限制。这类子变韵主要发生在韵尾类词根,包括鼻音韵尾[ŋ]和高元音韵尾[i],具体见表5:

表5 封丘话长音型子变韵词例

	词根	子变韵	词例
a 类	taŋ³⁴	ta:ŋ³⁴	裤裆子
	ɕiaŋ⁴⁵	ɕia:ŋ³⁴	半饷子
	xuaŋ⁵²	xua:ŋ⁵²	韭黄子
b 类	laĩ⁵²	la:ĩ⁵²	篮子
	tɕiaĩ⁴⁵	tɕia:ĩ⁴⁵	剪子
	tʰuaĩ⁵²	tʰua:ĩ⁵²	团子
	yaĩ³¹²	ya:ĩ³¹²	院子

整体来看,上面两类长音型变韵中韵尾均不变,主元音延长:(a)类来自宕江摄,变韵后仍以[ŋ]结尾,主元音延长;(b)类来自咸山摄,变韵后仍以[i]结尾,主元音延长。其实,长音型变韵也常见于官话词缀类变韵过程中。Lin(1993)较早运用韵律模板,考察了和顺话和阳城话的长音型子变韵,认为它们在双莫拉结构制约下,经历 MI 和 VL 的规则推导。Lin 认为 MI 将词根和词缀整合到一个音节中,满足 AMP 和韵律模板。该过程中,词根韵核的

韵律特征传递到第二个莫拉单位,生成表层的长元音形式。词根的鼻韵尾占据了一个"额外韵律"(extraprosodic)位置:词缀附着时,这种额外韵律位置上的音素(鼻韵尾)先被移开(removed);词缀添加后,该位置上的辅音韵尾直接与第二个莫拉相连,避免产生三莫拉单位的音节结构。这种推导的优势在于能直观地说明表层长元音的生成过程,但词缀的底层特征并未在该推导中体现出来,长元音仅被认为是词根韵核特征传递的结果。因此,这种分析方法有待进一步探讨和补充,尤其是鼻韵尾作为具备这种"额外韵律"特征的特殊音素,给封丘话长音型子变韵的推导提供一些启发。

针对(a)类长音型子变韵,夏俐萍(2012)分析认为,首先词根韵尾[ŋ]特征[+ nasal]和[+ back],分别传递到韵腹和词缀部分,两者一齐鼻化为[ãːũ],鼻韵尾进而失落;再加上[ũ]的唇部位紧张弱、闭塞松,接近无辅音性的[ŋ],因而进一步演变为[ŋ]。据此,在该子变韵的演变过程中,鼻韵尾经历了先失落后获得的过程。该解释一方面无法说明韵腹[a]的元音长化过程,另一方面[ŋ]>[uː]>[ŋ]的音变过程过于牵强。

本文结合以上两种分析法,认为封丘话长音型子变韵过程同样主要受制于双莫拉的音节结构,涉及以下几个相关步骤和制约规则:

（1）词缀底层形式/au/;
（2）韵律模板[μμ]_σ,且第二莫拉特征[-front];
（3）模板制约条件:AMP、MI、VL 和 CD(Coda Delinking:韵尾失落)。

一般来说,向韵律模板映射须遵循"方向性原则"(Directionality),词缀/au/不能越过韵尾,而只能直接附着在词根右界,再和韵腹进行莫拉合并。为了解决这个矛盾,鼻韵尾只能暂时移开。虽然鼻韵尾可以提供莫拉空位,但该空位仍然保留[+ nasal, + back]的音段特征。韵尾失落后,词缀主元音/a/和词根发生融合;/u/因具备相同的特征[+ back],才能占据[ŋ]提供的韵尾莫拉空位,同时被赋予鼻化特征[+ nasal],最终产生[aːũ]形式。

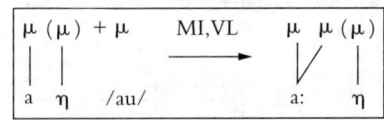

图 5　长音型变韵示意图

封丘话长音型子变韵的最终形式中词根韵尾保持不变,即推导后还要重新获得韵尾[ŋ]，具体推导参见图5。这一步也可通过韵律模板的制约来解释，原因分析如下：首先，[aːũ]容易发生音段合并变为[ɔ]，不符合双莫拉的模板要求；其次，[ũ]同时包含特征[＋back，＋nasal]，为[ŋ]产生提供条件。占据[ŋ]临时韵尾空位的/u/，在经历 FA 操作后被擦除。

需要说明的是，以上 FA 应用必须具备两个前提条件：首先，如果目标联结单位已具备与触发（trigger）词缀相同的特征，FA 无法应用；其次，如果特征联结后得到的语音表达在该语言或方言中标记性高，FA 也无法应用。以上推导中，/u/联结显然同时违反两个前提条件：首先，/u/和[ŋ]具有相同的[＋back]特征；其次，联结后生成的音节结构[aːũ]，在封丘话中属于标记性高的不合格形式。因此，FA 不能应用，因此/u/被擦除，得到最终的表层形式，即(a)类长元音形式。但是在很多方言类似的子变韵过程中，词缀/u/未被擦除，并以一个容易被忽略的滑音形式出现在表层，如和顺话的[iːʷŋ]和[taːʷŋ]等。由此说明，这类滑音来源于没有被彻底删除、却又不能和韵尾合并后占据一个莫拉的弱化词缀特征。

由上述言，本文提出(a)类子变韵生成的长元音，并不是来自韵核部分的特征传递，而是底层词缀的音段合并，这是与 Lin(1993)结论最大的不同之处。作为一个额外韵律单位，韵尾[ŋ]在词缀发生合并后，直接与第二莫拉相连，并非是失落后重新获得的结果。正因为[ŋ]提供莫拉空位，词缀/u/具备与该位置一致的特征[＋back]，才得以与之联结，后又因这个相同特征被擦除。

再来看长音型(b)类。这类词根以高元音[i]作为滑音韵尾，正好也能辅证上述(a)类变韵的推导。夏俐萍(2012)对此的解释是：[n]包含的特征[＋nasal]和[＋front]，向后传递到词缀所占的第四时间格，使得后缀/au/的后圆特征变成向前的特征，成为长韵[ãːĩ]，后期鼻音成分进一步消失，变成了[aːĩ]或[aːi]。事实上在最后一个阶段中，占据[i]临时韵尾空位的/u/应用 FA 时，又因相同的特征[＋high]被擦除，才得到最终的表层形式。具体的推导规则和步骤仍可参考图5。

三、结　　论

封丘话词根系统与变韵系统并非一一对应，来源不同而语音形式相同的韵类，在变韵系统中重新分化，正说明子变韵的词缀构词以韵类为单位，不同韵类经历不同的韵律构词推导过程。文章主要依据韵律形态的音系分析方法,重点考察不同类型封丘话子变韵形式的音系生成,即底层的弱化子缀形式/au/将词根最右界作为停靠节点,从右向左向模板映射的过程。

文章以封丘话作为汉语方言合音变韵的典型代表,如将研究对象扩展到更多的方言词缀语料,就会发现这类形态变韵实际上就是占据单独形位层(morphemic tier)的弱化词缀形态素发生派生的优选过程。这些弱化词缀一般表现为两种形式:一是特征要素;二是韵律成分。但不论哪种形式,都是由一些小于音段的浮游形态素(韵律单位)组成,受各种韵律规则互动的影响,最终满足韵律模板的输出要求。虽然学界已开始运用生成音系的相关方法对词缀变韵开展多角度研究,但本文更是尝试从微观角度分析每一个出现在表层语音形式的音素的性质、来源及生成,以逼近人脑中最真实的音系过程。综上,韵律形态的音系分析为汉语方言各种构词和构形现象提供了新的研究视角,显示出较强的解释力、适用性和预测力。

参考文献

冯胜利(2002)韵律构词与韵律句法之间的交互作用,《中国语文》第6期。
韩　卿,杨海林(2013)封丘话音系及其特点,《德宏师范高等专科学校学报》第1期。
贺　巍(1989)获嘉方言研究,北京:商务印书馆。
——(2005)中原官话分区(稿),《方言》第2期。
侯精一(1985)《现代晋语研究》,北京:商务印书馆。
——,温端政,田希诚(1986)山西方言的分区(稿),《方言》第2期。
——,温端政,田希诚(1993)山西方言调查研究报告,太原:山西高校联合出版社。
李凤杰(2012)《韵律结构层次:理论与应用》,天津:天津大学出版社。
王福堂(1999)《汉语方言语音的演变和层次》,北京:语文出版社。
王洪君(1999)《汉语非线性音系学:汉语音系格局与单字音》,北京:北京大学出版社。
王希哲(1997)昔阳话的子变韵母和长元音,《语文研究》第2期。
夏俐萍(2012)河南封丘赵岗方言的子变韵,《方言》第3期。
辛永芬(2006)河南浚县方言的子变韵,《方言》第3期。
张弼蕊(2008)开封方言子变韵的演变,《现代语文》第11期。
张慧丽(2011)汉语方言变韵的语音格局,北京大学博士学位论文。
张　娜(2011)河南封丘方言中的"子"变韵,《现代语文》第1期。
郑张尚芳(1981)温州方言儿尾词的语音变化(二),《方言》第1期。

Alderet J, Beckman J, Benua L, Gnanadesikan A. *et al* (1999) Reduplication with Fixed Segmentism. *Linguistic Inquiry*, 30(3): 327-364.

Ito J. (1989) A Prosodic Theory of Epenthesis. *Natural Language and Linguistic Theory*, 7(2): 217-259.

Lin YW. (1989) Autosegmental Treatment of Segmental Processes in Chinese Phonology. *Neuron*, 3(5): 597-607.

Lin YW. (1993) Degenerate Affixes and Templatic Constraints: Rime Change in Chinese, *Language*, 69(4): 649-682.

Lin YW. (2007) Ungrammatical Affixed Words in Huojia Dialect. *Taiwan Journal of Linguistics*, 5(1): 1-18.

McCarthy J, Prince A. (1986) *Prosodic Morphology*. Amherst: University of Massachusett.

McCarthy J, Prince A. (1987) *Quantitative Transfer in Reduplicative and Templatic Morphology*. Amherst: University of Massachusetts & Waltham: Brandeis University.

McCarthy J, Prince A. (1995) *Prosodic Morphology*. UK: Blackwell, Cambridge & Oxford.

McCarthy J. (1982) Prosodic Templates, Morphemic Templates and Morphemic Tiers. In Harry v D H, Smith N. (eds.) *The Structure of Phonological Representations*. Dordrecht: Foils.

McCarthy J, Prince A. (1990) Foot and Word in Prosodic Morphology: The Arabic Broken Plural. *Natural Language and Linguistic Theory*, 8(2): 209-284.

McCarthy J, Prince A. (1999) Faithfulness and Identity in Prosodic Morphology. In Kager R, Hulst H, Zonneveld W. (eds.) *The Prosody-Morphology Interface*. Cambridge: Cambridge University Press.

Prince A, Smolensky P. (1993) *Optimality Theory: Constraint Interaction in Generative Grammar*. London: Blackwell publishing.

Steriade D. (1988) Reduplication and Syllable Transfer in Sanskrit and Elsewhere. *Phonology*, 5(1): 73-155.

Yip M. (1988) Template Morphology and the Directionality of Association. *Natural Language and Linguistics Theory* 6: 551-577.

Yip M. (1992) Prosodic Morphology in Four Chinese Dialects. *Journal of East Asian Linguistics*, 1(1): 1-35.

(210023/210046 江苏,南京中医药大学国际教育学院/
南京大学文学院 glijun2007@163.com)

中原官话汾河片方言阳声韵的特殊音值[*]

张崴娜

提要 中原官话汾河片方言阳声韵有系统的文白异读,白读层的音值非常有特点,宕江摄白读[ɤ],与同摄入声及果摄一等合流。梗摄二等白读[a],三四等白读[iɛ]。曾摄白读可分为四种类型,其中吉县型曾开一与曾开三白读韵母不同,曾开一为[ei/ẽ/ən],曾开三为[ɛ/ə];河津型曾开一和曾开三白读韵母相同,均为[ei/ẽ/ən]。曾摄开口一等白读为[ei]的方言点,开口一等舒入合流,但不同变。通摄有两类白读,一类读[u]可能是保留了宋西北方音,一类白读[ei/ẽ/ən],与臻摄合流。文读层阳声韵尾消变的速度从快到慢依次为咸山＞深臻＞宕江＞曾梗通,白读层阳声韵尾消变的速度从快到慢依次为宕江梗＞曾齐＞咸山＞深臻＞曾开＞通。吉县在阳声韵尾消失的道路上最超前,白读层阳声韵各摄都读纯元音韵母。

关键词 中原官话汾河片；阳声韵；文读；白读；音值

一、引 言

目前关于山西方言阳声韵的研究成果比较丰富,如王洪君(1991,1992)系统考察了山西方言阳声韵文读层和白读层的韵类分合和演变。王临惠(2003)探讨了汾河流域方言阳声韵尾消变的次序、条件及时间。本文拟在上述研究的基础上,分析中原官话汾河片阳声韵文读层和白读层的韵类分

---

[*] 本文系国家社会科学基金一般项目"山西晋语区地方普通话和新派方言调查与研究"(项目编号17BYY198)和山西省高校哲学社会科学研究一般项目"汾河片方言语音研究"(项目编号2019W178)的阶段性成果。

合和音值特点,进而探讨其演变过程中的声韵条件和规律。

本文研究范围指《中国语言地图集》第2版中原官话汾河片,共29个市县,分为3个小片:(1)平阳小片:霍州市、古县、洪洞县、临汾市尧都区、浮山县、翼城县、曲沃县(以上皆属山西省);(2)绛州小片:新绛县、襄汾县、侯马市、闻喜县、稷山县、万荣县、绛县、垣曲县、夏县、沁水县城关(以上皆属山西省);(3)解州小片:吉县、乡宁县、河津市、运城市盐湖区、临猗县、永济市、芮城县、平陆县(以上属山西省);宜川县、韩城市、合阳县、大荔县(以上属陕西省)。其中,吉县柏山寺乡、乡宁昌宁镇、河津清涧镇、运城盐湖区、临猗猗氏镇、永济城西区、芮城城关镇、平陆圣人涧镇、霍州大张镇、浮山城关镇、古县岳阳镇、曲沃史村镇、翼城中卫乡、襄汾汾城镇、稷山稷峰镇、夏县瑶峰镇、大荔许庄镇材料为笔者调查所得,其余点的材料来源请参看注释①—③。为称说方便,下文中各点一律只称市名或县名,如,吉县柏山寺乡称"吉县",文中不再——注明。

汾河片阳声韵文白异读主要集中在宕江曾梗通摄,咸深山摄只有河津、韩城有文白异读,臻摄各点均无文白异读,通摄白读集中出现在洪洞、临汾等部分点,曾摄运城、韩城、合阳、大荔只有一读。针对上述没有文白异读的韵类,本文采用王洪君(1991)的观点,即"从历时角度看,这些韵类是文白两个音韵层次所相同的部分。它们既是被覆盖的旧音系的一部分,又参与新音系的组成"(王洪君 1991:41)因此把咸深山臻摄、曾摄和通摄没有文白异读的韵类既纳入文读系统中又归入白读系统中。下面分别讨论文读层阳声韵的音值和白读层阳声韵的音值。

二、阳声韵文读层

汾河片方言文读系统阳声韵尾有三种形式,保留鼻韵尾、弱化为鼻化韵或纯元音。咸山宕江摄韵母主元音为前低元音,深臻曾梗通摄韵母主元音为高元音,具体情况见表1。

深臻摄、曾梗通摄主元音较高,咸山摄、宕江摄主元音较低,其中曾梗通摄鼻韵尾较为稳定,所有点都保留[-ŋ]尾。宕江摄除翼城为纯元音韵外,其余点都保留[-ŋ]尾。深臻摄吉县、万荣为纯元音韵,临汾、洪洞、浮山、古县和新绛收[-n]尾,霍州、乡宁、翼城和沁水收[-ŋ]尾,其余点均为鼻化韵。咸

表1　汾河片文读层阳声韵的音值情况例字表

韵摄	例字	霍州	翼城	浮山	临猗	吉县	河津
咸山摄	胆	tʌŋ³	tæ³	tan³	tæ̃³	tæɛ³	tæ̃³
	咸	ɕiʌŋ² / xʌŋ²	ɕiɛi² / xæ²	ɕian² / xan²	ɕiæ̃² / xæ̃²	ɕiæɛ² / xɪæɛ²	ɕiæ̃²
	官	kuæ¹	kuæ¹	kuan¹	kuæ̃¹	kuæɛ¹	kuæ̃¹
	劝	tɕʰyŋ⁵	tɕʰyɛi⁵	tɕʰyan⁵	tɕʰyæ̃⁵	tɕʰyæɛ⁵	tɕʰyæ̃⁵
宕江摄	糖	tʰʌŋ²	tʰɒ²	tʰaŋ²	tʰʌŋ²	tʰʌŋ²	tʰʌŋ²
	想	ɕiʌŋ³	ɕiŋ³	ɕiaŋ³	ɕiʌŋ³	ɕiʌŋ³	ɕiʌŋ³
	荒	xuʌŋ¹	xuɒ¹	xuaŋ¹	xuʌŋ¹	xuʌŋ¹	xuʌŋ¹
	撞	tʂʰuʌŋ⁶	pfʰɒ⁵	pfʰaŋ⁶	pfʰʌŋ⁵	pfʰʌŋ⁵	pfʰʌŋ⁵
臻摄 深摄	根	kəŋ¹	kəŋ¹	kən¹	kẽ¹	kei¹	kẽ¹
	新	ɕiəŋ¹	ɕiŋ¹	ɕiən¹	ɕiẽ¹	ɕiei¹	ɕiẽ¹
	稳	uŋ³	uŋ³	uən³	uẽ³	uei³	uẽ³
	军	tɕyŋ¹	tɕyŋ¹	tɕyn¹	tɕyẽ¹	tɕyei¹	tɕyẽ¹
	针	tʂəŋ¹	tʂəŋ¹	tʂən¹	tʂẽ¹	tʂei¹	tʂẽ¹
曾梗通摄	朋	pʰəŋ²	pʰəŋ²	pʰəŋ²	pʰəŋ²	pʰʌŋ²	pʰəŋ²
	饼	piŋ³	piŋ³	piəŋ³	piŋ³	piʌŋ³	piəŋ³
	聪	tsʰuŋ¹	tsʰuŋ¹	tsʰuŋ¹	tsʰuəŋ¹	tsʰuʌŋ¹	tsʰuəŋ¹
	胸	ɕyŋ¹	ɕyŋ¹	ɕyəŋ¹	ɕyŋ¹	ɕyʌŋ¹	ɕyəŋ¹

说明：一字两音者，上字声母文读，下字声母白读。

山摄吉县、襄汾和翼城为纯元音韵，临汾、洪洞、浮山和古县收[-n]尾，霍州收[-ŋ]尾，其余点均为鼻化韵。现将各点阳声韵文读鼻尾、鼻化和纯元音在各摄出现的频率统计如表2：

表2

	深臻				曾梗通				宕江				咸山			
	开	齐	合	撮	开	齐	合	撮	开	齐	合	开	齐	合	撮
鼻尾	10	10	10	10	29	29	29	29	26	26	26	5	5	5	5
鼻化	15	15	15	15	0	0	0	0	2	2	2	18	18	18	18
纯元音	4	4	4	4	0	0	0	0	1	1	1	6	6	6	6

根据上述统计，阳声韵尾消变的速度从快到慢依次为咸山＞深臻＞宕

江＞曾梗通。汾河片方言咸山摄韵母主元音为前低元音，鼻韵尾消变得最快。深臻摄是前鼻音[-n]尾，比后鼻音[-ŋ]尾易消变。宕江摄韵母主元音为前低元音，但韵尾是后鼻音[-ŋ]尾，鼻尾消变慢于咸山摄。曾梗通摄韵母主元音为央元音或后高元音，鼻韵尾最稳固。在文读系统中，鼻韵尾消失快慢的主要原因包括主元音舌位的高低和鼻韵尾的前后。

三、阳声韵白读层

阳声韵白读音值的主要特征是宕江摄白读[ɤ/ə/o]，与同摄入声及果摄一等合流，梗摄二等白读[a]，三四等白读[iɛ]，曾通摄白读[ei/ẽ/ən]等。白读层鼻韵尾消变的速度不同于文读层，从快到慢依次为宕江梗＞曾齐＞咸山＞深臻＞曾开＞通。下面分别论述，韵摄名称后不指明"入声"的均指舒声韵。沁水阳声韵各摄没有文白异读，故不在讨论之列。

（一）宕江摄的白读

汾河片绝大多数点宕江摄韵母有文白异读，白读[ɤ/ə/o]，霍州、临汾白读[ɔ]。下面将宕江摄白读分一二和三等分别论述。具体情况见表3、表4。

表3　汾河片方言宕江摄一二等白读例字表

韵摄	宕开一					宕合一		江开二		
例字	帮	汤	狼	桑	糠	光	黄	窗	双	巷
吉县	pə¹	tʰə¹	luo²	suo¹	kʰə¹	kuo¹	xuo²	pfʰə¹	fə¹	—
宜川①	—	tʰɤ¹	luə²	suə¹	—	kuə¹	xuə²	—	—	—
浮山	pə¹	tʰuə¹	luə²	suə¹	kʰə¹	kuə¹	xuə²	pfʰə¹	fə¹	xə⁶
襄汾	pɤ¹	tʰɤ¹	lɤ²	sɤ¹	kʰɤ¹	kuɤ¹	xuɤ²	tsʰuɤ¹	fɤ¹	xɤ⁶
临汾②	—	tʰɔ¹	lɔ²	sɔ¹	kʰɔ¹	—	—	tʂʰɔ¹	—	—
霍州	pɔ¹	tʰɔ¹	lɔ²	sɔ¹	kʰɔ¹	kɔ¹	xɔ²	tʂʰɔ¹	sɔ¹	xɔ⁶

注："—"表示没有白读，下同。

宕摄三等与一等同属一套韵母，依声母条件不同，介音有所变化。襄

---

① 宜川材料来自邢尚东、王临惠、张维佳、李小平（2012）《秦晋两省沿河方言比较研究》（商务印书馆）。
② 临汾材料来自潘家懿（1990）《临汾方言志》（语文出版社）。

汾、吉县、河津、运城、临猗、永济等地的"王"读[yɛ²]出现在地名中,是宕合三独立小类的遗迹。具体情况见表4。

表4　汾河片方言宕摄三等白读例字表

韵摄	宕开三								宕合三		
例字	娘	凉	墙	丈	床	尝	强	羊	纺	忘	王
吉县	ȵiə²	liə²	tɕʰyə²	tʂʰə⁵	fə²	ʂə²	—	yə²	fə³	və⁵	yɛ²
宜川	ȵiə²	—	tɕʰiə²	tʂʰɤ⁵	—	—	—	iə²	—	uə⁵	—
浮山	ȵyə²	lyə²	tɕʰyə²	tʂʰuə³	fə²	ʂuə²	tɕʰyə²	yə²	fə³	uə⁶	uə²
襄汾	ȵiɤ²	liɤ²	tɕʰiɤ²	tʂɤ⁵	tʂʰuɤ²	ʂɤ²	—	iɤ²	fɤ³	vɤ⁶	yE²
临汾	ȵyə²	—	tɕʰyə²	—	fə²	ʂə²	tɕʰyə²	yə²	—	vɔ⁵	—
霍州	ȵi²	liɛ²	tɕʰiɛ²	tʂʰɔ²	sɔ²	ʂɔ²	tɕʰiɛ²	iɛ²	fɔ³	ɔ⁶	ɔ²

大多数点的宕江摄白读与果摄一等及同摄入声韵母合流,具体情况见表5。表中例字是宕江摄入声字,例字上方括号内的字是与其韵母合流的宕江摄舒声及果摄同组声母字。

表5　汾河片方言宕江果合流、宕江舒入合流例字表

例字	(汤拖) 托	(狼罗) 落	(桑锁) 索	(肠) 着睡~	(上) 勺	(羊) 药	(光锅) 郭	(双) 桌
吉县	tʰə¹	luo¹	suo¹	tʂʰə¹	ʂə²	yə¹	kuo¹	pfa¹
平陆	tʰuɤ¹	luɤ¹	suɤ¹	tʂʰuɤ²	ʂuɤ¹	yɤ¹	kuɤ¹	pfɤ¹
宜川	tʰuə¹	luə¹	suə¹	tʂʰɤ²	ʂɤ¹	iə¹	kuə¹	tʂuə¹
万荣①	tʰɤ¹	luɤ¹	suɤ³	tʂʰɤ¹	ʂɤ²	iɤ¹	kuɤ¹	pfɤ¹
浮山	tʰuə¹	luə¹	suə¹	tʂʰuə²	ʂuə²	yə¹	kuə¹	pfə¹
襄汾	tʰɤ⁵	luɤ⁵	suɤ⁵	tʂʰɤ⁵	ʂɤ⁵	iɤ⁵	kuɤ⁵	tʂuɤ⁵
临汾	tʰɔ¹	lɔ¹	sɔ¹	tʂʰɔ²	ʂɔ²	yɔ¹	kuɔ¹	tʂɔ¹

说明:例字上方括号内的字左为宕摄舒声字,右为果摄字,只有一字者为宕江摄舒声字。

霍州宕江摄白读与梗摄开口二等白读合流,具体情况见表6。

---

① 万荣材料来自吴建生(1984)《万荣方言志》(语文出版社)。

中原官话汾河片方言阳声韵的特殊音值

表6　霍州宕江摄白读与梗摄开口二等白读合流例字表

韵摄	宕江					梗开二			
例字	桑	巷	强	尝	王	生	杏	猛	进
霍州	sɔ¹	xɔ⁶	tɕʰiɛ²	ʂɔ²	ɔ²	sɔ¹	xɔ⁶	miɛ³	piɛ⁵

宕江摄舒声韵白读与果摄合流的现象还存在于吕梁山以西的晋语区，如柳林、兴县和忻州等。上述地区宕江摄入声仍保留喉塞尾，不与同摄舒声及果摄合流。具体情况见表7。

表7　吕梁山以西的晋语区宕江果摄例字表

韵摄	宕舒	宕入	果	宕舒	宕入	果	江舒	江入	果
例字	帮	薄	婆	汤	托	拖	巷	学	贺
柳林①	pou¹	pʰəʔ⁸	pʰou²	tʰɔ¹	taʔ⁷	tʰɔ²	xɔ⁵	ɕiəʔ⁸	xɔ⁵
兴县②	pə¹	pʰəʔ⁸	pʰə²	tʰə¹	tʰɛʔ⁷	tʰə²	xə⁵	ɕiəʔ⁷	xə⁵
忻州③	pɛ¹	pʰuɔʔ⁷	pʰɛ²	tʰɛ¹	tʰuɔʔ⁷	tʰɛ²	—	ɕiɛʔ⁷	xɛ⁵

兴县宕江摄舒声韵白读音值、果摄音值与汾河片相似，宕江摄部分入声字韵母主元音与舒声字韵母主元音一致，只是多了喉塞尾，例如：薄[pʰəʔ⁸]、帮[pə¹]，部分入声字韵母主元音与舒声字韵母主元音不一致；柳林、忻州宕江摄舒声韵和入声韵韵母主元音完全不同。吕梁山以西的晋语区宕江摄舒声韵白读与果摄合流的现象与汾河片类似，部分点宕江摄舒声韵白读的音值与汾河片一致，如兴县，区别只是宕江摄入声仍保留喉塞尾，不与同摄舒声及果摄合流。

南部吴语也存在宕江摄舒入合流现象，曹志耘（2002）指出南部吴语部分地点同摄同组的阳声韵和入声韵在丢失辅音韵尾后，其元音部分基本上保持了相同的读法，并把这种现象称为"阳入同变"。如汤溪：汤 tʰo¹/托 tʰo⁷，广 kuo³/郭 kuo⁷，养 io⁴/药 io⁴，讲 kuo³/角 kuo⁷；文成：葬 tɕio⁵/作 tɕio⁷，黄 ɦo²/镬 ɦo⁸，尝 zie²/勺 zie⁸，房 vuo²/缚 vuo⁸（曹志耘 2002）。

---

①②　柳林、兴县材料来自白静茹（2009）《吕梁方言语音研究》（北京大学博士学位论文）。

③　忻州材料来自温端政（1985）《忻州方言志》（语文出版社）。

汾河片宕江摄字韵母经历了阳声韵尾和入声韵尾脱落,并入果摄字韵母的变化,并与果摄一等字韵母一起经历了主元音高化、前化。王洪君(1992)将晋南方言中宕江摄舒声韵白读与同摄入声及果摄一等字合流的方言归为一种类型,并将其演变的出发点拟为 *a,与果摄同属一类韵,之后不断高化形成晋南方言宕江摄白读[ə]或[o]等纯元音韵母的局面。汾河片宕江摄白读[ɤ/ə/o]当属此种情况。而临汾宕江摄白读[ɔ]可能是发展滞后于汾河片诸点,处在宕江摄与果摄合流之后主元音不断前化和高化的中间阶段。霍州宕江摄白读[ɔ],不与果摄合流则与晋中等地类似,王洪君(1992)认为此种类型演变的出发点应为独立的音类,其鼻音成分的脱落应当在果摄高化、前化之后,将其演变的出发点拟为 *ɑ̃或 *ɒ̃,之后鼻音成分脱落,并不断高化。霍州宕江摄白读[ɔ]应是经历了上述变化。

(二)梗摄的白读

1. 梗摄二等

汾河片梗摄二等白读按主元音高低分为吉县型和合阳型两类,吉县型白读主元音较低,为[a/ɒ/æ],包括吉县、乡宁、河津、临猗、运城、韩城、万荣、芮城、翼城、浮山、平陆和襄汾,与假摄开口二等及开口三等白读韵母合流;合阳型白读主元音为中元音[ɛ/e/ɔ/ɤ],包括合阳、大荔、宜川、稷山、霍州、永济、古县、侯马、闻喜、夏县、新绛、绛县、垣曲、临汾、曲沃和洪洞,与咸山摄三四等入声字韵母及梗摄开口三四等白读合流,举例请见表8。

表8 汾河片方言梗摄二等白读及与其他韵摄关系表

韵摄	梗开二					梗合二	假开二	假开三	咸山入三四	梗开三四
例字	棚	冷	争	硬	杏	横	家	遮	灭	听
吉县	pʰia²	lia³	tʂa¹	ŋ.iɛ⁵	xa⁵	çya²	tɕia¹	tʂa¹	miɛ¹	tʰiɛ¹
浮山	pʰæ²	luæ³	tsæ¹	ŋ.iɛ⁵	xæ⁶	xuæ¹	tɕia¹	tʂa¹	miɛ¹	tʰiɛ¹
襄汾	piɒ²	lɒ³	tsɒ¹	ŋ.iE⁶	xɒ⁶	çiɒ²	tɕiɒ¹	tʂɒ¹	miE⁵	tʰIE¹
翼城	—	lɒ³	tsɒ¹	ŋ.iɛ⁵	xɒ⁵	xuɒ²	tɕia¹	tʂa¹	miɛ¹	tʰiɛ¹
稷山	pʰiɛ²	liɛ³	tsɪɛ¹	ŋ.iɛ⁵	çiɛ⁵	çya²	tɕia¹	tʂa¹	miɛ¹	tʰiɛ¹
古县	pʰɛ²	lɛ³	tsɛ¹	ŋ.iɛ⁵	xə⁵	xuə²	tɕia¹	tʂa¹	miɛ¹	tʰiɛ¹

（续表）

韵摄	梗开二					梗合二	假开二	假开三	咸山入三四	梗开三四
例字	棚	冷	争	硬	杏	横	家	遮	灭	听
侯马①	—	liɛ³	tʂa¹	—	xə⁵	—	tɕia¹	tʂa¹	miɛ¹	tʰiɛ¹
闻喜②	pʰiɛ²	liɛ³	tsiɛ¹	—	xiɛ²	xuiɛ²	tɕia¹	—	miɛ¹	tʰiɛ¹
夏县	—	liɛ³	tsɤ¹	ȵ.ɛ⁵	—	çya²	tɕia¹	tʂa¹	miɛ¹	tʰiɛ¹
霍州	—	lɔ³	tsɔ¹	—	xɔ⁶	—	tɕia¹	tʂa¹	miɛ¹	tɕʰi¹
临汾	pʰɤ²	lɤ³	—	—	çiɛ⁵	—	tɕia¹	tʂa¹	miɛ¹	tʰiɛ¹
曲沃	—	luɤ³	tsɤ¹	ȵ.iɛ⁶	xɤ⁵	—	tɕia¹	tʂa¹	miɛ⁵	tʰiɛ¹
宜川	—	lia³	—	ȵ.iE⁵	xiE⁵	—	tɕiA¹	tʂA¹	miE¹	tʰiE¹
垣曲③	pʰie²	lie³	—	—	xɛ⁵	—	tɕia¹	tʂa¹	mie⁵	tʰie¹

吉县型的浮山梗摄开口二等白读[æ]，与同摄入声合流，不与其他韵摄发生关系。翼城梗摄开口二等白读[ɒ]与宕江摄文读合流。合阳型的霍州梗摄开口二等为[ɔ]，与宕江摄白读合流。曲沃梗摄开口二等白读[ɤ]与宕江摄白读及果摄一等字合流。临汾梗摄开口二等白读[ɤ]与曾摄开口三等白读合流。梗摄开口二等白读低元音[a/ɒ]的方言点，如吉县、浮山、襄汾和翼城等"硬""杏"等见系字韵母读[iɛ]与梗摄开口三四等白读合流。

梗合二的"横"在吉县、浮山、襄汾、稷山等地有白读，与开口二等平行发展。

汾河片梗摄二等读音类型的地理分布如图1所示。

由图1可知，汾河片梗摄二等读音类型地理分布呈现出吉县型低元音和合阳型中元音交错分布的局面。

---

① 侯马材料来自王临惠(2003)《汾河流域方言的语音特点及其流变》(中国社会科学出版社)。

② 闻喜材料来自王洪君(2007)《文白异读与叠置式音变——从山西闻喜方言的文白异读谈起》(上海教育出版社)。

③ 垣曲材料来自教育部语用所助理研究员刘丹丹。

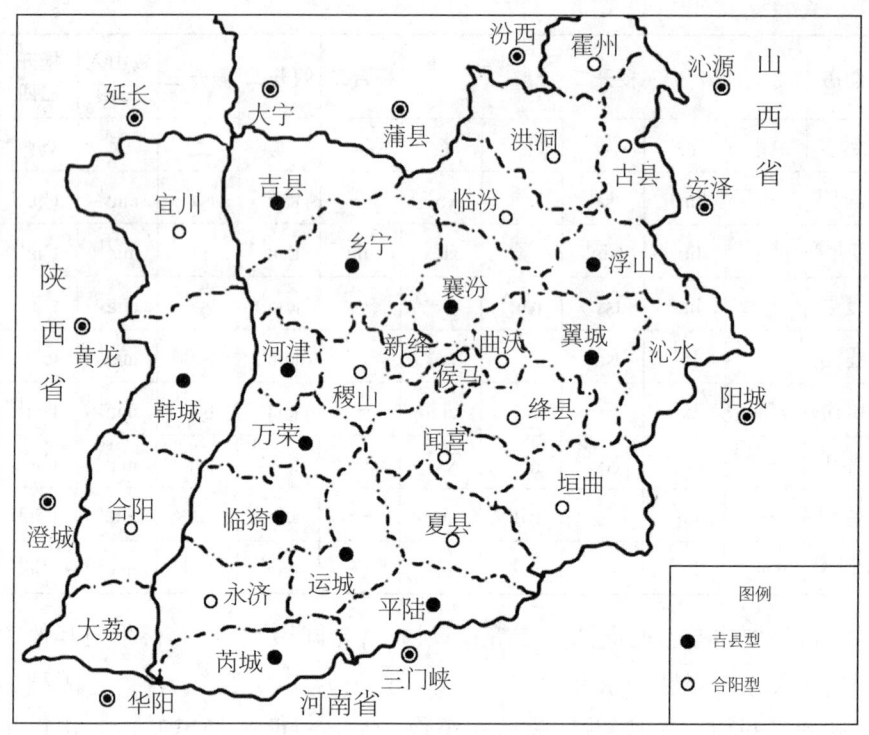

图 1　汾河片梗摄二等读音类型地理分布图

　　晋语晋中片、吕梁片梗开二白读同样分两类,一类主元音较低,与假开二合流,一类主元音较高,与假开三合流,举例请见表9。

表 9　晋语晋中片、吕梁片梗开二白读例字表

韵摄	梗开二				假开二	假开三
例字	棚	冷	杏	耕	家	爷
文水①	pʰia¹	—	ɕia⁵	tɕia¹	tɕia¹	i¹
太谷②	pʰie¹	lie³	ɕie⁵	tɕie¹	tɕiɒ¹	ie¹
柳林	—	liɑ³	ɕiɑ⁵	tɕiɑ¹	tɕiɑ¹	iɑ²
忻州	pʰiɛ²	lɑ¹	—	tɕiɛ¹	tɕiɑ¹	iɛ²

---

① 文水材料来自胡双宝(1984)《文水方言志》(语文出版社)。
② 太谷材料来自杨述祖(1983)《太谷方言志》(《语文研究》编辑部)。

中原官话汾河片方言阳声韵的特殊音值

王洪君(1992)认为晋中、晋南等地梗开二白读的出发点音值是相同的，它应是介于 a 与 ε 之间的前元音，即 *æ，它在一些点低化并入 a，在另一些点高化并入 ε，形成现今的分歧。我们认同这样的观点，浮山梗摄开口二等白读[æ]保留了梗摄原始的音值，在吉县、襄汾等点低化并入[a/ɒ]，与假摄开口二等及开口三等白读韵母合流；在合阳、古县、闻喜等点高化为[ε/e/ɔ/ɤ]，与咸山摄三四等入声字韵母及梗摄开口三四等白读合流。

吉县、乡宁、河津、运城、芮城、平陆、闻喜、浮山、洪洞、临汾等点梗摄开口二等舒声韵和入声韵合流，举例请见表10。

表10　汾河片梗摄开口二等舒入合流例字表

例字	猛	麦	棚	白	争	窄	硬	额
音韵地位	梗开二 上梗明	梗开二 入麦明	梗开二 平耕並	梗开二 入陌並	梗开二 平耕庄	梗开二 入陌庄	梗开二 去映疑	梗开二 入陌疑
吉县	mia³	mia¹	pʰia²	pʰia²	tʂa¹	tʂa¹	ȵie⁵	ȵie¹
乡宁	mia³	mia¹	pʰia²	pʰia²	tɕia¹	tɕia¹	ȵie⁵	ȵie⁵
河津	mia³	mia¹	pʰia²	pʰia²	tʂa¹	tʂa¹	ȵie⁵	ȵie⁵
洪洞①	mε³	mε¹	pʰε²	pʰε²	tsε¹	tsε¹	ȵie⁶	ȵie⁶
浮山	mæ³	mæ¹	pʰæ²	pʰæ²	tsæ¹	tsæ¹	ȵie⁶	ŋə¹
临汾	mɤ³	mɤ¹	pʰɤ²	pʰɤ²	tsɤ¹	tsɤ⁵	—	ȵie⁵

南部吴语梗摄也存在舒入合流现象，如汤溪：坑 kʰa¹/客 kʰa⁷，争 tsa¹/责 tsa⁷，横 ua²/划 ua⁴，文成：撑 tɕʰia¹/拆 tɕʰia⁷，耕 ka¹/隔 ka⁷，横 va²/划 va⁸。(曹志耘2002)汾河片方言部分点与南部吴语都保留着中古梗开二的前低主元音。

2. 梗摄三四等

汾河片梗摄开口三四等白读与咸山摄开口三四等入声合流。合口三等"兄"在临汾、浮山、古县、闻喜等地白读[ɕiε/ɕyɤ]，与开口三四等平行发展。举例请见表11。

---

① 洪洞材料来自齐全生(1999)《洪洞方言研究》(中央文献出版社)。

表 11　汾河片梗摄三四等白读例字表

音韵地位	梗摄开口三四等						梗摄合口	咸开三	山开三	山开四
例字	病	领	听	井	整	赢	兄	接	舌	捏
乡宁	pʰiɛ⁵	liɛ³	tʰiɛ¹	tɕiɛ³	tʂɛ³	iɛ²	—	tɕiɛ¹	ʂɪɛ²	ȵiɛ¹
宜川	pʰiE⁵	—	—	tɕiE⁵	tʂɤ⁵	—	—	tɕiE¹	ʂɤ²	ȵiE¹
闻喜	tʰiɛ²	liɛ³	tʰiɛ¹	tɕiɛ³	tsiɛ³	iə²	ɕyɛ¹	tɕiɛ¹	siɛ²	ȵiɛ¹
洪洞	pʰie⁶	lie³	tʰie¹	tɕie³	tʂe³	ie²	ɕie¹	tɕie¹	ʂe²	ȵie¹
新绛①	pʰie⁵	lie³	tʰie¹	tɕie³	—	iə²	—	tɕie⁵	ʂe²	ȵie⁵
垣曲	pʰie⁵	lie³	tʰie¹	tɕie³	—	ie²	—	tɕie¹	ʂe²	ȵie¹
霍州	pʰɿ⁶	lɿ³	tɕʰɿ¹	tɕɿ³	tʂʅ³	—	—	tɕiɛ¹	ʂə²	niɛ¹

汾河片各点(霍州例外)梗摄三四等白读音值差别不大,归类很整齐,除闻喜、新绛、夏县的"赢[iə²/iɤ²]"与宕江摄白读合流外,其余都与咸山摄开口三四等入声合流。

梗摄三四等舒入基本不合流,吉县、襄汾、河津等地梗开四端母定母入声字白读韵母为[iɛ/IE],存在舒入合流现象,具体情况见表12。

表 12　汾河片梗开四舒入合流例字表

例字	钉	滴	停	笛	挺	敌
音韵地位	梗开四	梗开四	梗开四	梗开四	梗开四	梗开四
	平青端	入锡端	平青定	入锡定	上青定	入锡定
吉县	tiɛ¹	tiɛ¹	tʰiɛ²	tʰiɛ²	tʰiɛ³	tiɛ²
襄汾	tIE¹	tIE⁵	tʰIE²	tIE²	tʰIE³	tIE²
河津	tiɛ¹	tiɛ¹	tʰiɛ²	tʰiɛ²	tʰiɛ³	tiɛ²

霍州比较特殊,梗摄开口三四等白读[ɿ/ʅ],与蟹摄开口三四等及同摄三四等入声字合流。具体情况见表13。

---

① 新绛材料来自王临惠(2003)《汾河流域方言的语音特点及其流变》(中国社会科学出版社)。

表 13 霍州梗开三四等白读及其与他韵摄关系表

梗开三	梗开三	梗开四	梗开三	梗开三	梗开四	梗开三	梗开四	梗开三
去映並	平庚明	平青来	上静精	平清书	平青清	去映见	平青透	上梗影
病	明	灵	井	声	青	镜	听	影
$p^h i^6$	mi^2	li^2	$tɕi^3$	$ʂʅ^1$	$tɕ^hi^1$	$tɕi^5$	$tɕ^hi^1$	i^3
—	—	历	积	适	戚	戟	踢	—
—	—	li^6	$tɕi^1$	$ʂʅ^1$	$tɕ^hi^1$	—	$tɕ^hi^1$	—
闭	迷	犁	挤	世	妻	计	梯	缢
pi^5	mi^2	li^2	$tɕi^3$	$ʂʅ^5$	$tɕ^hi^1$	$tɕi^5$	$tɕ^hi^1$	i^6

霍州梗开三四白读的音值及与其他韵摄的合流关系与晋语晋中片吕梁片类似,具体情况见表14。

表 14 晋语晋中片吕梁片梗开三四等白读及其与其他韵摄关系表

| 例字 | 病 | 名 | 听 | 领 | 井 | 声 | 镜 | 影 |
	闭	迷	梯	礼	挤	世	计	艺
平遥①	pi^5	mi^1	t^hi^1	li^3	$tsei^3$	$ʂʅ^1$	$tɕi^5$	i^3
太谷	pi^5	mi^1	t^hi^1	li^3	$tɕi^3$	$sʅ^1$	$tɕi^5$	i^3
柳林	pi^5	mi^2	t^hi^1	li^3	$tɕi^3$	$sɛE^1$	$tɕi^5$	i^3
兴县	pi^5	mi^2	t^hi^1	li^3	$tɕi^3$	$ʂʅ^1$	$tɕi^5$	i^3
忻州	pi^5	mi^2	t^hi^1	li^3	$tɕi^1$	$ʂʅ^1$	$tɕi^5$	i^1

说明:"世"在各点为去声,"艺"在各点为去声。

霍州梗开三四等与同摄入声合流,晋语晋中片、吕梁片入声保留喉塞尾,因此梗开三四等不与同摄入声合流。

(三)曾摄的白读

汾河片曾摄白读按音值可分为四种类型:

1. 吉县型

曾开一与曾开三白读韵母不同,曾开一为[ei/ẽ/ən],曾开三为[ɛ/ə],

---

① 平遥材料来自侯精一(1982)《平遥方言简志》(《语文研究》编辑部出版)。

包括吉县、临汾、曲沃、浮山、稷山、古县、洪洞、襄汾、浮山和垣曲。

2. 河津型

曾开一和曾开三白读韵母相同，均为[ei/ẽ/ən]，包括河津、临猗、平陆、闻喜、夏县和新绛。

3. 乡宁型

曾摄白读主要集中在三等，为[ɛ/i/iɛ]，包括乡宁、翼城、霍州、永济、绛县和宜川。

4. 运城型

曾摄舒声韵基本没有文白异读，包括合阳、运城、韩城和大荔。具体情况见表15。

表15　汾河片曾摄白读例字表

类型	音韵地位	曾摄开口一等		曾摄开口三等			
		端组	精组	帮组	泥组	知系	影组
	例字	灯等疼	层	冰	凌	蒸秤升	应蝇
吉县型	吉县	ei	ei	—	iɜ	eɜ	iɛ
	临汾	ən	—	—	—	ɤ	iɛ
	曲沃	ẽ	ẽ	ia	—	ɤ	iɛ
	浮山	ən	uən	iɛ	—	ə	iɛ
	稷山	ẽ	ẽ	—	iɜ	ɪɛ	iɛ
	古县	ən	ən	iɛ	—	ɜ	iɛ
	襄汾	ẽ	ẽ	—	i ẽ	ɪE	iE
	洪洞	en	—	—	—	e	ie
	垣曲	ən	ən	ie	—	e	ie
河津型	河津	ẽ	ẽ	—	—	ẽ	iẽ
	临猗	ẽ	ẽ	—	—	ẽ	iẽ
	夏县	ẽ	ẽ	—	—	ẽ	iẽ
	闻喜	ẽɪ	ẽɪ	—	—	ẽɪ	iẽɪ
	平陆	ei	ei	—	—	ei	iei
	万荣	ei	ei	—	—	ei	—

中原官话汾河片方言阳声韵的特殊音值

(续表)

类型	音韵地位	曾摄开口一等		曾摄开口三等			
		端组	精组	帮组	泥组	知系	影组
	例字	灯等疼	层	冰	凌	蒸秤升	应蝇
河津型	侯马	ẽ	ẽ	—	—	ẽ	iə
	芮城	—	ẽ	—	—	—	—
	新绛	ən	ən	ie	—	nə	ie
乡宁型	乡宁	—	—	—	—	ɛ	iɛ
	翼城	—	—	—	—	ə	iɛ
	霍州	—	—	i	—	ʅ	i
	永济	—	—	—	—	ei	—
	绛县①	—	—	—	—	ɤ	iɛ
	宜川	—	—	iɛ	—	—	—
运城型	运城	—	—	—	—	—	—
	合阳②	—	—	—	—	—	—
	韩城③	—	—	—	—	—	—
	大荔	—	—	—	—	—	—

汾河片曾摄白读读音类型的地理分布如图2所示。

吉县型曾开一与曾开三白读韵母不同,主要分布在中部和北部;运城型曾摄舒声韵基本没有文白异读,主要分布在西侧,乡宁型曾开一无白读,曾开三有白读,河津型曾开一和曾开三白读韵母相同,这两种类型交错分布在中部和南部。

开口一等白读[ei]的方言点,曾摄开口一等舒入基本合流,开口三等舒入基本不合流,如平陆、吉县等。开口一等白读为鼻化韵或鼻尾韵的点,曾摄白读基本与同摄入声不合流。具体见表16。

---

① 绛县材料来自教育部语用所助理研究员刘丹丹。
②③ 合阳、韩城材料来自邢向东、王临惠、张维佳、李小平(2012)《秦晋两省沿河方言比较研究》(商务印书馆)。

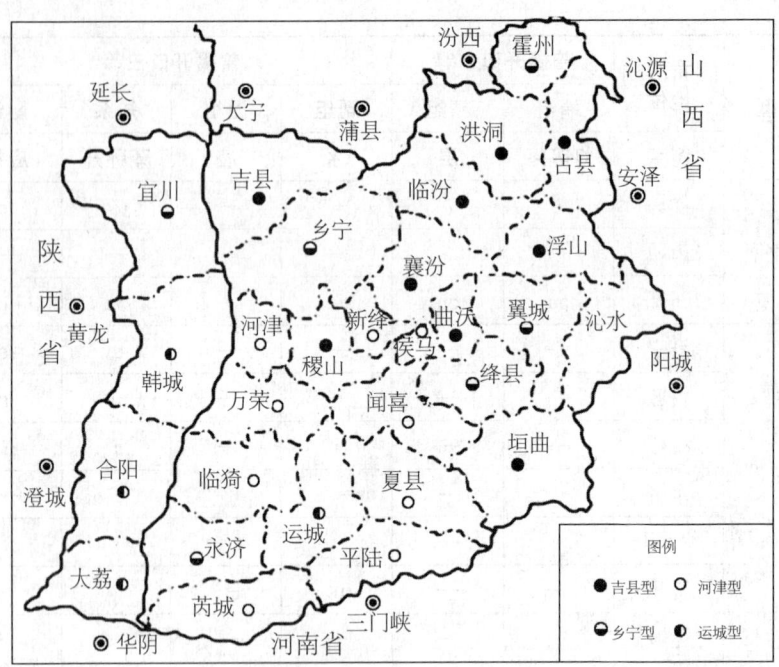

图 2　汾河片曾摄白读读音类型地理分布图

表 16　汾河片曾开一舒入白读例字表

例字	灯	得	等	德	疼	特	层	贼
音韵地位	曾开一平登端	曾开一入德端	曾开一上等端	曾开一入德端	曾开一平登定	曾开一入德定	曾开一平登从	曾开一入德从
吉县	tei¹	tei¹	tei³	tei¹	tʰei²	tʰei¹	tsʰei²	tsei² / tsʰɿ²
平陆	tei¹	tei¹	tei³	tei¹	tʰei²	tʰei²	tsʰei²	tsʰei²
河津	tẽ¹	tei¹	tẽ³	tei¹	tʰẽ²	tʰei¹	tsʰẽ²	tsei² / tsʰɿ²
临猗	—	tei¹	tẽ³	tei¹	tʰẽ²	tʰei¹	tsʰẽ²	tsʰei²
曲沃	tẽ¹	tei⁵	tẽ³	tei⁵	tʰẽ¹	tʰɤ⁵	tsʰẽ⁵	tsʰei²
洪洞	ten¹	tei¹	—	tei¹	tʰen²	tʰei¹	—	tsei²
新绛	tən¹	tei⁵	—	tei⁵	tʰən²	tʰei⁵	tsʰən²	tsʰei²

吉县、平陆曾开一入声韵读[ei]，舒入合流，对比周边方言可知，曾开一

中原官话汾河片方言阳声韵的特殊音值

入声韵先失去喉塞尾,舒声韵白读与深臻摄合流,ən > ẽ > ei,逐步失去鼻音成分,最终并入同摄入声。

霍州曾摄开口一等没有白读,开口三等白读与同摄入声存在合流现象。具体情况见表17。

表17 霍州曾开三舒入合流例字表

例字	冰	逼	蒸	织	绳	食	蝇	翼
音韵地位	曾开三 平蒸帮	曾开三 入职帮	曾开三 平蒸章	曾开三 入职章	曾开三 平蒸船	曾开三 入职船	曾开三 平蒸以	曾开三 入职以
霍州	pi¹	pi¹	tʂʅ¹	tʂʅ¹	ʂʅ²	ʂʅ²	i²	i⁵

(四)通摄的白读

汾河片通摄吉县、临汾、洪洞、浮山、古县、襄汾、侯马、新绛、闻喜、绛县和稷山有文白异读,文读[ʌŋ/aŋ],白读[ei/ẽ/ən],具体情况见表18。

表18 汾河片通摄白读例字表

	帮系	端组	精组	知系	见系
例字	梦风	东动	葱送	虫中重	空公穷
吉县	ei	uei	uei	ei	uei(yei)
侯马	ẽ	uẽ	uẽ	/	uẽ(yẽ)
稷山	ẽ	uẽ	uẽ	ẽ	uẽ(yẽ)
新绛	ən	uən	uən	ən	uən
洪洞	en	uen	uen	uen	uen(yen)
临汾	ən	uən	uən	uən	uən(yn)
襄汾	ən	uən	uən	ən	uən(yn)
浮山	ən	uən	uən	ən	uən(yn)
古县	ən	uən	uən	ən	uən(yn)

汾河片通摄有白读的方言点的地理分布如图3所示。

由图3可见,通摄有白读的方言点主要集中在北部和中部。

通摄鼻韵尾前化与臻摄合流,可能经历了 uŋ > uən > uẽĩ > uei 的变化,即后鼻尾前化为前鼻尾,因主元音相近与臻摄舒声韵发生合并。

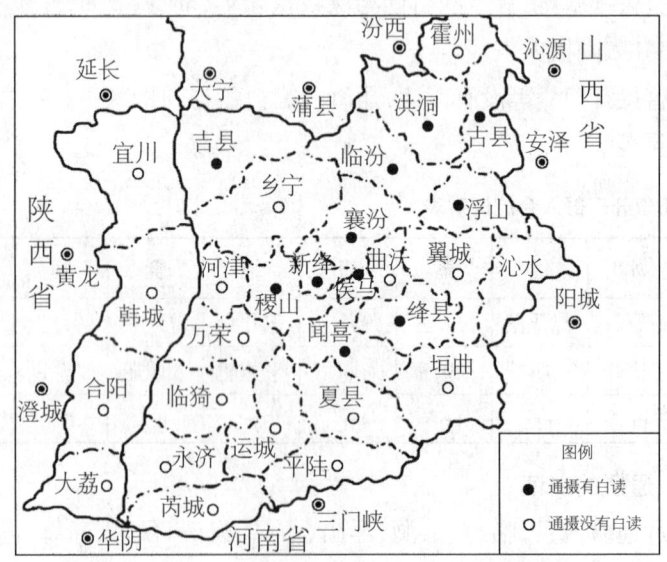

图3 汾河片通摄有无白读的方言点的地理分布图

解州小片部分点通摄舒声少数字韵母为纯元音[u],如:临猗、河津、芮城、平陆的"蠓[mu]、烔[tʰu]"。张惠叶、于银如(2012)认为汾河片通摄存在[u]的层次,同遇摄合口一等,保留在个别字的读音里,如"蠓、烔、拱"等,可能是宋西北方音的遗留。

(五) 汾河片阳声韵白读鼻尾消变的速度

阳声韵白读主要集中在宕江摄、梗、曾通摄,咸山摄、深臻摄只有一读,属于文白两层相同的部分(河津咸山摄、深摄有文白异读,韩城咸摄、深摄有文白异读。)根据阳声韵白读层各韵摄的音值,将白读鼻尾消变的速度统计如表19、表20:

表19

	深		臻				咸		山		山	
	开	齐	开	齐	合	撮	开	齐	开	齐	合	撮
鼻尾	12	12	10	10	10	10	8	8	7	7	6	6
鼻化	12	12	14	14	14	14	15	15	16	16	17	17
纯元音	4	4	4	4	4	4	5	5	5	5	5	5

中原官话汾河片方言阳声韵的特殊音值

表20

	宕江				梗				曾				通	
	开	齐	合	撮	开	齐	合	撮	开	齐	合	撮	合	撮
鼻尾	0	0	0	0	1	1	1	1	15	5	22	22
鼻化	1	1	1	1	0	0	0	0	10	4	5	5
纯元音	27	27	27	27	27	27	27	27	3	19	1	1

说明：韩城咸摄白读[ɑɤ̃]，文读[æ̃]，山摄无文白读，读[æ̃]。为显示与山摄的区别，[ɑɤ̃]算作保留鼻尾。新绛、侯马曾开三知系＝曾开一，新绛为鼻尾，侯马为鼻化，曾开三（知系除外）是纯元音，统计的时候曾齐侯马、新绛按纯元音。沁水阳声韵各摄均没有文白异读，故不在统计之列。

通摄的合撮只有1点是纯元音韵，鼻尾最稳定，其次是曾摄开口，只有3点是纯元音韵，深臻摄、咸山摄都是鼻化韵居多。曾齐有19个点是纯元音韵，因为曾开三并入梗开三四，一起失去了鼻韵尾。宕江摄、梗摄鼻尾消失最彻底，27个点读纯元音韵母。汾河片白读系统鼻韵尾消变次序为宕江梗＞曾齐＞咸山＞深臻＞曾开＞通。

汾河片梗摄保留了舌位较低的主元音，与同样主元音舌位较低的宕江摄鼻韵尾消失最彻底，几乎在汾河片全部点成为纯元音。在白读系统中，主元音舌位的高低成为鼻韵尾消失快慢的主要原因。低元音后的舌根鼻尾-ŋ的消变快于舌尖鼻尾-n，宕江梗鼻尾消变的速度快于山咸，王洪君(1992)指出汾河片方言的这一特点与文读层和其他汉语方言的趋势正好相反，反映了唐宋西北方音的特点。

吉县在鼻尾消变的道路上走得最快，白读层阳声韵各摄都读纯元音韵母，具体情况见表21。

表21 吉县阳声韵白读层各摄读音例字表

咸开一	咸开四	山开一	山开二	山开三	山合二	山合三	深开三	深开三
上敢定	平添匣	上旱心	上产疑	去愿晓	平删影	去愿溪	上寝书	平侵见
淡	嫌	伞	眼	献	弯	劝	婶	金
tʰæɛ⁵	ɕiæɛ²	sæɛ³	n̠iæɛ³	ɕiæɛ⁵	uæɛ¹	tɕʰyæɛ⁵	ʂei³	tɕiei¹
臻开三	臻合一	臻合三	江开二	宕开三	宕合一	宕开三	曾开一	曾开三
上隐群	平魂心	平文见	平江初	平阳见	平唐匣	平阳以	平登端	去证昌
近	孙	军	窗	疆	黄	羊	灯	秤
tɕʰiei⁵	suei¹	tɕyei¹	pfʰə¹	tɕiə¹	xuo²	yə²	tei¹	tʂʰɛ⁵

（续表）

曾开三	梗开二	梗开二	梗开三	梗开三	梗开四	通合一	通合三	通合三
去证影	上梗明	上梗生	上静来	上静章	去径定	上懂透	平东非	平东群
应	猛	省	领	整	定	桶	风	穷
ȵie²	mia³	sa³	lie³	tʂə³	tʰie⁵	tʰuei³	fei¹	tɕʰyei¹

吉县方言咸山摄韵母自成一类，不与其他韵摄发生关系，宕江摄韵母与果摄一等合流，曾开一、通摄与深臻摄合流，曾开三与梗开三四合流，白读层阳声韵各摄都读纯元音韵母，在整个汉语方言中也是比较少见的。

四、结　语

汾河片阳声韵有系统的文白异读，白读层的音值非常有特点，既有对唐五代宋西北方音的继承，如宕江摄白读[ɤ/ə/o]，与同摄入声及果摄一等合流，白读层阳声韵尾消变的速度从快到慢依次为宕江梗＞曾齐＞咸山＞深臻＞曾开＞通等。同时还有自身的发展创新，如曾摄开口一等和通摄白读[ei/ẽ/ən]等。

参考文献

曹志耘(2002)《南部吴语语音研究》，北京：商务印书馆：92。
王洪君(1991)阳声韵在山西方言中的演变(上)，《语文研究》第4期：41。
——(1992)阳声韵在山西方言中的演变(下)，《语文研究》第1期。
王临惠(2003)《汾河流域方言的语音特点及其流变》，北京：中国社会科学出版社。
邢向东，王临惠，张维佳等(2012)《秦晋两省沿河方言比较研究》，北京：商务印书馆。
张惠叶，于银如(2012)山西临猗方言通摄字的白读，《方言》第1期。
——(2013)从今晋南、关中一带汉语方言看宋西北方音通摄阳声韵的层次，《中国语文》第5期。
中国社会科学院语言研究所、中国社会科学院民族学与人类学研究所、香港城市大学语言资讯科学研究中心编(2012)《中国语言地图集》第2版，北京：商务印书馆。

(046011　山西，长治学院中文系　zhangweina8695@126.com)

山西及其周边方言共有的一个语音特征*

薛才德

提要 文章通过比较北方官话各个代表点有关通梗臻三摄见系合口三等韵、臻摄精组合口三等韵等的分合情况,认为可以据此将山西及周边的方言与其他北方官话划分开来。进一步来说,也就是可以将晋语与江淮官话划分开来。也许将通梗臻三摄见系合口三等韵、臻摄精组合口三等韵等合为一个韵母可以作为晋语的一个区别性语音特征。

关键词 北方官话;晋语;江淮官话;韵摄

李荣(1985,1989)把"山西省及其毗连地区有入声的方言"从北方官话中划分出来,定义为"晋语"。不少学者包括笔者本人都不赞同这种划分[①]。把有无入声作为区分晋语的标准,理由并不充分,同属北方官话的江淮官话也是有入声的。赞同晋语从北方官话中划分出来的学者多年来努力从语音、词汇和语法等方面寻找晋语的证据。本文比较了北方官话各个代表点有关通梗臻三摄见系合口三等韵、臻摄精组合口三等韵等的分合情况,认为找到了一个似乎可以作为晋语区别性标记的语音特征。

一

汉语北方方言(西北方言除外),通梗臻三摄见系合口三等韵、臻摄精组合口三等韵等的分合情况。

---

* 此文是上海市社科基金一般项目(项目编号 2017BYY010)的阶段性成果。
① 详见《二十世纪的汉语方言学》(王福堂 1998)、《现代汉语方言分区方法问题初探》(薛才德 1991)等。

表1①：

	凶雄用勇兄永	融容荣	均军群薰训云	俊②旬	伦轮	孕
北京	yŋ	uŋ	yn	yn	uən	yn
哈尔滨	yŋ	uŋ	yn	yn	uən	yn
青岛	ioŋ	ioŋ	yẽ	yẽ	uẽ	yẽ
石家庄	yŋ	uŋ	yn	yn	uən	—
郑州	yŋ	uŋ	yn	yn	uən	yn
成都	ioŋ(永 yn)	ioŋ(荣 yn)	yn	yn	ən	uən
扬州	ioŋ	ioŋ	yn	yn	ən	yn

表1例字，第一栏"凶熊用勇"属通摄见系合口三等韵，"兄永"属梗摄见系合口三等韵；第二栏"融容"属通摄见系合口三等韵，"荣"属梗摄见系合口三等韵；第三栏"均军群薰训云"属臻摄见系合口三等韵，第四栏"俊旬"属臻摄精组合口三等韵；第五栏"伦轮"属臻摄来母合口三等韵；第六栏"孕"属曾摄以母开口三等韵。表1的七个方言点分属不同的官话区，根据侯精一(2002)主编的《现代汉语方言概论》(以下简称《方言概论》)对官话区的分类，北京属北京官话区，哈尔滨属东北官话区，青岛属胶辽官话区，石家庄属冀鲁官话区，郑州属中原官话区，成都属西南官话区，扬州属江淮官话区。

表1例字第一栏"凶雄用勇兄永"和第二栏"融容荣"都是通摄见系合口三等韵和梗摄见系合口三等韵的合流，不过合流的具体情况略有不同。北京、哈尔滨、石家庄、郑州等地"yŋ"和"uŋ"两个韵母中都有通梗两摄见系合口三等字，青岛、成都、扬州等地通梗两摄见系合口三等字都归并于"ioŋ"一个韵母。例字第三栏臻摄见系合口三等字"均军群薰训云"、第四栏臻摄精组合口三等字"俊旬"、第六栏曾摄以母开口三等字"孕"，北京、哈尔滨、青岛、郑州、扬州都是合为一类，韵母为"yn"或"yẽ"；石家庄"孕"字阙如，只有成都"孕"韵母为"uən"。例字第五栏臻摄来母合口三等字"伦轮"，七个方言韵母都是另归一类，或为"uən"，或为"uẽ"，或为"ən"。

---

① 表1和表2中的语料均来自《普通话基础方言基本词汇集·语音卷》(陈章太、李行健 1996)。

② 北京和哈尔滨的"俊"有文白异读，文读都为 uən。

二

西北方言,通梗臻三摄见系合口三等韵、臻摄合口精组三等韵等的分合情况。

表2:

	凶雄用勇兄永	融容荣	均军群薰训云	俊旬	伦轮	孕
神木	yɤ̃(伦 uɤ̃)					iɤ̃
宝鸡	yəŋ(俊缺)					iəŋ
绥德	yŋ					
银川	yŋ					
兰州	yə̃					
天水	yn				uən	in
西宁	yə̃(俊缺)					—
乌鲁木齐	yŋ					

表2例字第一栏和第二栏通梗两摄见系合口三等字"凶雄用勇兄永融容荣"、第三栏臻摄见系合口三等字"均军群薰训云"、第四栏臻摄精组合口三等字"俊旬"、第五栏臻摄来母合口三等字"伦轮"、第六栏曾摄以母开口三等字"孕",绥德、银川、兰州、乌鲁木齐四地方言韵母都归为一类,读"yŋ"或"yə̃";神木、宝鸡两地方言"孕"韵母另为一类,读"iɤ̃"或"iəŋ";西宁方言"孕"字阙如;天水方言"伦轮"韵母为"uən","孕"韵母为"in"。根据《方言概论》对汉语方言的分类,银川、兰州、乌鲁木齐属兰银官话,西宁、宝鸡、天水属中原官话,神木、绥德属晋语。

比较表1和表2,方言韵类的分合有较大区别,表2神木、宝鸡、绥德、银川、兰州、天水、西宁、乌鲁木齐等方言把表1北京、哈尔滨、青岛、石家庄、郑州、成都、扬州等方言几个韵类归并为一个韵类。

与西北方言相邻的山西方言通梗臻三摄合口见系三等韵及臻摄合口精组三等韵等的分合情况与西北方言基本相似,值得我们研究。

三

山西方言通梗臻三摄合口见系三等韵、臻摄合口精组三等韵等的分合情况。

表3：

	凶雄用勇兄永	融容荣	均军群薰训云	俊旬	伦轮	孕
长治	yŋ				uən	iŋ
离石	yɐŋ				uan	iɐi
忻州	yəŋ（薰缺、伦 uəŋ）					iəi
大同	yɤ（薰缺、伦 uɤ）					
太原	yuŋ（融容 uŋ、荣缺）					iŋ

表3是山西方言中长治、离石、忻州、大同、太原五个方言点相关韵类简略的分合情况①，下文将详细开列这五个方言点相关韵母的所有细节。

长治方言 yŋ 韵母所包含的字开列如下：通摄见系合口三等字"凶胸 ɕyŋ¹、熊雄 ɕyŋ²、雍痈 yŋ¹、融容蓉熔庸 yŋ²、拥勇甬涌蛹 yŋ³、用 yŋ⁶"，通摄精组合口三等字"松 ɕyŋ¹、诵 ɕyŋ⁶"，通摄日母合口三等字"绒戎茸冗 yŋ²"，通摄来母合口三等字"龙 lyŋ²、陇垄 lyŋ³"，梗摄见系合口三等字"琼 tɕʰyŋ²、兄 ɕyŋ¹、荣 yŋ²、永泳咏 yŋ³"，臻摄见系合口三等字"均钧君军 tɕyŋ¹、菌窘 tɕyŋ³、郡 tɕyŋ⁶、群裙 tɕʰyŋ²、熏薰勋 ɕyŋ¹、训 ɕyŋ⁶、匀云 yŋ²、尹 yŋ³、熨 yŋ⁵、运晕允韵 yŋ⁶"，臻摄精组合口三等字"俊 tɕyŋ⁵、浚 tɕyŋ⁶、旬荀殉循巡 ɕyŋ²、笋榫 ɕyŋ³、逊 ɕyŋ⁵"，臻摄日母合口三等字"润闰 yŋ⁶"，臻摄心母合口一等字"损 ɕyŋ³"。

长治方言 yŋ 韵母所包含的合口三等字有 65 个，合口一等字只有"损"一个字。

---

① 语料均来自陈章太、李行健主编《普通话基础方言基本词汇集·语音卷》，下文语料如无说明都来自《普通话基础方言基本词汇集·语音卷》。调类的标记，为了比较的方便，平上去三个调分别标记为1、3、5调；平分阴阳，标记为1和2调；上分阴阳，标记为3和4调；去分阴阳，标记为5和6调。

山西及其周边方言共有的一个语音特征

离石方言 yeŋ 韵母所包含的字开列如下：通摄见系合口三等字"穷 tɕyeŋ¹、穹 tɕʰyeŋ²、凶 ɕyeŋ¹、胸熊雄 ɕyeŋ²、臃 yeŋ¹、融容熔庸 yeŋ²、雍壅痈拥勇甬涌蛹恿 yeŋ³、用佣 yeŋ⁵"，通摄精组合口一等字"鬃 tɕyeŋ¹、粽 tɕyeŋ⁵"，梗摄见系合口三等字"琼 tɕʰyeŋ²、兄 ɕyeŋ¹、荣 yeŋ²、永泳咏 yeŋ³"，臻摄见系合口三等字"均钧君军 tɕyeŋ¹、菌窘 tɕyeŋ³、郡 tɕyeŋ⁵、群裙 tɕʰyeŋ²、熏薰 ɕyeŋ¹、勋 ɕyeŋ²、训 ɕyeŋ⁵、云 yeŋ²、熨运晕允韵陨 yeŋ⁵"，臻摄精组合口三等字"俊竣 tɕyeŋ⁵、旬循巡 ɕyeŋ²、笋榫 ɕyeŋ³、荀询殉 ɕyeŋ⁵"。

离石方言 yeŋ 韵母所包含的合口三等字有 58 个，合口一等字有"鬃粽" 2 个。

忻州方言 yəŋ 韵母所包含的字开列如下：通摄见系合口三等字"穷 tɕʰyəŋ²、穹 tɕʰyəŋ³、凶 ɕyəŋ¹、胸熊雄 ɕyəŋ²、雍庸拥 yəŋ¹、融容蓉熔 yəŋ²、勇甬涌 yəŋ³、用佣 yəŋ⁵"，通摄邪母合口三等字"诵颂讼 ɕyəŋ⁵"，通摄来母合口三等字"龙 lyəŋ²"，梗摄见系合口三等字"琼 tɕʰyəŋ²、兄 ɕyəŋ³、荣 yəŋ¹、永泳咏 yəŋ³"，梗摄见系合口四等字"迥 tɕyəŋ³"，臻摄见系合口三等字"均君军 tɕyəŋ¹、钧 tɕyəŋ³、郡 tɕyəŋ⁵、菌窘群裙 tɕʰyəŋ²、熏 ɕyəŋ¹、勋 ɕyəŋ²、训 ɕyəŋ⁵、匀云 yəŋ²、允 yəŋ³、熨晕韵 yəŋ⁵"，臻摄精组合口三等字"俊 tɕyəŋ⁵、旬殉循巡 ɕyəŋ²、逊 ɕyəŋ⁵"，臻摄来母合口三等字"轮 lyəŋ²"，臻摄来母合口一等字"论 lyəŋ⁵"。

忻州方言 yəŋ 韵母所包含的合口三等字有 53 个，合口四等字有"迥"1 个，合口一等字有"论"1 个。

大同方言 yəɣ 韵母所包含的所有字开列如下：通摄见系合口三等字"穷 tɕʰyəɣ²、凶胸 ɕyəɣ¹、熊雄匈 ɕyəɣ²、庸雍臃痈拥 yəɣ¹、融容熔 yəɣ²、勇涌蛹俑踊 yəɣ³、用 yəɣ⁵"，通摄来母合口三等字"龙 lyəɣ²"，梗摄见系合口三等字"琼 tɕʰyəɣ²、兄 ɕyəɣ¹、荣 yəɣ²、永泳咏 yəɣ³"，梗摄见系合口四等字"炯 tɕyəɣ³"，臻摄见系合口三等字"均钧君军 tɕyəɣ¹、菌窘 tɕyəɣ³、郡 tɕyəɣ⁵、群裙 tɕʰyəɣ²、熏 ɕyəɣ¹、勋 ɕyəɣ²、训驯 ɕyəɣ⁵、匀云耘 yəɣ²、允 yəɣ³、陨运晕韵 yəɣ⁵"，臻摄精组合口三等字"俊 tɕyəɣ⁵、旬荀询循巡 ɕyəɣ²、殉逊 ɕyəɣ⁵"，臻摄来母合口三等字"轮 lyəɣ²"，臻摄来母合口一等字"论 lyəɣ⁵"，曾摄以母开口三等字"孕 yəɣ⁵"。

大同方言 yəɣ 韵母所包含的合口三等字有 57 个，合口四等字有"炯"1

个,开口三等字有"孕"1个,合口一等字有"论"1个。

太原方言 yuŋ 韵母所包含的所有字开列如下：通摄见系合口三等字"穷 tɕʰyuŋ¹、凶胸熊雄 ɕyuŋ¹、拥勇涌踊 yuŋ³、用 yuŋ⁵",梗摄见系合口三等字"琼 tɕʰyuŋ¹、兄 ɕyuŋ¹、永咏 yuŋ³",臻摄见系合口三等字"均钧君军菌 tɕyuŋ¹、窘 tɕyuŋ³、群裙 tɕʰyuŋ¹、薰勋 ɕyuŋ¹、训 ɕyuŋ⁵、匀云晕允 yuŋ¹、熨运韵 yuŋ⁵",臻摄精组合口三等字"俊浚 tɕyuŋ⁵、旬殉循巡 ɕyuŋ¹、迅逊 ɕyuŋ⁵",臻摄精组开口三等字"讯 ɕyuŋ⁵",臻摄来母合口三等字"轮伦仑 lyuŋ¹",臻摄来母合口一等字"论 lyuŋ⁵",深摄邪母开口三等字"寻 ɕyuŋ¹"。

太原方言 yuŋ 韵母所包含的合口三等字有 43 个,开口三等字有"寻讯"2个,合口一等字有"论"1个。

上述五种方言,根据《方言概论》对汉语方言的分类,同属晋语。长治属上党片晋语,离石属吕梁片晋语,忻州属五台片晋语,大同属大同、包头片晋语,太原属并州片晋语。这些方言一个韵母所包含字数各不相同,长治方言最多,一个韵母包含了 66 个字,太原方言最少,一个韵母只包含了 46 个字。不过,太原方言 yuŋ 韵母中出现的 46 个字,并不都包含在长治方言 yŋ 韵母中出现的 66 个字里面。如太原方言 yuŋ 韵母中出现的"轮伦仑论寻"等字就没有在长治方言 yŋ 韵母中出现。长治方言 yŋ 韵母中出现的不少字在太原方言中变成 uŋ 韵母字,如,通摄见系合口三等字"融容蓉熔 zuŋ¹",通摄精组合口三等字"松 suŋ¹、诵 suŋ⁵",通摄日母合口三等字"绒戎茸 zuŋ¹",通摄来母合口三等字"龙 luŋ¹、垄 luŋ³",臻摄合口三等字"笋榫 suŋ³",臻摄日母合口三等字"润闰 zuŋ⁵",臻摄心母合口一等字"损 suŋ³"等。不同方言对应韵母含字的不同其实反映了以北京话为代表的其他北方官话对山西方言的渗透和影响。太原方言 yuŋ 韵母含字最少,很可能与太原是山西省的省会有关,作为山西的中心城市,太原交通便利,通讯传媒发达,与外界接触频繁,更容易受到以北京话为代表的其他北方官话对其的影响。例如,太原方言的"伦轮",老派读"-yuŋ",新派读"-uŋ";"融容熔溶荣",在北京大学中文系语言学教研室(1989)编的《汉语方音字汇(第二版)》中都读"yuŋ"。太原方言"迅"所谓的文白异读(陈章太,李行健 1996),文读为-yuŋ,白读为 iŋ,很可能这两种读音都是当地音,反映的是不同的历史层次。

四

山西周边地区方言通梗臻三摄合口见系三等韵、臻摄合口精组三等韵等的分合情况。

河北张家口方言 ioŋ 韵母所包含的所有字开列如下：通摄见系合口三等字"穷 tɕʰioŋ¹、凶胸熊雄 ɕioŋ¹、雍庸融容蓉熔 ioŋ¹、勇甬涌 ioŋ³、用 ioŋ⁵"，梗摄见系合口三等字"琼 tɕʰioŋ¹、顷 tɕʰioŋ³、兄 ɕioŋ¹、荣营莹 ioŋ¹、永泳咏 ioŋ³"，梗摄见系合口四等字"迥 tɕioŋ³"，梗摄见系开口三等字"盈 ioŋ¹"，臻摄见系合口三等字"均钧君军 tɕioŋ¹、菌窘 tɕioŋ³、郡 tɕioŋ⁵、群裙 tɕʰioŋ¹、熏勋 ɕioŋ¹、训 ɕioŋ⁵、匀云 ioŋ¹、允 ioŋ³、运熨晕韵 ioŋ⁵"，臻摄精组合口三等字"俊 tɕioŋ⁵、旬荀循巡 ɕioŋ¹、殉迅 ɕioŋ⁵"，臻摄精组开口三等字"讯 ɕioŋ⁵"，曾摄以母开口三等字"孕 ioŋ⁵"，深摄邪母开口三等字"寻 ɕioŋ¹"。

张家口方言 ioŋ 韵母所包含的合口三等字有 50 个，合口四等字有"迥" 1 个，开口三等字有"盈孕寻讯" 4 个。

河北阳原方言 ỹ 韵母所包含的所有字开列如下：通摄见系合口三等字"穷 tɕʰỹ²、凶胸 ɕỹ¹、熊雄 ɕỹ²、容蓉熔 ỹ²、拥痈雍壅勇涌甬 ỹ³、庸用 ỹ⁵"，梗摄见系合口三等字"琼 tɕʰỹ²、兄 ɕỹ¹、永泳咏 ỹ³"，梗摄见系合口四等字"迥 tɕỹ¹"，臻摄见系合口三等字"均钧君军窘 tɕỹ¹、菌 tɕỹ³、郡 tɕỹ⁵、群裙 tɕʰỹ²、熏薰勋 ɕỹ¹、训 ɕỹ⁵、匀云 ỹ²、允 ỹ³、运熨晕韵 ỹ⁵"，臻摄精组合口三等字"俊 tɕỹ⁵、旬荀循巡 ɕỹ²、殉逊 ɕỹ⁵"，臻摄来母合口三等字"轮伦仑 lỹ²"，曾摄以母开口三等字"孕 ỹ⁵"，宕摄泥母开口三等字"娘 nỹ²"。

阳原方言 ỹ 韵母所包含的合口三等字有 52 个，合口四等字有"迥" 1 个，开口三等字有"孕娘" 2 个。

河南林县方言 yŋ 韵母所包含的所有字开列如下：通摄见系合口三等字"穷 tɕʰyŋ²、凶汹匈胸 ɕyŋ¹、熊雄 ɕyŋ²、雍痈拥庸 yŋ¹、勇甬涌蛹踊 yŋ³、用 yŋ⁵"，通摄精组合口三等字"松 ɕyŋ¹"，通摄来母合口三等字"龙 lyŋ²、垄 lyŋ³"，梗摄见系合口三等字"琼 tɕʰyŋ²、兄 ɕyŋ¹、永泳咏 yŋ³"，梗摄见系合口四等字"迥 tɕyŋ³"，臻摄见系合口三等字"均钧君军菌郡 tɕyŋ¹、窘 tɕyŋ³、群裙 tɕʰyŋ²、薰勋 ɕyŋ¹、训 ɕyŋ⁵、匀云 yŋ²、允陨 yŋ³、运酝蕴熨晕韵 yŋ⁵"，臻摄精组合口三等字"俊峻竣骏 tsyŋ⁵、旬殉循巡 syŋ²、笋 syŋ³、榫 ɕyŋ³、逊 syŋ⁵、迅

ɕyŋ⁵"，臻摄精组开口三等字"汛讯 ɕyŋ⁵"，臻摄日母合口三等字"润 yŋ⁵"，臻摄心母合口一等字"损 ɕyŋ³"，曾摄以母开口三等字"孕 yŋ⁵"，深摄邪母开口三等字"寻 syŋ²"。

林县方言 yŋ 韵母所包含合口三等字有 60 个，合口四等字有"迥"1 个，开口三等字有"讯汛孕寻"4 个，合口一等字有"损"1 个。

内蒙古呼和浩特方言 yŋ 韵母所包含的所有字开列如下：通摄见系合口三等字"穷 tɕʰyŋ¹、凶胸熊雄 ɕyŋ¹、雍痈 yŋ¹、融容蓉熔雍痈庸 yŋ¹、拥勇甬涌 yŋ³、用 yŋ⁵"，梗摄见系合口三等字"琼 tɕʰyŋ¹、兄 ɕyŋ¹、荣 yŋ¹、永泳咏 yŋ³"，梗摄见系合口四等字"迥 tɕyŋ³"，臻摄见系合口三等字"均钧君军郡 tɕyŋ¹、菌窘 tɕyŋ³、群裙 tɕʰyŋ¹、熏勋 ɕyŋ¹、训 ɕyŋ⁵、匀 yŋ¹、允 yŋ⁵、运熨晕韵 yŋ⁵"，臻摄精组合口三等字"俊 tɕyŋ⁵、旬循巡 ɕyŋ²、笋榫 ɕyŋ³、殉逊迅 ɕyŋ⁵"，臻摄来母合口三等字"轮伦沦 lyŋ¹"，深摄邪母开口三等字"寻 ɕyuŋ¹"。

呼和浩特方言 yŋ 韵母所包含的合口三等字有 55 个，合口四等字有"迥"1 个，开口三等字有"寻"1 个。

陕北吴堡东王家山方言 yəŋ 韵母所包含的所有字开列如下：通摄见系合口三等字"供弓 tɕyəŋ¹、穷 tɕʰyəŋ²、焞 tɕʰyəŋ³、凶胸 ɕyəŋ¹、熊雄 ɕyəŋ²、融痈容镕庸 yəŋ²、雍拥甬勇涌蛹 yəŋ³、用 yəŋ⁵"，通摄精组合口一等字"鬃 tɕyəŋ¹、粽 tɕyəŋ⁵"，通摄来母合口三等字"垄 lyəŋ³"，通摄来母合口一等字"拢 lyəŋ³"，梗摄见系合口三等字"琼 tɕʰyəŋ²、荣 yəŋ²、永泳咏 yəŋ³"，梗摄见系合口四等字"迥 tɕyəŋ³"，臻摄见系合口三等字"均钧君军菌窘莙 tɕyəŋ¹、郡 tɕyəŋ⁵、群裙 tɕʰyəŋ²、薰 ɕyəŋ¹、熏训 ɕyəŋ⁵、云 yəŋ²、熨韵运晕 yəŋ⁵"，臻摄精组合口三等字"俊 tɕyəŋ⁵、荀旬循巡殉勋 ɕyəŋ²"。

吴堡东王家山方言 yəŋ 韵母所包含的合口三等字有 51 个，合口四等字有"迥"1 个，合口一等字有"鬃粽拢"3 个。通摄见系合口三等字"弓 tɕyəŋ¹"，臻摄见系合口三等字"莙 tɕyəŋ¹"都只出现在吴堡东王家山的地名中，如"弓家山""莙蓬"。地名的读音一般比较稳固，往往保留较古的读音。

上述四省五个点的方言都属晋语，这些方言所对应的韵母，林县方言含字最多，有 66 个，其他方言含字都在 55 个左右，韵母分合情况同山西晋语差不多。

五

将山西长治、离石、忻州、大同、太原五个方言点及其周边河北张家口、阳原、河南林县、内蒙古呼和浩特、陕北吴堡东王家山方言 yŋ 或 ioŋ 等韵母所包含的字综合起来,归纳如下：通摄见系合口三等字"供弓熗穹穷凶匈胸熊雄雍雝壅痈融容蓉熔庸拥勇甬涌蛹俑踊恿齆用佣"、通摄精组合口三等字"松诵颂讼"、通摄日母合口三等字"绒戎茸冗"、通摄来母合口三等字"龙陇垄"、梗摄见系合口三等字"琼兄荣永泳咏顷营茔"、梗摄见系合口四等字"迥炯"、臻摄见系合口三等字"均钧君军菌窘郡群裙熏薰勋训驯匀云耘尹熨运晕允韵陨酝蕴莙"、臻摄精组合口三等字"俊浚竣峻骏旬荀询殉循巡笋榫逊迅"、臻摄日母合口三等字"润闰"、臻摄来母合口三等字"轮伦仑沦"、通摄精组合口一等字"鬃棕"、通摄来母合口一等字"拢"、臻摄心母合口一等字"损"、臻摄精组开口三等字"讯汛"、臻摄来母合口一等字"论"、深摄邪母开口三等字"寻"、曾摄以母开口三等字"孕"、梗摄见系开口三等字"盈"、宕摄泥母开口三等字"娘"等。

山西及其周边方言的 yŋ 或 ioŋ 等韵母所包含韵类除了合口四等字"迥炯"外,大多是合口三等韵。有少数字分属不同的韵类,如吴堡东王家山方言通摄来母合口一等字"拢",可能与"垄"字形相近,读同三等字；长治和林县方言臻摄合口一等字"损"可能与"勋陨"字形相近,读同合口三等字；太原、忻州和大同方言臻摄来母合口一等字"论",可能与"轮伦仑"字形相近,读同合口三等字；太原和张家口方言臻摄精组开口三等字"讯",林县方言开口三等字"讯汛"读同合口三等字,可能除了与"迅"字形相近外,还受到北京话一类北方官话的影响,在北京话里"迅讯汛"三字读音相同；太原和呼和浩特方言深摄邪母开口三等字"寻",大同和阳原方言曾摄以母开口三等字"孕",张家口和林县方言"寻孕"读同合口三等字,显然是受到北京话一类北方官话的影响。山西和陕北吴堡东王家山方言通摄精组合口一等字"鬃棕",张家口方言梗摄见系开口三等字"盈",河北阳原方言宕摄泥母开口三等字"娘"为什么也都读同合口三等字需要做进一步的研究。

也许可以把合为一个韵母的,通梗臻三摄见系、梗臻摄精组、日来母等合口三等韵(包括四等韵)所包含的所有字都认为是山西及其周边方言原本就有的,这些方言多个韵类合为一个韵类大致可以有两种解释:1. 韵类原本类同《切韵》音系,由于方言内部阳声韵的演变,鼻音韵尾或合并,或弱化,或脱落,最终造成多个韵类的合并;2. 韵类原本就不同于《切韵》音系,《切韵》音系分为多个韵类的,这些方言就是合为一个韵类。

在合为一个韵母的通梗臻三摄见系、通臻摄精组、日来母合口三等韵(包括四等韵)中,通梗臻三摄见系、臻摄精组合口三等韵等几个类型是山西及其周边方言都具有的,通摄精组、通臻摄日来母合口三等韵等几个类型,则是有的方言有,有的方言没有。这些韵类的有无及含字的多寡,可能与这些方言受以北京话为代表的北方官话影响的大小有关。

六

江淮官话通梗臻三摄合口见系三等韵、臻摄合口精组三等韵等的分合情况如表4。

表4:

	凶雄用勇兄永	融容荣	均军群薰训云	俊旬	伦轮	孕
南京	ioŋ	ioŋ(融 oŋ)	iŋ(训缺)	iŋ	uəŋ	iŋ
南通	iʌŋ(永 yŋ)	iʌŋ	yŋ	yŋ	ɛ̃	yŋ
涟水	ioŋ	ioŋ	yn(云 un)	yn	ən	yn
安庆	ioŋ(永 yn)	ioŋ	uən(云 yn 训缺)	yn(旬 in)	ne	—
芜湖	ioŋ(永 yn)	oŋ	yn	yn	ən	yn
合肥	iəŋ	əŋ	yn	yn	ən	yn

表4通梗臻三摄合口见系三等韵及臻摄合口精组三等韵等的分合情况,六个江淮官话代表点与表1七个北方官话代表点是基本一致的,其实表1中的扬州方言也是江淮官话。①

综上所述,根据通梗臻三摄合口见系三等韵及臻摄合口精组三等韵等的分合情况可以将山西及周边的方言与其他北方官话划分开来。进一步来

---

① 不过例外还是有的,详见《连云港音系》,出自《普通话基础方言基本词汇集》(陈章太,李行健 1996)。

说,据此可以将晋语与江淮官话划分开来。晋语将通梗臻三摄合口见系三等韵及臻摄合口精组三等韵等合为一个韵母,而江淮官话将通梗臻三摄合口见系三等韵及臻摄合口精组三等韵等分成几个韵母。也许将通梗臻三摄合口见系三等韵及臻摄合口精组三等韵等合为一个韵母可以作为晋语共有的一个区别性语音特征。至于西北方言中的银川、兰州、乌鲁木齐、西宁、宝鸡、天水等地也有此语音特征,则可以用入声的有无将它们与晋语区别开来。

参考文献

北京大学中文系语言学教研室编(1989)《汉语方音字汇》第二版,北京:文字改革出版社。
陈章太,李行健主编(1996)《普通话基础方言基本词汇集》,北京:语文出版社:340。
侯精一(2002)《现代汉语方言概论》,上海:上海教育出版社。
李　荣(1985)官话方言的分区,《方言》第1期。
——(1989)汉语方言的分区,《方言》第4期。
王福堂(1998)二十世纪的汉语方言学,载刘坚主编,《二十世纪的中国语言学》,北京:北京大学出版社。
邢向东(2011)陕北吴堡东王家山方言同音字汇,《方言》第3期。
薛才德(1991)现代汉语方言分区方法问题初探,《语言研究》第2期。

(200444　上海,上海大学国际部国际教育学院　xuecd@126.com)

中国手语一般疑问词调查研究*

林 皓

提要 目前关于手语疑问词的研究已发现,中国手语有两个以上疑问语气词,但缺乏对中国手语一般疑问句中疑问结构更深入的研究。文章基于自然语料,较全面地调查了手语一般疑问句中出现的疑问词。主要分为三类:一类是正性词,如"是""有""好"等,主要做附加疑问词;另一类是反性词,包括否定词"不""没"及"摊手"等,这些词可兼作语气词;最后一类是正反词,如"好不好""有没有"等。中国手语这种丰富有层次的一般疑问词系统,部分来源于汉语口语或手势,例如正反结构词最初是来源于对汉语相应结构的仿译。但其内部语法化的动因则更为至关重要,包括正反结构也受手语本身语音及语法的制约。

关键词 语气词;附加问句;中国手语;语法化

一、引 文

一般疑问句(polar question)和特指疑问句(content question)是组成疑问句的两大基本类别(本文将选择问句当作一般疑问句中特殊的一类加以处理和讨论)。世界上各语言的一般疑问句大都通过一些手段标记完成疑问表达,基本有三类:一类是通过句调(intonation);一类是通过语气词(particle);一类则是通过句法手段,如移位,将动词(或助动词)提前。而许多语言经常把这几种方式混用。Zeshan(2004,2006)从类型学角度综合考察了手语疑问句的结构。从整体而言,手语的一般疑问句依赖非手控(non-

---

* 本文得到2019年中国残联项目"手语语言政策及规划:国际比较研究"(项目批准号 CLS2019—05)的资助。

munual,在本文中主要表示手语中的非手部动作信息,如面部表情,头部动作,等等。)协同表达,相当于口语语言中的语调。采用语气词的方式较少,特别是欧洲手语语言,一般没有语气词。偶或有一个语气词,其来源和地位尚存疑。如西班牙手语中的 YES—NO,出现在芬兰手语和荷兰手语中的 PALM-UP(Coerts 1992；Savolainen 2006),以及美国手语中的 QM(Baker-Shenk & Cokely 1996;Fischer 2006)。而唯独东亚五个国家和地区(中国大陆地区手语、香港地区手语、台湾地区手语,日本手语和韩国手语),有两个或以上的语气词。(Zeshan 2013)Zeshan(2006)报告中提到台湾地区手语受汉语口语的影响,语气词有好几类,并且句法上分层次分布。而语法化最完善的是"有"(HAVE)和"没有"(NOT—HAVE),并且这已演化成一个复合词 HAVE—NOT—HAVE(有没有)。这个语气词可以出现在有动态谓语的句中,也可以在静态谓语句中,并且能出现于呈现句中。Chen(2012)直接将台湾地区手语中有 A—NOT—A 结构疑问词的疑问句,归类成 A—NOT—A 问句。Tang(2006)列举了两个常用的正反式语气词:"好不好"(GOOD + BAD)和"有没有"(HAVE + NOT – HAVE),从语义上解释,"有没有"是对一件事情存在进行提问,而"好不好"则是对命题对或错进行确认,或者是起请求的作用。关于中国大陆手语一般疑问词讨论,目前仅见于 Yang & Fischer(2002)中,她们发现肯定词和否定词相拼可组成 A—NOT—A 结构。然而,以上所有文献都是基于个别调查或诱导式材料,而非自然调查法收集的语料。

本文使用自然(naturalistic data)语料,兼用统计的方法,试图较全面而深入地描写和分析中国手语一般疑问句中的疑问词构成,并探讨其中规律。本文所指一般疑问句,即是所有不是特指的的疑问句。而所谓"一般疑问词",则指主要出现在一般疑问句中,起标记疑问作用的词,在本文中主要包括两类:语气词和附加问词。

二、语料及初步分析

(一) 语料构成及概况

本人的手语田野调查工作以上海为中心,以上海聋人社区的聋人为主,调查并记录了三十余位聋人的手语材料。因此本文语料由中国手语上海方言组成,为行文方便,下面仍统称为"中国手语"。调查语料的方式基本是自然采集法,即摄录聋人朋友在聚会吃饭、公园闲聊等自然场景下的手语。在两年多时间中,先后调查了32次,摄录了总时长达20余小时的手语视频录像。然后,利用标注软件 ELAN 标注视频语料中的特指疑问句,在2 000余疑问句中,一般疑问句占大部分,达到1 427句。而其中单独使用疑问句调(非手控)标记的,达到1 127句,而使用了疑问词作标记的有300句,占一般疑问句总量的21%强。对于前者,经过分析我们发现主要的非手控标记是"扬眉","扬眉"一般情况下(95%)会覆盖在整个句子上,相当于作用于全句的语调。

表1　语料构成

句子类型	数量	说明
Q1	1 127	完全使用非手控(语调)标记的一般疑问句
Q2	300	使用疑问词标记的一般疑问句

(二) 一般疑问词的识别和分类

首先从形式上,将疑问词分成单纯词和复合词两类。而在处理语料时,对疑问词标记的初步识别,主要依据其在句中的功能,即是否在句中标记疑问。而我们初步将疑问标记分为两类:语气词(question particle)或附加疑问词(tag words)。以下是分类依据的标准,1、2是成为疑问标记的必要条件,而3则作为进一步分析的依据。

1. 疑问词,分为专属性或兼用性疑问词,前者除做疑问标记外,别无它用;后者是除了本身具有实义外,还具备虚词义能做疑问标记的词,在做疑问标记时是可以与该词其他意义区分的,甚至在语音层面有差别;

2. 是否能独立做疑问词(即可以脱离非手语句调而起作用);

3. 满足前两个条件的词,再用下面两条标准判断是语气词还是附加疑问词,是 a 非 b 的便是语气词,反之则为附加疑问词:(a 和 b 参考了 Zeshan 2006)

   a. 是否句子其余成分都是在一个韵律段内,前面部分和该词间没有明显停顿;

   b. 是否在语调上(即反映在非手控信息上)该词和前面主体部分明显有区别,如突然升高或降低。

（三）一般疑问词的分布和频率

根据标准 1 和 2，我们从语料库中离析出单纯词及复合词若干。语料中共发现有 300 个句子，在句末带有疑问手控标记。我们将这些词按形态分成两类：一类是单纯疑问词；另一类是复合疑问词，复合词都是正反结构的疑问词。单纯词出现在 242 个句子中，复合词出现在 58 个句子中。

1. 单纯疑问词概况

我们发现单纯疑问词有个大致的规律，即这些词可大致分为两类，一类词的原义是表达积极和肯定意义的，我们称之为正系列词："是""有""好""能"；一类词原义表达消极或否定系列，我们称这些为反系列词："不""没""差""摊手""不喜欢"。最后还有两个是显性疑问标记，一个是用食指空中比划问号，我们记为 QM："?"；另一个是方向性疑问词"问"，手掌的朝向不同，则施事受事不同。如从手势人自身朝向对方，则是"我—问—你"；而朝向自己，则可表示"你—问—我"，详见图 1。

正系列词	"是"	"有"	"好"	"能"
照片			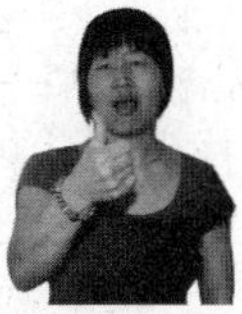	
反系列词	"不"	"没"	"不喜欢"	"摊手"
对应照片				
显性疑问标记	QM："?"			
对应照片				

图 1　一般疑问句中的疑问词

从表2中,我们不难看出,这些词中,"是""有""好"使用频率较高,其余的使用频率一般。

表2 单纯疑问词频率

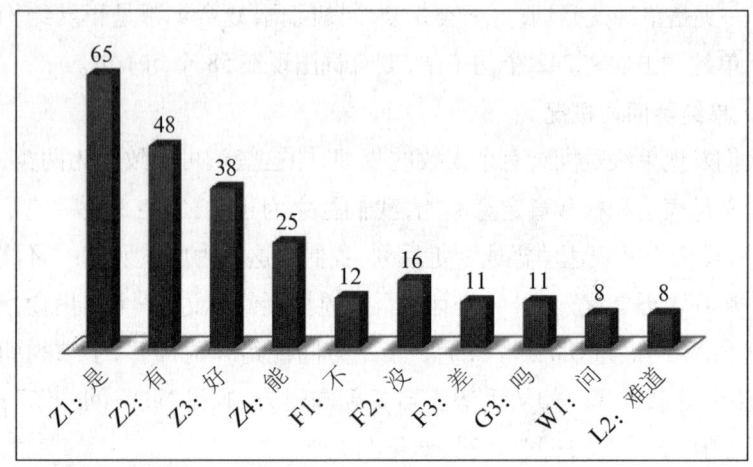

2. 复合词概况

正反系列在自然语料中出现10个,总共出现58次。但作为复合词,形式上比较单一。其意义基本上较为固定,并且许多是受汉语正反结构词的影响而生成的,都能找到对应的汉语正反词。

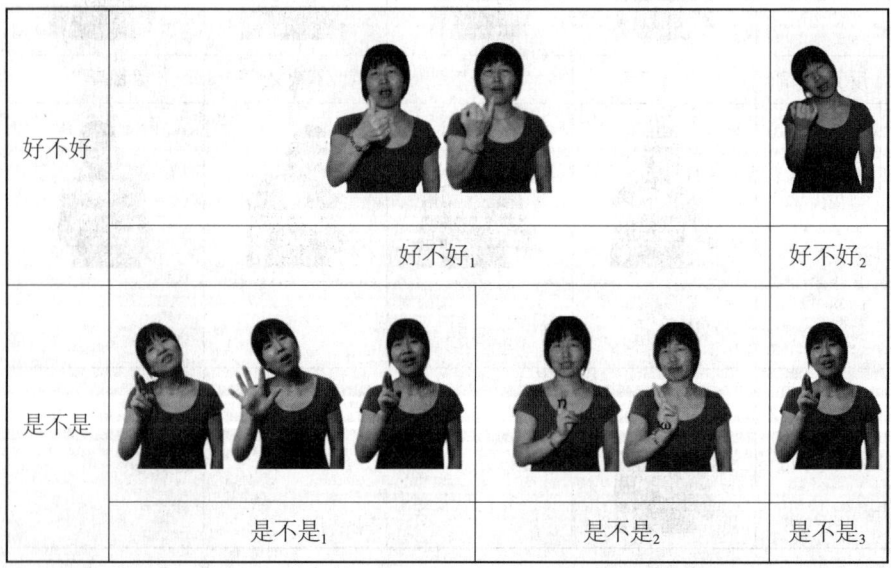

中国手语一般疑问词调查研究

（续表）

有没有			能不能		
难不难			会不会		
怕不怕			够不够		
要不要			知不知		

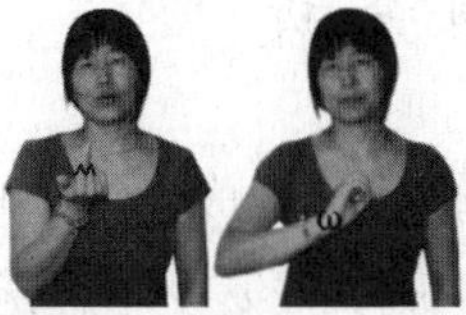

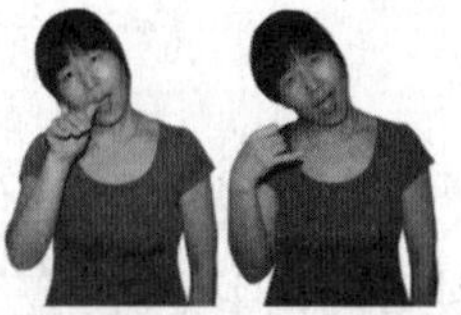

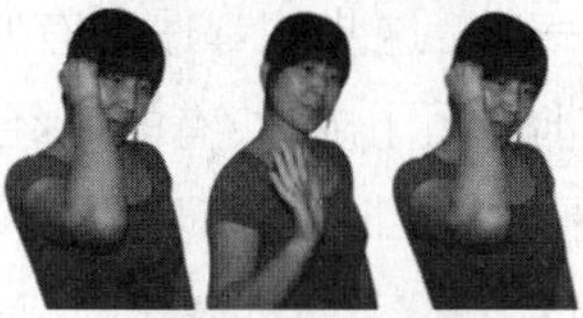

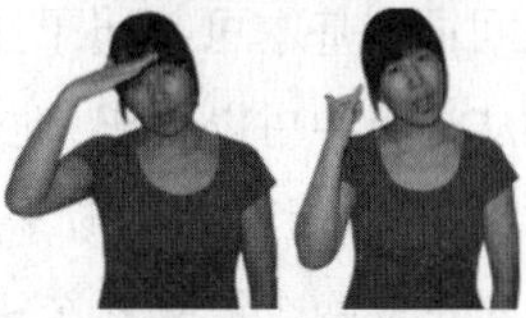

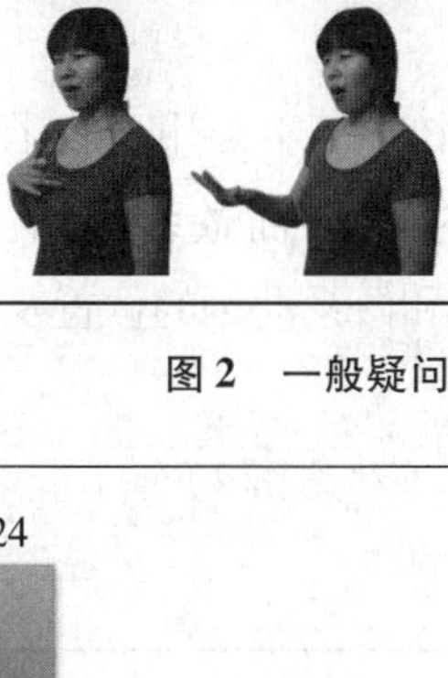

图 2　一般疑问复合词（即正反词）集

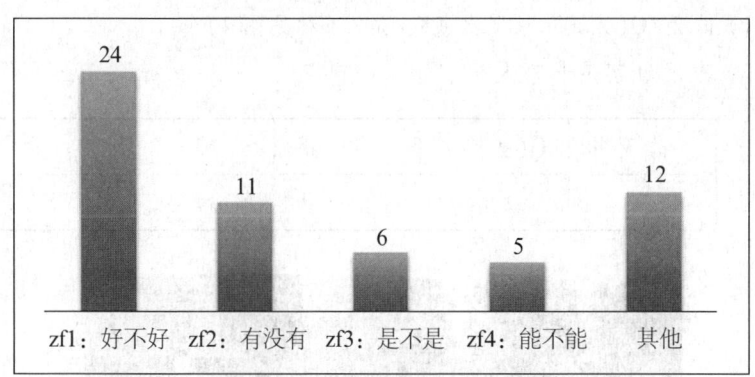

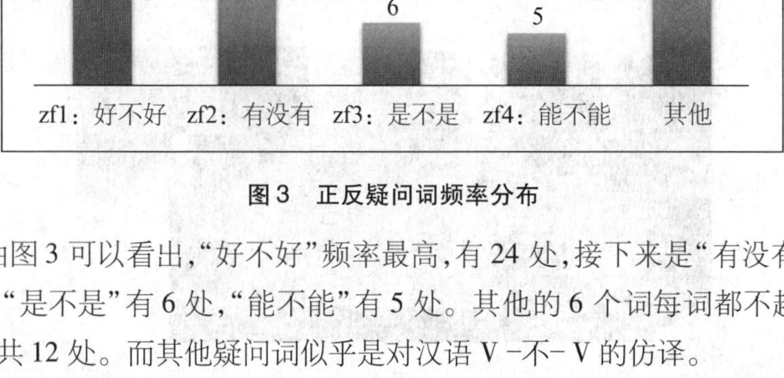

图 3　正反疑问词频率分布

由图 3 可以看出，"好不好"频率最高，有 24 处，接下来是"有没有"，有 11 处，"是不是"有 6 处，"能不能"有 5 处。其他的 6 个词每词都不超过两处，总共 12 处。而其他疑问词似乎是对汉语 V－不－V 的仿译。

三、疑问词分析

上文已经提及,我们将所有疑问词从形式上分成单纯词和复合词两类。单纯疑问词主要分为三类:正系列词、反系列词及两个专有疑问标记。复合疑问词则基本可归属于正反系列词这一类。这些词都保留有原来的实义,但从语料中可以看出,他们在不同程度上经历了虚化,有的已经明显成为疑问标记词,但有的词似乎功能不那么明显,或因语料量受限,不好判断。以下对正反两个系列逐个进行描写和分析:

(一)正系列词描写和分析

除"是""有""好""能"外,语料中还包括一个"OK"的手势语,或许也可归于此类。该系列词有三个基本共同特点:一是都为表积极、肯定的词;二是都位于句末;三是并非专属疑问词,即该词还有其他用法,但虚化程度不一。

1. "是"的描写及性质

"是"这个词在上海手语中使用频率较高。主要用于表示对某事肯定或赞成,日常手语中经常表示对对方观点的认同;而做系词、相当于现代汉语"是"的用法反而比较少。"是"做疑问词和做系动词的位置及语音变化都不一样。如例(1):

(1) 昨天/Q(人名)/是/北京人/是?(参见图4)

　　昨天 Q 某是北京人?

昨天	Q(人名)	是	北	京
人		是		

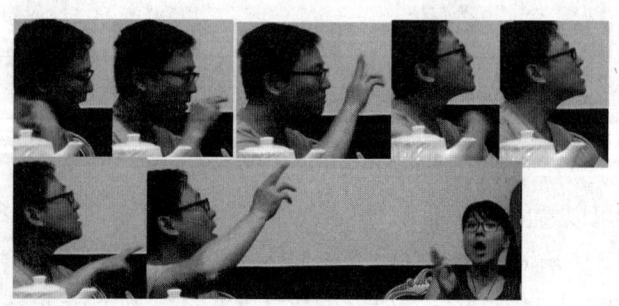

图4

这句话中出现了两个"是",前面一个"是"可看成系词,而末尾的"是"则为疑问词。在这句中,系词"是"这个手势只持续 27 毫秒,并无相应口词(mouthing),聋人的嘴是紧闭的。而在句末疑问词"是",有个较长的持续(holding),达 577 秒,对应的是一个/a/口词,相当于汉语感叹词"啊"。并且使用的是强调形式,即"是"手势做了个下顿动作。较为有趣的是,对方也用相同手势"是"作为肯定回应。从这一句话中,我们发现"是"在手语中有三个意思:一是肯定回答词,一般单独出现;二是疑问词;三是系词。此外,在这句手语中,句末表疑问的"是"和前面语流间并未有明显停顿,是一个整体。我们再从其他非手控角度看,在打后面一个"是"时,出现了和前面眉动不一样处,如"眉毛上扬""点头""注目"(即目光凝视对方)。但是,这些非手控信息并非都表示疑问。因为,一般疑问词单独做疑问标记时,"扬眉"会落在全句,而此句中,只落在这个词上。"点头"起强调作用,"注目"则是语篇标记。由此我们判断这句中的句末词"是"为疑问语气词。以下数例相似:

(2) 教/英语/赚钱少/家里/条件好/是?
    教英语赚钱少,家里条件好吧?
(3) 你/先/喜欢/他/是?
    你先喜欢他吗?
(4) 结婚/快/插队/不行/等/在/上海/一直/十年/后/可以/变/上海人/是?
    (外地人)结婚后想尽快插队(拿户口)不可以,要在上海待十年后,才可以变成上海人,对吗?

例(4)这句很长,从生理学角度而言,非手控覆盖整句非常费力(一直扬起眉毛是件费力的事),所以仅落在句末的"是"上,而明显这个词上对应的非手控发生了突变,该句前面部分一直是陈述语气,打这个词时,明显用了疑问语气(关于非手控方面的问题,此处暂不展开),所以看上去像是附加词的特点。

即便在否定疑问句中,"是"的位置也会在后置的否定标记之后。如例(5)和例(6):

(5) 聋人/上海/暖气/没有/是
    上海聋人没有暖气是吧?

(6) S-M/他/没有/什么/朋友/没有/是(参见图5)
SM(人名指拼)他没有什么朋友是吗?

| (他) | 没 | | 什么 |
| 朋友 | 没 | 是 | |

图5

例(6)中的"没有"应当是个否定词,如果去掉最后的"是",这句话便是个陈述句,"是"在这种情况下,相当大的可能是附加词,加上"是",并有仅限于其上的"扬眉"非手控,便成了疑问句。

此外,"是"还可以出现在句子中间,相当于一个韵律标记(prosodic cue),主要起连续句中成分的作用。

(7) 大学/读/外地/是/想/买/什么/东西/给。
大学在外地读,想买什么东西给(你买)。

语料中"是"出现在句末做疑问词达65次。我们对"是"对应的非手控信息做了简单的统计,发现眉动覆盖全句的有30句,而落在"是"上的也有25句。而"是"对应的口词为以/a/结尾的,出现了46次(其余是没有口词的),而没有一次对应"SHI"这个口词,即对应的汉语发音。因此,我们初步认为,"是"具备过渡性特征,即有时是附加疑问词,而有时是语气词。

2. "有""好"及"能"的描写

我们发现,其他三个词"有""好"及"能",都位于句末,也可做疑问标记。

(8) 你/帮/他买东西/什么+/有?
　　你帮他买什么东西了吗?
(9) 这/微信/朋友圈/你/看过/有?
　　这微信朋友圈你看过了吗?
(10) 法国/巴黎/去/玩/好?
　　去法国巴黎玩得开心吗?
(11) 考试/好像/能
　　考试考得可以啊?

例(8)—例(11)中,判读句末词为疑问标记的依据是非手控,如"眉动"信息,集中落在该句末词上。但同时,我们发现以上例句的句末词和句子其余部分之间会有短暂的停顿。据此我们认为"有""好""能"充当的是附加问词的角色。

此外,从语料中我们发现"有""好""能"这三个词作为实义动词,也经常置于句末,这时不一定是附加疑问词。以下这些例句,首先在句义解读上,都没有被译成对应的语气词,而是实义动词。同时,我们观察对应的句子,发现句子的非手控与该词并不对应。例(12)—例(14)中,"有""好""能"是当成实义动词使用的,其疑问标记功能都是由覆盖其上的"扬眉"标记来体现的。

(12) 聋人/英国/法国/美国/聚会/有
　　(中国)聋人在英国、法国、美国举行聚会吗?
(13) 现在/工作/分配/好
　　现在工作好分配吗?
(14) 吸毒/能
　　(那里)允许吸毒?

3. 正系列词小结

我们发现,正系列词是一类兼做疑问标记的手语词,这些词有一定的共性,不同程度保留了其原有的实词意味。相对而言,"是"出现在疑问句的句末时,基本是疑问词标记,或是语气词或是附加问词。而"有""好""能"则虚化程度较低,通常置于句末或兼做附加疑问词(tag)。

(二) 反系列词的描述和讨论

中国手语中关于否定词或带有否定意味的标记,在手语中经常后置,放于谓语之后。(柯绣玲 2006;吴晓波 2012)一个陈述式的否定句,否定词经常是在最后的。但是,当否定句变成疑问否定句时,这个否定词还仅仅是否定标记吗?另外,原来伴随的相关否定非手控信息和作为疑问句需要的疑问非手控之间的关系是如何呢?反系列词如在上文第二节所列,在语料中,主要是"不""没""不喜欢"和"摊手"这四个。"不"和"没"这两个词功能相近,都在中国手语中做否定词。"摊手"和"不喜欢"则并非否定专用词,我们将另文讨论。

1. 否定词"不"和"没有"做疑问句标记

否定词"不"和"没有",目前其主要功能仍是否定,而由于否定词在手语中经常习惯置于句末,和疑问语气(即非手控)结合较多,渐渐形成可兼做语气词的功能。因此,我们通过分析语料,初步判定二词在疑问句中有以下两种情形:(1)仍保留否定词义,同时兼做语气词;(2)做语气词,失去否定义。我们主要依据语境分析,通过语境,分析其否定义消蚀、疑问标记增强的情况。一般处于前种情况下,我们认为会将否定义倾向传达给疑问句,期待得到对这种否定的认同;而处于后种情况下,说话者是处于中性态度,否定义被消磨。

例(15)、例(16)中,"不"虽处于句末,但并非疑问词,而仍旧是否定词,这些句子可称为否定疑问句。"不"主要仍承担的是否定功能。例(15)中的上下文,是父亲看到女儿房间十二点灯还亮时,那一刻的问话。所以,"不"在这里的否定义较为明确,即是对否定命题提问;例(16)类似,问话者想确认"他"不是徐汇业余大学毕业这一信息。这里,我们也发现"不"伴随的非手控,如"摇头"经常同现,并不省略。

(15) 现在/晚上/12 点/你/怎么/睡觉/不?
　　 现在晚上 12 点你怎么不睡觉?
(16) 徐汇业余大学/毕业/他/不?
　　 他不是徐汇业余大学毕业的吗?

例(17)—例(19),"不"做疑问标记,其原来的否定意味大为减弱,起疑问标记作用。如例(17),这是个表征询的疑问句,这里的"不"没有否定意味。而例(18)、例(19)也如此,都是中性疑问句。从相应的非手控我们也可以得到佐证。头部动作为"侧头"而非"摇头",同时与之相应的口词为/ma/、/ba/、/a/之类。整个句子的扬眉情况不明显。因此,我们初步认为"不"和"没有"可以兼做疑问语气词。

（17）天/下雨/回家/不？

　　　天要下雨了，回家吗？

（18）升级/没？

　　　（手机软件）升级吗？

（19）看过/没？

　　　（电影）看过吗？

2．"摊手"与"不喜欢"

1）"摊手"做语气词的分析

"摊手"源自于手势，并且在当今听人语言社区中也非常流行，有表"无奈""完成""没有"之义，即有否定义。此词进入手语后便进一步语法化。我们发现，"摊手"基本放在句末，与之相应的非手控信息是"侧头"。

（20）我/报名/摄影/"摊手"

　　　我摄影比赛报上名了吗？

（21）这/人/"摊手"

　　　（手指空座位）这人呢？

2）"不喜欢"的语法分析

"不喜欢"在上海手语中经常作为否定性动词，原义即表"不喜欢"。而此词也常见于一种疑问句中，这种疑问句是通过反问的形式，来更强烈地传达说话者的语气，其语义功能和反问句较为相类。其词来源于"不喜欢"，随着进一步虚化，渐演变成一个一般（否定）疑问句的标记。汉语中很难找到一个对应词，相伴的口动有"做啥""勿"（上海方言的疑问词）。此词有两种用法：一种相当于"做啥""为什么"，用于反问句的情况（此种用法此处不讨论）；另一种是"为什么不""难道……不"。例（22）中的语境是说话者猜测对方已经过了饭点，没有吃饭，因此很惊讶地问。根据上下文语境，说话者是明知故问，因此也可以认为是修辞疑问句，或反问句。语序上，"不喜欢"既可能出现在句首[如例（22）]，也可能出现在句末[如例（23）]，还可能同时出现在句首和句末[如例（24）]。

（22）不喜欢/他/吃饭

　　　难道他不吃饭吗？

（23）自己/带/不喜欢

　　　（你）难道自己没有带？

(24) 不喜欢/他/吃饭/不喜欢

　　　难道他不吃饭吗?

3. 其他疑问词:"?"的语法分析

"?"(此词的打法是:聋人用食指在空中书写问号)这个词是由标点符号问号演化而来,但自从被借用入手语中后,就逐渐进入手语语法系统。此外,聋人在打此词作为疑问标记时,会经常伴随有汉语"吗"的口语口动。

在语料中,"?"出现了实词用法,即表达名词"问题"的意思,例(25)的"问题"便是实词,而非疑问标记。"?"作为一个标点符号借用到手语中,一开始只有虚词义,即标记疑问,后来才发展出实词义:

(25) 我/"?"/错/哪儿/有/告诉/我

　　　我问题错哪儿,有的话告诉我。

我们发现,在做疑问标记时,"?"大部分时候都在句末,但也有因句末位置被其他成分占据而出现在句中的情况,如指向[pointing,见例(27)],充当专有疑问标记。

(26) 如果/学习/不好/不通过/毕业/不行/"?"

　　　如果学习不好,毕业就没法通过吗?

(27) 女朋友/是/聋人/"?"/你

　　　你女朋友是聋人吗?

4. 单纯疑问词小结

我们先后考察了正系列和反系列手语疑问词。我们注意到正系列倾向于做附加疑问词,并且多少都带有一定的"肯定性"预期,即希望对方肯定句子命题为正确,而"是"为典型代表,不仅可标记一般疑问句,还可用在否定疑问句中。而反系列词大都由否定词兼做疑问词,原本的预期是"否定性",即虽然同样是寻求对方跟他(她)观点一致,但期望对应给予否定回答。此外,"不"和"没"及"摊手"已经发展出可以做"无倾向"疑问标记的用法。

我们统计发现,部分情况下,否定词或含有否定意义的手语词(如"摊手"),经历了语法化过程,在承担疑问标记词时,并没有否定意味。其句中的否定词位置,也并非由典型的非手控标记"摇头"表示,代之的是"扬眉"及"侧头"。我们比较了正性的"是""有""好"及反系列的"不""没""摊手",发现两者有一个共同点,即随着虚化程度加深,渐趋向中性疑问词。即在一条线中左右两个极性,一个是肯定极性,一个是否定极性,然而都趋向中性。

"不喜欢"则是由一个带有否定意味的动词虚化而成,像英语的 WHY—NOT,但是它既可以放在句首,也可以放在句末。基本用于表达强烈惊讶或责备场景中。而且该词似乎也可以和否定词"不"联用,仍旧表示强烈反问。

两个疑问词,"?"和"问"。"?"是从标点符号借入进入手语系统,这是个显性的疑问标记,只要出现在句末,即表示疑问,并基本用于一般问句中。聋人间用"?"比较少,有时是为了刻意强调自己在问时才会用,并与表疑问的非手控"扬眉"一起作为疑问标记;而"问"更多用于句子之间,是个语篇疑问标记。基本还是实义词,表达疑问。

(三) 疑问复合词

1. 正反词的构词描写和初探

1) 正反词的构词

正反疑问词都是由意义相对的一组词组合在一起构成的。如"好不好""有没有"及"是不是"。手语这些词的来源,似乎是来自于对汉语这种结构的仿造。正反两义并列,有时是由否定词连结,更多是两个词拼合而成。

2) 正反词的语音变体(详参图 2)

"好不好$_1$"和"好不好$_2$"。"好"是大拇指向上,而"不好"则是"小拇指向下"。"好不好$_1$"的打法是,依次伸缩大拇指和食指的动作;"好不好$_2$"的打法是,成拇指和小指以手掌方向为中心,分别反复内弯(wiggling)的两个变体。可以认为,前者是后者的进一步的语音融合。此外"是不是"有三个变体,"是不是$_1$""是不是$_2$"和"是不是$_3$"我们可以看到明显的不同。"是不是$_1$"是三个语素相拼,中间那个否定词可以看清;"是不是$_2$",手形简化成一个 x 手形,否定成了横向运动;"是不是$_3$"语流变化更大,首词的运动丢失,末词的运动也丢失,融合成一个食指和中指相互捻动,简化成一个单音节词,而这时该词的意义也不透明,人们难以从分离出组成这个复合词的原来的语素,并判读出意思。这些词可能反映了这三个常用正反复合词正在进行的词汇化及语法化演变。如"好不好$_2$"不仅出现在句中做疑问标记,还有一处单独使用,独立成句,见例(28):

(28) "一起/美国/帮/工作/好不好$_1$?"(问)

　　　我们一起到美国互助工作好不好?

　　　"好不好$_2$"

　　　(那儿生活)有好有坏。(答)

2. 正反词语法讨论

1)"好不好"的描写

我们先看下列语料:

(29) 相亲/好不好

相亲怎么样?

(30) 经济/发展/好不好/那

那里经济发展好不好?

(31) 耳操/有/好不好(多啊!)

你们有耳操吗,好不好?

(32) 好不好/轻/好不好?

体重轻,好不好?

对语料观察,我们发现"好不好"做疑问标记时,有以下特点:

a. 位置在句末。除非句末被"指向"或附加疑问词占据。
b. 可单独标记疑问,非手控标记为零,即便有疑问非手控,非手控标记也经常落在"好不好"上。

2)其他正反词例举

其他正反词,包括"有没有""是不是""能不能""怕不怕"等,使用频率似乎没有"好不好"那么高,但是也如"好不好"一样可单独做疑问标记。此外,这些词在位置上似乎更加灵活,既可以出现在句末,也可以出现在句首。使得这些词更接近汉语口语中的正反结构用法,见例(33)—例(36):

(33) 有没有/你/男/朋友/问你/有/管/你?

你有没有男朋友? 问下你,你(爸妈)会管你吗?

(34) 是不是/你妈妈/两个/不一定/一个人/不够/再婚/钱够?

是不是你妈妈不一定一直单身一个人,因为钱不够,再婚钱就够了?

(35) 能不能/毕业?

能不能毕业?

(36) 怕不怕/老婆/有/外遇?

怕不怕老婆有外遇?

3) VV 结构做疑问词

正反结构之外,我们在语料中还发现以 VV 结构做疑问标记的句子,如:

(37) 包/要要

要不要打包？

(38) 会会/每天/坚持/锻炼/你

你会不会每天坚持锻炼

(39) 00/后/能能/接受/能能

零零后(你)能不能接受？

例(38)中,相应与"会会"共现的是"点头"非手控。这种结构也有可能源于对相应 V 不 V 结构的仿译,进入手语后,"会不会"这种复合词进一步缩减,融合成"会会"这种结构。这种例句不多,还需要进一步观察。

4) 此外,我们发现 V 不 V 结构中间可以插入其他成分的情况,如下面两例:

(40) 你/报名/摄像/有/你/没有

你有没有报名摄像？

(41) 包括/吃/不/包括？

(报旅游团)吃饭包括在内吗？

例(40)中,在"有没有"之间,插入了一个代词"你",这种结构在汉语中是不会出现的,而例(41)中,在"包括不包括"内,插入"吃"这个动词。这说明,在手语中,除开"好不好""是不是"这两个语法化程度较高、结构固定紧密的 A—NOT—A 结构外,其他 A—NOT—A 结构是较为松散的。

5) 正反词做标记情况总结

综上,我们发现正反问疑问词的基本特点大致相同,可用于句首或句末,标记中性疑问句。其中以"好不好""是不是"语法化程度尤高。各个正反疑问词使用频率不一样,其语法化和词汇化程度上也有较大差异。"好不好""是不是"和"有没有"都存在不同变体,我们从中可以窥出其词汇化和语法化过程。此外,还有其他有类似结构的词出现,这种结构在中国手语中似具有一定的开放性。" V 不 V"结构来源于对汉语普通话的仿译。但少数几个仿译词汇进入手语后,这种结构发生变化,渐渐内化入手语系统,遵循手语的规律。反映在:

1) 在词形上,经历词汇化的正反手语词,往往并非是 A—NOT—A 结构,即如"好不好"并非"好"+"不"+"好","不好"是单个语素,否定义往往包含在单个语素中,组成典型的正反并举词。而"好不好"或"是不是"的复合词形式有进一步的缩减形式,看上去像个单纯词,在功能上更趋语法化。以"好不好"这个语法化程度最高的复合词为例,其句法位置好像也受一定限制,仅出现在句末。

2)我们也从语料上看到,有用 VV 结构做疑问标记的情况,以及在 V 不 V 结构中,插入其他成分。这些在汉语普通话中都不会出现。

(四)疑问词与非手控标记

从非手控中,我们分别挑出"扬眉"(brow raise)、"低眉"(brow lower)、"注目"(eye gaze)、"顿头"(head tilt)这四个标记,然后使用 ELAN 软件标注。从 300 个例句中排除模糊不清难以看清表情的句子,然后对较清晰的 292 个句子做了统计。发现有 71% 的句子出现"扬眉",有 6% 的句子出现"低眉",100% 的句子出现"注目",22% 的句子出现"顿头",另外有 11% 句子无明显非手控。按照频率来看,似乎"眉动"及"注目"具备统计学意义的相关性。因为疑问句的特点是对话,语料基本是对话场景,因此所有疑问句都会出现"注目",而"注目"起的是篇章标记作用,并不是疑问标记。而"眉动"中的"扬眉"可能较多地承担疑问标记作用。

为了更明晰"扬眉"作为无标记一般疑问句的疑问标记,并分析其和具体不同的疑问词间关系。我们按照进一步分类,统计"正系列""反系列""正反系列"三个类别疑问词和"扬眉"的共现关系。统计结果如表 3 所示:

表 3 疑问词与扬眉共现关系表

句类	覆盖全句	仅落在该词上	无眉动	总计
正系列	94	34	25	153
反系列	58	10	3	71
正反系列	16	28	8	52
总计	168	72	36	276

可以看出,总体而言,"扬眉"61% 是覆盖全句,26% 是落在疑问词上,而另 13% 的句子则无明显眉动。而在不同类型的疑问句(即按不同疑问词标记区分)中,"扬眉"较少仅覆盖正系列和反系列疑问词,大多覆盖全句;正反系列中,"扬眉"有一半以上落在该正反词上。另外,13% 的带疑问词的句子,由该疑问词独立标记。在带有疑问词的句子中,非手控"眉动"的疑问标记功能大为淡化,并非必须。在全面统计了所有出现的眉动强度,我们将其分

为 A—E 五档（A 是最强，B 是次强，C 弱，D 更弱，E 最弱）。不同疑问词的覆盖范围和眉动强度如表 4 所示：

表4　非手控强度特征分布表

二级句类	非手控	覆盖范围	眉动强度
反性词疑问句	扬眉	全句	（B）
正性词疑问句	扬眉	全句或附加词	（C）
正反词疑问句	无或扬眉	正反词或全句	（D）

由表 4 可见，正反词疑问句最偏向中性疑问句，其眉动强度为 D，不仔细观察，较难察觉。而反性词疑问句中眉动强度偏高，说明一方面句末否定词尚未完全转化为疑问标记。同时，反性词疑问句中所带有的感情表达好像更多，例如"不喜欢"，经常认为是反诘句。

（五）疑问词描述的总结

我们考察了一系列手语疑问词。这些疑问词按形态来分，主要有单纯词（正系列、反系列、"不喜欢"、"?"和"问"）和复合词（正反词）。按是否专属疑问词标记，可分为兼用词和专用词。所谓兼用词即此词除标记疑问句之外，还有其他的语法角色，如"是"，同时做肯定标记及偶尔做系词，"不"是否定标记之类。而专用词的主要语法功能是标记疑问句，如"?"、"问"及正反词。本表依照以下诸属性来分析诸疑问词：句法位置、虚化程度、句内停顿（即与句中其余部分的关系）、预期（即问话人的偏向性）及是否专属，然后综合对该疑问词的性质做基本归类，总结如表 5：

表5　疑问词语法表

疑问词	句法位置	虚化	句内停顿	预期	专属性	疑问词类型
"是"	末	高	偶尔	正	兼	附加词、语气词
"有/好/能"	末	中	经常	正	兼	兼用类附加词
"不/没"	末	高	无	负、零	兼	兼用类语气词
"?"	中、末	高	无	零	兼	专用语气词
"不喜欢"	首、末	高	无	正	专	兼用类语气词
"摊手"	末	高	无	负、零	兼	兼用类语气词

（续表）

疑问词	句法位置	虚化	句内停顿	预期	专属性	疑问词类型
"好不好"	末	高	无	零	专	专用语气词
其他正反词	首、末	低	无	零	专	尚未语法化

表5基于笔者对所见语料及语料出现情况的频率统计制成，难免有所偏颇。从表5中我们发现，总体而言，正性词经常可做附加问词，反性词则有兼做语气词能力，此时反性词，如"不"或"没"否定义会减弱，趋向中性问。而正反词则一直是专用于中性问的疑问词。同时，我们可以看到：无论是正性词或反性词，都有渐趋语法化成中性疑问词的趋向。

四、中国手语一般疑问词讨论

我们就中国手语一般疑问词主要特点，讨论三个问题：一是用法分布特点问题；二是通过与汉语的比较，看语言接触的影响；三是从世界各国手语语气词类型学分布角度讨论中国手语的共性与特性。

（一）一般疑问词丰富，功能不一

虽然我们没有在手语中发现一个像汉语普通话中"吗"这样广泛使用的专用标记，但是我们发现了一系列有标记一般疑问句功能的手语词。

这些词来源不同，有的是源于手势，如"摊手"，有的来源于对相应的口语的仿译，如"好不好"，有的来自于书面语，如"？"。这些词在经历词汇化后，进一步产生语法化。作为疑问词标记其使用频率及功能不一，但它们有共同的特点。

1. 疑问词间有一定关系，相近的疑问词可以同时出现在同一句内：

(42) 你/去/全国/比赛/有/是
你去(参加)全国比赛了吗？

(43) 香港/在/交通/规则/好/好不好
香港在交通规则方面好不好？

(44) 你/能不能/笔/借我/能
你可以借我笔吗？

但是，"是"似乎是个更明确的附加词，经常是在最外围，如例(45)、例

(46),"好""好不好"已经是手语疑问标记,后面还跟"是"。

(45)星期五/晚上/好/是?
　　星期五晚上好?

(46)你/自己/爸爸/收/辣椒/好不好/是
　　你爸爸自己收的辣椒,好不好?

2. 有些语气词也可用于特指问句中。

有些疑问词,即反性疑问词,不仅限于一般疑问句中,似乎可用于特指问中。语料中所见有"不"和"摊手"。两词能用于特指问,更从侧面证明其兼作语气词之能力。如例(47)、例(48)。

(47)台永改/同学/什么时候/来/北京/不?
　　你同学台永改什么时候来北京呢?

(48)他/到底/喜欢/谁/"摊手"
　　他到底喜欢谁呢?

3. 一般疑问词既可出现在双重(double)结构内,也可组成双重结构。

例(49)反映"?"处于两个双重的短语之中,而例(50)—例(52)则是疑问词自身的双重现象。双重结构本身并不构成疑问标记结构。

(49)抱/身体/轻/"?"/抱/身体/轻/
　　抱起来,身体轻吗?

(50)车/撞/自己/有/后悔/有
　　(他)撞车,自己后悔了吗?

(51)王燕倍/手语/能/手语/能
　　王燕倍手语还不错吗?

(52)00/后/能能/接受/能能
　　你可以接受零零后(做你女朋友)吗?

(二)对比分析:汉语口语及其他手语

1. 汉语影响

通过对比我们不难发现汉语与中国手语间的共同之处:两者都有完整的疑问语气词体系,相关否定词可兼做语气词。并且,汉语的正反问结构也能在中国手语中找到对应。可以看出汉语对中国手语一般疑问句结构有相关的影响。首先,部分手语疑问词,来源于对汉语相应结构或词的仿译。如正系列的"是""有""好",或反系列的"不""没有",以及正反或 V 不 V 结构词"好不好""是不是"和"有没有";其次,汉语疑问语气词口词(如"/ma/(吗)""/a/(啊)")是手语疑问词(如"是""?"等)的重要组成成分。最后,汉语普通话一般疑问句,凡有疑问词,如"吗""吧"等,其语调则成一个补充标记,相类地,中国手语有语气词或附加词的疑问句,其非手控("扬眉")则大为弱化,显得不规则。共同原因都是语气词承担了大部分标记功能,于是非手控则功能弱化,起辅助作用。

结合上述对手语一般疑问词的研究,中国手语有自己的特点,如"摊手""?"及"喜欢不"这几个疑问标记,并不源于汉语口语,而是来自手势或文字符号。尤其是"喜欢不"更是手语内部实词的虚化。

另一方面,我们也应看到这些词进入手语后,即在词汇化或语法化后,融入了手语的语法体系中,受到了手语的规约。在正性词方面,手语词"是"等能用于句末做附加疑问词,似乎也并不直接源于口语;而否定词"不"可用于特指问句中做语气词,也是汉语口语中未见的。而关于正反词(最初来源无疑是仿译自汉语正反结构):首先,许多词音变遵循手语规律,"好不好$_1$"转化成"好不好$_2$","是不是$_1$"到"是不是$_2$"及"是不是$_3$"。"好不好"等,其实是只有两个词构成的正反词,这和汉语的"好不好"结构是有差异的;其次,这些词可组成双重结构,这在汉语普通话中未见。再次,这些正反结构词进一步演变成"正正"结构,以作为疑问标记[见例(37)—例(39)],这也是手语语法内部演变的结果。

2. 与其他手语的比较

根据 Zeshan(2013)类型学角度的调查数据显示,欧美主流的手语一般没有或仅有一个(而且地位较为模糊)语气词,而东亚地区的语气词则有一个或两个以上(见图6)。而我们通过比较发现,欧美国家的拥有的唯一疑问语气词,大多可以在中国手语中找到相类词。例如:丹麦手语的疑问语气词"PALM-UP",相对应的是中国手语中的"摊手"。而西班牙手语的疑问语气词"YES—NO"对应中国手语的"是不是"。美国手语中的唯一语气词 QM,即对应中国手语的"?"。此外,台湾地区和香港地区手语中的 A—NOT—A 结构语气词与中国手语中正反词基本对应。而正系列词、反系列词和正反疑问词这三类手语词有一共性,即其口语属于汉语或汉语方言,在口语中有正反问结构。

我们同意 Zeshan(2013)的观点,手语是受相应口语的影响的。但是

Zeshan(2013)的数据来自于 Zeshan(2004),时间较久,有些是二手资料,且基于问卷调查,采用的都是诱导性材料,因此虽然涉及面广但对单个国家及地区手语中的语言现象及语言事实缺乏深入研究。本文依据自然语料,较为全面深入考察了中国手语一般疑问句的语气系统。我们发现手语一般疑问词一方面源于对口语结构的仿译,如中国手语中的正反词"好不好""是不是";另一方面则是手语内部系统中词汇语法化的结果,如"是""有""好";否定词"不""没"兼用疑问标记,以及"?""不喜欢"。这些词语法化程度不一,正反词专属标记最强,并进一步出现"正正"(VV)结构做一般疑问词的情况。而大部分正性词或反性词,其疑问语气属性是兼用。我们预测随着各国手语对疑问句更加深入的研究,将会发现更多语气词的分布。

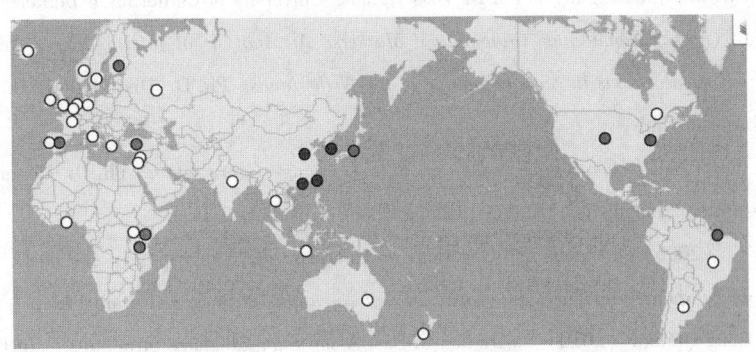

图6 世界手语语气词分布(白圈表没有,灰圈表有一个,黑圈两个及以上)
引自: http://wals.info/feature/140A#2/19.0/148.0

五、结 论

基于自然语料,我们较广泛地考察了中国手语中标记一般疑问句的手控词的性质:主要包括三大类:一是正性问的"是""有""好""能",除"是"兼用做语气词,其他都为附加疑问词;二是反性问词"不""没""摊手""不喜欢","不"和"没"及"摊手"都是否定词,可兼做语气词;而"不喜欢"相当于疑问副词。并且这类反性疑问词,不限于做一般疑问词,少数几例显示似乎也可用于特指问中。三是正反复合词及衍生的 VV 结构,如"好不好""是不是"及"能能"。典型的正反复合词,如"好不好""是不是"及"有没有",是专有中性疑问语气词。这三类出现在一般疑问句中的疑问标记,其功能及分布都有差异,组成一个丰富的疑问词体系。我们发现,固然手语的疑问词会受汉语相应结构影响,一旦其进入手语系统,其功能和演变便遵循手语自身规律。而手语疑问词,无论是正性疑问词,还是反性疑问词,在语法化成疑问标记时,都趋向变成中性疑问词。部分肯定词趋向成为附加疑问词,而否定词可成为语气词,在这一点上,中国手语和有声语言有相通之处。

参考文献

柯绣玲(2006)台湾手语之否定形式,"国立"中正大学硕士学位论文。
吴晓波(2013)上海手语否定形式调查报告,复旦大学硕士学位论文。
Baker-Shenk C. (1983) *A Micro-analysis of the Nonmanual Components of Questions in American Sign Language.* Ph. D. Dissertation, University of California at Berkeley.
Coerts J. (1992) *Nonmanual Grammatical Markers: An Analysis of Interrogatives, Negations and Topicalisations in Sign Language of the Netherlands.* Ph. D. Dissertation, University of Amsterdam.
Chen Yijun. (2012) *Questioning in Taiwan Sign Language Conversation.* Ph. D. Dissertation. Institute of Linguistics. National Chung Cheng University Taiwan.
Fischer S. (2006) Questions and Negations in American Sign Language. In Zeshan U. (ed.) *Sign Language Typology: Interrogatives and Negation.* Nijmegen: Ishara Press.
——, Gong Qunhu. (2010) "Variation in East Asian Sign Language Structures." In Brentari D. (ed.) *Sign Languages.* New York: Cambrige University Press.
Lee S-M. (2011) *Negative Polar Questions in Hong Kong Sign Language.* Master Thesis. The Chinese University of Hong Kong.
Rachel M. (2006) Aspects of Interrogatives and Negation in New Zealand Sign Languages. In Zeshan U. (ed) *Sign Language Typology: Interrogatives and Negation.* Nijmegen: Ishara Press.
Morgan M. (2006) Interrogatives and Negatives in Japanese Sign Language. In Zeshan U. (ed.) *Sign Language Typology: Interrogatives and Negation.* Nijmegen: Ishara Press.
Pfau R, Steinbach M, Woll. (2012) *Sign Language an International Handbook.* Berlin/Boston: De Gruyter Mouton.
Savolainen L. (2006) Interrogatives and Negatives in Finnish Sign Language: an Overview. In Zeshan U. (ed.) *Sign Language Typology: Interrogatives and Negation.* Nijmegen: Ishara Press.
Tang G. (2006) "On Interrogatives and Negation in Hong Kong Sign Language". In Zeshan U.

(ed.) *Sign Language Typology: Interrogatives and Negation*. Nijmegen: Ishara Press: 61.

Yang Junhui, Fischer D, Susan. (2002) Expressing Negation in Chinese Sign Language. *Sign Language and Linguistics* 5(2): 167-202.

Zeshan U. (2004) Interrogative Constructions in Signed Languages: Cross-Linguistic Perspectives. *Language* 80(1): 7-39.

——(2006) *Interrogative and Negative Constructions in Sign Languages Sign Language Typology* Series No. 1. Nijmegen: Ishara Press.

——(2013) Question Particles in Sign Languages. In Dryer M S, Haspelmath M. (eds.) *The World Atlas of Language Structures Online*. Leipzig: Max Planck Institute for Evolutionary Anthropology. (Available online at http://wals.info/chapter/140, Accessed on 2017 - 04 - 03.)

(200083 上海,上海外国语大学语言研究院 linhao@shisu.edu.cn)

《汉语同源词大典》评议
——兼论科学语源学研究核心问题

潘薇薇 黄伟嘉

提要 近日,汉语史上迄今为止规模最大的考释同源词的工具书《汉语同源词大典》出版。文章将该书与不同类型工具书及同类型考释著作进行对比,讨论了诸如"语源""同源词"定义、语音关系、语义类型等科学语源学领域的核心问题,并对该书的独创性及不足进行评议。

关键词 《汉语同源词大典》;语源;同源词;独创性

汉语"语源"探寻的历史最早可追溯至先秦,如《论语·颜渊》中母子相训以"正"释"政",隐隐为"右文说"滥觞,至汉代扬雄《方言》已有用古今音变、方言差异来解释语转现象;但汉语科学语源学发端则是自近代才开始,《积微居小学述林·自序》:"我研究文字学的方法是受了欧洲文字语源学Etymology 的影响的。少年时代留学日本学外国文字,知道他们有所谓语源学。偶然翻检他们的大字典,每一个字,语源都说得明明白白。"(杨树达2007)近日,汉语史上第一部据源系联单音词的工具书,殷寄明教授的《汉语同源词大典》出版,本文将用横向比较、参差互应的思路对该书进行评议,用不同类型及同一类型的不同著作与之对比,并在此基础上对汉语科学语源学研究的诸多核心问题进行回顾。

一、与一般语言工具书体例比较

我国辞书史上,据形系联文字的字典、据音系联文字的韵书、据义系联文字的同义词典及反义词典皆有之,独无大型据源系联语词的同源词典。作为一本特殊类型的工具书,《汉语同源词大典》(以下简称《大典》)是一部同源词考释之作，凡 257 万字，十卷，一至九卷为正文，第十卷为索引。作者搜集 1 260 个形声字声符，本着实事求是的精神，凡无同源"伙伴"者则舍去，得 879 之数。根据 879 个声符字形体线索系联形声字 6 885 个，根据声符字音义线索系联的文字共 332 个，全书收单字凡 7 217 个，由 2 225 个同源词词组组成，是有史以来第一部覆盖整个汉语词汇单音词系统的同源词典。

《大典》同一般类型的语言文字工具书，如《汉语大字典》（以下简称《大字典》）、《汉语大词典》著作体例上殊为两类，其背后体现的是著作目的及著述思路的不同。《大字典》是一部以解释汉字的形、音、义为主要任务的工具书，共计收列单字 5 万 6 千左右，注重形音义的密切配合。在字形方面收列能够反映形体演变关系的、有代表性的甲骨文、金文、小篆和隶书形体；在字音方面不仅标注了现代音读，还收列了中古的反切，标注了上古的韵部；字义方面，不仅收录常用义，还注重考释生僻义，遇多义字则按照本义、引申义、通假义进行排列。

而《大典》是一部以"明语源"及"揭示语词孳生规律"为目的的著作，所收 879 个声符以形体笔画数为序排列，每卷收录声符字 100 个，每个声符所率的形声字据其义之异同系联为若干个同源词词组，每一组标出公共义，如：

第 36 个声符"川"声下系联了 7 个词，分为 2 组；

第 110 组：顺训驯巡（顺从、顺沿义）；

第 111 组：钏靮紃（环绕义）。

每一个词之下，引用历代辞书和文献论证该词该义的客观存在。

与《大字典》以部首检索顺序排序不同，《大典》是以声符为核心的。以声符为核心的排列方式背后体现的是"声符示源"理论，"在具有示音功能的构件中，有一部分还同时可以提示词源意义，也就是具有示源功能。这是由于一部分形声字属于源字的分化字"（王宁 2002）。

这种的系联方式是以科学语源学的核心概念之一"语源"为依据的。汉语词汇系统化发展的过程中，语源既是语词增殖的出发点，也是内在理路，以具有示源功能的声符作为检索排序，清晰地呈现了语词系统化的路径与过程。

解释什么是语源，是科学语源学的核心任务之一。章太炎《国故论衡·

语言缘起说》:"语言者,不冯虚起。呼马而马,呼牛而牛,此必非恣意妄称也,诸言语皆有根。"黄侃(1983)《文字声韵训诂笔记·略论推寻语根之法》:"自是而外,凡有语义,必有语根。言不空生,论不虚作,所谓名自正也。左传言名有五,是则制名则必有故,语言缘起,岂漫然无所由来,无所由来则无此物也。"沈兼士(1986)[168]《沈兼士学术论文集》:"语言必有根。语根者,最初表示概念之音,为语言形式之基础。换言之,语根系构成语词之要素,语词系由语根渐次分化而成者,此一般言语之现象也。"杨树达(1955)《积微居小学金石论丛》卷一:"语言之根柢,欧洲人谓之 Etomology,所谓语源学也。盖语根既明,则由根以及干,由干以及枝叶,纲举而万目张,领挈而全裘振,于是训诂之学得以得一统宗。"

陆宗达、王宁(1996)[49,135]《训诂学原理》:"根词指最早派生其他词的总根,它的音义是按照约定俗成的规律结合起来的,这种词我们称作原生词。原生词的音与义是它所派生的同源词的音义的渊源。在同源词中,直接派生他词的词称作源词。""根词指同源派生词的总根,根词一定是原生词。源词则指某一派生词所由出的词。"

张永言(1981):"所谓词的内部形式,又叫词的词源结构或词的理据,指的是以某一语音表达某一意义的理由或根据。"刘叔新(2005):"词的内部形式是词义最初形成时反映事物对象的特点所采取的形式,它为词形所制约和固定。"

"语根"的概念揭示了语词增殖的起点,"源词"与"同源派生词"则揭示了语词增殖的其中一条路径——"同源派生","词的内部形式"体现了新词语音与语义的结合是有理据的,以上三种对"语源"的不同定义描述的其实是语源的共同特征。"语源是文字产生之前口头语言中语音与语义的结合体,是后世语言中的语词音义的历史渊源,是语词增殖、词汇发展的语言学内在根据。"(殷寄明 2000)[4]

二、与同类型著作对比

科学语源学理论建构与同源词考释实践的著作,首推王力先生出版于 1982 年的《同源字典》。《同源字典》体例是按照王力先生自己所构拟的上古音韵部进行排列的,每个韵部下再以声系联同源词组若干,宏观层面,该书构建了科学语源学的理论框架,确定了同源词判定的古音标准,"凡音义皆近,音近义同,或义近音同的字,叫做同源字。这些字都有同一来源。"(王力 1982)[3] "同源字还有一个最重要的条件,就是读音相同或相近,而且必须是以先秦古音为依据,因为同源字的形成,绝大多数是上古时代的事了。"(王力 1982)[12] "为什么说它们是同源呢？因为他们在原始的时候本是一个词,完全同音,后来分化为两个以上的读音,才产生细微的意义差别。有时候,连读音也没有分化(如'暗、闇'),只是字形不同,用途也不完全相同罢了。""同源字产生的另一个原因是方言的差异。"(王力 1982)[4] 微观方面,王力先生运用这套理论,汲取"语转说"及"右文说"两大流派的考释方法,广泛运用了历代典籍、辞书等语料,考释论证了 3 000 余词的同源关系,《同源字典》是现代科学语源学理论及实践的开山之作。

张希峰教授(1999)的《汉语词族丛考》是另一本同源词考释之作,该书的体例是以词族的公共义为线索进行排列的,体现了同源词的另外一个重要关联——义同或义通。王凤阳先生以《词族及其在训诂学上的运用》一文代序,文中他区分了"同源分化"及"同音分化"两种形式,分别对应的就是"右文"说及"语转"说,突出之处在于讨论了同源词族与源词的语义关系,并非所有的公共义都是由源词的本义传承而来,并引用了沈兼士先生(1986)中分析的源词语义分化的不同类型——"本义分化式"及"借音分化式"来分析二者之间的语义关系。

《大典》作者殷寄明教授 2007 年出版的《汉语同源字词丛考》是一本理论与考释实践并重的著作,该书第一次深入探讨了声符义的类型,提出声符义表现为声符字所记录的语词的本义、引申义、比喻义、假借义、语源义等类型(殷寄明 2007)[10],并提出声符义是示源性语义(同上),语源义的提出是其一大创见。"语源义是汉语词汇实词系统中来源于原始汉语,通过已有文字记录、显现出来或凭借有关本字显现出来但不表现为本义义项的一种隐性语义。"(殷寄明 2007)[12] 如"羔",本义为小羊,形符、声符分别承载"羊"和"小"的义素,"兆"的本义为占卜龟甲的裂纹形,并无"小"义,"小"是"兆"以其声符所载的语源义,是隐性语义。他区分了语源义与假借义,认为假借义是文字学而非词汇学术语,反映的还是传统小学重形舆、以文字为本位的观念。

在《大典》的许多推源栏中,作者常指出某声符承载着语源义。如第 29

个声符弋声第83组"黪、酞、衩"俱有黑色义,在推源栏中指出:诸词俱有黑色义,为弋声所载之义,揆"弋"字象木桩形,其黑色义非显性语义,乃弋声所载之语源义,并系联"鷔"以证之。研究实践表明,声符所载之义多为隐性语义。

在与同类型著作进行横向对比后,我们发现科学语源学研究领域的另一核心问题是同源词的定义及判定标准。王力先生的定义是最早的科学化界定,"音近义通"也成了公认的判定标准,关于"音近"及"义通"的阐释,后来的研究者们进行了深入的阐释。殷寄明(2000)[127-130]在《语源学概论》中讨论了"同源字"与"同源词"的区别,认为"同源字"即语源相同的文字,两个或更多个文字记录了同一语源,这些文字则为同源字。同源字包含1. 异体字,2. 古今字,3. 本字与它的借字,4. 同一语词的两个或多个借字,如"豫""射"俱有满足、厌烦义,5. 同源词的书写文字。同源词则是"语源相同的语词,从发生学角度说,同源词是由同一语源孳乳分化出来的语词,在语音上具有相同或相通之特征,而在语义上则有相同、相反或相对、相通之特征"(殷寄明2000)[131]。孟蓬生教授(2001)[13]的《上古汉语同源词语音关系研究》则认为"同源词是由同一词源派生因而在音义两方面都互相关联的词","所谓在'音义两面都互相关联',是指在读音上相同或有流转关系,在意义上相同或有引申关系"。

现有的同源词考释,多依据王力先生构拟的体系,但在个别声纽的判定上有不同意见,如《大典·凡例》第九条:"关于喻纽四等字,王力先生统归舌面音一类,似较粗疏。高本汉氏曾将喻四字分为舌头音和齿音两类。舌、齿诸纽本相邻、相通转,这个分类对于同源词的判定来说,没有实质性意义。唯董同龢先生分喻四字为舌尖音、舌根音两类。研究实践表明,喻四字确有舌根音一类。"殷寄明(1995)曾著《上古喻纽字浅议》一文,从同源词谐声偏旁的角度考释证明,喻纽四等字确有舌根音一类。孟蓬生(2001)[40]认为:"我们研究同源词的语音关系,或对同源词的语音关系进行判定,可以选一家作为参照系,但是不能谨守这个系统而不敢越雷池一步。汉语内部的同源词和亲属语言之间的同源词在语音关系方面没有实质性的差别。历史比较语言学重建原始印欧语是在同源词语音对应规律研究的基础上进行的,而不是先重建原始印欧语,然后再根据这个体系去判定同源词。因此当同源词的语音关系跟某一家的古音体系发生矛盾的时候,我们首先应该想到的是这个体系的完善程度和解释能力,而不是从这个古音体系出发去否定若干词之间的同源关系。"这番论断是很有见地的,有力地解决了因为在某个上古音体系中声纽之间不相通而被否决同源关系的因变易形成的同源词,并揭示了同源词研究与上古音体系构拟之间是互动关系,而不是被决定关系。徐通锵先生(1991)在《历史语言学》中说:"确定同源成分的原则主要是:语义上相同或相近,语音上存在完整的、成系统的对应关系。成系统的对应关系是确定同源成分的关键,因为只要在语音上有对应关系,所比较的成分在意义上就必有联系。"因此对于同源词判定标准中的"音近",我们认为可框定为同源词之间存在语音对应规律,在汉语同源词研究领域,这种语音对应规律就是声母及韵部在从上古汉语发展到中古汉语时的各种语音通转。

同源词的语义关系方面,概括最全面的是《大典》作者殷寄明,他在《语源学概念》(2000)中揭示了同源词的语义还有"相反或相对"一类。在此之前,王力《同源字典》考释了一小部分反义同源词组;沈兼士(1986)[153]提出了"右文说"的相反式分化,张世禄(1984)在《汉语同源词的孳乳》中也列举了声符"尧"所分化出的一组声符相同语义相反的同源词;张希峰(1999)在《汉语词族丛考》中将同源词的语义关系概括为"放射""连锁"等类型,这其实还是基于语义引申;黄易青(2007)在《上古汉语同源词意义系统研究》中将同源词的语义关系概括为"相同或相关",实际上仍稍显笼统;孟蓬生(2001)提出了同源词的语义关系不一定是义位层面的,还有义素层面的,并延续了王宁、黄易青(2002)在《词源意义与词汇意义论析》一文中所提出"词源意义"与"词汇意义"是两个不同范畴的定义,"词源意义是指同源词在滋生过程中由词根(或称语根)带给同族词或由源词直接带给派生词的构词理据,它是词源学的研究对象",他还提出"核义素"相同这一语义关系类型。

三、《大典》考释特色及不足

《大典》是在作者殷寄明成熟的科学语源学理论指导下进行的迄今为止最大规模的汉语同源词考释实践,殷教授的前期成果《汉语语源义初探》《语源学概论》《中国语源学史》《汉语同源字词丛考》中的理论创见在《大典》的个案考释中随处可见。

如每一个同源词词组包含"系源"和"推源"两个部分。系源即系联同源词,归为一组的词,引用文献证明它们有着相同的语义。推源即推寻语源,在推源过程中,首先指出该组同源词的公共意义,并推定这一公共意义是由其相同声符所承载的,因为声符是"主体性、示源性构件"(殷寄明 1996);然后对声符字做形体结构分析和本义推寻,如果声符字记录的语词之本义与该组语词的公共义相同,说明这一组同源词的公共义为显性语义,进而论证声符字的语音可以承载该语义,即根据声符字所记语词的音义线索系联一个音义相同或相通的同源词来互证。

如第 304 个声符酉声第 835 组"酋、庮、禂"。"酋"指久酿之酒即积久而成者;"庮"谓久屋朽木,寓积久义;"禂"则指积木燃烧以祭。推源栏云:"诸词俱有积义,为酉声所载之公共义。"

再如上述第 110 组系联了 4 个同源词,在推源部分,首先指出诸词均有"顺从、顺沿"义,当为川声所载之公共义。然后分析"川"字的形体结构和所记语词之本义,"川"字象河川形,本义为河川,河水沿川而流,故与"顺从、顺沿"义相通。最后根据"川"的音义线索系联"循","循"谓顺行,引申之则有"顺从""遵循"之衍义。考其上古音,"川"字昌纽文部,"循"字邪纽文部,昌(穿)邻纽、叠韵,足可证明川声可载顺从、顺沿义。

一组声符相同的形声字记录了一组同源词,在推源时,发现声符字所记录语词的本义与该组同源词的公共义不相涉,这时需要根据声符的音义线索系联同源词来证明该声符的语音可载该组同源词的公共义。如第 40 个声符"勺"声第 116 组"的、䩹、驳、玓、汋、昀"俱有"白色、明显"义,声符字"勺"象勺形,指勺,与"白色、明显"义不相涉,依"勺"之音系联"昭","昭"谓日光,引申为明显,且为常义。考其上古音,"勺"字禅纽药部,"昭"字章纽宵部,禅章(照)旁纽,药(沃)宵对转。然则可证勺声可载"白色、明显"之义。

再如第 303 个声符豆声第 832 组"逗、誀"等俱有"止"义,声符字"豆"所记录语词指陶制食器,其本义、引申义等显性语义系列与"止"义亦不相涉,据其音义线索系联"止",则可证其语源。"豆"之上古音定纽侯部,"止"者章纽之部,定章(照)准旁纽,侯之旁转。

绝大多数情况下,根据声符字形体线索进行推源分析是无法揭示词的语源的,因为声符承载的多为隐性语义,这时必须根据声符字所记录语词的音义线索系联其他同源词来揭示其语源。推源与系源并举的方法论,对源词显性语义与隐性语义的区分即是作者独特的理论创新。

要特别指出的是,在《大典》2 225个同源词词组目录中,每一个文字都是记录所对应语词的本字,切实做到了以词为本位,而不是以字为本位。从作者相关的研究成果中可窥见其同源词观:同源词是由同一语源所衍生的两个或多个各自独立的语词,假借字与其本字记录的是同一个语词不得称同源词,两个或多个异体字记录的也是同一个语词亦非同源词。

前面已提到,作者认为同源词研究是以词为本位的,因此条文目录中的每一个文字俱为所对应词的本字,不掺杂假借字。而在一部分同源词词组的推源过程中,作者还运用那些形声格局且其声符与该组形声字相同的假借字,巧妙地揭示语源。

如第19个声符干声第48组"扦、奸"俱有"干犯"义,推源栏系联了假借字"忏、虷",论证干声可载干犯义。"忏",本训"极",即疲劳义,然作假借字用可表"干犯"义。"虷",本指孑孓,亦可以假借字形式载"干犯"义。

《大典》对同源词的系联,对词的语源的推寻,综合地汲取了传统语源学右文说、声训、语转说三大流派的精华,并严格地绳之以同源词判定标准。有时候一个形声字呈孤立状态,如第3个声符丁声,共系联20个词,其中19个词分为4个同源词词组,"顶"呈孤立状态,没有另一个"丁"声字所记语词与之同源,这时就冲破声符字形体束缚,根据"顶"的音义线索系联"底",顶义与底义相通,指出此二词俱有端义,然后进行音韵关系对比,"顶"的上古音为端纽耕部,"底"的上古音为端纽脂部,二者双声,耕脂通转。

殷寄明教授清晰地认识到汉语词汇系统中的单音词绝大多数在书面上都表现为形声格局的文字,而声符是具有标音和示源双重功能的构件,执声符以系源则可穷尽,又以声符字所记录语词之音义线索系联象形、指事、会意文字所记之词。亲缘关系近的同源词,是某个语源初步分化的产物;亲缘关系远的同源词,则是某个语源长期地、连续分化的结果。2 225个同源词词组在文字形式上绝大多数是声符相同的形声字,凡一组之中,甲为形声字,乙为非同声符文字,则二者音义必属相同或相通。

如第9个声符匕声第22组"纰、破",前者谓残帛绽裂,后者指破碎,俱有破碎义,其上古音分别为帮纽脂部、滂纽歌部,二声纽为旁纽,二韵部为旁转。

关于亲缘关系远的同源词,一方面不随意否认它们的亲缘关系,一个单音词经过长期的远距离引申,产生了十个甚至于更多个引申义项,处于引申义链条末端的义项与本义之间相似性显然很弱,但远引申义仍是由本义逐步引申而来的;另一方面,也不主张将同源关系远的同源词系联为同源词词组。

《大典》还收录了36组声符相同而语义相反的同源词组,亦即沈兼士所谓"右文分化之相反式分化",为目前所有同源词典收录最多。

如:卷1 条74 干声:竿、岸、轩、罕、骭、仠、杆,以上这组同源词均有"长、高"的义素;条79 干声:烎、骭、罕、虷,以上这组同源词均有"小"的义素。

条107 及声:岌、砐,均有"高"的义素;条108 及声:鶏、钑,均有"小"的义素。

条267 文声:彣、馼、鳼、鱡、纹、雯、斀,以上这组同源词均有"纹理"义;条268 紊、忞、旼,均有"紊乱"义。

卷2 条363 旦声:笪、亶均有"大"义;条365 魁、厾均有"小"义。

作为一部考释之作,《大典》需要继续完善的地方主要有两处,一是作者虽然在前期成果中解释同源词的语义有"相反或相对"一种,但是在实践上却只考释了"右文分化"式的反义同源词组,对变易而成、在文字形体上截然不同、语音上也有差异的反义同源单音词却没有涉猎。二是联绵词形式的同源词,《大典》考释了联绵词中可以分训的部分(殷寄明 2000)[250-252],而不可分训的联绵词则没有列入研究视野。实践的盲区体现的是同源词研究领域相关理论的滞后,我们实可期待有关汉语反义同源现象及不可分训的联绵词同源词的专门研究问世。

参考文献

黄侃述,黄 焯(1983)《文字声韵训诂笔记》,上海:上海古籍出版社:59。
黄易青(2007)《上古汉语同源词意义系统研究》,北京:商务印书馆:49。
刘叔新(2005)《汉语描写词汇学》,北京:商务印书馆:235。
刘又辛(2005)《刘又辛语言学论文集》,北京:商务印书馆。
陆宗达,王 宁(1996)《训诂学原理》,北京:中国国际广播出版社:49。
孟蓬生(2001)《上古汉语同源词语音关系研究》,北京:北京师范大学出版社。
沈兼士(1986)《沈兼士学术论文集》,北京:中华书局。
王 力(1982)《同源字典》,北京:商务印书馆。
王 宁,黄易青著(2002)词源意义与词汇意义论析,《北京师范大学学报》第4期:53。

徐通锵(1991)《历史语言学》,北京:商务印书馆:84。

杨树达(1955)《积微居小学金石论丛》,北京:科学出版社:50。

——(2007)《积微居小学述林全编》,上海:上海古籍出版社:1。

殷寄明(1996)形声字构件的表义功能及其不对等性,载复旦大学中文系编,《中西学术》第二辑,上海:复旦大学出版社。

——(1998)《汉语语源义初探》,上海:学林出版社。

——(2000)《语源学概论》,上海:上海教育出版社。

——(2002)《中国语源学史》,长春:吉林人民出版社。

——(2007)《汉语同源字词丛考》,上海:东方出版中心。

张世禄(1984)《张世禄语言学论文集》,上海:学林出版社。

张希峰(1999)《汉语词族丛考》,成都:巴蜀书社。

张永言(1999)《语文学论集》,北京:语文出版社。

章太炎(2003)《章太炎全集》,上海:上海人民出版社:31。

(200093　上海,上海理工大学沪江国际教育学院　wwpan81@sina.com

200433　上海,复旦大学中文系　Huangwj@Bu.edu)

《字汇补》疑难字考释十二则*

王亚彬

提要 《字汇补》是清人吴任臣为增补《字汇》而编的一部大型字书。吴氏利用大量的字书、韵书及传世文献,为《字汇》增补字头达一万两千多个。然而吴氏一人精力毕竟有限,加之所引文献数目繁多,版本情况参差不齐,因此这些新增字的字形、注音、释义中存在大量的传刻失误与编纂失误。文章考释了《字汇补》一书中的十二则疑难字,沟通了部分疑难字的字际关系,纠正了《汉语大字典》中的一些失误。

关键词 大型字书;字汇补;疑难字;《汉语大字典》

《字汇补》是清人吴任臣为明代梅膺祚《字汇》补遗纠错所编的一部大型字书。吴氏所做的工作可以分为三个部分:补字,补音义、校讹。本文主要研究的是"补字"部分的内容。吴氏从大量的字书、韵书及传世文献中,为《字汇》补字 12 371 个(杨宝忠 2005)⁶⁹⁶。然凭一人之力完成这部巨作,难免会因精力有限、未加详校比堪而承袭前人之误;又因引书甚多,版本情况复杂,难免会受引书传刻失误的影响,所以蒋礼鸿(1986)在《悬断与徵实》一文中说《字汇补》这部书"谬误最多",杨宝忠(2005)⁶⁹⁶《疑难字考释与研究》(以下简称《考释》)亦云:"(《字汇补》)补《字汇》音义、校《字汇》失误及补《字汇》失收之文献用字小有可取,其余多属狗尾。"《字汇补》对后世大型字书的编纂有着极大的影响,其后《康熙字典》《汉语大字典》(以下简称《大字典》)的编纂均大量援引此书。今试以"傌""儋""圂"等十二个疑难字为例,

---

* 本文得到了河北省研究生创新项目"《字汇补》新增字音义失误研究"(项目编号 XZZBS2019011)的资助,《语言研究集刊》匿名审稿专家及编辑部提出了宝贵的修改意见,谨此一并致以诚挚谢意。

浅谈《字汇补》对前代字书韵书的承袭,以及对后世字书的影响。不当之处,敬请批评指正。

1.《字汇补·人部》:偃,于贬切,音偃,见《释典》。463/B/4①

按:此字未见于《字汇补》之前的字书、韵书,当是吴氏所补之文献用字。"偃"字音"偃",疑即"偃"字俗讹。"偃"字从人匽声。"匽"字陈剑(2007)在《说"安"字》一文中以为当分析为从日、从㐆声,㐆即"匽"字形体中的"医","匸"当是由"匚"形演变而来。其说是也。"匽"字中部件"日"与其上横笔常讹变作"百"或与"百"字形近。如:"偃"字《龙龛手》(以下简称《龛》)作"𤈦"(242)、𤈦(282),《改併五音类聚四声篇海》(以下简称《篇海》)作"𤈦"[《篇海·火部》(474/B),《汉语俗字丛考》(张涌泉 2000)⁶⁷⁹]。皆是其证。而"匽"字所从之"医","女"字外侧部件或讹变作"凵"形,如:"偓"字《篆隶万象名义》作"偓"(53A),金泽本《群书治要》②引《史记》"偃于戈"之"偃"作"偁"(2/26)、引《汉书》"征伐不可偃于天下"之"偃"作"偁"(2/264)、引《汉书》"于是遣博士褚大、徐偃等分行郡国"之"偃"作"偁"(2/264)。上举四字中"匽"字皆作上从百下从女在凵中之形。《群书治要》所举之"偁""偁""偁"正与《字汇补》之"偁"形体极近,当即一字异写。《字汇补》"偁"字上为"偃"字,作:"偃,古点切,音蹇,出《释典》。""偃"字音"蹇",与"偃"字《广韵》均属上声阮韵,且两字所属小韵相邻,读音极近,疑当是一字之变。"偁"字右下所从之形当是由"匽"字所从之"㐆"讹变而来。如:"偃"字《隋韩恒贵墓志》或作"偁"。(赵光力 2014)即与"偁"字形近。

2.《字汇补·人部》:儋,音未详。《瀛洲胜览》:"榜葛剌市用银钱曰儋迦。"463/D/7

按:明马欢《瀛涯胜览·榜葛剌国》:"国语多榜葛俚,自成一家言语。

---

① 本文使用的是《续修四库全书》本《字汇补》,因此引文后的页码是《四库全书》的页码。第一个"/"前是页码,"ABCD"表示四栏,第二个"/"后是行数。

② 日藏金泽文库本《群书治要》即日本宫内厅书陵部所藏镰仓写本,由于镰仓写本《群书治要》原藏于镰仓时代北条实时的金泽文库,故又称之为"金泽本",现存四十七卷,由日本汲古书院在 1989—1991 年影印出版。本文引此书体例如下:先列册数,后列页码。如:2/264,表示第 2 册,第 264 页。

说巴儿(西)话者亦有之。国王以银铸钱,名曰'倘伽'。每个重官秤三钱,径一寸二分,底面有文,一应买卖皆以此钱论价。"(四库存目丛书本,第255册,241)榜葛剌国,冯承钧《瀛涯胜览校注》(以下简称《校注》)谓即 Bengali(今孟加拉国)。该国集市所用的银钱为"倘伽"。"倘伽",冯承钧《校注》云:"即 tanKa"。有关"倘伽"的记载亦见于明代多种文献中。如:明黄省曾撰《西洋朝贡典录·榜葛剌国》:"有医师、卜人、星官暨百工,市肆咸备。其语谓之榜葛俚,亦善吧儿语。乐工谓之根肖速鲁奈。凡庆兴,举乐于富贵者之家,击小鼓一人,击礜鼓一人,吹荜篥一人,其音节先徐而后促。举毕,则予之酒物、倘伽……其俗有虎戏,铁索拽虎而行。其戏也,解索,虎蹲而据,人裸以击虎,虎乃咆哮作势,与人而对跃。人时掉臂于虎口。戏而毕,则虎伏于地。阅戏之家饲虎以肉,与人以倘伽。其交易以银钱,名曰倘伽;以海䚻,名曰考喫。"(四库存目丛书本,第255册,313-314)今人谢方(2000)[87-88]注曰:"倘伽,阿拉伯、波斯语 tanKa 对音,金币或银币名。"又曰:"考喫,为海䚻之孟加拉国语 Kauri 对音,用作货币的一种贝壳。"据《西洋朝贡典录》一书所载,"榜葛剌国""祖法儿国""天方国"三国集市交易均使用"倘伽"作为流通货币。明罗懋登撰《西洋记》第七十八回《宝船经过剌撒国、宝船经过祖法国》:"书毕。番王进上礼物,递上草单。只见单上计开:玉佛一尊、金钱豹十只、福禄十只、驼鸡十只、汗血马二十匹、良马十匹、龙涎香十箱、乳香十箱、倘伽一千文。"(2129-2130)"倘伽一千文"下注曰:"王所铸金钱。每文重二钱,径寸五分。一面有纹,一面有人形之纹。"(2129-2130)则至此可知"倘伽"为阿拉伯、波斯语"tanKa"的音译词,是明朝时期"榜葛剌国""祖法儿国""天方国"的通行货币,以银钱打造。《字汇补》"儋"字源出《瀛洲胜览》,所谓"榜葛剌市用银钱曰儋迦"之"儋迦"亦当与"倘伽"同,都是"tanKa"的音译词,盖吴氏所见版本的《瀛洲胜览》"倘伽"作"儋迦"。此外,吴氏所引《瀛洲胜览》中"用银钱曰儋迦",义当是"所使用的银钱叫儋迦",而不是指"使用"银钱的这一行为叫"儋迦"。《大字典·人部》:"儋,倘伽,使用银钱。《字汇补·人部》:'儋,音未详。瀛洲胜览:榜葛剌市,用银钱曰儋迦。'"(278/A)《中华字海·人部》:"儋,音未详。倘伽,用银钱。见《字汇补》。"(96/B)皆将"儋伽"解释为"使用银钱",大误。

3.《字汇补·门部》:阓,音未详,《谈荟》:"影神匕名竈阓。"470/B/3

按:《大字典·门部》:"阓,竈阓,影神名。《字汇补·门部》:'阓,音未详,《谈荟》：影神匕名竈圎。"（116B）未列"圎"字读音，"竈圎"义为"影神名"，然《字汇补》所引《谈荟》之"影神匕名竈圎"，文意不甚明了。今疑"圎"字当与"図"字同。"竈図"为影神之名，见于《玉芝堂谈荟》。文渊阁四库全书本《玉芝堂谈荟·十二影》："《酉阳杂俎》：'道士郭采真言：人影数至九，各有影神。一名右皇；二名魍魉；三名泄节枢；四名尺凫；五名素斗；六名魄奴、七名竈図；八名亥灵……'"（四库存目丛书本第883册，285）今检《酉阳杂俎·广知》："道士郭采真言：'人影数至九。'成式常试之，至六七而已，外乱莫能辨。郭言：'渐益炬，则可别。'又说：九影各有名，影神一名右皇，二名魍魉，三名泄节枢，四名尺凫，五名索关，六名魄奴，七名竈図（自注：一曰図，旧抄九影名在麻面纸中，向下两字鱼食不记。）八名亥灵胎，九（全食不辨）。"（四部丛刊景明本）又续修四库本《正字通·口部》："図，伊宵切，音妖，神名。人影九重，皆有名，第七重曰竈図，见《酉阳杂俎》。从幺者以其小而幻也。旧本阙。按：図，六书不载，《杂俎》诞不足信然。今人不识図字音义，故着之。别作竈図，非。"（续修四库本，234册，205）则可知"竈図"是人第七重影神之名。"竈図"或作"竈図"。吴氏所见本《谈荟》又作"竈圎"。"影神匕名竈圎"当是"影神七名竈圎"之误。《康熙大字典》《中华字典》皆作"影神七名竈圎"，不误。"圎"字当与"図""図"同。"図"字较早见于《龙龛》。高丽本《龙龛·口部》："図，吉永反。"有音无义。未详是否为"竈図"之义下"図"字的音读。《正字通》"図"字音"伊宵切"者，不详其注音所据为何。疑张氏以"幺"为"図"字之声符，而加注"伊宵切"一音。"幺"，《洪武正韵》音"伊尧切"，与"宵"均属平声箫韵字。《正字通》注音不可信从。《大字典》收录"圎""図""図"三字，却未沟通前字与后二字的字际关系，今为之作补。

4.《字汇补·又部》：旻,古文见字。爻侗《论六书》曰："豕诸其声则旻。豕诸其文则惑。"481/C/1

按：明唐顺之《荆川先生稗编》卷八十一《文艺》收录爻侗《论六书制作之原》："豕诸其声则旻。豕诸其文则惑。"（明万历九年刻本，2/B）文渊阁四库全书本作"求诸其声则得。求诸其文则惑"。（957-259）"旻"字当与"得"字同。"得"字初文作"㝵"，古文或作从贝从又之形。（参《字源》[140]）《六书正讹·德韵》："旻，取也。从贝，从又。以手持贝，旻之意也。隶作得。"是其证。《字汇补》谓"旻"为"见"字古文，不可信。"见"字古文未见有作"旻"形之例。

5.《字汇补·口部》：咑，飛嚇咑。倭地名。音闕。483/A/8

按：明李言恭《日本考》卷一《倭国事略》："（山城）右为但马，右之西为因幡。丹波（原书作'渡'，误，据汪向荣、严大中校注改作'波'）西为美作。左为备前，左之西为备中。右为因幡，右之西为伯耆。美作之西为备后之北境、出云之南境。"（明万历刻本，2B）其下注曰："其嶨为番你，为山子介，为钦子溪，为户流，为飛赖咑，为失喇哈咑也。"今人严大中、汪向荣校注曰："'番你'，即波根。'山子介'，即刺鹿。'钦子溪'，即杵筑。'户流'，即宇龙。'飛赖咑'，即平田。'失喇哈咑'，即白潟。上举六地今皆属岛根县。"（9）据严、汪二人校注可知，"飛赖咑"是日本地名"平田"的音译词。"平田"曾属"岛根县"，今为平田市。"平田"日语假名作"ひらた"。"咑"字对应日语"た"。"た"字发音与"打"字相近，又音译用字多加"口"旁，故作"咑"形。《大字典·口部》："咑，地名用字。《字汇补·口部》：'咑，飛嚇咑倭，地名。音闕。'"（646/A）《大字典》此条有两处欠妥：一，其引《字汇补》之文句读有误。"飛嚇咑倭"中"倭"字当属下读。"飛嚇咑"为"倭地名"。读音当与"打"音近。二，其训"地名用字"，亦有不妥，当作"日语地名的音译用字"。"飛赖咑"之"咑"、"失喇哈咑"之"咑"皆是日语"た"对应的音译用字。

6.《字汇补·人部》：僃，波瑞切，音辈，等也。463/D/5

按：成化本《篇海·人部》十五画引《龙龛》："僃，俗，布妹切，等僃也。"（832/C）《新修玉篇·人部》十五画引《龙龛》："僃，布妹切。"有音无义。高丽本《龙龛·人部》："僃，俗，布妹反。"（35）亦有音无义。可知成化本《篇海》增补释义。《海篇直音·人部》："僃，音辈，等僃也。"（616）改"僃"字反切为直音。《详校篇海·人部》："僃，布妹切，音辈，等僃也。"（379）直承《篇海》反切与释义及《海篇直音》之直音。成化本《篇海》"僃"字音"布妹切"，训"等僃也"，当与"辈"字同。《广韵·对韵》"补妹切"："辈，等辈。又比也。类也。俗作軰。"（389）"僃"音"布妹切"与"辈"（音"补妹切"）音同，均属去声对韵帮母字；"僃"训"等僃"与"辈"义同。二字音义全同，字形相近者，当是一字异体。"僃"当是"辈"字增加义符"人"，加强表意作用，强调"辈"字"等辈"一义当是指"同一辈或同一类的人"。《中华字海·人部》："僃，同辈。见《篇海》。"（95）其说是也。《大字典·人部》："僃，bèi，《龙龛手鉴》布妹反。等辈。《改并四声篇海·人部》引《俗字背篇》：'僃，等辈也。'"（274/B）《大字典》此条有三处不妥。一，"僃"字见于《篇海》引《龙龛》，《大字典》

误作"俗字背篇",非是。二,"俗字背篇"是《篇海》卷首所列的"由原见于正字注文中的变体转来的字或韩氏所增的俗字"(《考释》689),并非书名,《大字典》标注书名号,欠妥。三,《篇海》"僅"字条原文作:"僅,布妹切,等~也。""~"当是"僅"字简省符号。《大字典》补作"辈"字,不妥。《大字典》此处可沟通"僅"与"辈"之字际关系。

7.《字汇补·八部》:仈,巴烧切,音标,飞火也。469/C/5

按:成化本《篇海·八部》"俗字背篇":"仈,必尧切,飞火也。"(666/B)《海篇直音·八部》:"仈,音标,飞火也。"(426)此字字书较早见于《龙龛》。高丽本《龙龛·杂部》:"ᾥ,古文,必尧反,今作焱,飞火也。"(546)《篇海》所引"仈"字当即《龙龛》"ᾥ"字转写之异。"仈"字音"标",训"飞火也"疑即"熛"字异体俗书。《说文·火部》:"熛,火飞也,从火贾声。"(208)《集韵·宵韵》"卑遥切"(与"标"同一小韵):"熛,《说文》:'火飞也。'"(179)《后汉书·张衡列传》:"跻日中于昆吾兮,憩炎天之所陶。扬芒熛而绛天兮,水泫沄而涌涛。"李贤注曰:"《字林》曰:'熛,飞火也。音必遥反。'"(1921-1922)《文选·啸赋》:"响抑扬而潜转,气冲郁而熛起。"李善注曰:"熛起,言疾。《字林》曰:'熛,飞火也。'"(866)唐慧琳《一切经音义》卷第四十八《瑜伽师地论》第五十二卷音义:"焰飙:俾遥反,小火也。又作熛,《说文》:'飞火也。'《三苍》:'进火曰熛也。'"(中华大藏经,第58册,388)"熛"字《字林》之训"飞火也",与《说文解字》《集韵》训"火飞也"义同,皆是指"火焰进发"之义。"熛"与"仈"音义全同者,当是一字异体。唐玄应《一切经音义》卷十三《处处经》音义:"焰熛,古文作ᾥ,同。俾尧反,《说文》:'火飞也。'"(中华大藏经,第56册,1005/A)"熛"即"熛"字异写,其古文或作"ᾥ"。"ᾥ"音"俾尧反",为"熛"字古文,又训"火飞也"疑即《龙龛·杂部》所收"ᾥ"字。"ᾥ"字或作"ᾥ","ᾥ"又讹变作"仈"。三字皆与"熛"同。《大字典》收录"仈"字(117/B),未指明其正字为何,今为之作补。

可洪《新集藏经音义随函录》卷第二十二《释迦谱》第三卷音义:"焱烂,上音标,风也,飞火也。正作飙、熛二形。或作焱也。"(中华大藏经,第60册,256/A)"焱"音"标",训"飞火也",或是《龙龛》"今作焱,飞火也"训释之所据。

8.《字汇补·力部》:劼,明各切,音邈,勤也。474/C/7

按:"劼"字"音邈",形声不谐。成化本《篇海·力部》引《玉篇》:"劼,莫角切,勤也。"(824/C)《海篇直音·力部》:"𠣐,音邈,勤也。"(607)宋本《玉篇·力部》:"𠣐,莫角切,勤也。"(149)此字位于《力部》末尾,又未见于《篆隶万象名义》,当是陈彭年等新增之字。以义考之,并参考字形,此字当与"勉"同。《玉篇》"𠣐"字胡吉宣校曰:"字从㕯声。讹从白。《集韵》:'勉,勤也。'莫角切。"(1601)其说可从。《集韵·觉韵》墨角切(与邈在同一小韵):"勉,勤也。"(659)"𠣐"与"勉"音义相同,字形相近者,当是一字也。《重订直音篇·力部》:"勉,音莫,勤也。𠣐,同上。"(71)已将二字认同。《大字典》收录"勉""𠣐"二字,然未沟通二者字际关系。此处为之作补。

9.《字汇补·匸部》:匞,枯诘切,音乞,物曲也。476/A/6

按:泰和本《篇海·匸部》引《川篇》(当是《余文》之误,成化本、正德本、万历本《篇海》、《新修玉篇》皆作《余文》):"匞,绮戟切,物曲也。一曰曲受也。""匞"字位于"匴"字下、"匰"字上。《新修玉篇》亦作"匞"。成化本《篇海》相同位置作:"匞,绮戟切,物曲也。一曰曲受也。"(704/A)则"匞"当是"匞"字转写之异。《集韵·陌韵》乞逆切("隙"小韵):"匞,物曲也。一曰曲受也。"(736)《五音集韵·昔韵》硈戟切("隙"小韵):"匞,物曲也。一曰曲受也。"(220)成化本《篇海》"匞"字作"匞",或受《五音集韵》影响。《海篇直音·匸部》:"匞,音乞,物曲也。一曰曲受也。"改"匞"字反切为直音。《篇海类编》《重订直音篇》(317)将"匞"与"匞"认同为一字。《大字典》(99/B)用此说。皆可信从。

10.《字汇补·卜部》:奭,川昔切,音尺,《篇韵》:"兽也。"477/D/6

按:成化本《篇海·大部》引《余文》:"奭,音尺,兽也。"(640/C)《五音集韵·昔韵》昌石切(与"尺"同一小韵):"奭,兽也。"(221)《字汇补》"奭"字当是《篇海》"奭"字转写之异。《考释》以"奭"字"音尺",训"兽",当是"臭"字之变。(106)其说可从。由此推之,"奭"字亦当是"臭"字俗书。又成化本《篇海·卜部》引《龙龛》:"南,虡、虗、虘、奭、奭,六,音衡。"(666/C)泰和本、《新修玉篇》作"音猏"。高丽本《龙龛·卜部》:"南,虡、虗、虘、奭、奭,音衡,六字。"(538)当是《篇海》六字所从出而字形略有失真。"音猏"当"音衡"之误。"奭"字当是一身兼二职,一与"奭"同,音尺,训兽名。一与"衡"同。《大字典》《中华字海》"奭"字皆失收。今为之作补。

11.《字汇补·厶部》:厽,从离切,音齐。《六书略》:"象禾麦吐穗上平也。"○此字上平与厽不同。郑渔仲分为二字。479/C/8

按:南宋郑樵(字"渔仲")《通志》卷三十一《六书略》第一《象貌》:"厽,

音齊,象禾麥吐穗上平也。"(文渊阁四库全书本,第 373 册,373)当是《字汇补》增字所本。其字音"齊",训"象禾麦吐穗上平也",当是"齊"字俗书。《说文解字·齐部》:"齊,禾麦吐穗上平也。"(143)"齊"字作为构字部件俗书可作"亝",如:高丽本《龙龛·水部》"濟"字或作"泲""泲"。(233)即是其证。《玉篇·齐部》:"齊"字古文作"坴"。(517)则"坴"省去下部两横笔亦可作"亝"形。"坴"之作"亝",亦如"泲"之作"泲"。成化本《篇海·厶部》:"亝,力捶切,垒墼(据《新修玉篇》改,原字漫漶)为墙壁也。《尚书》以为'叁'字。七员切。"(735/B)宋本《玉篇·亝部》:"亝,力捶切,垒墼为墙壁也。《尚书》以为'参'字。七贪切。"(420)当是《篇海》"亝"字所从出。《篇海》"七员切"当是"七贪切"之误。今《大字典》《中华字海》仅收录音"力捶切"之"亝",皆失收作为"齊"字俗书之"亝",不妥。

12.《字汇补·又部》:叹,子结切,音节,理叹也。480/B/1

按:高丽本《龙龛·又部》:"叹,子结反,理叹。"(349)《篇海·又部》引同。《海篇直音·又部》:"叹,音接,叹,理也。"(602)《考释》"𠬝"字条中指出:"𠬝"字《说文》训"治也",或作"叹",引《篆隶万象名义·又部》:"叹,作结反,治。"故宫本《王韵》入声屑韵字节反:"叹,理。"为证。又唐避高宗李治讳,"治"多以"理"代替。"𠬝"又作"𡰪",举《玉篇·又部》:"𡰪,扶目切。改治也。"为证。同时杨宝忠指出"𠬝"字当读房六切(与《玉篇》扶目切音同),其音"作结反""字节反"等,当是误以"叹(𠬝)"字为从又卩声也。又认为《玉篇·尸部》"𡰪"字音"兹力切",训"理也"亦当是"𠬝"字俗书。(307)杨宝忠之说可信从。今高丽本《龙龛·又部》之"叹",音"子结反",训"理叹",当与"叹"同,并是"𠬝"字俗书。"叹"之于"叹",正如"𡰪"之于"𡰪"。《大字典》收录"叹"字,未沟通其与"𠬝"字关系。《中华字海》谓"叹"与"服"同,"𠬝"为"服"之本字,其说可从之。

参考文献

陈　剑(2007)《说"安"字》,载陈剑,《甲骨金文考释论集》,北京:线装书局:113-114.

陈彭年等(宋)(1982)《广韵》,北京:北京市中国书店影印张氏泽存堂本.

丁　度(宋)(1983)《集韵》,北京:北京市中国书店影印张氏泽存堂本.

范　晔(南朝宋)(1965)《后汉书》,北京:中华书局.

冯承钧(1970)《瀛涯胜览校注》,台湾:商务印书馆.

韩道昭(金)《改并五音类聚四声篇》(简称《篇海》),《四库存目丛书》影印明成化七年募刻本(简称《成化本》)又正德本、万历本、泰和本。

汉语大字典编纂委员会编(2010)《汉语大字典》,成都/武汉:四川辞书出版社/崇文书局。

黄省曾(明)《西洋朝贡典录》,暨南大学图书馆藏清曾氏面城楼钞本,今载《四库存目丛书》史部255册。

蒋礼鸿(1986)《悬断与徵实》,载蒋礼鸿,《蒋礼鸿集》第四卷《怀任斋文集》,上海:上海古籍出版社。

冷玉龙,韦一新(1994)《中华字海》,北京:中华书局/中国友谊出版社。

李 登(明)《详校篇海》,《续修四库全书》影印明万历三十六年赵新盘刻本。

李学勤(2013)《字源》,天津:天津古籍出版社。

李言恭(明)(1983)《日本考》,严大中、汪向荣校注,北京:中华书局。

罗懋登(明)《三宝太监西洋记通俗演义》,《古本小说集成》据万历二十五年刊本景印。

马 欢(明)《瀛涯胜览》,福建省图书馆藏明祁氏淡生堂钞本,今收入《四库存目丛书》史部255册。

释空海(1995)《篆隶万象名义》,北京:中华书局缩印日本崇文丛书本。

释行均(辽)(1985)《龙龛手镜》(简称高丽本《龙龛》),北京:中华书局影印高丽本又续古逸丛书本。

萧 统(梁)(1986)《文选》,上海:上海古籍出版社。

谢 方(2000)《西洋朝贡典录校注》,北京:中华书局:87。

邢 准(金)《新修絫音引证群籍玉篇》(简称《新修玉篇》),《续修四库全书》影印金刻本。

许 慎(汉)(1963)《说文解字》,北京:中华书局。

杨宝忠(2005)《疑难字考释与研究》,北京:中华书局。

张自烈(明)、廖文英《正字通》,《续修四库全书》本。

张涌泉(2000)《汉语俗字丛考》,北京:中华书局。

赵力光(2014)《西安碑林博物馆新藏墓志续编》,西安:陕西师范大学出版社:27。

中国汉语大词典编纂委员会,汉语大词典编纂处编(1992)《汉语大词典》,上海:汉语大词典出版社。

《新校经史海篇直音》(简称《海篇直音》),《续修四库全书》据复旦大学图书馆藏明嘉靖二十三年金邑勉勤堂刻本影印。

《中华大藏经》编辑局编(1993)《中华大藏经》(汉文部分),北京:中华书局。

(071000　保定,河北大学文学院　15930229913@163.com)

战国楚简"訮寻"与秦汉简法律用语"訮训"合证*

范常喜

提要 楚简上博五《融师有成氏》中的"訮寻"之"訮"应读作"盱",《说文》目部:"盱,蔽人视也。"在简文中当训作窥伺,与表示探寻、窥寻的"寻"字表义相近。秦汉简中的法律用语"訮训"之"訮"亦可据此读为"盱",在简文中可理解为窥伺、暗察,与表示侦伺义的"训"表义相近。

关键词 楚简;秦简;汉简;"訮训"

一

上博五《融师有成氏》7号简有"訮寻頴(夏)邦"一句较难理解,其前后简文辞例如次:

上博五《融师有成氏》简7:……睾(梏)。沓(沈)巫(抑)念惟,癹(发)易(扬)秦(腾)償(踊)①。昔韽(融)之氏帀(师),訮寻頴(夏)邦。蚩蚘(尤)俊(作)兵,……

对于本段简文中"昔韽(融)之氏帀(师),訮寻頴(夏)邦"一句,整理者认为:"氏"当读为"是"。"帀"即"师"字。"是师",以其为师。"訮寻",地名。简文此句谓夏建邦于訮寻。"訮寻"不知是否与"斟寻"有关。简文似谓因祝融师于有成氏,才有夏邦之兴。参见马承源(2005)³²⁶⁻³²⁷。廖名春(2006)认为"訮寻"非地名,当为动词。"訮"疑读为"研",可训为研究。

---

* 项目来源:国家社会科学基金项目"出土文献中上古汉语方言语料汇考"(项目编号15BYY111)。另,小文蒙匿名审稿专家指正,特此谨致谢忱。

① 此句释文多处改从裘锡圭先生,参见裘锡圭(2012)。

"寻"也有究义。因此,"訮寻"即"研寻",而"研寻"复词同义,皆为探究、研究之意。"研寻夏邦",即研究中国,其义与上文的"沈坐念惟"同。"有成氏""沈坐念惟""研寻夏邦",祝融以其为师,当属自然。

禤健聪(2008)⁹⁰认为"訮寻"其义不明,"訮寻夏邦"或与《国语·周语上》"昔夏之兴也,融降于崇山"有关。单育辰(2006)认为"昔融之氏师,訮寻夏邦",其中的"氏"即"是",可训为"其"。"昔融之氏师"就是"昔融之是师"。"融"和"师"单独使用,这个词组既可能是偏正结构,也有可能是动宾结构,具体是什么意思,因为简文有些残缺,还有待进一步的探讨。

整理者已指出,本篇中之"龖(融)"即祝融之省称,即南方之神,楚民族之先祖。(马承源 2005)³²²⁻³²³《吕氏春秋·孟夏》:"其神祝融。"高诱注:"祝融,颛顼氏后,老童之子,吴回也,为高辛氏火正,死为火官之神。"《管子·五行》:"得奢龙而辨于东方,得祝融而辨于南方。"《汉书·扬雄传上》:"丽钩芒与骖蓐收兮,服玄冥及祝融。"颜师古注:"祝融,南方神。"

其中的"氏"当读作"是",可训作"其",单育辰(2006)之说可从①。典籍中"是"和"其"在用作代词的时候,有相近的意思,如《说苑·善说》"吾闻夫羊殖者贤大夫也,是行奚然?"就是这种用法。我们从古书中"是"和"其"常常互用也可以看出这一点,比如《国语·齐语》"桓公择是寡功而谪之",《管子·小匡》作"择其寡功者";《韩诗外传》卷四"无他,由是道故也",《荀子·议兵》《史记·礼书》并作"由其道故也"。

二

"訮寻顕(夏)邦"一语中的"訮寻",诸家考释不一,其中"訮"字原简文作 ,可分析为从言开声,字书中训作易怒、好争。《说文》言部:"訮,诤语訮訮也。从言开声。"《类篇》:"訮,诃也,怒也。"不过,此义置诸简文并不可通。值得注意的是,后来刊布的清华简为此字的释读提供了新的线索。清

---

① 以下例证亦由单育辰(2006)所举。此外,小文投寄贵刊后,匿名审稿专家对此提出了另外一种理解,很有道理,兹录之如次:"疑'融之氏师'与'蚩尤作兵'文例相类,'氏师''作兵'皆动宾结构,'氏'既可读为'是',似亦可读为'提'。《尉缭子·制谈》:'有提十万之众,而天下莫当谁? 曰:桓公也。''提众'与'提师'语近。这是说祝融率师窥视觊觎中原。"

华简第六册《子仪》篇17号简有一"晉"字,原简文写作&,前后简文为:"我亡(无)反副(覆),尚端(端)项瞻游目以晉我秦邦。"整理者注:"晉,见《说文》目部,或为左右结构,有'遮人视线'和'直视'两解。此处表示直视。"(清华大学出土文献研究与保护中心,李学勤 2016)网友子居(2016)认为"瞻游目以晉"一句犹言觊觎。另有网友bulang(2016)将此处的"晉"字与上博五《融师有成氏》"訮寻顗(夏)邦"之"訮"相联系,怀疑两处简文中的"晉"与"訮"或可读作"间",训为微伺、离间;或可读作"研",与秦汉简"訮詷"之"訮"意思相近,都应当是刺探、侦察的意思;抑或者径以《说文》所训"蔽人视也"作解,训为暗地窥视、窥伺。

  我们认为网友bulang(2016)对文意的理解最为可取。清华简《子仪》中的"晉"与上博五《融师有成氏》中的"訮"出现语境十分相近,故"訮"可直接读作"盰"①或"晉",训为伺察。《说文》目部:"盰,蔽人视也。从目开声,读若携手。一曰直视也。晉,盰目或在下。"字亦或作"瞯""瞯"。《孟子·离娄下》:"王使人瞯夫子,果有以异于人乎?"《仪礼·士昏礼》郑注引"瞯"作"瞯"。朱熹集注:"瞯,窃视也。"(宗福邦,陈世铙,萧海波 2003)。"盰"字还见于《包山楚简》120号简,原形写作&,前后辞例作"小人命为晉以传之"。(湖北省荆沙铁路考古队 1991)。何琳仪(1993)释为"盰"之或体。刘钊(1998)据《集韵》所载"盰,诘计切,读如契同",疑读为"契"。陈伟等(2009)据《说文》"蔽人视也",徐锴《系传》解释为"映人而视也",认为简文中的意思是"暗中侦查"。张峰(2012)认为陈伟等先生的训释最为可从,并补充说"清承培元《广答问疏证》:'蔽人视,不令人见其视也'"。据此可知,"盰"的确有窃视、窥视之义。

三

  古书中表示窃视、伺察义时多用"觇""貼""伺""窥"等词,与楚简中的"訮(盰)""晉"表义相近。《说文》见部:"觇,窥也。从见占声。《春秋传》曰:'公使觇之,信。'"《说文》所引《春秋传》为《左传·成公十七年》文,杜

---

① "盰"字右部实从"开",当严格隶定作"盰",本文为减少造字,径用"盰"字。

预注:"伺也。"伺即窥视。《方言》卷十:"貼,视也。凡相窃视,南楚或谓之貼。窥,其通语也。自江而北谓之貼。"《礼记·檀弓》:"晋人之覘宋者。"郑玄注:"覘,窥视也。"《国语·晋语六》:"公使覘之。"又"各覘其私。"韦昭曰:"覘,微视也。"《淮南子·俶真》:"其兄掩户而入覘之。"高诱注:"覘,视也。"《战国策·韩策三》:"必伺韩秦。"吴师道注:"伺,窥也。"鲍彪注:"伺,亦图也。"贾谊《过秦论》:"以窥周室。"上述举例中的"晋人之覘宋""必伺韩秦""以窥周室"等表述,均与上博简《融师有成氏》"訐寻蹞(夏)邦"及清华简《子仪》"昏我秦邦"相类似。

"訐(盺)寻"之"寻"应与音义并近的"瞫""撢""探""抌"等词有同源关系,在简文中当表示"窥寻""窥探"之义。"覃"声字与"寻"声字多相通假。(高亨,董治安 1989)。《淮南子·天文》:"火上荨。"高诱注:"荨读若葛覃之覃。"《淮南子·原道》:"故虽游于江浔海裔。"高诱注:"浔读葛覃之覃也。"《尔雅·释言》:"流,覃也。覃,延也。"陆德明释文:"覃本又作燂。"《诗经·国风·葛覃》"葛覃"在上博简《孔子诗论》16 号简中写作"蓠蕕"。(何琳仪 2002)李学勤(2000)指出,郭店简《成之闻之》简 34"君子簟笰之上,襄(让)而受孷(幼)"中的"簟笰"即"簟席"。因此,简文"訐(盺)寻"之"寻"也可径读作"瞫""撢""抌"。《说文》目部:"瞫,深视也。一曰下视也。又,窃见也。从目覃声。"可见"瞫"可表示"窃视""窥视",引申当有"窥探"之义。此义在文献中多用"撢""探""抌"表示。《说文》手部:"撢,探也。从手覃声。"《周礼·夏官·序官》"撢人"郑玄注曰:"撢人,主撢序王意以语天下。"贾公彦疏:"诵王志者,若撢取王之志。"陆德明释文:"撢与探同。"《说文》手部:"探,远取之也。"《尔雅·释诂下》:"探,取也。"《易·系辞上》:"探赜索隐。"李鼎祚集解引虞翻曰:"探,取也。"表示"取"义的"探"也写作"抌",如《方言》卷一:"抌,取也。卫鲁扬徐荆衡之郊曰抌。"《广雅·释诂一》:"抌,取也。"

后世"寻"字多表示探寻、窥寻、追寻等义,意即跟随其后,追踪寻找线索,以探究竟。《后汉书·循吏列传·孟尝》:"诬妇厌苦供养,加鸩其母,列讼县庭。郡不加寻察,遂结竟其罪。"《后汉书·百官志五》:"尉主盗贼,凡有贼发,主名不立,则推索行寻,案察奸宄,以起端绪。"汉代袁绍《与公孙瓒书》:"足下曾不寻讨祸源,克心罪己。"《三国志·吴书·孙破虏讨逆传》:"周朝、郭石亦帅徒众起于零、桂,与星相应。遂越境寻讨,三郡肃然。"唐代方干所作《僧院小泉井》诗:"窥寻未见泉来路,缅想应穿石裂痕。"文献中这些"寻"字的表义,应该都源自表示窥探、探寻义的"挦""撢""探"等。

四

由此可见,简文"訮(盰)寻"与古书中"觇视""觇候""觇词""伺候""伺望""候望""窥观"等词义近。这些词语在文献中也多用于窥伺朝廷、他人、他地、他国之消息,与简文"訮(盰)寻"所处语境相仿佛。如《后汉书·刘陶列传》:"四方私言,云角等窃入京师,觇视朝政。"《南齐书·王思远列传》:"衣服床筵,穷治素净,宾客来通,辄使人先密觇视,衣服垢秽,方便不前,形仪新楚,乃与促膝。"《后汉书·独行列传·陆续》:"续母远至京师,觇候消息。"《周书·达奚武列传》:"太祖进图弘农,遣武从两骑觇候动静。"《隋书·庶人秀列传》:"我有不和,汝便觇候,望我不起,便有异心。"《新唐书·李思行列传》:"唐公将起,使觇词长安。"《东观汉记·臧宫传》:"越人伺候者,闻车声不绝而门限断,以汉兵大来,乃奉牛酒劳军,由是遂安。"《后汉书·方术列传·王乔》:"帝怪其来数,而不见车骑,密令太史伺望之。"《墨子·备穴》:"城内为高楼,以谨候望敌人。"《汉书·苏武传》:"时汉连伐胡,数通使相窥观。"

根据上述分析可知,上博五《融师有成氏》7号简中的这段简文可重新释写作"昔韔(融)之氏(是)帀(师),訮(盰)寻顕(夏)邦。蚩蚘(尤)復(作)兵,……",大意是说"祝融之师,窥伺、觇觑中原夏邦。蚩尤也起兵作乱"。贾谊《过秦论》:"秦孝公据崤函之固,拥雍州之地,君臣固守,以窥周室,有席卷天下,包举宇内,囊括四海之意,并吞八荒之心。"《三国志·魏志·武帝纪》:"宗庙乏祀,社稷无位;群凶觊觎,分裂诸夏。"简文此处"訮(盰)寻顕(夏)邦"与贾谊所述秦孝公君臣"以窥周室",以及《三国志》"群凶觊觎,分裂诸夏"的表述也颇为相似。

本篇描述祝融之师多负面之词,如"蔑师见凶""毁折离散"[①]"惟灾作章"[②]"名则可畏,实则可侮""类兽非鼠""訮(盰)寻顕(夏)邦"等。禤健聪

---

① 此句释读参见邓少平(2013)。
② "灾"字释读参见黄杰(2011)。

(2008)[88]亦曾指出过这一点,并认为这样的描述出现在楚人的楚简中则殊不合理。我们怀疑本篇作品可能并非楚人之作,楚人只是抄录而已,所以其中保留着这类对祝融之师的负面描述也不足为怪。如果这一推测属实,那么本篇究竟源自何处,为何会被保留在楚地,颇值得深思。

五

明确了楚简中的"訐"和"䀠"应理解为"窥伺""伺察"之后,接下来我们可以据此讨论一下秦汉简法律用语"訮词"之"訮"的训释问题。"訮词"一语分别见于岳麓秦简、张家山汉简、银雀山汉简,相关简文辞例及诸家考释意见如次:

《岳麓书院藏秦简(叁)》简148:"洋以智治訮(研)词,谦(廉)求而得之。"

整理者注:"词,刺探、秘密调查。研词,研究与侦察。……廉,通覝,考察、查访。廉求,搜寻、查找犯罪人。"(朱汉民,陈松长2013)

张家山汉简《奏谳书》简210—211:"隶妾每等,晨昧里(理)訮(研)词谦(廉)问不日作市贩、贫急穷困、出入不节、疑为盗贼者。"又简226:"乃令举關代,毋征物,举關以智訮(研)词求得,其所以得甚微巧,卑(俾)令盗贼不敢发。"

彭浩、陈伟、工藤元男(2007)注曰:"研,思虑。词,《广雅·释诂》:'求也。'"刘钊(2003)认为"研"训为"思虑"不妥,古"研"字有"穷究"之意,简文正用此意。

银雀山汉简《阴阳时令、占候之类·五令》简1908:"·罚令者,挟盗贼,開词诈伪人而杀之,以助臧(藏)地气,使民毋疾役(疫)。"

银雀山汉墓竹简整理小组(2010)注曰:"《淮南子·时则》'仲冬之月……急捕盗贼,诛淫泆诈伪之人',与简文相近。简文'词'上一字也可能不是'開'字,待考。"俞伟超、李家浩(1985)认为:"简文'開'应当读为'闢'。《荀子·解蔽》:'是以闢耳目之欲,'杨倞注:'闢,屏除也'。《周礼·地官·司市》:'以贾民禁伪而除诈,'简文'闢词诈'正与此'除诈'同义。"方勇(2011)认为,本段简文中的"開词"亦即前述岳麓秦简及张家山汉简中的"訮(研)词"。同时方先生进一步指出,简文中的"開"应是讹形,战国晚期至秦汉之际的"開"字本从"开",因而"訮"与"開"可以通假,所以,银雀山汉简此处的"開"也当据岳麓秦简及张家山汉简中的"訮(研)诇"读为"研",表思虑义。

值得关注的是,清华简中"開"字从开得声。清华简《皇门》简1—2:"隹(惟)莫覑(開)余嘉悳(德)之兑(说)。"整理者注:"覑与開皆从开,传本作'開'。"(清华大学出土文献研究与保护中心,李学勤 2010)清华简《子仪》简16:"君不瞻皮(彼)泜(沮)漳之川,屏(開)而不盉(閡)。"整理者注:"屏,从户,开声,读为'開',或即'開'之异体。"(清华大学出土文献研究与保护中心,李学勤 2016)。从清华简中这两例用作"開"的"覑"和"屏"来看,方勇(2011)认为"開"字从"开"得声正确可从。因此,方勇先生认为银雀山汉简中的"開诇"即岳麓秦简及张家山汉简中的"訮诇",至确。不过,方先生仍将"開"和"訮"一并读为表示思虑义的"研"则并不合适。

根据前文对楚简中表示"窥伺""伺察"义的"訮"和"晉"的分析,我们认为,秦汉简中的法律用语"訮诇"之"訮"也当读作"盱",在简文中可理解为窥探、暗察,与表示刺探、侦察、秘察义的"诇"属近义连文①。文献中表示此义时同样多用"觇候""伺候"等词,如《旧唐书·职官志》:"都护之职,掌抚慰诸蕃,辑宁外寇,觇候姦谲,征讨携贰。"《六韬·王翼》:"游士八人,主伺奸候变,开阖人情,观敌之意,以为间谍。"《尚书·禹贡》:"五百里候服。"孔安国传:"斥候而服事。"孔颖达疏:"斥候,谓检行险阻,伺候盗贼。"秦汉简法律用语"訮(盱)诇"的对象是"不日作市贩、贫急穷困、出入不节、疑为盗贼者""盗贼""诈伪人"等,这与《旧唐书·职官志》"觇候姦谲",及《尚书·禹贡》孔疏"伺候盗贼"都十分相似。

六

综上所述,楚简上博五《融师有成氏》"訮寻夏邦"一语中的"訮"应读作"盱",《说文》目部:"盱,蔽人视也。"在简文中当训作"窥伺"。"訮(盱)寻"之"寻"应与"賗""撏""探""捋"等词有同源关系,在简文中表示"窥寻""窥探"之义。"訮(盱)寻夏邦"即"窥伺夏邦""觊觎夏邦""图谋夏邦"之义。

---

① 关于"诇"的词义训解,参见裘锡圭、陈剑(2016)。

《包山楚简》120号简"小人命为晋以传之"中的"晋",当从陈伟等先生训为"暗中侦查"。清华简《子仪》17号简"尚端(端)项瞻游目以晋我秦邦"中的"晋"应理解为"伺察",简文"晋我秦邦"与上博五《融师有成氏》"訮(盱)寻夏邦"表义相近。

秦汉简法律用语"訮诇"之"訮"与楚简中的"訮""晋"表义相当,也应读作"盱",在简文中可理解为"窥探""暗察",与表示秘察义的"诇"属近义连文。简文中所述"訮(盱)诇"的对象是"不日作市贩、贫急穷困、出入不节、疑为盗贼者""盗贼""诈伪人"等,这与《旧唐书·职官志》"觇候奸谲",及《尚书·禹贡》孔疏"伺候盗贼"相近。

从战国楚简到秦汉简,"訮(盱)""晋"的表意一脉相承,均从《说文》所训"蔽人视"的本义引申发展而来。"盱"表示"蔽人视"之义在古书中相当罕见,本文所列出土文献中"盱"字的用例正可在一定程度上弥补这一缺憾。

参考文献

陈伟等(2009)《楚地出土战国简册[十四种]》,北京:经济科学出版社:58。
邓少平(2013)试说楚简中读为"散"的"戋"字,《中国文字研究》第1期:36-39。
方　勇(2011)汉简零拾两则,简帛网,2011-12-23。
高　亨,董治安(1989)《古字通假会典》,济南:齐鲁书社:239-240。
何琳仪(1993)包山楚简选释,《江汉考古》第4期:58。
——(2002)沪简《诗论》选释,载上海大学古代文明研究中心、清华大学思想文化研究所编,《上博馆藏战国楚竹书研究》,上海:上海书店出版社:245。
湖北省荆沙铁路考古队(1991)《包山楚简》,北京:文物出版社:25。
黄　杰(2011)上博五《融师有成氏》文本疏解及用韵、编连问题补说,简帛网,2011-10-19。
李学勤(2000)续释"寻"字,《故宫博物院院刊》第6期:11。
廖名春(2006)读《上博五〈融师有成氏〉》篇札记四则,简帛研究网,2006-2-20。
刘　钊(1998)包山楚简文字考释,《东方文化》第1、2期合刊:59。
——(2003)《张家山汉墓竹简》释文注释商榷(一),《古籍整理研究学刊》第3期:2。
马承源(2005)《上海博物馆藏战国楚竹书(五)》,上海:上海古籍出版社。
彭　浩,陈　伟,工藤元男(2007)《〈二年律令〉与〈奏谳书〉》,上海:上海古籍出版社:377、378、380。
清华大学出土文献研究与保护中心,李学勤(2010)《清华大学藏战国竹书(壹)》,上海:

中西书局:166。

——(2016)《清华大学藏战国竹简(陆)》,上海:中西书局:134。

裘锡圭(2012)说从"甾"声的从"贝"与从"乏"之字,《文史》第3辑:26-27。

——,陈剑(2016)说"徇""谗",载朱庆之等编,《汉语历史语言学的传承与发展:张永言先生从教六十五周年纪念文集》,上海:复旦大学出版社:273-276。

单育辰(2006)上博五短札(三则),简帛网,2006-4-30。

禤健聪(2008)战国竹书《融师有成》校释,《广东教育学院学报》第4期。

银雀山汉墓竹简整理小组(2010)《银雀山汉墓竹简[贰]》,北京:文物出版社:226。

俞伟超,李家浩(1985)论"兵闢太岁"戈,载文化部文物局古文献研究室编,《出土文献研究》,北京:文物出版社:139。

张 峰(2012)楚系简帛文字讹书研究,长春:吉林大学博士学位论文:129。

朱汉民、陈松长(2013)《岳麓书院藏秦简(叁)》,上海:上海辞书出版社:183。

子 居(2016)清华简《子仪》解析,中国先秦史网,2016-5-11。

宗福邦,陈世铙,萧海波(2003)《故训汇纂》,北京:商务印书馆:1565。

bulang(2016)清华简《子仪》初读,简帛网·简帛论坛,2016-4-16(bulang 于 2016-4-29,7-12,8-25 第78楼的发言)。

(510275 广州,中山大学中文系 fanchx@mail.sysu.edu.cn)

CONTENTS

A new look at *Renhe* ·················· **Liu Chengfeng & Chen Zhenyu** (1)

Abstract: *Renhe* is a pragmatic marker of singularity. Logically, first of all, it is an existential quantifier. At the same time, it can give universal quantitative meaning to a sentence. The universal quantitative function of *renhe* is endowed by its meaning of non-specificity. Non-specificity refers to recognizing things in terms of attributes or connotations, that is, if given a role, any actor who satisfies the role's attributes can play the role, which thus forms a "many-to-one" relationship between actors and roles. The aggregation of all the actors constitutes a universal quantitative set. *Renhe* usually only appears on the position with non-specific function and indicates that the speaker has given up his choice. However, not all non-specific positions can be used *Renhe*. When relevant things do not occur in all but in part, Chinese *Renhe* must satisfy the Selective Restriction. In extremely rare cases, *Renhe* appears in the specific functioanal position, indicating exaggeration or irony. In addition, non-specific function must be given by conditional sentence markers, intentional predicates, constructions or corresponding cognitive perspectives, and so on. So *Renhe* itself cannot independently express universal quantification, and needs to be integrated with the surrounding environment leading to non-specific function, and jointly express universal quantification. This is why *Renhe* is an integrated unit.

Key words: *Renhe*; pragmatic singular; non-specific; universal quantification; selective restriction; integrated unit

On the construction mechanism of indefinite subject clauses: A comparison with specific ones ·················· **Zhang Xinhua** (28)

Abstract: The fundamental issue about indefinite NP subject clauses is how to define the reference of *yi*-classifier-N, and in fact, many of the indefinite NPs that scholars discussed express specificity. Compared with specific expressions, indefinite subjects are more restrictive, in that: they require the predicate to express reality, contain aspectual markers, and typically only permit *manufacture* and *presentation* verbs. An indefinite subject clause always contains multiple focuses, and the focus is a semantic focus, not a pragmatic one. Such a clause is a peculiar kind of root clauses, with strong dependence. More interestingly, the indefinite subject-verb can constitute a predication relation, with the object acting as the topic.

Key words: indefinite; specificity; presentation; multi-focus; object topic

The ellipsis of jianyu and related problems ··
·· **Qi XiaoJie, Liu Xin, Du Hongying** (52)

Abstract: As a result of the complexity and compatibility of the Chinese syntactic structure, jianyu constructions, i. e., expressions that serve double functions in terms of syntax, are often necessary for syntactic completion and cannot be omitted. However, in certain contexts, jianyu can be omitted for the need of expression. This paper explores the ellipsis of jianyu and its related problems from many aspects, so people can have in-depth knowledge of the ellipsis of jianyu, which thus promotse the comprehensive understanding of ellipsis phenomena in Chinese.

Key words: jianyu ellipsis; conditional restrictions; lexicalization; structure of alienation

Analysis of the Advantage Phenomenon of Complement Position in Subjective Extreme Expressions
··· **Wang Liansheng & Wu Chunxiang** (74)

Abstract: Through the observation of a large number of emerging subjective extreme expressions emerging in the context of contemporary new media networks, this paper finds that complements are typical positions to host emerging subjective extreme expressions. Specifically, the emerging subjective extreme quantitative structures consist of two types. They are adhesive and combined, which are used together to express subjective extreme emotion. The analysis shows that the cause of this phenomenon includes three aspects: complements as dedicated position to host extreme expressions, the requirement of expressivity of the network context, and the restriction of the Chinese information structure.

Key words: emerging subjective extreme expressions; complement position; adverbial modifier position; advantage phenomenon; relevant reasons

Relative Scale and Absolute Scale —— A Case Study of *hái* constructions and *dōu* constructions ·· **Jia Zelin** (85)

Abstract: *Hái* constructions and *dōu* constructions are metalinguistic constructions which express scalar implicature, both of which entail that some other propositions of higher possibility is true. Therefore, two constructions show many similarities in terms of semantics and functions. However, we found that *hái* is used to indicate the existence of relatively higher possibility, which is used to trigger a relative scale. *Dōu* construction is used to indicate that an extreme situation is tenable, which is used to trigger an absolute scale. This semantic difference is manifested in the scope of the meaning, the implied meaning of the comparative propositions, co-occurrence and division of two constructions. From the perspective of functions, both constructions can prove the validity of the relevant situation, but *dōu* also has functions of universal quantification and indication of extremely high degrees.

Key words: scale; "*hái*" construction; "*dōu*" construction; relative scale; absolute scale

Reflections on the phenomenon of adverbs of degrees modifying nouns ··· **Lu Xu & Wen Suolin** (99)

Abstract: This paper focuses on the phenomenon of adverbs of degrees modifying nouns, which has been widely discussed in recent years, and challenges the past analyzes that explain this structure's rationalities. This paper holds that the ability to combine words is the principle that must be adhered to in the judgment of part of speech. Adverbs of degrees + X is a typical syntactic frame of adjectives; therefore, adverbs of degrees + nouns does not exist. Some nouns are able to enter the adverbs of degrees + X structure because of their prominent attribute or characteristic of something in one aspect, but the part of speech of "X" changes under the influence of the structure. Thus, the meaning of "X" changes from something to an attribute of something. "X" is used and interpreted as an adjective in the structure, though only for a temporary change. After breaking through the limitation of degree adverbs, many nouns may expand their adjective functions and become typical adjectives.

Key words: "adverbs of degree + nouns"; "adverbs of degree + X"; noun; adjective; multi-category words

On the syntax and semantics of the new phrasal reduplication construction VVVO ·· **Qin Yewei** (114)

Abstract: The VVVO, popular in internet language, has many differences from VV and VVV constructions of Mandarin. This paper finds that the construction is neither a product of phonological doubling nor a result of pragmatic repetition. It is a presentation of a grammatical operation, a partial reduplication of VO more specifically. Compared with VO, the new construction has a clear interpretation of increased quantity, and it can also have a modality or mood reading in some situations. Syntactically, VVVO shows some special features that are not parallel to VV, which is a typical reduplication in Mandarin. For example, it can freely appear in predicate position in root sentences or clauses, and its sentence-type restriction is not as strict as VV. Our cross-language study shows that VVVO's "weird" syntactic performances are not isolated or ad hoc, and it still obeys the basic rules of reduplication. Therefore, the new construction well supports Xu & Qin (2015).

Key words: VO, reduplication; VVVO; increased quantity; Special Language Zone

On the Pragmaticalization of *Cankui*(惭愧) to a Conversational Formula Makring Meaning "Thankfully" ························ **Zhang Ailing** (132)

Abstract: In classical Chinese, *cankui*(惭愧) is a multifunctional word. It has many usages, such as an adjective meaning of "shameful", a verbal meaning of "thank", an adjective meaning of "lucky", an interjection meaning of "thanks to God", etc. The interjection *cankui* tends to be the only constituent of a sentence that is a conversational formula meaning "thankfully". The pathway *cankui* followed during its pragmaticalization is like the following: verb meaning "thank" → adjective meaning "lucky" → interjection meaning "thanks to God". *Cankui* meaning "thank" is lexicalized from the phrase *cankui* consisting of *can*（惭）and *kui*（惭愧）meaning "thank", rather than developed from the meaning of "shameful". The further pragmaticalization of *cankui* is development from an interjection expressing speaker's good luck to a typical exclamation formula.

Key words: *Cankui*（惭愧）; verb meaning 'thank'; interjection meaning 'thanks to God'; pragmaticalization

The role of the hypothetical connectives in concessive conditionals in Chinese Buddhist Scriptures ·················· **Gu Feng & Li Fanxi**（148）

Abstract: The connectives such as "Jiashi"（假使）, "Zhengshi"（正使）, "Jialing"（假令）, "Shefu"（设复）in Medieval Chinese serve mainly to introduce clauses with non-factual modality, and they can also appear in concessive conditionals. It is previously assumed that these connectives are split into two categories, and they are polysemous between the hypothetical meaning and the concessive meaning. However, this is not the case as shown in the comparison between Sanskrit texts and their multiple Chinese translated versions. In this paper, we argue that these connectives do not have the concessive meaning; instead, they are used to mark the irrealis meaning even when they appear in concessive conditionals.

Key words: Buddhist Scriptures; hypothetical connectives; concessive conditionals; irrealis

The conditional marker $ts\emptyset^{52}$ in the Wujiang Tongli dialect of Wu Chinese and its historical source ·················· **Liu Danqing**（163）

Abstract: There is a classic-style conditional marker $ts\emptyset^{52}$（者. Its Mandarin pronunciation is *zhe*）among the huge inventory of conditional markers in the Wujiang Tongli dialect of Wu Chinese(Liu 2019). The present paper provides a detailed description and analysis of the phonological status, and prosodic, syntactic and pragmatic features of this marker. $ts\emptyset^{52}$ is the only pronunciation of the character 者 in this dialect, belonging to a literary stratum phonologically.

Syntactically $ts\emptyset^{52}$ is an enclitic, with a monosyllabic word as its host, usually following a monosyllabic verb or short VO construction. Typically $ts\emptyset^{52}$ occurs in highly hypothetical propositions, often with a clause indicating low probability or uncertainty as its antecedent. The apodosis clause following the $ts\emptyset^{52}$-clause must be of a strong positive relevance with the $ts\emptyset^{52}$-clause. Although the suffix *zhe* (者。 = $ts\emptyset^{52}$ in Wujiang) in Old Chinese can really function as a conditional marker in Classic Chinese, in view of the phonologically and prosodic features of $ts\emptyset^{52}$ in Wujiang Tongli dialects, it is hard to trace it directly to the old Chinese *zhe*. Compared with the Cantonese nominalizer *ge*, which has developed the function of the conditional marker, it is more probable that $ts\emptyset^{52}$ came from the literary nominalizing suffix *zhe* in some historical period, sharing the grammaticaliztion pathway with the old Chinese suffix *zhe*.

Key words: Wujiang Tongli dialect; conditional clause marker; enclitic; *zhe*; nominalizer; etymology

On the Systems of Tense and Aspect inthe Shanghai Dialect
.... **Zuo Simin** (178)

Abstract: This paper mainly consists of two parts. A general picture of the systems of tense and aspect in the Shanghai dialect is described in the second, third and fourth sections of the paper. In this part, the following problems are discussed: (1) The main means to express the semantic tenses is temporal nouns in the Shanghai dialect. (2) Semantic aspects are mainly represented as aspectual situations of sentences. The aspectual situations of the Shanghai dialect can be divided into five types, which are stative, activity, semelfactive, achievement and accomplishment. (3) In the Shanghai dialect the grammatical tenses can be divided into four kinds, which are the absolute past tense, the absolute present tense, the relative past tense and the relative present tense. (4) The grammatical aspects, which are also termed as "aspectual viewpoint", can be divided into seven kinds in the Shanghai dialect, which are the realization aspect, the dynamic continuous aspect, the stative continuous aspect, the terminated aspect, the inchoative aspect, the followed and continued aspect, and the ephemeral aspect. (5) In the Shanghai dialect, particles "仔"

[tsʅ],"勒"[ləʔ],"过"[ku],"辣海"[lAʔhE] and mood particle "勒"[ləʔ] are typical grammatical means to indicate both tense and aspect. The reduplicative form of verbs is a typical grammatical means to indicate aspect. The adverb "辣海"[lAʔhE] is an untypical grammatical means to indicate both tense and aspect. The delexicalized directional verbs "起来"[tɕ'ilE] and "下去"[ɦiotɕ'i] are untypical grammatical means to indicate only aspect. The fifth section is the second part of this paper, in which the following three problems are discussed: (1) According to some analyses, the meaning indicated by "仔" [tsʅ] in the Shanghai dialect expresses the realization aspect, but it can also express the stative and continuous aspect, which seems to be a better explanation. (2) It is possible that there exists such a process of diachronic change that the particle "拉"[lA] (to indicate the continuous aspect) of the Shanghai dialect merged with "辣"[lAʔ] (to indicate the continuous aspect first, and then on account of the growing influence of "了₁"[lə] (to indicate realization aspect) of Putonghua (Standard Chinese language), the original particle "仔"[tsʅ] in Shanghai dialect is excluded and replaced by "了₁"[lə]. Because the pronunciation and some usage of "了₁"[lə] are similar to "辣" [lAʔ], the two words are gradually used in a mixed way. As a result, the particle "勒"[ləʔ], which has a final sound of [-ʔ], comes into being. The new word blurs the different meanings once indicated by the particles "仔"[tsʅ] and "辣"[lAʔ]. (3) "辣海"[lAʔhE] can be used as a verb, an adverb, a preposition, a particle and a mood particle. Also, it can be regarded as expressing a locative meaning more or less. At the end of the paper, the following conclusions are drawn: (1) In the Shanghai dialect, there exist the semantic tense and aspect, as well as the grammatical tense and aspect, so it proves that in the Shanghai dialect there exist the grammatical categories of tense and aspect. (2) The meanings of tense and aspect in the Shanghai dialect are multifold and systematic. In the dialect, the systems of tense and aspect, especially the grammatical means to indicate aspect, have their own characteristics.

Key words: Shanghai dialect; tense; aspect

Guo-type amendment-repetition construction in the Chinese dialects —— With a focus on the formation and typological significance of VO guo construction in the Linhai Dialect ········· Lu Xiaoyu & Cai Liwen (197)

Abstract: Guo in many Chinese southern dialects can express the meaning of amendment and repetition. There are three main forms of repetitive guo: V guo, V guo O and VO guo. These three forms show quite distinct geographical distributional patterns, appearing in the southwestern Mandarin, the Cantonese/the Hakka/the Gan dialect, and the Wu dialect. The emergence and evolution of these three types are closely related to the prominence of serial verb constructions and the dominant or superior representation of Verb-Object-Complement constructions in Chinese: The Wu dialect has the strongest VOX word order feature in modern Chinese dialects; therefore, the VO guo-type expression has been retained. However, in other dialects, the use of VOX constructions declines rapidly, and the amendment repetitive marker directly follows the verb, which forms the V guo (O) construction. These different types of processing strategies reflect the competition and cooperation of the basic word order and the postverbal constraint in the Chinese dialects.

Key words: Guo; amendment repetition; cross-dialectal; serial verb construction; VOC construction

The multifunction of "Neng" in the ShenYang dialect ······ Wang Yue (216)

Abstract: "Neng" has both verb and modality verb usage in the Shenyang dialect. When used as a modal verb, it can be used unconditionally in affirmative sentences, followed by adjectives and nouns, as well as negative, resultant, and non-egoistic clauses. It can co-occur with the stylistic mark "着、了、过、起来、下去". In the Shenyang dialect, "neng(能)" develops from its verbal meaning the use of dynamic modality, the deontic modality and epistemic modality. The usage of "能" in the Shenyang dialect is unique in Chinese dialects, but its evolution conforms to the law of world language development. Through the case study of the Shenyang dialect "能", this work hopes to supplement and refine the modality semantic map of modern Chinese dialects.

Key words: Shenyang dialect; "neng"; multifunction; semantic map

Postposition Marker "dong(动)" in the Jin Dialect of Inner Mongolia
.... **Wang Min** (232)

Abstract: There are three main functions of the postposition marker "dong(动)" in the Jin dialect of Inner Mongolia: a time marker, a condition-postulate marker, and a topic marker. This article argues that the origin of the post markup word "dong" is the verb "dong" which is the opposite to the verb "jing(静)". "Dong" often appears after the verbal combinative phrases, and with the semantic blurring and generalization of the morpheme, its meaning of action is weakened and its meaning of state is enhanced. "VP action" often appears as a reference to the event development of another clause, which prompts the evolution of "dong" into a "time marker". Because of the pragmatic needs, "dong" is also used to emphasize or highlight the results, then its subjectivity is enhanced and changes to the possibility complement. Since possibility is often a non-realistic state, "dong" evolves into a "virtual marker". The use of the virtual marker has been extended to a predicate topic marker, and finally to a noun topic marker, which is very commonly used in the Jin Dialect of Inner Mongolia.

Key words: Jin Dialect; dong(动); postposition; marker

A Revisit of the definite construction of "classifier + noun" in Cantonese
.... **Shan Yunming** (245)

Abstract: This paper gives a thorough description on the syntactic distribution of the definite "classifier + noun" construction in Cantonese, distinguishing the "classifier + noun" serving as the object that can only be interpreted as definite reference from those with only indefinite reference. It is found that there are syntactic restrictions on cases where a classifier functions as a definite classifier, a relative marker, a generic marker, and where a single classifier is interpreted as a definite reference. This paper also points out that serving as a definite classifier is the result of the grammaticalization of the classifier in Cantonese, but it should not occupy the corresponding syntactic position that is too far away from the head noun. Serving as a relative marker and a generic marker are the functions derived from the definite function, whilst the definite reference with only one classifier without a head noun is rarely found in Cantonese. "kɔ³³" and "ti⁵⁵" are two classifiers with a high degree of grammaticalization in Cantonese.

Key words: Cantonese; classifier; "classifier + noun" construction; definite classifier; grammaticalization

Semantic Hierarchy and Syntactic Functions of the Demonstratives of the Zhangzhu Dialect in Yixing City of Jiangsu Province
·· **Huang He & Sheng Yimin** (261)

Abstract: This paper introduces the demonstratives of the Zhangzhu dialect in Yixing City, Jiangsu Province, and discusses the semantic hierarchy and syntactic functions of them. The Zhangzhu dialect has a hierarchical embedded semantic system of demonstratives. This work describes and analyzes them from the perspective of typology. Also, it summarizes the typological characteristics of the demonstrative system of the Zhangzhu dialect.

Key words: Zhangzhu dialect in Yixing City; demonstrative; semantic hierarchy; syntactic function; typology

The historical developments of sound system since the beginning of Concession in the Shanghai urban dialect ············ **Chen Zhongmin** (280)

Abstract: This study is an analysis of the phonological development of Shanghai urban dialect since the beginning of Concession. Compared with the surrounding dialects, Shanghai urban dialect has the following characteristics: developed rapidly, more variable, more innovation factors. The characteristics of sound systems in different periods and evolution direction are closely related to the influence of immigrant dialects and some dominant dialects. The Suzhou dialect and later on Mandarin are two most important dominant dialects, which affect the differentiation and reorganization of the sound system.

Key words: Shanghai urban dialect; language contact; the Suzhou dialect; Mandarin

A Discussion on Sound Strata of the First Grade Rhyme of Xie She(蟹摄) in Southern Wu Dialects ······································ **Shi Jun** (314)

Abstract: This paper holds the opinion that there are three corresponding sound Strata of The First Grade Rhyme of Xie She(蟹摄) in Southern Wu

Dialect. The first stratum shows the old ancient Zhi(之) rhyme is better retained in Shangli(上丽片) and Oujiang(瓯江片) than in Wuzhou(婺州片). Rhymes of Hai(咍韵) and Tai(泰韵) show the crisscross of the colloquial reading and the literary reading. The colloquial reading of the Hai rhymecorresponds to the literary reading of the Tai rhyme. The Tai rhyme is deeply influenced by the Hai rhyme, and they have close relation in Shangli and Wuzhou. The Tai rhymeis also influenced by Hui rhyme (灰韵) in Oujiang because the main vowel is different in Hai and Hui rhymes. This two-way restriction on Hai and Tai rhymes arises from the penetration of the authoritative language, but the formation of this pattern is subject to the structure of the sound system itself.

Key words: Southern Wu Dialects; the first grade rhyme of Xie She(蟹摄); sound strata

A Prosodic Morphological Approach of *Zi*-suffix Rime Change in the Fengqiu Dialect ……………………………………… Geng Lijun (330)

Abstract: There are abundant phenomena of *zi*-suffix Rime Change in the Fengqiu dialect, which result from the combination of affixes and morphemes. The *zi*-suffix Rime Change in the Fengqiu dialect can be divided into three types: merger, coalescence and lengthening, and this article analyzes them in the framework of Prosodic Morphology. According to our analysis, the generation of *zi*-suffix rime change stems from the mapping of the degenerate suffix /au/ to the prosodic form from the right to the left. Meanwhile, the generation process is restricted by the single syllable template $[\mu\mu]\sigma$ through a series of prosodic interaction within the constraints of the Maximization Principle and the Affix Manifestation Principle, involving some operations such as segmental merger, nasal reassociation, vowel coalescence, high vowel lengthening and coda delinking.

Key words: Fengqiu Dialect; *zi*-suffix Rime Change; prosodic morphology; degenerate suffix; prosodic template

The pronunciation of Yang(阳) Rhymes and its Evolution in Fenhe dialects ……………………………………………………… Zhang Weina (342)

Abstract: The Fenhe cluster of Zhongyuan Mandarin, consisting of the

Pingyang, Jiangzhou and Xiezhou sub-clusters, is spoken in southwestern Shanxi and southeastern Shaanxi. Compared with other Jin dialects, the colloquial reading in Fenhe dialects have four features: 1) The Dang-jiang 宕江 groups are pronounced as [ɣ], the same as the Guo 果 group; 2) the second degree of the Geng 梗 group is pronounced as [a], and the third and the fourth degrees are pronounced as [iɛ]; 3) there are four types of colloquial readings of the Zeng 曾 group; 4) the colloquial reading of Zeng-tong 曾通 are the same as the Zhen 臻 group. On the literary layers, the order in which the nasal ending of rhymes disappears is Xian-shan 咸山 groups > Shen-zhen 深臻 groups > Dang-jiang 宕江 groups > Zeng-geng-tong 曾梗通 groups; while on the colloquial layers, the order is Dang-jiang-geng 宕江梗 groups > the third degree of the Zeng 曾 group > Xian-shan 咸山 groups > Shen-zhen 深臻 groups > Zeng 曾 group > Tong 通 group.

Key words: Fenhe Dialects; pronunciation of Yang(阳) rhymes; literary and colloquial readings; evolution

A Sound Feature Shared by Shanxi Dialect and Its Neighboring Dialects
.... **Xue Caide** (361)

Abstract: This paper aims to distinguish the Jin dialects and other Northern Mandarin dialects according to the division and combination of the rhymes of San-deng-he-kou of Jian Xi and those of Tong-she, Geng-she and Zhen-she, and the rhymes of San-deng-he-kou of Jing-zu, and those of Zhen-she in the representative areas of Northern Mandarin. Furthermore, the Jin dialects can be distinguished from Jianghuai Mandarin. The combination of the rhymes of San-deng-he-kou of Jian-xi with Tong-she, and the rhymes San-deng-he-kou of Jing-zu with Zhen-she is a distinctive sound feature of the Jin dialects.

Key words: Northern Mandarin; Jin Dialect; Jianghuai Mandarin; rhymes

An Investigation of Question Words in CSL Polar Questions
.... **Lin Hao** (372)

Abstract: Previous studies show that there are more than two particles in CSL, however, fuller and deeper description of CSL question particles have not yet be explored. This paper tries to look into the question words in CSL polar questions based on naturalistic data. There are mainly three types of particles: 1) positive signs, YES, HAVE, GOOD, CAN; 2) Negative signs, NO, NOT, PALM-UP, LIKE-NOT; 3) Positive-Negative signs, or A-NOT-A signs, including GOOD-NOT GOOD; YES-NOT-YES etc. Furthermore, VV construction is also found to mark polar questions. The rich system of question particles suggests the impact of spoken Chinese on CSL question construction. However, the internal factors play a key role in the grammaticaliztion of these question words originated from spoken Chinese and other sources, such as gesture.

Key words: particles; tag question; Chinese Sign Languages (CSL); grammaticalization

A Critique on *Chinese Cognate Dictionary* and a Discussion on Several Key Topics of Scientific Etymology ········· **Pan Weiwei & Huang Weijia** (396)

Abstract: The largest scale dictionary of Chinese cognate words in the history of Chinese language studies is released recently. This paper compares the book with dictionaries of different categories and works in the same field, in order to address some key topics in the study of scientific Etymology such as historical origins, the definition of cognates, the relationships between pronunciation and semantic categories. Also, this paper comments on the innovation and deficiencies of the *Chinese Cognate Dictionary*.

Key words: *Chinese Cognate Dictionary*; etymology; cognate; innovation

An Interpretation of Twelve Knotty Chinese Characters of *Zihuibu* (字汇补) ··· **Wang Yabin** (406)

Abstract: *Zihuibu*(字汇补) is a large-scale character book compiled by Wu Renchen in the Qing Dynasty to supplement *Zihui*(字汇). Wu Renchen added more than 12,000 words to *Zihui* by referring to a large number of Chinese dictionaries, rhyme books and other literature. Yet, Wu Renchen's energy and knowledge are limited. In addition to the large number of documents he cited and the complicated editing, there are many errors in the graphemes, rhyme categories and meanings of his newly added words. This paper interprets twelve difficult words in *Zihuibu* (字汇补), sorts the relationship between some knotty Chinese characters, and corrects some mistakes in the *Great Chinese Dictionary*.

Key words: Large-scale Dictionaries; *Zihuibu*; Knotty Chinese Characters; *Great Chinese Dictionary*

A combined research on 訮寻 in Chu Bamboo Slips and the Legal Terminology 訮调 in Qin and Han Dynasties' Bamboo Slips
·· **Fan Changxi** (415)

Abstract: In *Rongshi Youchengshi*, which is the Fifth Chu Bamboo Strips collected by Shanghai Museum, yán(訮) in the word yánxún(訮寻) should be read as xié(盱), which was interpreted as blocking people's sight in *Shuowen Jiezi* "explaining graphs and analyzing characters". In the bamboo slips, it could be explained as snooping(kuīsì 窥伺), which has similar meaning with the character xún(寻) in words like tànxún(探寻) and kuīxún(窥寻). The character yán(訮) in the legal terminology yánxiòng(訮调) in Qin and Han Bamboo Slips could also be read as the character xié(盱). In those slips, it is understood as snooping(kuīsì 窥伺) and secretly observing(ànchá 暗察), sharing similar interpretations with the character xiòng(调).

Key words: Chu Bamboo Slips; Qin Bamboo Slips; Han Bamboo Slips; yánxiòng(訮调)

稿　　约

一、《语言研究集刊》刊登语言学各领域的学术论文、评论,每年出版两辑,每辑35万字左右。

二、本集刊欢迎国内外学者赐稿。来稿投电子文本即可,请寄编辑部邮箱: yuyanxue@ fudan. edu. cn;或登录《语言研究集刊》网站(http:∥yjjk. chinajournal. net. cn/)在线投稿。请勿寄编委会或编辑成员个人,以免遗失或延误。如作者本人认为需寄纸质文本,请寄:中国上海市邯郸路220号,复旦大学中文系《语言研究集刊》编辑部(邮编200433)。稿件一经刊出,即致薄酬和样书二册。

三、来稿一般不超过15 000字,题目、作者名、单位、提要和关键词均需中英文对照。电子文本请寄简体中文版word版和PDF版两种。本刊实行双向匿名评审,所以PDF版请投两份,一份有作者信息,另一份则不出现作者本人信息、基金项目(如有)、"参拙著"之类提示性文字。Word版只需一份,具有作者信息。正文末请附e-mail联系地址。除必须使用繁体字、异体字外,请使用简体字。

四、来稿请勿用word中的自动格式(如章节、例句排序等)。撰写格式如下:

1. 题目为宋体小二号加粗占1行居中,作者名为楷体小四号占1行居中。"提要"2字和"关键词"3字为黑体五号,提要、关键词内容为宋体五号;提要和关键词部分两端各缩进两个字符。正文为宋体五号。

2. "提要"2字和"关键词"3字顶格,后分别空1格,然后续写提要和关键词,关键词之间用分号隔开。正文首行空2格,单独成段的引文和例句采用仿宋体,不用引号,且首行空2格,回行不空格。

3. 大的章节,请用"一、二、三"等编序,序号和标题用楷体四号占3行居中。小节用"(一)、(二)、(三)"和"1.、2.、3."等编序,序号和小标题用黑体五号顶格，占1行。例句如需编序，请用"(1)、(2)、(3)"等，并全文统一编号。

4. 国际音标请用 IPAPANNEW 字体，并用"[　]"标明，声调用数码上标。

5. 行文中如需注明观点或引文、例句的出处，应采用以下格式：

赵元任(1934)指出……

"…………"（王力1958：17-19）

"…………"（段玉裁《说文解字注》）

6. 图表请在左上方用"图1""表2"等排序，黑体小五号顶格。附在文末的图表在图表左上方加注"附图1""附表3"等。

7. 正文后隔开2行附参考文献。"参考文献"4字黑体小五号顶格，所列文献用宋体小五号，并依作者姓名的拼音字母顺序编排，首行顶格，回行空2格。西文文献排在中文文献、日文文献后。现代文献的编辑依次为：作者名、括注发表或出版年份、文章题目（西文用正体）或书名（中文加书名号，西文用斜体）、期刊名(中文加书名号，西文用斜体)期数或出版社名。作者名勿用简称。古代文献的编辑依次为：作者名、括注朝代、书名。同一作者的文献，按发表或出版时间先后排列。文章题目或书名与期刊名或出版社之间用逗号分开，最后加句号。参考文献只列正文实际涉及的文献。

8. 基金项目、鸣谢等采用脚注，注释亦采用脚注，并用带圈数字表示序号，如①、②等。

以上各条可参考本刊近期已发表的论文(纸质或图片形式。期刊网上下载的本刊论文格式均已改变)。

五、请勿一稿多投。文责由作者自负。

六、来稿审读时间约为三至六个月，不论录用与否，一般不退原稿。是否录用，由编辑部通过 e-mail 通知。来稿如无特别声明，为了统一体例、格式等，本刊可能会对稿件做技术性的修改或删节，并请作者审阅校样。

七、本刊已加入"中国知网"电子期刊出版系统，所发文章均可在期刊网(www.cnki.net)上检索并下载。凡给本刊投稿的作者，均视为已知晓并接受其论文上线发表。

八、文章一经发表，版权属《语言研究集刊》所有。在其他出版物上转载、选编已发表的论文，需特别注明"本文首发于《语言研究集刊》第×辑"字样。

图书在版编目(CIP)数据

语言研究集刊. 第二十四辑/复旦大学汉语言文字学科《语言研究集刊》编委会编.—上海:上海辞书出版社,2019
ISBN 978-7-5326-5412-3

Ⅰ.①语… Ⅱ.①复… Ⅲ.①语言学-丛刊 Ⅳ.①H0-55

中国版本图书馆CIP数据核字(2019)第204676号

语言研究集刊(第二十四辑)
YUYAN YANJIU JIKAN(DI ERSHISI JI)
复旦大学汉语言文字学科《语言研究集刊》编委会 编

责任编辑 郎晶晶
助理编辑 刘 博
装帧设计 杨钟玮

出版发行	上海世纪出版集团 上海辞书出版社(www.cishu.com.cn)
地 址	上海市陕西北路457号(邮编:200040)
印 刷	常熟文化印刷有限公司
开 本	787×1092毫米 1/18
印 张	$24\frac{16}{18}$
字 数	436 000
版 次	2019年10月第1版 2019年10月第1次印刷
书 号	ISBN 978-7-5326-5412-3/H·696
定 价	80.00元

本书如有质量问题,请与承印厂质量科联系,电话:0512-52219025